COMPUTAÇÃO NUMÉRICA

Blucher

sociedade brasileira de
AUTOMÁTICA

Milton Brown Do Coutto Filho

Vinícius Biajoni Braga Flôr

COMPUTAÇÃO NUMÉRICA

Métodos e implementações

2ª edição
Revista e ampliada

Computação numérica: métodos e implementações, 2ª edição revista e ampliada

1ª edição - Editora Elsevier
2ª edição - Editora Blucher, 2024
Editora Edgard Blücher Ltda.

Publisher Edgard Blücher
Editores Eduardo Blücher e Jonatas Eliakim
Coordenação editorial Andressa Lira
Produção editorial Kedma Marques
Preparação de texto Samira Panini
Diagramação Plínio Ricca
Revisão de texto Lidiane Pedroso Gonçalves
Capa Leandro Cunha
Imagem da capa iStockphoto

Blucher

Rua Pedroso Alvarenga, 1245, 4º andar
04531-934 – São Paulo – SP – Brasil
Tel.: 55 11 3078-5366
contato@blucher.com.br
www.blucher.com.br

Segundo o Novo Acordo Ortográfico, conforme 6. ed. do *Vocabulário Ortográfico da Língua Portuguesa*, Academia Brasileira de Letras, julho de 2021.

Dados Internacionais de Catalogação na Publicação (CIP)
Angélica Ilacqua CRB-8/7057

Do Coutto Filho, Milton Brown

Computação numérica: métodos e implementações, 2ª edição revista e ampliada – Milton Brown Do Coutto Filho, Vinícius Biajoni Braga Flôr. – 2. ed. – São Paulo: Blucher, 2024.

352 p. (Projeto SBA Press)

Bibliografia

ISBN 978-65-5506-606-7

1. Cálculos numéricos 2. Computação – Matemática 4. Análise numérica – Processamento de dados I. Título II. Flôr, Vinícius Biajoni Braga

23-5624 CDD 518

Índices para catálogo sistemático:

1. Cálculos numéricos

Agradecimentos

O material apresentado neste livro foi construído a partir da experiência docente do primeiro autor, professor Milton Brown, ao lecionar a disciplina Métodos Numéricos para os cursos de graduação em Engenharia e no bacharelado em Ciência da Computação da Universidade Federal Fluminense (UFF), por mais de 20 anos. Assim, o autor agradece a todos os seus alunos que, de certa forma, contribuíram para a consecução desta obra. Tais agradecimentos se estendem aos ex-alunos de mestrado e doutorado do Instituto de Computação (IC) da UFF — Marcio A. Ribeiro Guimaraens, Johnny E. Villavicencio Tafur, André Abel Augusto, Breno C. Zeba, Vinícius B. Braga Flôr, Ayres Nishio da Silva Jr. —, que realizaram estágio docente na referida disciplina sob a orientação do professor Milton Brown. Os elementos associados aos exercícios propostos e à programação computacional em **Scilab** e **Python** contidos no livro foram trazidos pelo segundo autor do livro, Vinícius Biajoni Braga Flôr.

Conteúdo

Nota dos autores

Em parte, a primeira edição desta obra foi publicada pela editora Elsevier em 2017, sob o título *Métodos Numéricos: fundamentos e implementação computacional*, de Milton Brown Do Coutto Filho e Felipe Azevedo Brown Do Coutto. Em 2019, a editora Elsevier transferiu para o grupo GEN/LTC a comercialização da obra e encerrou suas atividades no início de 2021, em função da crise econômica/pandemia do coronavírus (COVID-19). Diante do quadro configurado, acredita-se que o material desenvolvido não deva ser deixado de lado, mas sim continuadamente aperfeiçoado, ampliado e difundido, levado a uma nova publicação, como ora se busca por intermédio da Sociedade Brasileira de Automação (SBA Press).

Nesta 2ª edição, o professor Milton Brown conta com a participação de Vinícius Biajoni Braga Flôr, doutorando do Instituto de Computação da Universidade Federal Fluminense (UFF). O texto aqui apresentado foi integralmente revisto e ampliado. Acrescentou-se um capítulo sobre equações diferenciais ordinárias, como também se expandiu o conteúdo de alguns capítulos e novos exercícios foram propostos. Por exemplo: no Capítulo 3, foram incluídos os métodos da bisseção e da posição falsa; no Capítulo 4, acrescentou-se o critério de Sassenfeld para avaliação da condição de convergência do método iterativo de Gauss-Seidel; e no Capítulo 5, a aplicação do método de Newton foi estendida a funções complexas. Por fim, além da utilização do ambiente **Scilab**, incorporou-se a implementação de algoritmos na linguagem **Python**, com descrição sucinta incluída nos apêndices. Todos os códigos dos programas computacionais do livro encontram-se disponíveis agora em um repositório de livre acesso, por meio do seguinte link:

https://github.com/ViniBiajoni/metodosNumericosLivroSBA.git.

Antes de ingressar propriamente na descrição do conteúdo, os autores gostariam de mencionar que a motivação para escrever este livro originou-se no desejo de facilitar o entendimento dos aspectos teóricos, práticos e de implementação que envolvem a computação numérica. Alia-se a isso a indicação da aplicabilidade dos métodos matemáticos aqui abordados na solução de variados problemas encontrados no campo científico. Para muitos, o valor da Matemática baseia-se notadamente em sua utilidade. Assim, avalia-se que o interesse pelo assunto tratado surja naturalmente.

Outro aspecto que vale registro diz respeito à inclusão no texto de uma brevíssima referência histórica aos grandes atores e suas notáveis contribuições ao conhecimento das soluções de problemas matemáticos. Aos leitores interessados em colher detalhes sobre esses personagens (e são muitos), encontram-se fartas referências na Bibliografia apresentada no fim do livro. Oportuno também enaltecer a contribuição das mulheres à Matemática, iniciada pela culta e bela Hypatia (370-415 EC) de Alexandria. A História registra seus feitos científicos e sua carismática atuação docente, mas também seu cruel e aterrorizante assassinato por razões religiosas. A morte de Hypatia contribuiu significativamente para o término de uma época rica em produções matemáticas e filosóficas da Escola de Alexandria, selando o destino de séculos de contribuição dos gregos ao progresso da Matemática, e legando aos árabes e hindus tão nobre tarefa. Somente depois do Renascimento surge outra prodigiosa mulher, a italiana Maria Gaetana Agnesi (1718-1799), vindo a se notabilizar na História da Matemática. Deixa-se ao leitor a continuação das descobertas sobre que outras grandes mentes femininas deixaram suas marcas nesse campo.

Os autores reconhecem o grande aprendizado que obtiveram ao escrever o presente livro e externam imensa satisfação em tê-lo feito. Sem dúvida, ao incluir menção histórica aos grandes nomes da Matemática refletem admiração incontida sobre as conquistas por aqueles alcançadas com muito esforço. Complementarmente, acreditam que a inserção de informações históricas humaniza o conhecimento e facilita o ensino. Também, julgam ser positiva a participação dos modernos meios de comunicação no processo de ensino-aprendizagem. Apenas a título de ilustração e curiosidade, exemplificam tal participação fazendo uso dos diversos momentos matemáticos protagonizados pelos personagens da série *Os Simpsons*. Isso não é por acaso, pois os roteiristas da série americana são três matemáticos e dois físicos formados na Universidade de Harvard.

Enfim, o presente livro destina-se à apresentação didática dos fundamentos de métodos numéricos para a solução de problemas frequentemente encontrados nos diversos ramos da Engenharia e muitos outros campos científicos. Além disso, volta-se para a construção dos algoritmos necessários à implementação computacional desses métodos, ilustrando-se o uso dos ambientes **Scilab** e **Python.**

Para bom aproveitamento do texto, assume-se que o leitor tenha adquirido conhecimentos básicos nas disciplinas de Cálculo, Álgebra Linear e Programação em Computadores.

Ao fim de cada capítulo, encontram-se exercícios voltados para a fixação dos conceitos apresentados, assim como para possibilitar aos interessados o aperfeiçoamento de suas habilidades de programação em computadores.

O livro encontra-se organizado em capítulos, como descrito a seguir.

- Capítulo 1 - Introdução

Caracteriza-se preliminarmente o conteúdo do livro, no que diz respeito à natureza de soluções numéricas (não analíticas) comumente propostas para problemas oriundos de diversos campos do conhecimento científico, descritos em linguagem matemática. Indica-se que a forma de se obter tais soluções deve ser sistematizada por meio do que se denomina método numérico, a ser implementado utilizando-se um conjunto de instruções (algoritmo), executadas de acordo com os recursos de cálculo disponíveis. Além disso, foram reunidos os principais marcos deixados na História sobre a capacidade de se realizar cálculos, a começar pelos implementos manuais, passando-se por aqueles de natureza mecânica, até se atingir os computadores eletrônicos. Com isso, busca-se oferecer uma leitura humanizada sobre a Computação Numérica, perspectiva muitas vezes deixada de lado por leitores apressados em colher apenas conhecimento técnico.

- Capítulo 2 - Noções sobre sistemas de numeração

Inicia-se com uma breve introdução sobre os primórdios da criação dos números (retroagindo-se ao período Paleolítico), para então fazer-se uma revisão sobre a representação numérica de inteiros e fracionários nos sistemas decimal e binário. Mostra-se também como se dá a conversão entre essas bases de numeração. Complementarmente, apresenta-se a representação de números em notação científica e no sistema de ponto flutuante, considerado bastante flexível para acomodar uma expressiva gama de valores. Por fim, conceitos sobre erros (truncamento e arredondamento), precisão e exatidão são introduzidos. Aplicações da representação binária são ilustradas na forma de exercícios e programas computacionais propostos, para criar familiaridade ao uso desse sistema de numeração.

- Capítulo 3 - Equações algébricas não lineares

Para começar, aborda-se o problema do estabelecimento do valor de partida (estimativa inicial da solução) e critério de parada dos processos iterativos gerados por métodos numéricos. Dentre os diversos métodos encontrados na literatura específica para obtenção de solução numérica de equações algébricas não lineares, cinco deles são apresentados, a saber: bisseção; posição falsa; ponto fixo; Newton; e secante. Comentários sobre aspectos computacionais relativos aos métodos apresentados são incluídos. Ao longo do capítulo, vários exemplos ilustram a aplicação dos métodos. Para terminar, encontra-se um bom número de exercícios, propostos de forma objetiva, bem como um convite à elaboração de programas **Scilab** e **Python**.

- Capítulo 4 - Sistemas de equações algébricas lineares

De início, abordam-se duas características básicas do problema da obtenção da solução de sistemas lineares, quais sejam: a dimensionalidade (número de equações versus número de incógnitas); inter-relação (acoplamento) das variáveis a determinar. Segue-se a apresentação de métodos de solução classificados como diretos e iterativos. Os primeiros são a Regra de Cramer e o da Eliminação de Gauss, este compreendendo os seguintes aspectos: formulação básica; fatoração LDU da matriz A de coeficientes do sistema; surgimento de elementos nulos na diagonal de A durante a fase de eliminação de variáveis e respectiva movimentação (pivoteamento); matrizes de coeficientes interessantes; e surgimento de elementos não nulos em posições de A anteriormente vazias (efeito de preenchimento). Já os métodos da categoria remanescente são os de Gauss-Jacobi e Gauss-Seidel, sendo analisada a condição de suficiência para a convergência de tais processos numéricos. Exercícios propostos e programas **Scilab** e **Python** encerram o capítulo.

- Capítulo 5 - Sistemas de equações algébricas não lineares

Trata-se aqui de uma ampliação do Capítulo 3 (em que se busca resolver apenas uma equação não linear) conjugada com a utilização do material apresentado no Capítulo 4 para a solução de sistemas lineares. Isso se deve ao fato de que para se obter a solução de um sistema de equações algébricas não lineares simultâneas será necessário resolver repetidamente um sistema linear. Para tal, foi selecionado o método de Newton, em sua forma clássica e com modificações (e.g., matriz Jacobiano calculada uma única vez no início do processo iterativo). Como nos capítulos anteriores, diversos exemplos, exercícios e programas computacionais estão presentes.

- Capítulo 6 - Interpolação

Apresenta-se uma breve introdução ao problema de interpolação com registros históricos sobre o assunto. Adota-se a interpolação polinomial, por conta da facilidade de se realizar cálculos com essas funções, em que apenas operações aritméticas básicas são necessárias para se obter um valor desejado. Diferentes formas para a obtenção de um polinômio interpolante são abordadas, a saber: sistema linear de Vandermonde (forma Padrão); forma de Lagrange; e forma de Newton. Erros cometidos na interpolação são também avaliados. Encerra-se a parte teórica tratando-se da interpolação com um único polinômio, assim como por partes (*splines*). Exemplos, exercícios e programas **Scilab** e **Phyton** ilustram as aplicações divisadas com as técnicas de interpolação apresentadas.

- Capítulo 7 - Ajuste de curvas

Neste capítulo, apresenta-se uma forma de descrever a relação de dependência (experimental) entre variáveis (conjunto de dados), estando presentes incertezas em seus valores. Para tal, adota-se um método conhecido como mínimos quadrados (MQ), proposto por Gauss, capaz de fazer o *melhor* ajuste dos parâmetros de uma certa função escolhida para representar a uma coleção de dados. Com isso, captura-se a tendência de comportamento de tais dados, suavizando variações individuais neles contidas, o que permite obter valores fora do intervalo da coleção, em um procedimento denominado *extrapolação.* Para certas escolhas da função de ajuste, indica-se que uma transformação de dados deve ser necessária. Exemplos, exercícios e programas **Scilab** e **Python** indicam a utilidade desse tipo de tratamento de dados.

- Capítulo 8 - Integração

Dentre os diversos métodos numéricos para se calcular o valor de uma integral a partir de pontos discretos do integrando, neste capítulo são apresentados métodos simples de integração numérica conhecidos por fórmulas de Newton-Cotes, a saber:

Regra dos trapézios; regra 1/3; e regra 3/8 de Simpson. Tais regras se caracterizam pela substituição da função a ser integrada por um polinômio interpolante (de primeiro, segundo e terceiro graus), considerando-se pontos igualmente espaçados no intervalo de integração. Diversos problemas que envolvam a integração de funções para a obtenção da sua solução, *e.g.* cálculo de áreas, volumes e comprimento de curvas, ilustram a aplicação das técnicas apresentadas.

Capítulo 9 - Equações diferenciais ordinárias

Este capítulo aborda o problema da obtenção de valores da solução numérica de equações diferenciais ordinárias (EDO). Inicialmente, apresentam-se alguns fundamentos, conceitos e terminologia próprios desse assunto. EDO de primeira ordem são tratadas por intermédio dos métodos de Euler (explícito e implícito), Euler modificado e Runge-Kutta de quarta ordem. Exercícios de aplicação dos referidos métodos são propostos e indicada a respectiva implementação computacional em **Scilab/Python**.

Apêndices **Scilab** e **Python**

Inclui-se uma breve introdução aos elementos básicos das linguagens de programação interpretada conhecidas como **Scilab** e **Python**, de livre acesso, associadas a uma série de algoritmos voltados à solução de diversos problemas da computação numérica. Com isso, espera-se que os leitores fiquem encorajados a utilizar as facilidades oferecidas pelas funções residentes no ambiente **Scilab**, bem como possam desenvolver uma boa prática de programação em **Python**.

CAPÍTULO 1
Introdução

1.1 FUNDAMENTOS

Entende-se como método: uma forma de proceder que seja regular, coerente, organizada e conduza a um certo resultado. Em grande parte, os métodos de solução de problemas de Engenharia são classificados como analíticos ou numéricos. As soluções analíticas correspondem à obtenção de expressões matemáticas envolvendo parâmetros e variáveis associadas ao problema em estudo. Já as soluções que decorrem de métodos numéricos constituem-se dos valores numéricos obtidos por tais métodos para as referidas variáveis.

Figura 1.1 – Heron de Alexandria (10-70 d.C).
Fonte: https://pt.wikipedia.org/wiki/Heron_de_Alexandria

Para melhor entendimento sobre os dois tipos de solução, considere o problema bem simples de se obter a raiz positiva r da equação de segundo grau $x^2 - a = 0$, sendo a um número inteiro que não seja um quadrado perfeito. Por exemplo, adote 8 como tal número. A solução analítica desse problema seria $r = \sqrt{a}$. Particularmente para $a = 8, r = \sqrt{8}$, cujo valor obtido por uma calculadora é 2,828427125. Por outro lado, pode-se adotar um método numérico de solução, como o introduzido pelos babilônicos e mais tarde formalizado por Heron de Alexandria (busto exibido na Figura 1.1), que se destaca por sua origem remota, simplicidade e eficiência. Heron foi um matemático egípcio com formação grega que viveu na segunda metade do século I d.C. Destacou-se por trabalhos de Matemática Aplicada, entre eles o intitulado *A métrica*, descoberto na cidade de Constantinopla, apenas em 1896 [Eves04]. O matemático notabilizou-se pela obtenção da fórmula da área de um triângulo, expressa em função da medida do comprimento de seus lados.

Na construção do método de Heron considera-se que, se $a = c \times d$, então será uma $r = (c + d)/2$ aproximação para $\sqrt{a}$, tão melhor quanto mais próximos estiverem os valores de c e d. Note que se o número fosse um quadrado perfeito, então c e d seriam números inteiros de igual valor. O problema se transforma então na obtenção de sucessivos valores para c e d, que ao se tornarem cada vez mais próximos entre si irão levar à solução do problema, isto é, ao valor de r. Assim, basta que se proceda da seguinte forma: inicialmente, escolha um valor para c (que possa ser considerado como próximo de r), *e.g.*, $c_0 = 2$, para o caso em questão; calcule $d_0 = a/c_0 = 8/2 = 4$ e, em seguida, $c_1 = (c_0+d_0)/2 = 3$; repetindo (agora com c_1) os cálculos anteriores, chega-se a $d_1 = a/c_1 = 8/3$ e $c_2 = (c_1+d_1)/2 = 17/6$ e assim segue o processo para se encontrar a solução desejada. Concluída a quarta repetição, os valores obtidos para c_4 e d_4 são iguais a 2,828427125, valor este que se atribui à solução r. Em termos mais genéricos, pode-se formalizar o método por meio do seguinte processo iterativo:

$$x_{k+1} = \frac{1}{2}(x_k + \frac{a}{x_k}) \tag{1.1}$$

sendo k – índice de cada iteração (repetição).

Inicia-se o processo estabelecido na Equação (1.1) com um valor positivo x_0 arbitrariamente escolhido (*e.g.*, a raiz quadrada do número que seja o quadrado perfeito imediatamente inferior) e segue-se até que seja obtida a solução com o grau de precisão desejado.

De um modo geral, métodos numéricos são utilizados para resolver problemas para os quais não há solução analítica ou esta apresenta elevado grau de dificuldade. Assim, deve-se destacar que o exemplo apresentado procurou apenas estabelecer minimamente a distinção entre solução analítica e solução numérica, sem compará-las. Apesar disso, dele se podem extrair alguns aspectos comuns a uma variedade de problemas que envolvem o processamento numérico e que merecem ser desde já abordados.

Usualmente, um problema de Engenharia e áreas afins surge pela observação de algum fenômeno físico e consequentemente do seu entendimento, que é obtido a partir de conhecimentos estabelecidos. Alcança-se a solução do problema após algumas etapas: enuncia-se o problema, descrevendo-o em palavras, da maneira mais clara e completa possível; segue-se uma fase de modelagem em que o problema assume forma matemática (com expressões que relacionam grandezas de interesse, denominadas variáveis, podendo também haver restrições, limites a cumprir etc.); propõem-se possíveis métodos de solução, considerando-se o grau de dificuldade que envolve o problema; aplica-se o método escolhido ao problema, obtendo-se dados e atribuindo-se valores a parâmetros (*e.g.*, condições de início e término do processamento); realizam-se os cálculos que conduzem à solução almejada; procede-se à análise dos valores encontrados (por vezes, repetem-se algumas das etapas anteriores); por fim, chega-se à solução do problema.

Quando que se realizam tarefas que envolvem cálculos, podem surgir dúvidas sobre a confiabilidade das soluções obtidas, normalmente trazidas pelo uso indiscriminado de certos termos: exata, acurada, precisa, aproximada etc. No presente contexto, as soluções serão denominadas apenas de analíticas e de numéricas, ambas expressas por valores que apresentam determinado grau de precisão, estabelecido pelo número de algarismos significativos indicado. Tal número revela a incerteza que se tem sobre um valor calculado (mais algarismos significativos implicam em menor incerteza).

Quando necessário, a denominação *solução aproximada* será usada para indicar que certos valores obtidos foram fruto de alguma simplificação realizada no modelo adotado para o problema em estudo; por exemplo, para permitir a aplicação de algum método de solução, muitas vezes modelos não lineares dão lugar à sua forma linear. Nas demais situações, de antemão, ficará patente que a solução obtida será necessariamente aproximada, em face do grau de conhecimento disponível sobre determinado problema. Por exemplo, há funções submetidas à operação de integração para as quais obter as correspondentes funções primitivas nem sempre se consegue, sendo assim substituídas (aproximadas) por outras de fácil integração, como será visto adiante no Capítulo 8.

Para analisar a qualidade de um processo numérico de cálculo, além das possíveis fontes de erro (assunto abordado no próximo capítulo) presentes ao longo de todo o processo e que trazem incerteza aos valores obtidos como solução, deve-se considerar também aspectos relacionados à eficiência computacional, notadamente o tempo de execução do processo como um todo. Esse tempo deve ser tal que não comprometa aquilo que se possa considerar como tempo razoável para obtenção da solução de determinado problema. Por exemplo, no problema apresentado anteriormente, para encontrar a raiz positiva de $x^2 - a = 0$ por meio do método numérico adotado, com um certo (elevado) grau de precisão, apenas 4 ciclos de repetição (iterações) foram necessários, o que intuitivamente se pode considerar como uma convergência rápida para a solução. Para o mesmo grau de precisão, talvez outros métodos numéricos de solução pudessem requerer um número bem superior de iterações (ou até mesmo não convergir), o que poderia comprometer o tempo para obtenção da solução, tornando-o inaceitável. Assim, quando o método numérico adotado for iterativo, os aspectos relevantes a considerar na sua avaliação são: grau de precisão desejado; solução inicial; garantia de convergência para a solução buscada; número máximo de iterações admitido; e tempo dispendido para se alcançar a solução. Os aspectos mencionados são dependentes da forma como os cálculos serão realizados e também da máquina utilizada, como a seguir se comenta.

1.2 IMPLEMENTAÇÃO

Uma vez escolhido o método de solução de um problema, torna-se necessário descrever as etapas de cálculo que levarão à solução desejada. Tal descrição recebe o nome de algoritmo (conjunto de regras e operações matemáticas bem definidas e estruturadas) que representa o plano de trabalho para a realização de uma tarefa. A origem da palavra algoritmo [Katz09] deriva do nome do matemático persa Al-Khwarizmi que viveu no período de 780 a 850 d.C. A civilização persa foi uma das mais expressivas civilizações da Antiguidade, estabelecida a leste da Mesopotâmia, em extenso planalto correspondente ao Irã.

Construído o algoritmo, deve-se definir a ferramenta que será adotada para implementá-lo, já que o trabalho a realizar pode ser cansativo, envolvendo cálculos volumosos, enfadonhos e repetitivos, requeridos em curto período de tempo. Buscar ferramentas que simplifiquem tarefas sempre ocupou cérebros privilegiados, desde os tempos mais remotos até os dias de hoje, como será visto sinteticamente na próxima seção deste capítulo. Assim, encontram-se na História da Computação [Fons07] narrativas de feitos marcantes de mentes geniais que realizaram cálculos matemáticos manualmente por meio de dispositivos simples (ábacos), que em seguida se tornaram implementos mecânicos (com engrenagens), para recentemente dar lugar aos computadores digitais (eletrônicos). A implementação de um algoritmo em computador, requer a tradução, em linguagem própria (código) ao ambiente de cálculo, daquilo que deve ser feito. Portanto, entende-se por programa de computador uma lista organizada de instruções (comandos), decorrentes do algoritmo construído, que ao serem executadas conduzam à solução procurada.

A comunicação entre usuário e computador se dá por meio de interfaces contidas em um sistema operacional [Tane99], sendo este responsável também pela gerência dos recursos computacionais disponíveis. Tais interfaces podem ser vistas como camadas (cascas, cápsulas) até que se chegue ao que se poderia chamar de comunicação direta ou de linguagem de máquina (instruções em código binário). O Unix (desenvolvido pela Bell Labs., na década de 1970) e o DOS (*Disk Operating System*, usado pela Microsoft) são exemplos de sistemas operacionais.

Usualmente, programas de computador utilizados nas aplicações científicas são escritos em linguagens características das camadas mais externas ou altas do sistema operacional (*e.g.*, Fortran, C etc.). Isso torna mais fácil e concisa a tarefa do calculista de codificar as instruções contidas nos programas. Os métodos numéricos apresentados neste livro terão seus algoritmos implementados em **Scilab** (https://www.scilab.org) e **Python** (https://www.python.org), ambientes de computação numérica de alto nível [Leit09], [Mene19]. Uma introdução ao uso do **Scilab** e **Python** será apresentada ao fim do livro no Apêndice.

Tradicionalmente, as instruções codificadas em determinada linguagem de programação, elementos constitutivos dos programas de computador, podem ser declarativas, imperativas ou explicativas. As instruções *declarativas* estão entre as que ocupam as linhas iniciais de um programa, estabelecendo que variáveis dele farão parte (dando-lhes nomes) e a que tipo de dados estão associadas (inteiro, real, caractere e booleano são os mais comuns). A essas instruções preliminares, seguem-se as instruções *imperativas* que efetivam ações estabelecidas no algoritmo. A principal instrução imperativa é de atribuição de valores a variáveis, obtidos por meio da execução de operações matemáticas (soma, multiplicação, potenciação etc.), assim como pela aplicação de funções (trigonométricas, exponenciais, logarítmicas etc.). Instruções de controle são outras instruções imperativas destinadas a permitir a execução ou não de certas partes do programa, a depender de condições preestabelecidas e dos comandos do tipo *se-então-senão* e *enquanto* que destinam-se a esse propósito. Há também controles destinados à repetição de certas seções do programa (conhecidas por laços), muito úteis na programação de métodos numéricos iterativos. As instruções *explicativas* (comentários) são formas sintáticas (usualmente precedidas por marcadores que as identificam) inseridas ao longo do programa de modo a facilitar sua leitura.

A forma como os programas recebem, exibem e exteriorizam dados (por intermédio de comandos de entrada/saída) pode variar. Dados de entrada podem ser digitados diretamente via teclado do computador durante a execução do programa (suspendida para recebê-los) ou colhidos de arquivos preparados para tal. Não é boa prática embuti-los, considerando-os assim parte do algoritmo. Dados de saída (resultados) são apresentados na tela do monitor do computador, impressos em dispositivos periféricos próprios ou armazenados em arquivos destinados a esse fim. Além de expressos numericamente, os resultados de um programa podem ser transformados em figuras e gráficos.

Uma ideia interessante para a elaboração de programas que seriam constituídos por uma longa lista de instruções consiste na modularização, *i.e.*, na criação de porções de código (subprogramas ou funções) responsáveis pela realização de tarefas específicas, parte do todo. A criação de módulos permite que sejam escritos e testados de forma independente, trazendo assim ao software maior confiabilidade, legibilidade e flexibilidade para a manutenção.

Este livro se propõe a fazer uma introdução à Computação Numérica. Entretanto, embora distante do escopo aqui apresentado, vale observar que há certos problemas para os quais podem ser construídos algoritmos numéricos em que a realização de cálculos (que não apresentem ordem de precedência) ocorre de forma não sequencial.

Tal forma de proceder se conhece por processamento paralelo e visa à obtenção de alto desempenho computacional [Hage11].

1.3 HISTÓRIA

Na forma pictórica da Figura 1.2, a História pode ser vista como a Ciência que estuda a ação humana no tempo e espaço, procedendo à análise de eventos ocorridos no passado. No que diz respeito à capacidade de realizar cálculos, há feitos marcantes deixados na história que alicerçaram a Computação Científica recente, merecedores de registros indeléveis nesse campo do conhecimento. Aqui, inicialmente, busca-se fazer uma referência sintética às ferramentas de cálculo concebidas nos primeiros tempos, como dispositivos simples de operação manual, que contabilizam, embora incertos, dois milhares de anos a.C. Em seguida, registra-se a existência de máquinas mecânicas com engenhosas engrenagens, para se chegar então ao advento das máquinas eletrônicas digitais da atualidade. A rapidez com que os computadores se desenvolveram nos últimos 50 anos parece tornar tão remota suas origens que, para muitos, resta difícil a percepção de que outras máquinas possam ter existido como suas precursoras. Para mais detalhes sobre a História da Computação, encontra-se em [Ifra01] uma compilação dos principais feitos até então alcançados.

Figura 1.2 – História: ação no tempo e espaço.
Fonte: https://escolaeducacao.com.br/wp-content/uploads/2018/07/conceitos-de-historia.jpg

Ábaco

Acredita-se que circundando 2500 a.C tenham surgido na Mesopotâmia os primeiros quadros para contagem, precursores dos ábacos, que podem ser considerados como uma extensão do ato natural de se contar nos dedos. Relatos referem-se a um quadro de contar como uma placa de madeira ou pedra lisa, coberta por areia ou pó, em que linhas eram traçadas (com os próprios dedos ou hastes pontiagudas) e entre estas (os espaços entre linhas poderiam ser destinados às dezenas, centenas etc.) colocados pequenos seixos (pedrinhas suavemente erodidas), representando as quantidades desejadas. Presente em diversas culturas (babilônios, egípcios, gregos), o quadro para contagem mais antigo, que sobreviveu ao tempo, foi encontrado em 1846 na ilha grega de Salamina (usado pelos babilônios, cerca de 300 a.C, de mármore branco, media 149 cm de comprimento, 75 cm de largura e 4,5 cm de espessura).

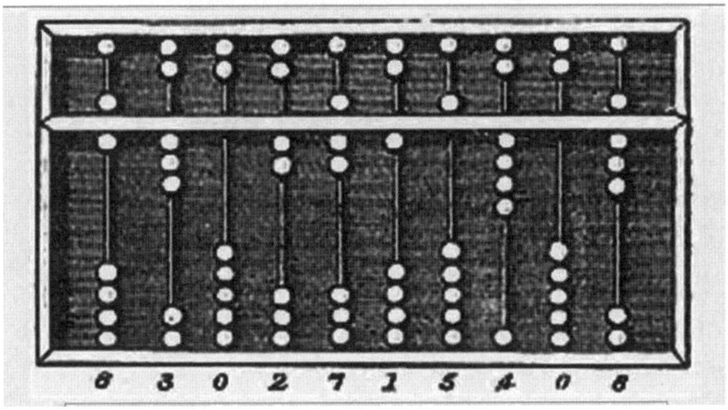

Figura 1.3 – Exemplo de ábaco.
Fonte: https://i.ytimg.com/vi/7D_L4I6ybMc/maxresdefault.jpg

Na Roma e Grécia antigas se calculava com o ábaco, dispositivo obtido pela necessidade de portabilidade, a qual era inexistente nos antecessores quadros de contagem. Nesses ábacos se usavam pequenas bolas feitas de mármore (cada uma conhecida por *calculus*) que deslizavam em fendas de uma placa de bronze. Depois, chineses (século I), japoneses e russos (século XVII) o modificaram. Operado manualmente, o ábaco-compõe-se de uma moldura retangular na qual são fixados fios paralelos pelos quais deslizam pequenas peças correspondentes aos elementos de contagem, como em um colar, exemplificadas na Figura 1.3, em que está representado o número 6302715408. Deixa-se ao leitor buscar entender a representação do referido número.

Régua de cálculo

Com a descoberta dos logaritmos (do grego *logos* - razão e *aritmos* - números) em 1614 pelo escocês John Napier, retratado na Figura 1.4, conhecido por Neper, foi possível criar dispositivos (os bastões de Napier) que auxiliassem à multiplicação. Em 1633, o sacerdote inglês William Oughtred (Figura 1.5) representou os logaritmos de Napier por segmentos marcados com traços em réguas (de madeira, marfim etc.). Dessa forma, as operações de multiplicação e divisão corresponderiam à adição e subtração dos comprimentos de tais segmentos.

Figura 1.4 – John Napier (1550-1617).
Fonte: https://mathshistory.st-andrews.ac.uk/Biographies/Napier/Napier.jpeg

Lembre-se que o logaritmo do produto de dois números *a* e *b* iguala-se à soma dos logaritmos desses números e a divisão à diferença, ou seja:

$$\ln(a \times b) = \ln(a) + \ln(b);\ \ln(a / b) = \ln(a) - \ln(b)$$

Tal dispositivo, ilustrado na Figura 1.6, tornou-se conhecido como Régua de Cálculo, tendo sido usado até a década de 1970, quando então foi substituído pela calculadora eletrônica de bolso.

Figura 1.5 – William Oughtred (1575-1660).
Fonte: https://mathshistory.st-andrews.ac.uk/Biographies/Oughtred/Oughtred.jpeg

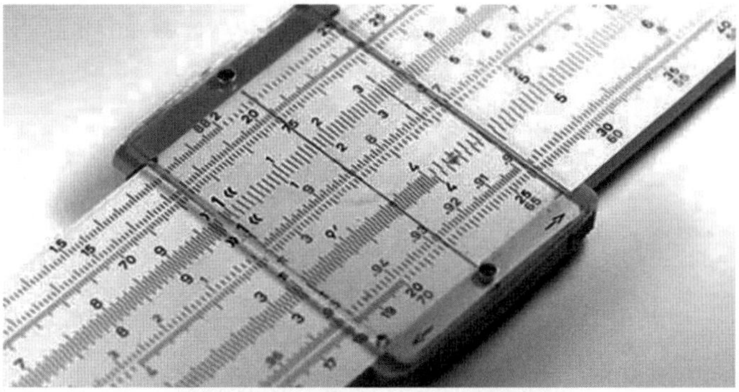

Figura 1.6 – Régua de Cálculo.
Fonte: https://catarinabaptista.files.wordpress.com/2010/06/reguacalc1.jpg

A seguir, na Figura 1.7, são exibidas duas escalas de uma Régua de Cálculo, em que se ilustra a operação de multiplicação de um valor qualquer da escala superior por 1,5, resultando no valor que se lê na escala inferior. Para tal, bastou que as duas réguas que contêm as divisões que representam valores na escala logarítmica fossem posicionadas adequadamente: o início da escala superior alinhado com 1,5 da escala inferior. Por exemplo, o valor 5 (da escala superior) ao ser multiplicado por 1,5 resulta no valor 7,5 (lido na escala inferior). Isso corresponde à soma do comprimento do segmento registrado na escala superior que vale ln(5) com o da escala inferior de valor igual a ln(1,5), totalizando portanto:

$$\ln(7{,}5) = \ln(5) + \ln(1{,}5) = \ln(5 \times 1{,}5)$$

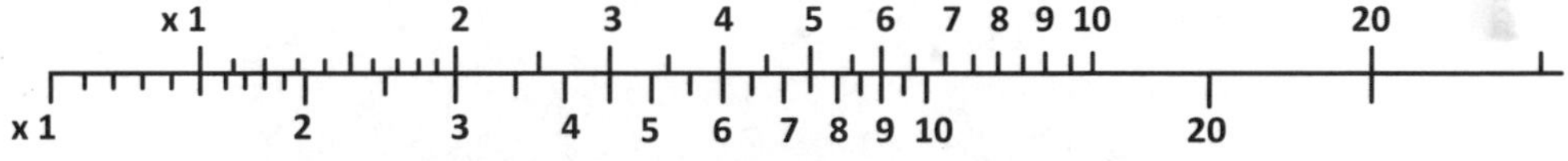

Figura 1.7 – Duas escalas logarítmicas de uma Régua de Cálculo.

Máquina de Pascal

O francês Blaise Pascal (Figura 1.8), em 1642, aos 19 anos, construiu uma máquina de calcular, para auxiliar no seu trabalho de contabilidade, baseada em dois conjuntos de discos interligados por engrenagens (rodas com dez dentes): um deles, para introdução de dados, e outro, destinado ao armazenamento de resultados. Utilizando o sistema decimal, quando um disco ultrapassava o valor 9, retornava ao valor 0 e aumentava de uma unidade o valor contido no disco imediatamente superior. A **Máquina de Pascal,** Pascalina (como se tornou conhecida), foi a primeira calculadora mecânica que se tem registro, capaz de somar e subtrair. O sucesso comercial das Pascalinas não foi satisfatório devido ao seu elevado custo e baixa confiabilidade, verificada nas cinquenta versões produzidas. A Figura 1.9 corresponde a uma Pascalina.

Figura 1.8 – Blaise Pascal (1623-1662).
Fonte: https://mathshistory.st-andrews.ac.uk/Biographies/Pascal/Pascal_6.jpeg

Figura 1.9 – Pascalina de 6 dígitos.
Fonte: https://upload.wikimedia.org/wikipedia/commons/thumb/8/80/Arts_et_Metiers_Pascaline_dsc03869.jpg/450px-Arts_et_Metiers_Pascaline_dsc03869.jpg

Calculadora de Leibniz

O alemão Gottfried Wilhelm von Leibniz (Figura 1.10), em 1671, introduziu o conceito de multiplicar e dividir, por meio de adições e subtrações sucessivas. Leibniz criou uma máquina de calcular (Figura 1.11) superior à Pascalina, pois era capaz de mecanicamente realizar as quatro operações aritméticas. Em 1694, tal máquina foi construída, mas seu difícil uso e frequentes erros não permitiram que prosperasse. Com base na máquina de Leibniz, em 1820, Charles Xavier Thomas (1785-1870), projetou e construiu uma máquina de calcular também capaz de operar a soma, subtração, multiplicação e divisão (esta, possível com o auxílio do seu operador), atribuindo-lhe o nome de *Arithmometer.* Tal máquina foi a primeira calculadora que logrou êxito de produção, alcançando cinco mil unidades, de diversos modelos, no período entre 1851 e 1914.

Figura 1.10 – G. W. von Leibniz (1646-1716).
Fonte: https://mathshistory.st-andrews.ac.uk/Biographies/Leibniz/Leibniz.jpeg

Figura 1.11 – Máquina de Leibniz.
Fonte: https://assets.sutori.com/user-uploads/image/dd9dc17d-7a21-4d85-9950-a688383e4f2f/b7783bbd06d6fb-18cb565278862f595f.jpeg

Figura 1.12 – Charles Babbage (1792-1871).
Fonte: https://mathshistory.st-andrews.ac.uk/Biographies/Babbage/Babbage_4.jpeg

Figura 1.13 – Máquina de Babbage para diferenças.
Fonte: https://img.ibxk.com.br/2011/12/materias/36169350115135250.jpg?ims=704x

Calculadora analítica

Entre 1802 e 1822, o inglês Charles Babbage (Figura 1.12), com base em diversos estudos (notadamente os de J. H. Mueller e Joseph Marie Jacquard), projetou uma máquina de diferenças (Figura 1.13). A partir de 1801, o francês J. M. Jacquard (Figura 1.14) sugeriu que o controle de teares se desse por intermédio de cartões perfurados (Figura 1.15) que conteriam comandos necessários à automatização da tecelagem de padrões complicados. O tecelão Jacquard não poderia imaginar que seu invento para a indústria têxtil teria adiante importante influência na programação de computadores.

Figura 1.14 – J. M. Jacquard (1752-1834).
Fonte: https://pt.wikipedia.org/wiki/Joseph-Marie_Jacquard

Figura 1.15 – Tear mecânico de Jacquard.
Fonte: https://pt.wikipedia.org/wiki/Joseph-Marie_Jacquard

A programação por cartões perfurados foi proposta por Basile Bouchon, Jean-Baptiste Falcon e Jacques Vaucanson, entre 1725 e 1749. Em seguida, J. H. Muller, em 1786, planejou a construção de uma máquina diferencial, com o intuito de construir tabelas matemáticas para funções polinomiais que poderiam ser úteis para se obter valores aproximados para outras funções (logarítmicas, trigonométricas etc.). O método das diferenças, conveniente para os implementos mecânicos da época, trabalha apenas com adições (subtrações), iterativamente, com um algoritmo muito simples, como a seguir descrito, sem perda de generalidade, por meio de um exemplo numérico.

Tabela 1.1 – Diferenças da função $2x^2 - 3x + 2$

x	$p_2(x)$	dif_1	dif_2
0	2,00		
		0,28	
0,1	1,72		0,04
		0,24	
0,2	1,48		0,04
		0,20	
0,3	1,28		0,04
		0,16	
0,4	1,12		

Considere um polinômio do segundo grau a ser tabelado, por exemplo: $p_2(x) = 2x^2 - 3x + 2$. Suponha então que se deseja tabelar esse polinômio, a partir de $x = 0$, com incrementos iguais a 0,1, para obter $p_2(0)$, $p_2(0,1)$, $p_2(0,2)$, e assim por diante, como mostram as duas primeiras colunas da Tabela 1.1. A terceira coluna dessa tabela (dif_1, primeiras diferenças) resulta da subtração de valores vizinhos consecutivos de $p_2(x)$. A última coluna, dif_2, contém as diferenças das diferenças calculadas na coluna dif_1. Nota-se que todos os valores obtidos para dif_2 são iguais. Não por coincidência, já que são diferenças de uma função polinomial de grau dois.

As colunas da Tabela 1.1 foram sendo obtidas da esquerda para a direita. Para tabelar novos valores de $p_2(x)$, basta que se caminhe no sentido inverso. O valor de $p_2(0,5)$ será obtido, partindo-se da coluna dif_2 com o valor 0,04 que será subtraído de 0,16 colhido em dif_1, ou seja, 0,16 – 0,04 = 0,12. O próximo valor de $p_2(x)$, em $x = 0,5$, será encontrado por meio da subtração de 0,12 do último valor de $p_2(x)$ tabelado, ou seja, $p_2(0,5) = p_2(0,4) - 0,12 = 1,00$. Para calcular $p_2(0,6)$, repete-se o mesmo algoritmo, agora usando os novos valores agregados à tabela, correspondentes ao cálculo anterior de $p_2(0,5)$, *i.e.*: toma-se 0,04 em dif_2, subtrai-se este valor de 0,12 obtido em dif_1 e então encontra-se 0,08; depois subtrai-se este resultado de $p_2(0,5)$, obtendo $p_2(0,6) = 1,00 - 0,08 = 0,92$. O processo descrito pode continuar da mesma forma, até que tenham sido obtidos todos os valores de $p_2(x)$ para compor a tabela desejada. Destaca-se o fato de que os valores do polinômio são obtidos sem uma única multiplicação, requerendo assim da máquina de diferenças a preparação para receber apenas operações de subtração. De um cálculo de $p_2(x)$ para o outro, necessita-se armazenar apenas dois valores: os últimos elementos das colunas $p_2(x)$ e dif_1. Os valores obtidos pelo uso das diferenças são confirmados por:

$$p_2(0,5) = 2 \times 0,5^2 - 3 \times 0,5 + 2 = 1 \text{ e } p_2(0,6) = 2 \times 0,6^2 - 3 \times 0,6 + 2 = 0,92$$

Em 1823, o governo britânico financiou a construção de uma nova versão da máquina de diferenças de Babbage, projetada para 7 registros e impressão de resultados. Porém, o inventor encontrou dificuldades para executar o projeto, por conta das limitações da indústria da época, requerendo de Babbage a confecção de peças e ferramentas. Em decorrência disso, teve o apoio financeiro suspenso, mas continuou até que em 1842 deixou de lado a máquina de diferenças. Contudo, isso foi temporário, já que entre 1847 e 1849, retornou ao projeto original da máquina de diferenças para aperfeiçoá-lo.

Como Babbage não terminava suas máquinas, duvidava-se se elas de fato funcionariam. Assim, de 1989 a 1991, com base nos planos que Babbage aperfeiçoou, o *Science Museum* de Londres construiu uma máquina de diferenças (finalizada pouco antes do aniversário de duzentos anos do seu criador). Em 2000, a impressora idealizada por Babbage também foi concluída. Ambas funcionaram perfeitamente, pondo fim ao ceticismo que rondava os projetos de Babbage, no que diz respeito à construção de máquinas funcionais. A título de curiosidade, cabe mencionar que a máquina – com capacidade para armazenar 7 números (com 31 dígitos) – pesa 2,6 toneladas, apenas em sua seção calculadora.

Em 1833, com o auxílio de Ada Byron King (Figura 1.16), Condessa de Lovelace, filha do poeta Lord Byron, Babbage iniciou o projeto de uma máquina que chamou de Analítica. Esta, mais geral do que aquela de diferenças, operava comandada por um conjunto de cartões perfurados que continham não apenas números a serem processados, mas também instruções, já que a máquina possuía unidade de memória, processamento aritmético e entrada/saída de dados. Ada concebeu uma série de instruções para a Máquina Analítica, tornando-se a primeira programadora de computador. Babbage investiu os recursos financeiros que possuía, assim como os de seu filho, com quem trabalhou durante anos para construir a Máquina Analítica. Babbage faleceu em 1871, sem pôr a termo a construção pretendida. Babbage merece ser considerado pioneiro na arte de conceber computadores e Ada no que toca à programação.

Figura 1.16 – Ada Byron King (1815-1852).
Fonte: https://mathshistory.st-andrews.ac.uk/Biographies/Lovelace/lovelace_9.jpg

Lógica Booleana

Embora não tenha materializado a construção de uma máquina de calcular, o inglês George Boole (Figura 1.17) desenvolveu com sucesso os fundamentos do primeiro sistema formal para o raciocínio lógico, quase um século antes que fossem inventados computadores digitais apoiados na Lógica Booleana. Boole percebeu que com os operadores lógicos E, OU e NÃO era possível descrever qualquer proposição lógica (todo enunciado que se avalia como verdadeiro ou falso, sim ou não etc.).

Figura 1.17 – George Boole (1815-1864).
Fonte:https://mathshistory.st-andrews.ac.uk/Biographies/Boole/Boole.jpeg

Em 1938, o americano Claude Elwood Shannon (1916-2001) aplicou a Álgebra Booleana e Aritmética Binária para mostrar que era possível simplificar o arranjo de relés eletromecânicos usados para chaveamento de circuitos telefônicos. Também mostrou que se pode, por meio do arranjo de relés resolver problemas de Álgebra Booleana. Explorar o uso de chaves elétricas em problemas de lógica tornou-se um conceito básico de todos os computadores digitais eletrônicos. Shannon contribuiu significativamente para o campo da Informação, estabeleceu como unidade fundamental o *bit* (termo oriundo de *binary digit*) e mostrou que os dígitos da base binária poderiam ser associados a dois estados (*e.g.*, ligado-desligado), podendo representar qualquer coisa.

Máquina de tabulação

Por volta de 1890, o norte-americano Herman Hollerith (Figura 1.18) protagonizou uma nova maneira de processar dados, por intermédio de uma máquina eletromecânica (Figura 1.19) que inventara, capaz de contar e compilar (tabular), destinada ao censo populacional dos Estados Unidos. Baseou-se na ideia de Babbage de ter como memória do seu engenho registros em cartões perfurados. Os dados dos indivíduos (*e.g.*, sexo, idade, ocupação) eram registrados por meio de perfurações em locais específicos de cartões de papel, cuja leitura usava um dispositivo, como um pente com agulhas metálicas que ao ultrapassar um furo de cartão fechavam um circuito elétrico que acionava o sistema de contagem. Considera-se que a máquina de Hollerith tenha reduzido sobremaneira o tempo necessário à conclusão do censo (o anterior, em 1880, levou 7 anos para ser tabulado de forma totalmente manual), apresentando uma capacidade de processamento pelo menos dez vezes superior a de métodos manuais. Hollerith fundou uma companhia para produzir máquinas de tabulação que anos depois, em 1924, incorporando-se a outras comporiam a *International Business Machines* (IBM).

Figura 1.18 – Herman Hollerith (1860-1929).
Fonte: https://mulheresnacomputacao.com/2012/07/31/hollerith/

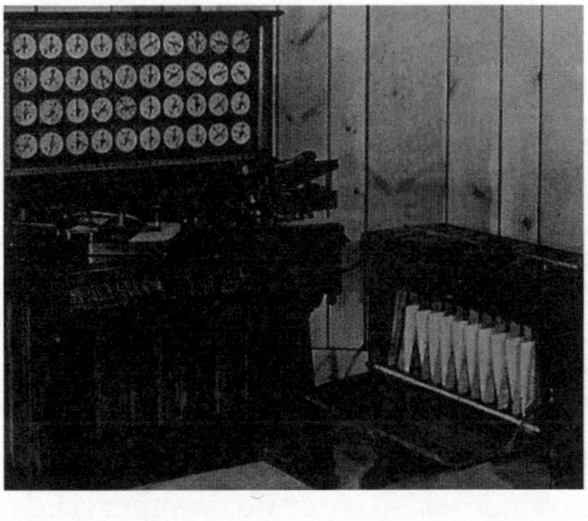

Figura 1.19 – Máquina tabuladora eletromecânica.
Fonte: https://mulheresnacomputacao.com/2012/07/31/hollerith/

Computadores

Provavelmente impulsionados pela indústria militar, com o início da década de 1940, o alemão Konrad Zuse (1910-1995) produziu os computadores Z-1 a Z-4 e o norte-americano Howard Aiken (1900-1973) os Mark I a IV, consideradas as primeiras séries de computadores de tantas outras que levaram ao progresso hoje alcançado. Os estadunidenses John Presper Eckert (1919-1995) e John Mauchly (1907-1980) projetaram o computador chamado ENIAC (*Electronic Numerical Integrator and Calculator*), objetivando realizar cálculos balísticos. Finalizado em 1946 (vários meses após o final da Segunda Guerra Mundial), o ENIAC era fisicamente um gigante de 30 toneladas, 5,50 m de altura e 25 m de comprimento, ocupando 180 m^2 de área construída. Composto por cerca de 18.000 válvulas e outros milhares de componentes eletrônicos, apresentava custos de manutenção e conservação proibitivos, já que dezenas/centenas de válvulas frequentemente deixavam de funcionar. Ademais, a energia térmica delas desprendida exigia um sistema de refrigeração sofisticado, ampliando ainda mais o já elevado consumo de energia elétrica da máquina (cerca de 200 kW).

Os computadores que sucederam ao ENIAC buscaram ampliar a capacidade de cálculo e reduzir tamanho e consumo. Eckert e Mauchly também construíram o UNIVAC (*Universal Automatic Computer*), finalizado em 1951, destinado ao processamento de dados dos censos da população americana. O UNIVAC usava 5.200 válvulas eletrônicas, pesava 13 toneladas e consumia 125 kW e ocupava por volta de 35 m^2. Encontra-se no endereço eletrônico www.computerhistory.org farto material sobre a evolução dos computadores ao longo do tempo.

A arquitetura de um computador depende do seu projeto lógico, enquanto a sua implementação depende da tecnologia disponível. As três primeiras gerações de computadores refletiram a evolução dos componentes básicos do computador (hardware) e um aprimoramento dos programas (software) existentes. Os computadores de primeira geração (1945-1959) usaram válvulas eletrônicas, quilômetros de fios, eram lentos, enormes e esquentavam muito. A segunda geração (1959-1964) substituiu as válvulas eletrônicas por transistores e fios por circuitos impressos, o que tornou os computadores mais rápidos, menores e de custo mais baixo. Já a terceira geração de computadores (1964-1970) foi construída com circuitos integrados, proporcionando maior compactação, redução dos custos e velocidade de processamento. A quarta geração, de 1970 até hoje, caracteriza-se por um aperfeiçoamento da tecnologia existente, otimizando a máquina para atender os problemas do usuário, maior grau de miniaturização, confiabilidade e velocidade de processamento. O termo quinta geração, atribuído a computadores "inteligentes", caracteriza os avanços alcançados em meados da década de 1990. Posteriormente, o termo passou a envolver elementos de diversas áreas de pesquisa relacionadas à inteligência computacional, sistemas especialistas e linguagem natural. Acresça-se a isso a conectividade, *i.e.*, a capacidade de conexão em rede de computadores. O conceito de supervia da informação capturou a imaginação tanto de profissionais da computação como de usuários comuns.

1.4 REFLEXÕES

Neste capítulo, buscou-se uma caracterização preliminar do conteúdo do presente livro, no que diz respeito à natureza de soluções numéricas (não analíticas) comumente propostas para problemas oriundos de diversos campos do conhecimento científico, descritos em linguagem matemática. Tais soluções devem ser sistematizadas por meio do que se denomina método numérico, a ser implementado usando-se um conjunto de instruções (algoritmo) executadas de acordo com os recursos de cálculo disponíveis. Além disso, foram reunidos os principais marcos deixados na História sobre a capacidade de se realizar cálculos, a começar pelos implementos manuais, passando-se por aqueles de natureza mecânica, até se atingir os computadores eletrônicos. No fim do livro, na seção Bibliografia, há uma lista de referências para uma leitura mais completa sobre a História da Computação, tema muitas vezes deixado de lado por estudantes apressados em colher apenas um verniz de cunho mais técnico.

De modo a reduzir o esforço dispendido em tarefas de cálculo repetitivo (iterativo), portanto visto como laborioso e enfadonho, observou-se o desenvolvimento constante de uma série de máquinas destinadas a substituir o cérebro humano em tais tarefas. Disso resultou um desejo mais amplo de se obter a capacidade de resolver problemas concernentes às necessidades e hábitos da vida em sociedade (urbana, pautada pela praticidade, conforto, comodidade etc.), de forma sistemática e rápida, automatizados por meio de máquinas de uso geral. Nesse ponto, para encurtar caminhos próprios do raciocínio mais elaborado, deixa-se ao leitor uma sutil indagação, cuja resposta só o tempo trará: que limites para a criação de máquinas "computadoras" deverão ser estabelecidos para o homem, quando atualmente estas começam a ser comandadas por voz, comunicam-se entre si, processam imagens, buscando ser dotadas da capacidade de visão, e assumem a forma de robôs? Estaria o homem buscando criar máquinas à sua imagem e semelhança? Há muito que refletir...

CAPÍTULO 2

Noções sobre sistemas de numeração

2.1 INTRODUÇÃO

O processo de contar e sua representação, como muitas coisas que povoam a mente, surgem de necessidades relacionadas à organização da vida humana, que muitas das vezes originam-se em adversidades a enfrentar, como também em alguma forma de controle que se pretenda exercer. Assim, imagina-se que primitivamente, retroagindo-se ao período Paleolítico (antiga Idade da Pedra), cerca de 2 milhões de anos a.C, até dez mil anos a.C, as necessidades humanas tenham sido de mera subsistência, voltadas à obtenção (sem estocagem e fins comerciais) de água e alimentos (caça de animais, pesca, coleta de frutos, folhas e raízes), oferecidos pela natureza espontaneamente e localmente, ao sabor das estações do ano e sazonalidades de tais alimentos. A vida humana se estabelecia em moradias provisórias (nomadismo), como cavernas e vãos entre rochas. Bens de produção desse período (*e.g.*, utensílios de pedra, ossos e madeira) eram de propriedade coletiva. Nesse tempo, a atividade de contar conjectura-se que tenha sido muito rudimentar. O senso numérico de acréscimo e retirada de elementos de uma coleção qualquer se imagina presente primitivamente na espécie humana, à semelhança do que registram estudos com animais que demonstram ter o mesmo senso [Bent10], [Pick09]. A Figura 2.1 refere-se de forma pictórica ao período Paleolítico. Segue-se a este período aquele conhecido por Mesolítico (10000 a.C a 7000 a.C), em que o viver cristalizou o binômio caçar-coletar. Gradualmente, transpondo-se o período Mesolítico e ingressando-se no Neolítico (7000 a.C a 3000 a.C), encontram-se neste os primeiros povoados, pouco organizados e voltados para as formas primitivas de agricultura e domesticação de animais. O camponês substitui seu poder de observação (direcionado primordialmente para a atividade de caçar) pela abstração e racionalização, o que pode ter contribuído para a construção de conceitos numéricos, como a correspondência um a um, tipo de contagem sem números, ilustrada na Figura 2.2. Ele foi capaz de criar barcos e jangadas, desenvolver a arte de tecer, fabricar cerâmica, fazer fogo artificialmente pelo atrito, construir casas de madeira e barro secado ao sol. Na fase final do período, descobriu que poderia usar metais (inicialmente limitando-se aos mais maleáveis encontrados em estado puro) na feitura de instrumentos de cobre e ouro. A cultura neolítica gradualmente deu lugar a padrões civilizatórios mais sofisticados, baseados no conhecimento da escrita, da roda e dos metais: calendários foram inventados; a religião e outras instituições se desenvolveram; e houve avanços consideráveis na ciência, comércio e indústria.

Figura 2.1 – Caça e coleta.
Fonte: https://static.mundoeducacao.uol.com.br/mundoeducacao/2021/03/pre-historia.jpg

Figura 2.2 – Agricultura e domesticação de animais.
Fonte: https://mundoeducacao.uol.com.br/matematica/como-surgiram-os-numeros.htm

Do que se expôs até aqui, torna-se natural imaginar que a necessidade de contar tenha surgido como parte da vida diária do homem. O esforço do homem em sistematizar os conceitos de grandeza, forma e número deu origem de certo modo ao que se entende hoje por Matemática. Veja que primitivamente tais conceitos podem ter sido construídos mais a partir de contrastes do que de semelhanças, por exemplo: a diferença entre um carneiro e muitos; a desproporção entre um pequeno peixe e um tubarão; e a dessemelhança entre a redonda Lua e uma retilínea árvore. Assim, das próprias diferenças deve ter surgido a percepção de semelhanças em número e forma, já que o contraste entre um carneiro e o rebanho ou uma árvore e a floresta leva à ideia de que um carneiro e uma árvore têm algo em comum: sua unicidade. Essa percepção de uma propriedade abstrata que certos grupos têm em comum, padrão de objetos semelhantes, leva ao que se chama de número.

O conceito de número evoluiu lentamente até que veio a se tornar abstrato, desvencilhando-se daquilo que concretamente representasse. Um número concreto seria algo que vinculasse a ideia de número com o tipo de coisa que se desejasse contar. Assim, primitivamente, seriam usados elementos representativos diferentes (quer sejam sons, palavras, ou objetos de formas ovaladas, circulares etc.) para se referir, por exemplo, a dois carneiros e duas jarras de óleo. Assim como, por analogia em português, fossem usados os termos *junta* de bois, *par* de sapatos, *casal* de coelhos, *dupla* de cantores, para cada tipo de grupos de *dois*. A abstração da propriedade comum "*dois*", representada por algo que fosse dissociado de qualquer coisa concreta, levou longo tempo para acontecer. Outro aspecto a ressaltar da contagem com números concretos diz respeito ao fato de que *palavras numéricas* são limitadas, expressam pequenas quantidades de certas coisas do dia a dia.

A partir da invenção dos números abstratos, ampliou-se sua utilização em diversas atividades desenvolvidas por aqueles que viviam nas primeiras cidades organizadas (*e.g.*, inventário de animais, armazenamento de sacas de grãos, contabilidade de taxas, escambo etc.), advindo daí a necessidade de números que pudessem representar quantidades cada vez maiores e de símbolos adequados para esse registro. Vários povos criaram símbolos numéricos, representados mediante marcas em placas feitas de barro cozido, atribuindo-se aos Sumérios (habitantes do sul da Mesopotâmia, atual Iraque, entre 4000 a 1950 a.C) os primeiros passos na direção de tão importante realização. Os Sumérios destacaram-se na elaboração de projetos e construção de um sistema de controle de água (essencial para as suas cidades) dos rios Tigre e Eufrates, com barragens, drenagem do solo e canais de irrigação. Uma substancial contribuição dos Sumérios foi também a criação da escrita cuneiforme, em que sinais em forma de cunhas representavam ideias, objetos e números.

Aqui, apresentou-se uma breve introdução sobre os primórdios da criação dos números. Um pouco mais sobre a história dos números continua na próxima seção. Para os leitores interessados em aprofundar o assunto recomendam-se as seguintes referências: [Boye96], [Bess99], [Eves04], [Bent10] e [Roon12].

2.2 REPRESENTAÇÃO NUMÉRICA

Os símbolos matemáticos que representam números passaram por diversas transformações até serem estabelecidos na forma pela qual são hoje conhecidos. Um dos primeiros sistemas de numeração que se tem conhecimento foi desenvolvido pelas civilizações que viviam no Vale do rio Nilo (Egito, nordeste da África), cerca de 3000 a.C. Os Egípcios usavam na representação numérica a base dez, com símbolos distintos para cada potência de 10, conforme ilustra a Figura 2.3 [Eves04], [Katz09]. Com esses sete símbolos, repetidos quando necessário e juntados apropriadamente, os Egípcios representavam os números que precisavam. Por exemplo, o número decimal 234, escrito da esquerda para a direita, em ordem inversa à habitualmente usada pelos Egípcios, seria: $234 = 2 \times (100) + 3 \times (10) + 4 =$ 𓍢𓍢𓎆𓎆𓎆||||.

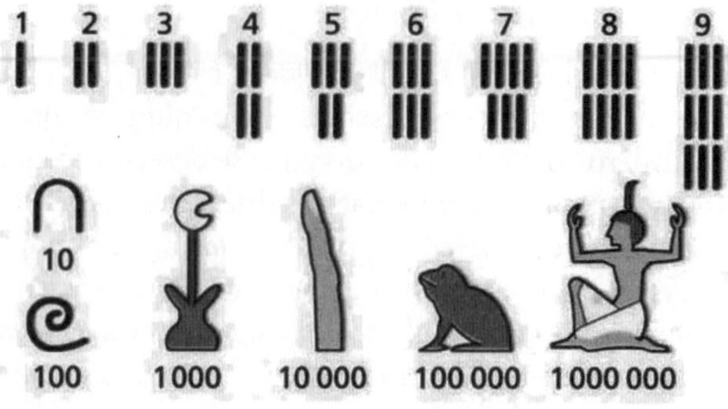

Figura 2.3 – Símbolos do sistema egípcio.
Fonte: https://neoparaiso.com/imprimir/numeros/numeracion-egipcia.png

Outros antigos registros de simbologia numérica abstrata, semelhantes à desenvolvida pelos Egípcios, foram encontrados na região da Mesopotâmia (cerca de 2000 a.C), indicando que os Sumérios e Babilônios usavam símbolos em forma de cunha (cuneiformes), semelhantes aos representados na Figura 2.4a, correspondentes às unidades e dezenas [Ifra01]. Por exemplo, para escrever o número 23 com tais símbolos, duas cunhas das dezenas (em forma de parênteses em ângulo) e três das unidades (cunhas verticais) eram arranjadas, como mostra a Figura 2.4b. Esses símbolos básicos combinados, em agrupamentos simples de base dez, representavam números até o 59. Para números considerados grandes (a partir de 60), desenvolveram um sistema hexadecimal que explorava o princípio do valor posicional de cada símbolo, a ser descrito neste capítulo mais adiante. A escolha da base 60 parece ter sido feita em razão da possibilidade de se dividir igualmente (10 diferentes maneiras) o número 60: metades, terços, quartos, quintos, sextos, décimos, doze avos, quinze avos, vigésimos e trigésimos. O sistema sexagesimal de numeração herdado dos Babilônios seguiu adotado por Gregos e depois Árabes, restando sua presença nos dias de hoje nas unidades de medida de tempo (60 segundos em um minuto, 60 minutos em uma hora) e ângulos (6 vezes 60 graus em um círculo, 60 minutos em cada grau, 60 segundos em cada minuto). Outros sistemas numéricos antigos, como o de base 12 (duodecimal), também são percebidos, por exemplo, na contagem dos meses de um ano, signos do zodíaco, polegadas de um pé, dúzias de qualquer coisa e uma grosa (12 dúzias). O sistema duodecimal usava um método que consistia em contar (utilizando o polegar) as falanges dos dedos da mão direita, totalizando doze (três falanges em cada um dos quatro dedos).

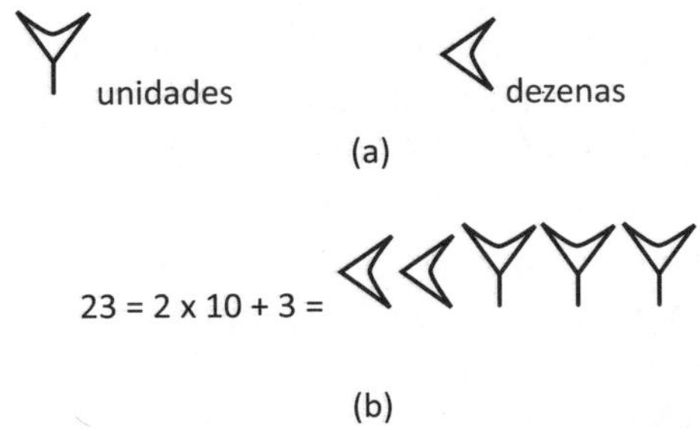

Figura 2.4 – Símbolos do sistema babilônio.

A criação do alfabeto pelos Fenícios, principalmente para facilitar as atividades de navegação e comércio, também teve repercussão na representação numérica, pois eles usavam seus caracteres como numerais no sistema decimal em que trabalhavam. Da mesma forma, fizeram os Gregos que, por volta do ano 500 a.C, adotaram seus 24 caracteres clássicos alfabéticos e mais 3 letras arcaicas (*digamma*, *koppa* e *san* ou *sampi*) como numerais [Eves04], de acordo com a correspondência indicada na Tabela 2.1.

Tabela 2.1 – Símbolos do sistema grego

Unidades			Dezenas			Centenas		
1	A	alfa	10	I	iota	100	P	rho
2	B	beta	20	K	kappa	200	Σ	sigma
3	Γ	gama	30	Λ	lambda	300	T	tau
4	Δ	delta	40	M	um	400	Y	upsilon
5	E	epsilon	50	N	nu	500	Φ	phi
6	F	*digamma*	60	Ξ	xi	600	X	chi
7	Z	zeta	70	O	omicron	700	Ψ	psi
8	H	eta	80	Π	pi	800	Ω	omega
9	Θ	teta	90	ς	*koppa*	900	ϡ	*sampi*

Possivelmente a partir de 200 a.C, os Romanos aperfeiçoaram o sistema numérico grego, reduzindo a quantidade de símbolos para sete, a saber: I, X, C e M, correspondentes a 1, 10, 100, 1000; além de V, L e D, para 5, 50 e 500. Um número romano consistia de uma sequência de símbolos (letras), tomada da esquerda para a direita, que obedecia certas regras [Arag09]. O sistema adotava os princípios aditivo e subtrativo, estabelecidos pela seguinte regra: quando um símbolo de menor valor preceder o de maior valor de sua classe, o número representado seria o resultado da diferença entre os valores desses símbolos (*e.g.*, IX = 9, XL = 40); do contrário, os valores seriam adicionados (*e.g.*, XI = 11, MCC = 1200). Também como regra do princípio subtrativo, o I deveria preceder V ou X, o X apenas L ou C e também o C apenas o D ou M. Assim, os símbolos V, L e D não podiam ser usados como números a serem subtraídos. Essa notação, quando aplicada, tornava a representação do número menos extensa. Veja que 1944 = MDCCCCXXXXIIII, se transforma em MCMXLIV, com a aplicação do princípio subtrativo. O sistema de numeração romano teve longa evolução até atingir a partir do Renascimento a forma aqui descrita. Os números romanos foram bastante difundidos, notando-se sua presença até hoje em mostradores de relógios ou na numeração das páginas iniciais e dos capítulos de livros e documentos.

Os Maias, civilização que ocupou a América Central, na península de Yucatán e vizinhança de Guatemala e Honduras, provavelmente dos séculos IV ao IX d.C, desenvolveram um sistema de numeração vigesimal (base 20). Natural se imaginar que antigamente fosse usual contar recorrendo-se aos 10 dedos das mãos e mais os 10 dedos dos pés, além de se usar para a representação dos números, símbolos que lembrassem "pedrinhas" e gravetos. Os Maias criaram um sistema de contagem simples, em que os números até 19 eram representados por meio de uma associação dos símbolos *ponto* e *traço* [Ifra01], [Eves04], [Gull96]. O símbolo *ponto* (usado até quatro vezes) representava uma unidade e *traço* o correspondente a cinco (usado até três vezes), conforme se vê na Tabela 2.2. Números superiores a 19 eram representados na vertical, com leitura de cima para baixo, seguindo em ordem decrescente às potências de base vinte. Alguns exemplos encontram-se representados na Figura 2.5, a seguir.

Tabela 2.2 – Símbolos do sistema maia

1	•	**6**	• ———	**11**	• ——— ———	**16**	• ——— ——— ———
2	• •	**7**	• • ———	**12**	• • ——— ———	**17**	• • ——— ——— ———
3	• • •	**8**	• • • ———	**13**	• • • ——— ———	**18**	• • • ——— ——— ———
4	• • • •	**9**	• • • • ———	**14**	• • • • ——— ———	**19**	• • • • ——— ——— ———
5	———	**10**	——— ———	**15**	——— ——— ———		

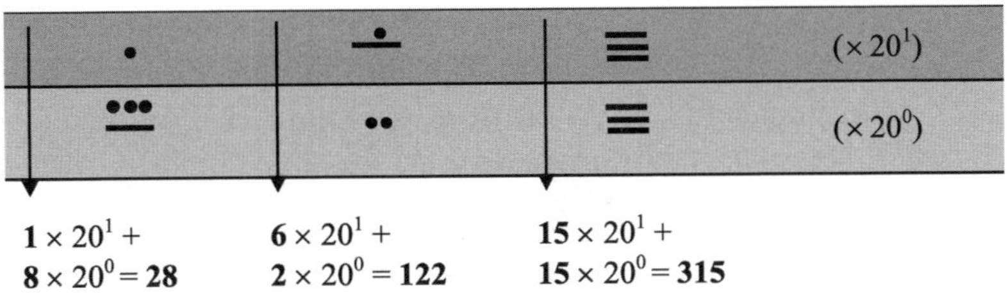

Figura 2.5 – Números pequenos representados no sistema maia.

O sistema numérico maia não era estritamente vigesimal, pois os valores dos símbolos de 2ª ordem eram multiplicados por 18 × 20 = 360, em vez de $20^2 = 400$. A provável razão para a adoção pelos Maias (sacerdotes) de um sistema de base mista seria o fato de terem um calendário em que o ano correspondia a 360 dias (18 meses de 20 dias cada). Por exemplo, veja na Figura 2.6 como seria escrito um número grande no sistema Maia:

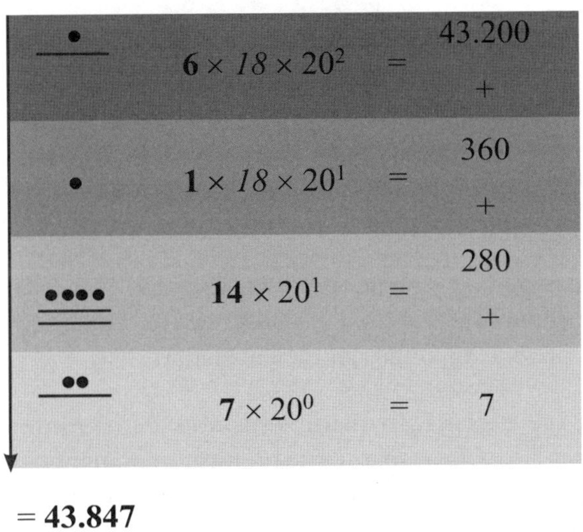

Figura 2.6 – Número grande representado no sistema maia.

O sistema de numeração indo-arábico originou-se na Índia (por volta do ano 250 a.C) e foi desenvolvido sob a influência dos Árabes, que o disseminaram na Europa. Importante lembrar que a península Ibérica foi invadida pelos Árabes em 711 d.C, que lá permaneceram até 1492 d.C. O registro escrito mais antigo da utilização de um sistema de numeração completamente desenvolvido encontrava-se no livro do matemático persa Al-Khwarizmi (825 d.C), cuja imagem ilustra-se na Figura 2.7. Embora o manuscrito original desse livro tenha sido perdido, sua tradução latina (cerca de 1120 d.C), intitulada *Liber algorismi de numero indorum* (*O Livro de Al-Khwarizmi sobre o sistema numérico da Índia*), atesta sua existência [Gull96]. A importância da obra desse renomado matemático se faz sentir no termo *algoritmo*, corruptela latina de Al-Khwarizmi, que trazia como significado a arte de calcular com numerais indo-arábicos. Modernamente, o termo *algoritmo* refere-se a qualquer procedimento sistemático que leve à solução de um problema em um número finito de etapas. Outra contribuição notável para a adoção na Europa do sistema indo-arábico foi dada pelo matemático italiano Fibonacci, por intermédio do seu livro *Liber Abaci* (*Livro do Cálculo*) sobre Aritmética e Álgebra, de 1202 d.C, em que escreveu [Pick09]:

Figura 2.7 – Al-Khwarizmi (780 EC-850 d.C).
Fonte: https://upload.wikimedia.org/wikipedia/commons/d/dd/Al-Khwarizmi_portrait.jpg

> Estes são os nove números indianos: **9 8 7 6 5 4 3 2 1**. Com estes nove números e com o símbolo 0, em árabe sifr (zephirum e depois zero, em Latim) qualquer número, seja qual for, pode ser representado, como será demonstrado.

A transição da representação de números no sistema romano para o indo-arábico (este que veio a ser adotado amplamente no mundo ocidental) se deu em geral de forma lenta, levando séculos. Embora por volta do século XIV as formas numéricas indo-arábicas fossem praticamente as mesmas que integram presentemente o sistema decimal, apenas perto do século XVIII foram dirimidas completamente as dúvidas a respeito das vantagens do "novo" sistema.

No sistema de numeração indo-arábico, a contagem e operação de cálculos se faz muito mais facilmente do que em qualquer outro sistema previamente estabelecido, por justificadas razões, como as descritas a seguir.

1) Numerais usados

Há símbolos próprios para cada um dos 10 dígitos que compõem o sistema, vale dizer, por exemplo, que: 3 para ser representado não mais requer a tripla repetição do símbolo I (ou seja, III); para o 4, não mais se precisa (pelo princípio subtrativo) apor o símbolo de uma unidade antes daquele que representa 5 (*i.e.*, IV); 6 deixa de ser representado pela adição de valores dos símbolos usados para 5 e a unidade, dispostos respectivamente como VI; e assim por diante. Os dez dígitos (0 a 9) permitem a representação de qualquer número. Veja que no sistema de numeração grego, com as 27 letras adotadas como símbolos, alcança-se até 900, bem como no sistema romano, seus 7 numerais levam a representação até 1.000. Para contar acima desses valores, novos símbolos deveriam ser criados.

2) Nomes atribuídos aos números

Uma outra vantagem diz respeito à denominação dos números representados no sistema que, por se repetir nas diversas composições que formam os numerais decimais, facilita a sua memorização. Cada algarismo de 0 a 9 recebe individualmente um nome: *zero*, *um*, *dois*, ..., *nove*. E as multiplicações pelo valor-base: 10 × 10 denomina-se *cem*; 10 × 10 × 10 *mil*; e assim por diante. Por exemplo: 21 lê-se *vinte e um*; 321 é *trezentos e vinte e um*; 1321 é *mil trezentos e vinte e um*.

3) Sistema posicional

Os sistemas de numeração foram gradativamente evoluindo até que se pudesse compreender que estes devessem ser constituídos por poucos símbolos, com os quais fosse possível representar qualquer número (por maior que fosse) e realizar cálculos de maneira rápida e fácil. Tal compreensão permitiu o estabelecimento de um sistema de numeração posicional, em que o valor de cada um de seus símbolos (algarismos) depende da posição ocupada no número formado, sendo necessária a criação de um símbolo sem valor numérico (*zero*) para indicar uma posição vazia. Assim, por exemplo, o dígito 6 representa valores distintos nos números 68, 816 e 1608. Note que no sistema romano o valor dos símbolos não variava da mesma forma que no sistema posicional com algarismos indo-arábicos. Tomando-se como exemplo o número XIII, o símbolo I tem valor unitário, independentemente da posição que ocupa na sequência de símbolos que formam o número considerado.

Interessante mencionar que a necessidade de um símbolo especial como marcador de lugar vazio (*sunya*, em Sânscrito) para assegurar que os símbolos que compunham um número pudessem ser posicionados corretamente, havia sido percebida pelos Babilônios, Gregos e Maias (mas não pelos Romanos). Entretanto, apenas os Indianos compreenderam que o *zero* significava mais do isso, *i.e.*, era também um número. O jovem matemático e astrônomo Brahmagupta (estima-se que tivesse 30 anos de idade), por volta de 628 d.C, definiu o *zero* como um número, estabelecendo as primeiras regras para o cálculo com o uso do 0 em subtrações, adições e multiplicações [Bent09]: "*Zero* é o resultado da subtração de um número de si mesmo"; "Quando *zero* é adicionado a um número ou subtraído de um número, o número permanece inalterado, e um número multiplicado por *zero* torna-se *zero*".

Com a breve descrição da história dos números e dos sistemas com eles construídos até aqui apresentados, entende-se que foram reunidos os elementos essenciais ao prosseguimento do raciocínio que se pretende conduzir neste capítulo, visando responder principalmente à seguinte questão: como representar um número qualquer em um sistema de numeração posicional, quando adotada uma determinada base? Essa pergunta será respondida a seguir, trabalhando-se nas bases decimal e binária, selecionadas por justificadas razões.

Cabe ainda introduzir um comentário, que se faz oportuno, sobre uma das motivações que levaram os autores a escrever esta obra e que diz respeito à busca pela produção de um texto didático que possa de fato se tornar útil aos leitores na solução de problemas práticos, encontrados no exercício das mais diversas atividades. Isso porque, ao longo das duas seções iniciais do presente capítulo, em boa medida, pôde-se depreender que a atividade matemática, desde os primeiros sopros de vida, consiste em se procurar por padrões, conjecturar, deduzir e estabelecer resultados. Pelos registros históricos aqui trazidos, vê-se que a Matemática sempre foi parte da atividade humana, evoluindo a partir de contagens, medições, cálculos, estudo sistemático de formas geométricas e movimento de objetos na natureza. Desde os remotos tempos, a Matemática tem sido vista em especial como uma ferramenta para resolver problemas práticos. Na introdução do livro sobre Álgebra de Al-Khwarizmi, escrito por volta de 825 d.C, encontra-se a explicação dada por ele sobre as razões (ensinaria a pessoas comuns coisas úteis, na forma de um manual prático) que o levaram a produzir seu texto [Katz09]:

> [...] o que é mais fácil e útil em Aritmética, tal como o que os homens constantemente necessitam em casos de herança, legados, partilhas, processos judiciais, comércio, e em todas as suas negociações uns com os outros, ou onde a mensuração de terras, a escavação de canais, os cálculos geométricos e outros objetos de vários tipos e naturezas estejam envolvidos.

2.3 SISTEMAS DECIMAL E BINÁRIO

Embora a escolha da base (contagem adotando grupos) adotada em um sistema de numeração posicional seja em princípio arbitrária, de alguma forma (e muitas vezes), ocorre de acordo com o que se pode denominar de "escolha natural". Nesta seção, sem perda de generalidade, serão vistas as representações numéricas no sistema decimal (base dez) e binário (base dois): o decimal, muito provavelmente, originário da contagem comum usando-se os dedos das mãos estendidos; o binário, usado pelos computadores, criado pela facilidade de representação de dois estados opostos quaisquer (*e.g.*, verdadeiro e falso; aceso e apagado; ligado e desligado etc.).

2.3.1 Representação de números inteiros

No sistema de numeração posicional decimal, utilizam-se agrupamentos feitos de 10 em 10 elementos: 10 *unidades* constituem uma dezena; 10 *dezenas* formam uma centena; 10 *centenas* fazem um milhar; e assim por diante. Os símbolos básicos desse sistema são os dez algarismos: 0, 1, 2, 3, 4, 5, 6, 7, 8 e 9. A significância de cada símbolo depende da posição que ele ocupa no número formado. Assim, por exemplo, no número **456**, o símbolo **4**, na posição em que se encontra, vale 400. Esse mesmo símbolo **4** em 6**4**5 vale 40. Utilizando a representação em que se evidenciem as centenas, dezenas e unidades, vem: 456 = 400 + 50 + 6. Ou ainda, em termos das potências de base 10: $456 = \mathbf{4} \times 10^2 + \mathbf{5} \times 10^1 + \mathbf{6} \times 10^0$. Indexando cada um dos dígitos que compõem o número 456, obtém-se a seguinte representação: $(d_2 d_1 d_0)_{dez} = d_2 \times 10^2 + d_1 \times 10^1 + d_0 \times 10^0$. Note que cada índice está em correspondência com os expoentes das potências de base 10. Em termos genéricos, pode-se representar um número inteiro na base dez, usando a seguinte notação:

$$N_{dez} = (d_n d_{n-1} \ldots d_1 d_0)_{dez} \implies N_{dez} = d_n \times 10^n + d_{n-1} \times 10^{n-1} + \ldots + d_1 \times 10^1 + d_0 \times 10^0$$

Cada termo dessa soma representa o valor do dígito participante, em função da posição por ele ocupada na formação do número.

A representação posicional binária assemelha-se à decimal, necessitando-se de dois símbolos: 0 e 1. Considere, por exemplo, o número $(1101)_{dois}$, que em termos das potências de base 2 assume a forma $(1101)_{dois} = (b_3 b_2 b_1 b_0)_{dois} = 1 \times 2^3 + 1 \times 2^2 + 0 \times 2^1 + 1 \times 2^0$. Genericamente: $N_{dois} = (b_n b_{n-1} \ldots b_1 b_0)_{dois} = b_n \times 2^n + b_{n-1} \times 2^{n-1} + \ldots. + b_1 \times 2^1 + b_0 \times 2^0$.

Note que um sistema de numeração posicional de base β (≤ 10) constitui-se de símbolos α_k (algarismos indo-arábicos), sendo $0 \leq \alpha_k \leq (\beta - 1)$, $k = 0, 1, \ldots, n$, o que leva à seguinte representação:

$$N_{beta} = (\alpha_n \alpha_{n-1} \ldots \alpha_1 \alpha_0)_{beta} = \alpha_n \times \beta^n + \alpha_{n-1} \times \beta^{n-1} + \ldots + \alpha_1 \times \beta^1 + \alpha_0 \times \beta^0$$

Para $\beta > 10$, devem-se acrescentar ao conjunto de símbolos numéricos outros símbolos básicos, até que se atinja o total de β símbolos constituintes da base do sistema. Por exemplo, formam a base 16 os seguintes símbolos: {0, 1, 2, 3, 4, 5, 6, 7, 8, 9, A, B, C, D, E e F}.

Considerando o interesse na representação numérica dos sistemas de base dez e dois, cabe a seguir abordar as formas de conversão de uma base para a outra.

A) Conversão de binário para decimal

Duas formas de conversão são possíveis, dependendo de como os cálculos necessários à conversão são efetuados. Na forma direta, procede-se à soma de cada termo das potências de base 2 para realizar a conversão, como no exemplo a seguir:

$$(\mathbf{11011})_{dois =} \mathbf{1} \times 2^4 \times \mathbf{1} \times 2^3 + \mathbf{0} \times 2^2 + \mathbf{1} \times 2^1 + \mathbf{1} \times 2^0 = 16 + 8 + 0 + 2 + 1 = (\mathbf{27})_{dez}$$

A forma direta não se mostra eficiente nos casos em que o número a ser convertido contenha vários termos de potências elevadas de base 2, requerendo assim o cálculo individualizado de cada termo, o que se torna laborioso. Para se buscar uma sequência de cálculos mais eficiente, pode-se adotar uma forma recursiva de conversão. Adotando-se um número com apenas 5 dígitos $(b_4b_3b_2b_1b_0)_{dois}$, de modo a facilitar o entendimento da forma de se acumular potências crescentes de base 2, considere a seguinte sequência de cálculos, em que se faz a redução encadeada (colocando-se em evidência o fator 2) do que se encontra em cada um dos parênteses. Note que se o conteúdo de cada parêntese for designado por a_k e a sequência de cálculos for construída em ordem inversa àquela apresentada, vem: $a_4 = b_4 \Rightarrow a_3 = b_3 + 2a_4 \Rightarrow a_2 = b_2 + 2a_3 \Rightarrow a_1 = b_1 + 2a_2 \Rightarrow a_0 = b_0 + 2a_1$. Portanto, $(b_4b_3b_2b_1b_0)_{dois}$ corresponde a $(a_0)_{dez}$. Aplicando a forma recursiva de conversão ao número $(\mathbf{11011})_{dois}$, os seguintes cálculos seriam realizados:

Início $\Rightarrow b_4 = \mathbf{1}$ e $a_4 = b_4$; $a_3 = b_3 + 2a_4 = \mathbf{1} + 2 \times 1 = 3$; $a_2 = b_2 + 2a_3 = \mathbf{0} + 2 \times 3 = 6$; $a_1 = b_1 + 2a_2 = \mathbf{1} + 2 \times 6 = 13$; $a_0 = b_0 + 2a_1 = \mathbf{1} + 2 \times 13 = 27 \Rightarrow$ Fim.

$$b_0 + 2\times\underbrace{(b_1 + b_2\times 2^1 + b_3\times 2^2 + b_4\times 2^3)}$$

$$b_1 + 2\times\underbrace{(b_2 + b_3\times 2^1 + b_4\times 2^2)}$$

$$b_2 + 2\times\underbrace{(b_3 + b_4\times 2^1)}$$

$$b_3 + 2\times\underbrace{(b_4)}_{a_4}$$

A seguir, encontra-se o Programa 2.1 (**Scilab**) referente à forma recursiva de conversão anteriormente analisada, com base na seguinte sequência de cálculos (algoritmo):

> Ler cada dígito do número binário a ser convertido $(b_n\ b_{n-1} \ldots b_1\ b_0)_{dois}$
> $a_n = b_n$
>   Faça $k = n, \ldots, 1$
> $a_{k-1} = b_{k-1} + 2a_k$
>   Pare
> Exibir a_0
> Fim

Algoritmo 2.1 – Conversão de número inteiro binário para decimal.

Programa 2.1 – Conversão de número inteiro binário para decimal

```
//Programa para a conversão de um número inteiro binário em decimal
//Entrada de dados: digite o número binário a ser convertido entre colchetes
// com os dígitos separados por espaços
//Exemplo: [1 0 1 0 1 1 0]
clear; // elimina (limpa) as variáveis da memória
b=input('Forneça o vetor contendo o número inteiro binário a ser convertido: ')
//determinação do tamanho do vetor (1 x n) que contém o número binário
n=size(b,2);
//início do processo de conversão
a(1)=b(1);
//recursão
for k=1:n-1
  a(k+1)=b(k+1)+2*a(k);
end
//apresenta o número decimal procurado
printf("Número Inteiro Decimal Convertido:\n %g", a(n))
```

Encontra-se no link https://github.com/ViniBiajoni/metodosNumericosLivroSBA.git

B) Conversão de decimal para binário

Suponha agora que a conversão seja do número $(N)_{\text{dez}} \Rightarrow (b_n b_{n\text{-}1} \ldots b_1 b_0)_{\text{dois}}$. A sequência de cálculos necessária para a determinação de cada dígito binário corresponde a se verificar, sucessivamente, se o número encontrado em cada etapa do processo de conversão é divisível por 2, como a seguir ilustrado: $(N)_{\text{dez}} \Rightarrow (b_n b_{n\text{-}1} \ldots\ldots b_1 b_0)_{\text{dois}}$

INÍCIO:

$$a_0 = 2\,\underbrace{(b_n \times 2^{n-1} + b_{n-1} \times 2^{n-2} + \ldots. + b_2 \times 2^1 + b_1)}_{a_1} + \boldsymbol{b_0} \quad \Rightarrow \quad \begin{cases} \text{Se } a_0 \text{ for par} \Rightarrow \boldsymbol{b_0} = 0; \\ \text{Do contrário } (a_0 \text{ ímpar}) \Rightarrow \boldsymbol{b_0} = 1 \end{cases}$$

$$a_1 = (a_0 - b_0)/2 = 2\,\underbrace{(b_n \times 2^{n-2} + b_{n-1} \times 2^{n-3} + \ldots. + b_2)}_{a_2} + \boldsymbol{b_1} \Rightarrow \begin{cases} \text{Se } a_1 \text{ for par} \Rightarrow \boldsymbol{b_1} = 0; \\ \text{Do contrário } (a_1 \text{ ímpar}) \Rightarrow \boldsymbol{b_1} = 1 \end{cases}$$

$\Downarrow$

$$a_k = (a_{k-1} - b_{k-1})/2 \quad \Rightarrow \quad \begin{cases} \text{Se } a_k \text{ for par} \Rightarrow \boldsymbol{b_k} = 0; \\ \text{Do contrário } (a_k \text{ ímpar}) \Rightarrow \boldsymbol{b_k} = 1 \end{cases}$$

$\Downarrow$

Se $a_0 = 0 \Rightarrow$ FIM

Por exemplo, considere que se deseja converter $(187)_{dez}$ para a base 2. A sequência de cálculos necessários à obtenção de $(10111011)_{dois}$ encontra-se no Quadro 2.1 apresentado a seguir. Note que os dígitos binários são obtidos em ordem inversa, *i.e.*, do mais baixo índice para os mais altos, ou ainda, da direita para a esquerda na formação do número binário.

Quadro 2.1 – Conversão de número inteiro decimal para binário

k	a_k	b_k
0	**187**	**1**
1	93	**1**
2	46	**0**
3	23	**1**
4	11	**1**
5	5	**1**
6	2	**0**
7	1	**1**
8	0	Fim

A seguir, os cálculos anteriores são descritos na forma de um algoritmo e estão presentes no Programa 2.2 (**Scilab**), destinado à conversão de um número inteiro decimal em binário.

```
Leia o nº inteiro a ser convertido Ndez
k = 0
ak = N
Enquanto ak ≠ 0, calcule
        r = Resto(ak/2)
          Se r = 0, então bk = 0
          Caso contrário, bk = 1
        ak+1 = (ak – bk)/2
          Acrescente uma unidade ao indexador k (k ← k + 1)
Pare
Exiba os dígitos binários bk que compõem o nº convertido
FIM
```

Algoritmo 2.2 – Conversão de número inteiro decimal para binário.

Programa 2.2 – Conversão de número inteiro decimal para binário

```
//Programa para a conversão de um número decimal inteiro em binário
//Entrada de dados: Número decimal a ser convertido
clear; // elimina (limpa) as variáveis da memória
N=input('Digite o número decimal a ser convertido: ')
k=1;
a(k)=N;
while a(k)<>0
 r=modulo(a(k),2);
 if r==0 then b(k)=0;
 else b(k)=1;
 end
 a(k+1)=(a(k)-b(k))/2;
 k=k+1;
end
for i=1:k-1
 c(i)=b(k-i);
end
printf('Número binário convertido:\n ')
//transforma em um string o conteúdo numérico do vetor c (transposto) em que estão armazenados
os dígitos binários
str=string(c')
disp(str)
```

Encontra-se no link https://github.com/ViniBiajoni/metodosNumericosLivroSBA.git

Embora seja simples converter números da base 10 para base 2 e vice-versa, existem funções residentes no **Scilab** para esse fim, denominadas *bin2dec* (binário para decimal) e *dec2bin* (decimal para binário). Tais funções permitem a conversão de apenas um número inteiro ou de um grupo apresentado em um vetor. A seguir, encontram-se exemplos de aplicação destas funções nos Programas 2.3 e 2.4, usando-se diretamente a janela principal do **Scilab** denominada Console.

Programa 2.3 – Uso da função residente dec2bin

```
// Conversão de apenas um no decimal
//Por exemplo: 86
x=input('digite o número decimal a ser convertido: ')
str=dec2bin(x)
printf('Número inteiro convertido para binário:\n')
disp(str)
// Conversão de vários nos decimais contidos em um vetor (e.g., 12, 45 e 135)
//Por exemplo: x=[12;45;135]
x=input('digite o vetor com os decimais a serem convertidos: ')
z=dec2bin(x)
printf('Vários números inteiros em um vetor convertido para binário:\n')
disp(z)
```

Encontra-se no link https://github.com/ViniBiajoni/metodosNumericosLivroSBA.git

Programa 2.4 – Uso da função residente bin2dec

```
// Conversão de apenas um nnúmero inteiro binário para decimal
//Por exemplo: '1010110'
x=input('digite o string do número binário a ser convertido: ')
str=x
y=bin2dec(str)
printf('Número inteiro decimal convertido:\n')
disp(y)
// Converter vários strings de números binários contidos em um vetor
//Por exemplo: ['1011011';'1010010']
x=input('digite o vetor contendo os strings dos números binários a serem convertidos: ')
str=x
y=bin2dec(str)
printf('Números inteiros decimais convertidos:\n')
disp(y)
```

Encontra-se no link https://github.com/ViniBiajoni/metodosNumericosLivroSBA.git

2.3.2 Representação de números fracionários

A representação de números fracionários se assemelha àquela usada para números inteiros, entretanto sendo constituída por uma série de potências negativas da base adotada. O número fracionário $(0,d_1d_2 \ldots d_n)_{dez}$, que tenha representação finita, corresponde a:

$r = \sum_{k=1}^{n} d_k \times 10^{-k} = d_1 \times 10^{-1} + d_2 \times 10^{-2} + \ldots + d_n \times 10^{-n}$, sendo $d_k = 0$, $\forall k > n$, por exemplo, a fração finita $¼ = 0{,}25 = 2 \times 10^{-1} + 5 \times 10^{-2}$.

Se o número tiver representação infinita, *i.e.*, $(0,d_1d_2 \ldots d_n \ldots)_{dez}$:

$r = \sum^{\infty} d_k \times 10^{-k} = d_1 \times 10^{-1} + d_2 \times 10^{-2} + \cdots + d_n \times 10^{-n} + \cdots$, como se vê na fração infinita 1/3 $= 0{,}333\ldots = 3 \times 10^{-1} + 3 \times 10^{-2} + \ldots$

Da mesma forma, se for uma representação finita de número fracionário na base 2, $(0,b_1b_2 \ldots b_n)_{dois}$:

$r = \sum_{k=1}^{n} b_k \times 2^{-k} = b_1 \times 2^{-1} + b_2 \times 2^{-2} + \ldots + b_n \times 2^{-n}$, sendo $b_k = 0$, $\forall k > n$, por exemplo, em $(0{,}001)_{dois} = 0 \times 2^{-1} + 0 \times 2^{-2} + 1 \times 2^{-3} = 1/8 = (0{,}125)_{dez}$.

Se o número tiver representação infinita, *i.e.*, $(0,d_1d_2 \ldots d_n \ldots)_{dez}$:

$$r = \sum_{k=1}^{\infty} b_k \times 2^{-k} = b_1 \times 2^{-1} + b_2 \times 2^{-2} + \cdots + b_n \times 2^{-n} + \cdots,$$ como se vê em $(0{,}1001110\ldots)_{dois}$ =

$= 1\times2^{-1} + 0\times2^{-2} + 0\times2^{-3} + 1\times2^{-4} + 1\times2^{-5} + 1\times2^{-6} + 0\times2^{-7} + \ldots = 1/2 + 1/16 + 1/32 + 1/64 + \ldots$

$= 0{,}5 + 0{,}0625 + 0{,}\ 03125 + 0{,}015625 + \ldots = (0{,}609375\ldots)_{dez}$

A) Conversão de binário para decimal

Assim como no caso de números inteiros, aqui também as formas direta e recursiva são cabíveis. Tomando o número $(0{,}10101)_{dois}$, sua conversão direta para a base 2 seria realizada com os seguintes cálculos:

$(0{,}\ 101101)_{dois} = 1 \times 2^{-1} + 0 \times 2^{-2} + 1 \times 2^{-3} + 1 \times 2^{-4} + 0 \times 2^{-5} + 1 \times 2^{-6} =$

$1/2 + 1/8 + 1/16 + 1/64 = 45/64 = 0{,}5 + 0{,}125 + 0{,}\ 0625 + 0{,}015625 = (0{,}703125)_{dez}$

Para a aplicação da forma recursiva, deve-se inicialmente transformar o número fracionário em inteiro, movendo a vírgula que separa a parte inteira para a extrema direita, como se faz a seguir.

$$r = (0{,}b_1b_2 \ldots b_n)_{dois} = \sum_{k=1}^{n} b_k \times 2^{-k} = b_1 \times 2^{-1} + b_2 \times 2^{-2} + \ldots + b_n \times 2^{-n}$$

$$r \times 2^n = (b_1b_2 \ldots b_n)_{dois} = b_1 \times 2^{n-1} + b_2 \times 2^{n-2} + \ldots + b_n \times 2^0$$

Em seguida, usa-se a forma recursiva de conversão de número inteiro binário para decimal, apresentada anteriormente, após o que se divide o número decimal convertido, sucessivamente, *n* vezes, por 2, de modo a obter-se o número fracionário convertido. Veja os cálculos para se converter, usando a forma recursiva, por exemplo, $r = (0{,}000111)_{dois}$:

$r \times 2^6 = (111)_{dois}$, que será convertido para a base 10 $\Rightarrow$ (início)

$a_2 = b_2$; $a_2 = 1$; $a_1 = b_1 + 2\times a_2$;

$a_1 = 1 + 2\times1 = 3$; $a_0 = b_0 + 2\times a_1$;

$a_0 = 1 + 2\times3 = 7$ (fim) $\Rightarrow$ $r \times 2^6 = (111)_{dois} = (7)_{dez}$

B) Conversão de decimal para binário

Dado o número $(0{,}d_1d_2 \ldots d_n \ldots)_{dez}$, deseja-se obter $(0{,}b_1b_2 \ldots b_n \ldots)_{dois}$. Para tal, adote como exemplo, a conversão de $(0{,}125)_{dez}$ para a base 2, em que serão obtidos b_1, b_2, ..., b_n etc., como estabelece a seguinte sequência de cálculos:

$0{,}125 = b_1 \times 2^{-1} + b_2 \times 2^{-2} + \ldots + b_n \times 2^{-n} + \ldots \Longrightarrow$ multiplicando ambos os membros da equação por 2 $\Longrightarrow 2 \times 0{,}125 = 2 \times (b_1 \times 2^{-1} + b_2 \times 2^{-2} + \ldots + b_n \times 2^{-n} + \ldots) \Longrightarrow$

$\mathbf{0{,}250} = \boldsymbol{b_1} + b_2 \times 2^{-1} + b_3 \times 2^{-2} + \ldots + b_n \times 2^{-n+1} + \ldots \Longrightarrow$ como a parte inteira de 0,250 é nula $\Longrightarrow \boldsymbol{b_1} = \mathbf{0} \Longrightarrow$ Passando b_1 para o 1º membro da equação e repetindo a multiplicação por 2 $\Longrightarrow$

$0{,}250 - b_1 = b_2 \times 2^{-1} + b_3 \times 2^{-2} + \ldots + b_n \times 2^{-n+1} + \ldots$

$2 \times (0{,}250 - 0) = 2 \times (b_2 \times 2^{-1} + b_3 \times 2^{-2} + \ldots + b_n \times 2^{-n+1} + \ldots)$

$\mathbf{0{,}500} = \boldsymbol{b_2} + b_3 \times 2^{-1} + \ldots + b_n \times 2^{-n+2} + \ldots \Longrightarrow$ como a parte inteira de 0,500 é nula $\Longrightarrow \boldsymbol{b_2} = \mathbf{0}$

$\Longrightarrow$ Passando b_2 para o 1º membro da equação e repetindo a multiplicação por 2 $\Longrightarrow$

$0{,}500 - b_2 = b_3 \times 2^{-1} + \ldots + b_n \times 2^{-n+2} + \ldots \Longrightarrow 2 \times (0{,}500 - 0) = 2 \times (b_3 \times 2^{-1} + \ldots + b_n \times 2^{-n+2} + \ldots) \Longrightarrow$

$\mathbf{1{,}000} = \boldsymbol{b_3} + \ldots + b_n \times 2^{-n+3} + \ldots \Longrightarrow$ como a parte inteira de 1,000 é unitária $\Longrightarrow \boldsymbol{b_3} = \mathbf{1} \Longrightarrow$

$1{,}000 - b_3 = b_4 \times 2^{-1} + \ldots + b_n \times 2^{-n+3} + \ldots \Longrightarrow (1{,}000 - 1) = b_4 \times 2^{-1} + \ldots + b_n \times 2^{-n+3} + \ldots \Longrightarrow$

$\boldsymbol{b_4} = \mathbf{0}$ assim como todos os dígitos binários seguintes.

Conclusão: $(0{,}125)_{dez} = (0{,}001)_{dois}$

Como outro exemplo, considere que $(0{,}61)_{dez}$ deva ser convertido para a base 2. A sequência de cálculos necessários para tal foi utilizada para construir o Quadro 2.2 a seguir.

Quadro 2.2 – Conversão de número fracionário decimal para binário

k	r_k	2_{rk}	b_k
1	**0,61**	1,22	**1**
2	0,22	0,44	**0**
3	0,44	0,88	**0**
4	0,88	1,76	**1**
5	0,76	1,52	**1**
6	0,52	1,04	**1**
7	0,04	0,08	**0**
↓	↓	↓	↓

O número binário encontrado é $(0{,}1001110...)_{dois}$. Importante observar que este número decimal fracionário, com representação finita, ao ser convertido para a base 2, resultou em uma representação infinita. Como consequência, será armazenado de forma aproximada, de acordo com o limite relativo à quantidade de dígitos da mantissa de um número (parte fracionária), em um computador que adote o sistema binário. No caso ilustrado, $(0{,}61)_{dez}$ foi convertido com 7 dígitos para $(0{,}1001110)_{dois}$ que de fato corresponde a $(0{,}609375)_{dez}$, como visto anteriormente. Note que no algoritmo construído para a conversão de número fracionário decimal em binário, deve ser prevista a situação de representação binária infinita, sendo necessário assim se estabelecer um limite para a obtenção da quantidade de dígitos binários obtidos.

Como exposto anteriormente, pode-se construir um algoritmo de conversão decimal-binário de números fracionários como o descrito a seguir, adotado no Programa 2.5.

Leia o número fracionário a ser convertido $r = (0{,}d_1d_2 \ldots d_n)_{dez}$
Indique a quantidade limite de dígitos binários da mantissa do nº a ser obtido (k_{lim})
$k = 1$
$r_k = r$
Enquanto $r_k \neq 0$, calcule $2r_k$
    Se $2r_k \geq 1$, então $b_k = 1$
    Do contrário, $b_k = 0$
    Calcule $r_{k+1} = 2r_k - b_k$
    Verifique se o limite da quantidade de dígitos binários foi atingida: $k < k_{lim}$
    Acrescente uma unidade ao indexador k ($k \leftarrow k + 1$)
Pare
Exiba o número binário ($b_j, j=1, \ldots, k$)
FIM

Algoritmo 2.5 – Conversão de número fracionário decimal para binário.

Programa 2.5 – Conversão de número fracionário decimal para binário

```
//Programa para a conversão de um número fracionário decimal, com parte inteira
nula, para binário
//Entrada de dados: digite o número decimal a ser convertido
clear; // elimina (limpa) as variáveis da memória
//inicia a contagem dos dígitos binários do número a ser obtido
k=1;
a=input('Forneça o número fracionário decimal a ser convertido: ')
r(1)=a;
k_lim=input('Forneça o número limite de dígitos binários desejados: ')
while (r(k) <> 0 & k<=k_lim)
  r_dobro=2*r(k);
  if(r_dobro >= 1)
    b(k)=1;
  else
    b(k)=0;
  end
r(k+1)=r_dobro-b(k);
k=k+1;
end
//apresenta o número binário procurado
printf("Número Fracionário Decimal Convertido: \n")
//transforma em um string o conteúdo do vetor r
// em que estão armazenados os dígitos binários
str=string(b')
disp(str)
```

Encontra-se no link https://github.com/ViniBiajoni/metodosNumericosLivroSBA.git

2.4 REPRESENTAÇÃO EM PONTO FLUTUANTE

Com o desenrolar deste capítulo, o leitor deve ter percebido que a representação numérica está condicionada a certos limites. Bem no início, havia a necessidade de registro e operação com números de pequena grandeza e limites não se impunham. Com a organização da sociedade, as quantidades cresceram e a representação numérica foi aperfeiçoada. Observa-se que avanços tecnológicos alcançados modernamente têm contribuído para ampliar constantemente limites de armazenamento e cálculo numérico.

A computação numérica atual, realizada em computadores ou calculadoras, se valem de uma representação em que cada número apresenta uma quantidade fixa e finita de dígitos. Assim sendo, muitos cálculos são realizados com apenas representações aproximadas dos números que as originaram.

A codificação de uma série de dígitos que forma um número pode ser feita de diversas maneiras. Por exemplo, na notação científica, a representação decimal se faz pela normalização do número com um fator de escala (potências de 10), de tal forma que tal número fique situado em um certo intervalo, tipicamente com parte inteira entre 1 e 10, com o separador de casas decimais (vírgula, no Brasil), que se situa logo após o primeiro dígito (à direita deste). Veja dois exemplos que ilustram a aplicação da notação científica: $r_1 = 0{,}00000493 = 4{,}93 \times 10^{-6}$ e $r_2 = 78920{,}65 = 7{,}892065 \times 10^4$.

O expoente da representação indica a ordem de grandeza do número, desde que a parte inteira deste seja inferior a 5. Caso contrário, a ordem de grandeza do número é acrescida de uma unidade. Logo, as ordens de grandeza de r_1 e r_2 são 10^{-6} e 10^5, respectivamente.

A representação em ponto (vírgula) flutuante se assemelha à notação científica. Aqui, a representação binária em ponto flutuante adotada [Gila13] para um número normalizado assume a forma:

$\pm (1,b_1 b_2 \ldots b_n)_{dois} \times 2^e$

b_i – dígitos binários (0 ou 1), $i = 1, \ldots, n$

n – nº de dígitos da *mantissa* (parte fracionária); e – *expoente* da base 2.

Para a normalização, multiplica-se e divide-se a representação decimal do número pela maior potência de 2, inferior ao próprio número. Para representar, por exemplo, $r = 25{,}76$ na forma binária normalizada, realiza-se a seguinte preparação:

$$2^4 = 16 \quad \text{e} \quad 2^5 = 32 \quad \Rightarrow \quad (r)_{dez} = 25{,}76 \Rightarrow (r_N)_{dez} = \frac{25{,}76}{2^4} \times 2^4 = 1{,}61 \times 2^4$$

Em seguida, converte-se r_N — tratando a parte inteira separadamente e parte fracionária obtida no Quadro 2.2:

$$(r_N)_{dois} = (1{,}1001110)_{dois} \times 2^{(100)_{dois}}$$

Note que o número de algarismos significativos de um número real caracteriza a precisão associada à sua representação. No exemplo anterior, o número normalizado $(1{,}61)_{dez}$ foi representado na forma binária com precisão de 7 algarismos significativos (este número tem representação binária infinita, como visto anteriormente).

Atualmente, para o armazenamento de números em computadores, padronizado em norma [IEEE85], adota-se a representação binária em ponto flutuante, por ser considerada bastante flexível para acomodar uma expressiva gama de números. Em plena era digital, supõe-se que o leitor deva estar familiarizado com os termos computacionais "bit" (*binary digit* ≡ dígito binário), "bytes" (correspondente a 8 bits) e "palavra" (unidade de dados com um tamanho especificado em número de bits). No computador, armazena-se um número separando sua representação em três campos distintos, registrando os valores de: s = bit indicador de sinal; c = expoente (característica); f = parte fracionária (mantissa). Note que o dígito que antecede a vírgula, por ser sempre igual a 1, fica implícito, *i.e.*, não requer armazenamento (representação com bit escondido). Por exemplo, usando-se palavras com 64 bits (8 bytes), conforme ilustrado na Figura 2.8, o primeiro bit armazena o sinal do número (valor positivo, $s = 0$ e valor negativo, $s = 1$), seguido de 11 bits que contêm o valor do expoente, e, por fim, mais 52 bits para a mantissa. De modo a evitar o armazenamento do sinal do expoente, adiciona-se ao valor deste uma constante, para torná-lo sempre igual ou maior do que zero (não negativo). Esse procedimento recebe o nome de polarização. Com 11 bits, o maior expoente seria $(11111111111)_{dois} = 2^{11} - 1 = 2047$. Assim, a constante usada para polarizar torna-se igual a 1023. Isso faz com que o expoente *c* excursione no intervalo [-1023, 1024] que, polarizado, torna-se [0, 2047]. Os limites extremos desses intervalos são reduzidos de uma unidade, passando a [-1022, 1023], para que se possa reservar 2 bits destinados ao armazenamento de casos especiais, incluindo ± 0 e ± ∞ (limites inferior e superior, respectivamente). De acordo com as regras para a padronização do armazenamento binário em ponto flutuante, a seguinte forma fica então estabelecida [IEEE85]:

$$(-1)^s \times 2^{c-1023} \times (1,f)_{dois} = (-1)^{b_1} \times 2^{(b_2 b_3 \ldots b_{12})} \times 2^{-1023} \times (1,b_{13}\, b_{14} \ldots b_{63} b_{64})_{dois}$$

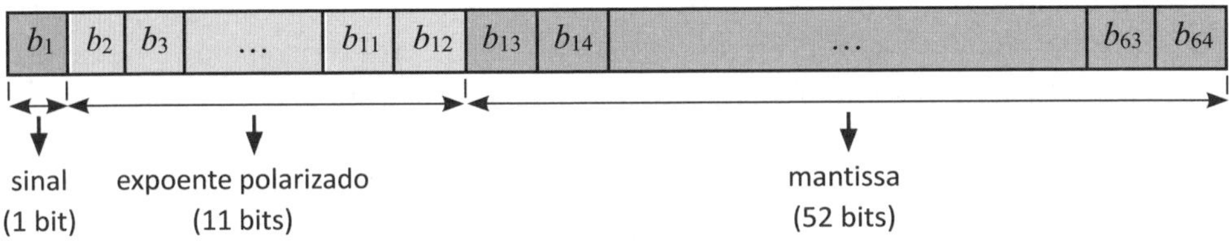

Figura 2.8 – Armazenamento de número no sistema binário de ponto flutuante.

No sistema descrito, o menor "número de máquina" positivo (real que pode ser representado no computador) corresponde a $2^{-1022} \times (1,0)_{dois} \approx 2,2 \times 10^{-308}$, enquanto o maior número vale $2^{1023} \times (1,11...11)_{dois} = 2^{1023} \times (2 - 2^{-52}) \approx 2^{1024} \approx 1,8 \times 10^{308}$. A precisão de máquina é igual a $2^{-52} \approx 2,2 \times 10^{-16}$, o que corresponde a cerca de 15 dígitos decimais significativos. Utiliza-se o termo *underflow* para a condição em seja calculada uma grandeza de valor menor do que $2,2 \times 10^{-308}$, violando assim o limite inferior de armazenamento da máquina, causando uma condição de erro (usualmente alertada por meio de mensagem ao usuário, com atribuição do valor zero à grandeza calculada). De modo análogo, quando a violação se dá para valores calculados acima de $1,8 \times 10^{308}$ – que ultrapassam o limite superior – caracteriza-se a condição de erro (fatal) denominada *overflow* (resultando na interrupção da execução normal de cálculo). A Figura 2.9 ilustra os intervalos de variação de números representados no sistema de 64 bits.

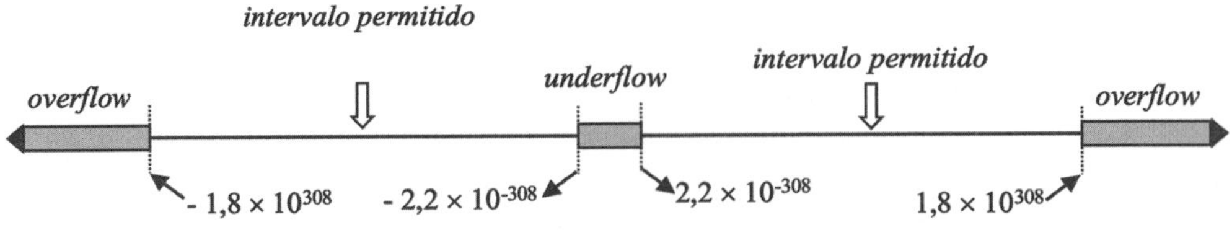

Figura 2.9 – Intervalos associados à representação de números no sistema binário de ponto flutuante em 64 bits.

2.5 NOÇÕES SOBRE ERROS

Resumidamente, do exposto até aqui, pode-se perceber que lidar com números constitui tarefa que submete a mente humana a desafios crescentes, envolvendo a criação de símbolos, palavras, formas de associação ou agrupamentos, engenhos para cálculos, sistematização de procedimentos, para citar apenas alguns dos aspectos mais gerais envolvidos. Claro fica também que, inevitavelmente, defronta-se com limites.

Embora seja admirável a velocidade de processamento e precisão de resultados alcançados com os computadores modernos, deve-se prudentemente admitir que existam limites para a sua capacidade de armazenamento/processamento de dados e que destes possam advir erros de natureza numérica.

Como visto na seção anterior, computadores em sua maioria armazenam números no formato binário. Nem todos esses números podem ser representados exatamente, sendo necessário arredondá-los para que se adequem aos limites estabelecidos pelo tamanho (em bits) da palavra computacional adotada. Isso significa também que os resultados das operações aritméticas realizadas na máquina sejam inexatos. Embora os erros associados à precisão computacional sejam diminutos (cerca de 10^{-16} em máquinas de 64 bits), um algoritmo de cálculo mal construído pode macular completamente o resultado que produz. Para ilustrar o efeito de erros de arredondamento, considere o processo iterativo de cálculo [Gree12] definido no Quadro 2.3 a seguir.

Quadro 2.3 – Processo iterativo que ilustra o efeito de erros de arredondamento

$$x_{k+1} = \begin{cases} 2x_k, & x_k \in [0, \frac{1}{2}] \\ 2x_k - 1, & x_k \in (\frac{1}{2}, 1] \end{cases}$$

Adote para iniciar o processo o valor $x_0 = 1/10$. Assim, $x_1 = 2/10$, $x_2 = 4/10$, $x_3 = 8/10$, $x_4 = 6/10$, $x_5 = x_1 = 2/10$, $x_6 = x_2 = 4/10$, $x_7 = x_3 = 8/10$, $x_8 = x_4 = 6/10$, $x_9 = x_1 = 2/10$, e dessa forma, sucessivamente, esses valores vão se repetindo ciclicamente durante o processo iterativo, como indica a Tabela 2.3. Entretanto, quando se implementa esse algoritmo no computador, resultados diferentes surgem, trazidos pela aritmética de ponto flutuante, conforme se vê na referida tabela. Note que os resultados computados coincidem (pelo menos com 5 casas decimais) com os valores exatos até a iteração de número 40, quando o erro acumulado se torna visível no quinto dígito decimal. Com a continuação das iterações, o erro aumenta, até que na iteração 55, o resultado computado passa a ser igual à unidade, e assim permanece. Os valores calculados foram obtidos com o Programa 2.6 escrito em **Scilab** apresentado a seguir.

Tabela 2.3 – Valores obtidos em um processo iterativo em que ocorre o efeito de arredondamento

valores de x_k								
k	verdadeiro	calculado	*k*	calculado	*k*	calculado	*k*	calculado
0	0,10000	0,10000	-	-				
1	0,20000	0,20000	37	0,20000	45	0,20020	53	0,25000
2	0,40000	0,40000	38	0,40000	46	0,40039	54	0,50000
3	0,80000	0,80000	39	0,80000	47	0,80078	55	1,00000
4	0,60000	0,60000	40	0,60001	48	0,60156	56	1,00000
5		0,20000	41	0,20001	49	0,20313	57	1,00000
6		0,40000	42	0,40002	50	0,40625	58	1,00000
7		0,80000	43	0,80005	51	0,81250	59	1,00000
8		0,60000	44	0,60010	52	0,62500	60	1,00000
↓		↓						

Programa 2.6 – Exemplo do efeito de erros de arredondamento

```
//Exemplo de erros de arredondamento - Valores da Tabela 2.3
//
x(1)=1/10;
k=1;
while (k<61)
  if (x(k) <= 0.5) then
    x(k+1)=2*x(k);
    end
  if (x(k) > 0.5) then
    x(k+1)=2*x(k)-1;
  end
  k=k+1;
end
for i=1:61
  j=i-1
  printf('valor calculado em %d %f \n', j, x(i))
end
```

Encontra-se no link https://github.com/ViniBiajoni/metodosNumericosLivroSBA.git

A adequação da representação numérica a limites computacionais pode ser feita de duas formas: *arredondamento* e *truncamento*. Para examiná-las, considere um número representado na forma decimal normalizada em ponto flutuante, como:

$$\pm\, 0,d_1 d_2 \ldots\, d_k \times 10^n,\ d_1 \neq 0 \text{ e } 0 \leq d_i \leq 9, \text{ para } i = 2, \ldots, k$$

Suponha então que um determinado número real tenha originado a seguinte forma:

$0,d_1d_2...d_k\,d_{k+1}\,d_{k+2}\ldots \times 10^n$

Assim, torna-se necessário reduzir a mantissa desse número a *k* dígitos decimais. Caso os dígitos excedentes $d_{k+1}d_{k+2}\ldots$ sejam simplesmente ignorados (descartados) da representação, diz-se que foi realizado um *truncamento*. Esse procedimento também recebe a denominação de corte, descarte ou cancelamento. Alternativamente, pode-se realizar um *arredondamento*, devendo-se verificar o valor do primeiro dígito a ser descartado. Se tal dígito for menor do que 5, realiza-se o descarte e deixam-se inalterados os dígitos mantidos. Do contrário, se for maior ou igual a 5, soma-se uma unidade ao último dígito remanescente.

Nos exemplos apresentados a seguir, extraídos de [Burd11], *truncamento* e *arredondamento* são aplicados na representação de números relativamente próximos e na operação de subtração que envolva tais números.

Suponha que a representação decimal em ponto flutuante adotada em determinado sistema esteja limitada a 4 algarismos significativos na mantissa. Considere dois números *a* e *b* a serem representados nesse sistema:

$a = 5461{,}7 \Longrightarrow 0{,}54617 \times 10^4 \qquad b = 5460{,}1 \Longrightarrow 0{,}54601 \times 10^5$

Realizando *truncamento* e calculando a diferença entre estes números:

$a = 0{,}5461 \times 10^4 \qquad b = 0{,}5460 \times 10^4 \quad \Longrightarrow \quad (a - b) = 0{,}0001 \times 10^4 = 1$

Se for realizado *arredondamento*, a diferença se torna:

$a = 0{,}5462 \times 10^4 \qquad b = 0{,}5460 \times 10^4 \quad \Longrightarrow \quad (a - b) = 0{,}0002 \times 10^4 = 2$

Se não houvesse o limite imposto para a representação dos números originalmente apresentados, a diferença (exata) calculada seria igual a 1,6. Nota-se então que no presente exemplo o *arredondamento* se aproximou mais (em relação ao *truncamento*) do valor da verdadeira diferença.

Os erros de representação cometidos podem ser expressos em termos absolutos ou relativos. Define-se como erro absoluto (e_{abs}) a diferença entre o valor verdadeiro de um número (x_t) e seu valor aproximado (x_p) obtido por processamento numérico: $e_{abs} = x_t - x_p$. Assim também, pode-se definir como erro relativo (e_{rel}) a relação entre o erro absoluto e o valor verdadeiro de um número: $e_{rel} = e_{abs}/x_t$. Tais conceitos quando aplicados ao exemplo descrito (usando-se valores em módulo) resultam: no truncamento, $e_{abs} = |1{,}6 - 1| = 0{,}6$ e $e_{rel} = 0{,}6/1{,}6 = 0{,}375$; no arredondamento, $e_{abs} = |1{,}6 - 2| = 0{,}4$ e $e_{rel} = 0{,}4/1{,}6 = 0{,}25$.

A perda de exatidão apontada anteriormente resultou de erros na representação de números. Há que se considerar também a perda causada pela sequência de cálculos estabelecida em determinado algoritmo. Um exemplo revelador dessa situação, diz respeito ao problema bastante conhecido de se calcular as raízes de uma equação quadrática, como $ax^2 + bx + c = 0$, $a \neq 0$, usando as seguintes expressões analíticas:

$$x_1 = \frac{-b+\sqrt{b^2-4ac}}{2a} \quad \text{e} \quad x_2 = \frac{-b-\sqrt{b^2-4ac}}{2a}$$

Considere então os seguintes valores numéricos, particulares para o que se deseja evidenciar, aplicados ao problema em questão: $a = 1$; $b = 62{,}10$; $c = 1$. Assim, os valores das raízes da equação $x^2 + 62{,}10x + 1 = 0$, obtidos em uma calculadora pelas expressões analíticas indicadas, são aproximadamente: $x_1 = -\,0{,}01610723$ e $x_2 = -\,62{,}0839276$. Usando-se *arredondamento*, limitado por exemplo a 4 dígitos significativos nos cálculos das raízes, obtém-se para o discriminante da equação do segundo grau:

$$\sqrt{b^2-4ac} = \sqrt{62{,}10^2 - 4{,}000 \times 1{,}000 \times 1{,}000} = \sqrt{3856 - 4{,}000} = \sqrt{3852} = 62{,}06.$$

Note que, no cálculo de x_1, pelo fato de b_2 ser muito superior a $4ac$, há no numerador a subtração de dois valores quase iguais, o que leva à obtenção do seguinte valor arredondado para a primeira raiz:

$$(x_1)_p = \frac{-\,62{,}10 + 62{,}06}{2{,}000} = \frac{-\,0{,}04000}{2{,}000} = -0{,}02000$$

O erro relativo cometido neste cálculo de x_1 vale:

$$(e_{rel})_1 = \frac{|-0{,}01611 - (-0{,}02000)|}{|-0{,}01611|} = 2{,}4 \times 10^{-1} \approx 24\%$$

Já o cálculo da outra raiz da equação envolve dessa vez a soma daqueles dois valores quase iguais, o que favorece a obtenção de um valor de qualidade para x_2:

$$(x_2)_p = \frac{-\,62{,}10 - 62{,}06}{2{,}000} = \frac{-\,124{,}2}{2{,}000} = -62{,}10$$

Consequentemente, para o erro relativo no cálculo de x_2 obtém-se agora o valor:

$$(e_{rel})_2 = \frac{|-\,62{,}08 + 62{,}10|}{|-\,62{,}08|} = 3{,}2 \times 10^{-4} \approx 0{,}032\%$$

Para a obtenção, com arredondamento de 4 dígitos, de um valor mais apurado para a raiz x_1, pode-se alterar a forma como se realiza o cálculo das raízes, racionalizando a expressão anteriormente usada:

$$x_1 = \frac{-b+\sqrt{b^2-4ac}}{2a} \times \left(\frac{-b-\sqrt{b^2-4ac}}{-b-\sqrt{b^2-4ac}} \right) = \frac{b^2-(b^2-4ac)}{2a(-b-\sqrt{b^2-4ac})} = \frac{-2c}{b+\sqrt{b^2-4ac}}$$

Substituindo os valores dos parâmetros da equação quadrática na expressão anterior, vem:

$$(x_1)_p = \frac{-2{,}000}{62{,}10+62{,}06} = \frac{-2{,}000}{124{,}2} = -0{,}01610$$

E, então, o erro relativo associado a esse novo cálculo se reduz, passando a valer:

$$(e_{\text{rel}})_1 = \frac{|-0{,}01611-(-0{,}01610)|}{|-0{,}01611|} = 6{,}2\times10^{-4} \approx 0{,}06\%$$

Se o processo de racionalização for usado para calcular também a segunda raiz, vem:

$$x_2 = \frac{-b-\sqrt{b^2-4ac}}{2a} \times \left(\frac{-b+\sqrt{b^2-4ac}}{-b+\sqrt{b^2-4ac}} \right) = \frac{b^2-(b^2-4ac)}{2a(-b+\sqrt{b^2-4ac})} = \frac{-2c}{b-\sqrt{b^2-4ac}}$$

Note que a expressão racionalizada anterior permite obter x_2 com qualidade, se o valor de b fosse negativo. Como isso não acontece no presente exemplo (b = 62,10), haverá uma distorção acentuada no cálculo dessa raiz, não apenas pela subtração de dois números quase iguais, mas também pela divisão por um valor pequeno resultante dessa subtração, como se vê a seguir:

$$(x_2)_p = \frac{-2c}{b-\sqrt{b^2-4ac}} = \frac{-2{,}000}{62{,}10-62{,}06} = \frac{-2{,}000}{0{,}04000} = -50{,}00$$

O erro relativo associado a esse cálculo será:

$$(e_{\text{rel}})_2 = \frac{|-62{,}10-(-50{,}00)|}{|-62{,}10|} = 1{,}948\times10^{-1} \approx 19{,}5\%$$

Nesse ponto cabe mencionar o significado dos termos *precisão* e *exatidão* [Clau94], muitas vezes usados indiscriminadamente. A *precisão* estabelece objetivamente a quantidade de algarismos significativos que representam um número. Já a *exatidão* envolve a forma (modelo, método, algoritmo) utilizada para se obter um resultado numérico.

Erros de diversos tipos ou naturezas surgem em problemas científicos resolvidos computacionalmente, com origem em certos aspectos (a grosso modo), como: modelagem matemática adotada, programação das rotinas de cálculo, dados de medição de grandezas físicas, arredondamento, truncamento, discretização etc. [Atki04].

Para finalizar este capítulo, vale ressaltar que os problemas atualmente enfrentados no campo científico em boa medida envolvem cálculos computacionais sofisticados, muitas vezes realizados por intermédio de aplicativos desenvolvidos para este fim e presentes em ambientes preparados para facilitar a solução de problemas matemáticos. Ao estudar os métodos numéricos usados em tais ambientes, os usuários devem não só entender como operam, mas também verificar em que condições podem falhar. Recomenda-se aos leitores a adoção de uma atitude crítica quanto à obtenção de resultados numéricos, sempre que possível acompanhada de formas de solução alternativas e independentes.

2.6 EXERCÍCIOS PROPOSTOS

1) Os cinco números dispostos nas duas colunas a seguir foram representados nos sistemas decimal e binário. Entretanto, ocorreu um erro que fez com que tais números perdessem sua correspondência, *i.e.*, ficassem *fora de ordem* em cada coluna. Tomando por base a coluna mais à esquerda, em que se encontra a *ordem inicial*, reestabeleça a correspondência entre os números, preenchendo a coluna *ordem a identificar*.

Ordem inicial	números	ordem a identificar	números correspondentes
A	$(1001,1)_{dez}$		$(0,138)_{dez}$
B	$(81)_{dez}$		$(1010001)_{dois}$
C	$(11000101,101)_{dois}$		$(10,0111)_{dois}$
D	$(2,4375)_{dez}$		$(1111101001,00011...)_{dois}$
E	$(0,0010001...)_{dois}$		$(197,625)_{dez}$

2) Deseja-se representar $(2009{,}1)_{dez}$ no sistema binário.

2.1) Ao ser convertido, esse número terá na sua parte inteira:

A) 4 dígitos

B) 6 dígitos

C) 7 dígitos

D) 9 dígitos

E) 11 dígitos

2.2) A mantissa desse número apresenta uma sequência de dígitos que se repete indefinidamente. Os dígitos que compõem tal sequência são:

A) 0101

B) 0011

C) 1011

D) 1001

E) 1110

3) O mostrador de um relógio de mesa digital *convencional*, que exibe horas (HH), minutos (MM) e segundos (SS), encontra-se ilustrado na figura ao lado. Uma Desenhista Industrial resolve criar um relógio digital *binário*, com mostrador em que cada bit (*binary digit*) está associado a um LED (*light emitting diode* – dispositivo eletrônico que emite luz quando conduz corrente elétrica). Um LED aceso (•), *i.e.* conduzindo, representa o dígito **1** e apagado (○), corresponde ao dígito **0**. Lê-se cada coluna do relógio digital binário de cima para baixo; ou seja, os LEDs mais altos representam valores mais significativos. As duas primeiras colunas à esquerda indicam os dois dígitos que compõem a hora (HH), seguidas daquelas que representam os minutos (MM) e, por fim, as dos segundos (SS).

	○		•		○
	○	•	○	○	○
•	•	○	○	•	○
○	•	•	•	•	○

Do exposto, afirma-se:

I) Os horários exibidos por ambos os relógios (*convencional* e *binário*) são idênticos.

II) O relógio *convencional* encontra-se atrasado 10 minutos em relação ao *binário*.

III) Neste relógio *binário*, horários anteriores e posteriores ao meio-dia são representados da mesma forma.

Pode-se dizer que, adotando F para uma afirmativa falsa e V para uma verdadeira:

A) todas são F

B) apenas (I) é V

C) apenas (II) é F

D) apenas (II) é V

E) apenas (III) é V

4) Considerando ainda a criação de um relógio binário, se este tivesse sido construído com mostrador contendo apenas 3 colunas de LEDs, em que cada uma delas representasse o número de horas (H), minutos (M) e segundos (S), o horário exibido ao lado seria:

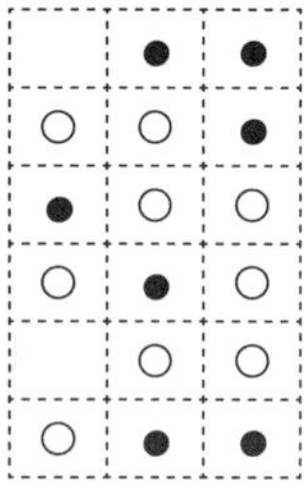

A) 20:23:19

B) 10:37:49

C) 20:27:19

D) 10:27:19

E) 20:13:32

5) Um cliente bancário cria senha de acesso a uma conta de investimentos, usando dez dígitos decimais. Por segurança, resolve então codificar essa senha representando individualmente cada dígito decimal por meio de dígitos binários (*bits ≡ binary digits*). Na codificação, o cliente utiliza "2" como separador de cada dígito decimal representado na base dois, pretendendo também com isto despistar os quebradores de senhas. Afirma-se:

I) A senha (1001201112010121002100021020110201201120) ao ser decodificada corresponde a (9754826170).

II) Sem levar em conta o "separador de dígitos", senhas com todos os dígitos decimais distintos irão requerer no mínimo 26 bits para a codificação binária pretendida.

III) A senha (1620422015) ao ser codificada corresponde a (12110210202100 21021020212101).

Sobre as afirmativas feitas, pode-se dizer que:

A) todas são F

B) apenas (i) é V

C) apenas (ii) é F

D) todas são V

E) nra

2.7 PROGRAMAS COMPUTACIONAIS

1) Faça um programa **Scilab** que permita confirmar os resultados exibidos na Tabela 2.3, que ilustram o problema de acúmulo de erros de arredondamento.

2) Desenvolva um programa **Scilab** que realize as seguintes tarefas:

- Leia em um arquivo de dados de entrada, um número inteiro qualquer e a base em que foi representado (decimal ou binária).
- Verifique se há erros de digitação nos dados de entrada.
- Avalie se há inconsistências entre a base numérica e o que nela foi representado.
- Número lido não é inteiro.

Se tais erros estiverem presentes, escreva, no arquivo de saída de resultados do programa, uma mensagem apontando o tipo de erro detectado e interrompa o processamento.

Com os dados de entrada considerados válidos, converta o número lido para a base em que não foi inicialmente representado, escreva o resultado da conversão no arquivo de saída, na forma de tabela, em que cada linha contenha: número lido e respectiva base; número convertido e respectiva base; e repita as tarefas anteriores até que todo o arquivo de entrada tenha sido lido.

Sugestão: Realize testes com os dados a seguir e confira os resultados usando a calculadora Windows (Programador) ou as rotinas dec2bin e bin2dec do **Scilab**.

Simulação com dados de entrada corretos	
Base	**Número**
10	1234567
2	10001111
2	1010011
10	32345

Simulação com dados de entrada contendo erros		
Base	**Número**	**Mensagem de erro**
2	10002	Inconsistência entre base e número.
2	0,61	Erro duplo: – Inconsistência entre base e número. – O número não é inteiro.
10	10,10011	O número não é inteiro.

3) Implemente em **Scilab** um algoritmo que realize a conversão de números fracionários binários (que tenham parte inteira) para a base dez, de acordo com o que estabelecem as Seções 2.3.1(a) e 2.3.2(a). Para testar o programa desenvolvido, confira os seguintes resultados:

a) $(11000101{,}101)_{dois} = (197{,}625)_{dez}$;

b) $(10010101110001{,}01110101)_{dois} = (9585{,}45703125)_{dez}$.

4) Denomina-se épsilon da máquina, representado pela letra grega ε, o valor que representa a exatidão relativa da aritmética de ponto flutuante do computador, também conhecido por unidade de arredondamento ou menor número representável. Em geral, as linguagens de programação apresentam comandos simples que fornecem o valor de ε da máquina. No **Scilab**, que adota a norma IEEE 754 (acrônimo para Institute of Electrical and Electronics Engineers), em precisão dupla (cadeia de 64 bits ≡ 8 bytes), épsilon tem valor predefinido igual a 2-52, obtido com a instrução:

```
--> %eps

%eps =

2.22044604925D-16
```

Analogamente, em **Python**, usa-se o comando:

```
Import numpy

-->numpy.finfo(float).eps
```

Considere o algoritmo implementado a seguir no Programa 2.7 escrito em **Python** capaz de fornecer o valor de ε do computador. Definindo o valor inicial como sendo 1, o algoritmo segue enquanto o valor (épsilon +1) for maior do que 1. Quando tal condição deixa de ser verdadeira, o valor de ε foi encontrado. Pede-se que o leitor teste o programa **Python** para obter o valor de ε do computador que habitualmente utiliza.

Programa 2.7 – Obtenção do épsilon da máquina

```
import numpy as np

#Precisão Máquina Python (Biblioteca Numpy)
print("Float:\n")
print(np.finfo(float).eps)
print('\n')
print("Float 32 bits:\n")
print(np.finfo(np.float32).eps)
print('\n')
print("Float 64 bits:\n")
print(np.finfo(np.float64).eps)
print('\n')
#Precisão Máquina Algoritmo
u = 1.0
while 1.0 + u != 1.0:
  u = 0.5*u #potências de 2 (2^-n) -> rápido decaimento
  print(f'Valor atual = {1.0 + u}\n')
u = 2*u
print("Zero da Máquina(Algoritmo):\n")
print(u)
```

Encontra-se no link https://github.com/ViniBiajoni/metodosNumericosLivroSBA.git

5) Um exercício simples, interessante e intrigante diz respeito à obtenção de valores designados pela variável N, que seguem duas condições:

- Se N for par, divida por 2, ou seja, o próximo valor será N/2.
- Se N for ímpar, multiplique por 3 e adicione 1, isto é, o próximo valor será $3N + 1$.

Repetir essas condições a cada novo valor de N obtido, construindo assim o seguinte algoritmo:

$$a_{n+1} = \begin{cases} \dfrac{a_n}{2} & \dots\ a_n\ par \\ a_n \times 3 + 1 & \dots\ a_n\ ímpar \end{cases}$$

Seja qual for o número N inicialmente escolhido, o processo iterativo levará ao valor 1, a partir do qual será gerada indefinidamente a sequência 1, 4, 2 $\Rightarrow$ 1, 4, 2 $\Rightarrow$ ..., voltando sempre ao valor 1. Esse exercício (Conjectura) foi proposto pelo matemático alemão Lothar Collatz em 1937 e merece ser testado pelo leitor implementando o algoritmo da Conjectura de Collatz no ambiente **Scilab** ou **Python**. Por exemplo, tome como valores iniciais os números 8.192 e 27. Então, constate que partindo de 8.192 com 13 iterações chega-se ao final inescapável 4, 2, 1. Já o valor inicial 27 leva 111 passos, no caminho que chega até 9.232, antes de alcançar a sequência 4, 2, 1.

CAPÍTULO 3

Equações algébricas não lineares

3.1 INTRODUÇÃO

Frequentemente, surge a necessidade de se obter a solução de um problema que matematicamente seja descrito por uma equação algébrica com uma única variável. Em outras palavras, essa equação corresponde a uma sentença matemática aberta (com variável a determinar) que exprime uma relação de igualdade, como em uma balança de dois pratos que se busque alcançar o ponto de equilíbrio. Assim ocorre na determinação de pontos notáveis de uma função $f(x)$, *e.g.*, aqueles em que $f(x)$ se anula, atinge valor máximo ou intercepta outra função $g(x)$. A obtenção de tais pontos se dá na maioria das vezes não de forma analítica, mas por meio de métodos numéricos que, se bem-sucedidos, a partir de uma solução inicial, geram valores em sequência – o que se conhece por *processo iterativo* de solução – de tal modo que se atinja a solução final com uma precisão predefinida. A exemplo do que ocorre em uma balança, ilustrada na Figura 3.1, cada iteração correspondente a um ajuste pertinente à busca do equilíbrio entre os dois membros (pratos) da equação.

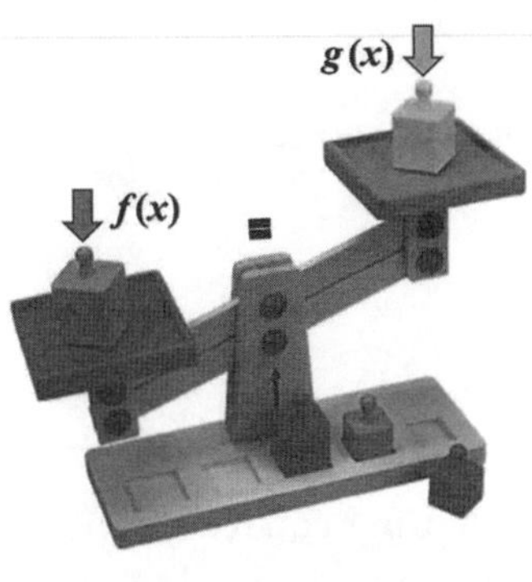

Figura 3.1 – Balança-equação.

Tipicamente, reunindo-se no primeiro membro da equação todos os seus termos e com estes definindo uma função $h(x)$, o que faz o segundo membro ser nulo, formula-se o problema como aquele em que se deseja obter o valor da variável x, denotado por α, que satisfaça (equilíbrio da balança) a equação: $f(x) = g(x)$ ou $f(x) - g(x) = 0$ ou $h(x) = 0$. O valor α denomina-se *zero* da função $h(x)$ ou *raiz* da equação. Os problemas abordados aqui serão aqueles próprios de um estudo introdutório em que se buscam as *raízes/zeros* simples de equações/funções (*i.e.*, aqueles de multiplicidade 1).

Dentre os diversos métodos numéricos encontrados na literatura, neste capítulo são apresentados cinco deles – Bisseção, Falsa Posição, Ponto Fixo, Newton e Secante – selecionados por suas características computacionais interessantes, facilidade de aplicação e amplo uso.

Antes de se ingressar na descrição dos métodos em si, cabe abordar aspectos genéricos do problema tratado neste capítulo. Por exemplo, deve estar bem estabelecido que a equação $y = f(x)$ contém três elementos: a variável de entrada x, a de saída y e a regra para o cálculo de y, que define o que se conhece por função f. A função torna-se conhecida se essa regra for especificada, o que na computação numérica enseja um algoritmo. Por exemplo, a sentença matemática que define a função $f(x) = \cos(x) - 3 + e^x$ corresponderá a um conjunto de instruções (código computacional) que transformará valores de x nos correspondentes y, de acordo com a regra que define f. Uma forma pictórica de se representar os três elementos referidos encontra-se na Figura 3.2. Portanto, busca-se encontrar um valor de $x = \alpha$ para o qual $y = f(\alpha) = 0$.

As raízes de uma equação a serem obtidas podem ser reais ou complexas (sendo estas usualmente determinadas quando relacionadas a problemas que tenham significado físico, *e.g.*, os que envolvem polinômios, circuitos elétricos). Primeiramente, serão tratadas aqui equações que apresentem raízes reais.

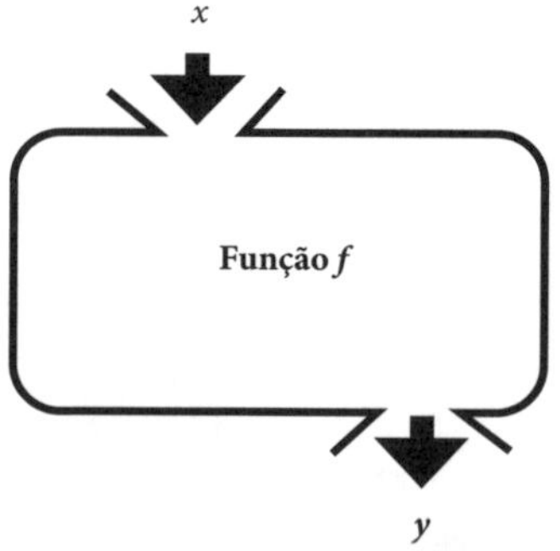

Figura 3.2 – Representação de funções.

Para se encontrar as raízes de uma equação, processos iterativos são construídos de acordo com o método numérico adotado. Tais processos são iniciados (*ponto de partida*) por um valor que seja uma estimativa da raiz que se procura encontrar. A escolha desse valor torna-se relevante para a condução do processo de cálculo, pois dela decorrem situações como: (a) *divergência* – valores gerados sequencialmente pelo processo iterativo se afastam da solução procurada; (b) *convergência* – pode ser comprometida pela escolha de um ponto de partida inadequado; por vezes, ocorre a obtenção de um valor diverso do procurado ou o processo torna-se moroso, oscilatório em torno da solução, até mesmo há divergência.

Destaca-se que não existe forma única, milagrosa, para estimar o valor de uma raiz. Se a equação traduz matematicamente um problema físico, então o contexto em que se insere pode sugerir a localização da raiz. Caso contrário, deve-se levar a efeito uma forma de busca numérica sistemática para as raízes de interesse, como a descrita na próxima seção, em que se obtém um intervalo $\mathcal{I}$ (cujos extremos inferior e superior indicam valores de f com sinais opostos) no qual se encontra uma raiz. Construir o gráfico da função também pode ser um meio visual para a localização de raízes, entretanto, sem descrição de que seja possível programar computacionalmente.

3.2 VALOR INICIAL E TÉRMINO DE PROCESSOS ITERATIVOS DE SOLUÇÃO

Os processos iterativos de métodos numéricos requerem um valor inicial, usualmente denotado por $x^{(0)}$, a partir do qual novos valores serão recursivamente obtidos, formando uma sequência, como $\{x^{(0)}, x^{(1)}, x^{(2)}, \ldots, x^{(k)}, x^{(k+1)}, \ldots\}$ que se encaminhe para a solução de interesse. O valor de $x^{(0)}$ pode ser obtido do gráfico de $h(x)$, verificando-se em que região ou intervalo $\mathcal{I} = [a,b]$ essa função intercepta o eixo x. Alternativamente, pode-se escrever um programa de computador para executar a tarefa de percorrer valores de x no domínio de $h(x)$, estabelecendo intervalos sucessivos de busca (com tamanho Δx, arbitrariamente escolhido), para verificar em qual desses intervalos $h(x)$ muda de sinal (*i.e.*, $h(a) \times h(b) < 0$). No intervalo $\mathcal{I}$ em que isso acontece, $h(x)$ cruza o eixo x, podendo qualquer valor interno de $\mathcal{I}$, assim como um dos seus extremos, ser tomado como $x^{(0)}$. A Figura 3.3 ilustra esse procedimento.

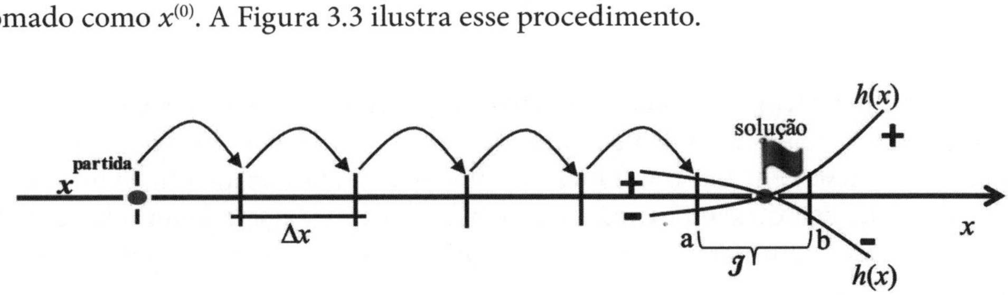

Figura 3.3 – Escolha do valor inicial de um processo iterativo.

Note que Δx deve ser convenientemente escolhido: nem tão pequeno que onere computacionalmente o processo de busca, nem tão grande que seja incapaz de capturar todas as variações de sinal de $h(x)$.

Exemplo 3.1: Suponha que se deseje encontrar um intervalo $\mathcal{I}$ que contenha o ponto de interseção das funções $f(x) = \cos(x)$ e $g(x) = 3 - e^x$. Para tal, basta fazer $f(x) =$

$g(x)$, ou ainda, $h(x) \equiv f(x) - g(x) = 0$ e, partindo de algum ponto do domínio de $h(x)$, por exemplo, $x = 0$, caminhar com passos de tamanho predefinido (*e.g.*, $\Delta x = 0{,}2$), como mostra a Tabela 3.1. Verifica-se que em $\mathcal{I} = [0{,}8;\ 1{,}0]$ a função $h(x)$ muda de sinal, o que permite concluir que nesse intervalo encontra-se o ponto procurado. Assim, pode-se escolher em $\mathcal{I}$, qualquer um de seus pontos (inclusive seus extremos) para servir como valor inicial a ser adotado por métodos numéricos que encontrem a raiz procurada, como aqueles que serão apresentados mais adiante neste capítulo. Uma vez obtido $\mathcal{I}$, se for necessário, pode-se refinar o processo de busca por um intervalo que contenha a raiz. Basta que se divida $\mathcal{I}$ à metade e se adote o subintervalo criado em que $h(x)$ mude de sinal, passando a ser este o novo intervalo da raiz. Tal modo de proceder, conhecido por método da Bisseção [Chen08], se repetido tantas vezes quanto se fizer necessário, irá criar intervalos tão pequenos que acabarão por se constituir na própria raiz procurada. Deixa-se ao leitor como exercício verificar o desempenho do método da Bisseção.

Tabela 3.1 – Intervalo da raiz: Exemplo 3.1

x	$h(x) = cos(x) - 3 + e^x$
0	−1
0,2	−0,80
0,4	−0,59
0,6	−0,35
0,8	−0,08
1,0	0,26

A seguir, transforma-se o procedimento de obtenção de $x^{(0)}$ anteriormente descrito no Programa 3.1, para o ambiente **Scilab**. Nesse programa, deve-se definir a função para a qual se deseja encontrar um intervalo no qual está localizado um de seus zeros, sendo utilizada como exemplo: $h(x) = x\cos(x) - 1$. Convida-se o leitor a proceder à execução do programa para obter o intervalo em que se encontra a menor raiz positiva de $h(x)$.

Programa 3.1 – Obtenção de intervalo em que ocorre um dos zeros de uma função

```
//Programa para procurar um intervalo [a,b] em que ocorre uma raiz de equação
clear;
function [a, b]=IntervaloRaiz(x0, delta_x, max_it, funcao)
//valores iniciais do intervalo
a = x0;
b = x0 + delta_x;
//contador de tentativas para encontrar o intervalo da raiz
num_it = 0;
//busca pelo intervalo
while (funcao(a)*funcao(b)>0 & num_it < max_it)
  a = b;
  b = a + delta_x;
  num_it = num_it + 1;
end
//mensagem para indicar que o limite de busca foi atingido
if (funcao(a)*funcao(b) > 0) then
  printf("Máximo de %d iterações atingido!\n",max_it);
  a = -%inf;
  b = %inf;
end
printf('número de tentativas: %g \n',num_it)
endfunction
//indicar a normalidade da definição de função
funcprot(0);
//==============================================
//definição da função cuja raiz é procurada
function y=funcao(x)
  y=x*cos(x)-1
endfunction
//==============================================
x0=input('valor inicial para a busca ');
delta_x=input('tamanho do passo ');
max_it=input('número máximo de tentativas ');
[a,b]=IntervaloRaiz(x0,delta_x,max_it,funcao);
//impressão do intervalo
printf('limite à esquerda do intervalo: %f \n',a)
printf('limite à direita do intervalo: %f \n',b)
printf('valor da função à esquerda do intervalo: %f \n',funcao(a))
printf('valor da função à direita do intervalo: %f \n',funcao(b))
```

Encontra-se no link https://github.com/ViniBiajoni/metodosNumericosLivroSBA.git

Além de um ponto de partida (estimativa da solução inicial), o processo iterativo decorrente de um método numérico requer um término. Para processos bem-sucedidos (convergentes para a solução), a interrupção se dá quando a raiz procurada for obtida com o grau de precisão desejado. Como não se conhece a raiz, torna-se impossível efetuar a interrupção do processo dessa forma. Contorna-se a situação por meio de um critério de parada que represente uma estimativa do erro cometido na obtenção da solução e que seja facilmente calculado. Em termos práticos, para cada novo valor obtido, duas alternativas satisfatórias são vislumbradas:

a) Testa-se o incremento da solução, ou seja, a diferença entre os valores obtidos por duas iterações consecutivas do processo de solução frente a uma tolerância especificada (*tol*), ou seja, $d_a^{(k)} = |x^{(k)} - x^{(k-1)}| < tol$. Quando o incremento da solução se torna suficientemente pequeno, vale dizer que as soluções encontradas passam a não ter variação significativa em termos numéricos, não havendo razão para o processo iterativo prosseguir e, portanto, pode ser encerrado. Esse critério costuma ser bastante usado, podendo também ser expresso em termos relativos: $d_r^{(k)} = (|x^{(k)} - x^{(k-1)}| / |x^{(k)}|) < tol$.

b) Testa-se o resíduo da solução, isto é, $r^{(k)} = |h(x^{(k)})| < tol$. Note que a aplicação desse teste requer alguns cuidados, quando na vizinhança da raiz (intervalo $\mathcal{I}$), a derivada da função h (em módulo) é muito inferior a 1, *i.e.*, $|h \times (x^{(k)})| << 1$ ou, ao contrário, muito superior a 1, $|h \times (x^{(k)})| >> 1$. Nessas situações, o resíduo da solução não é um bom avaliador para a interrupção do processo iterativo, como ilustram as Figuras 3.4a e 3.4b, respectivamente. À medida que $x^{(k)}$ se afasta do zero ($\alpha = 1$) da função $h(x) = \ln(x)/x^3$, representada na Figura 3.4a, o resíduo $r^{(k)}$ diminui, o que não serve como indicação de convergência para a solução. De modo oposto, na Figura 3.4b, em que se encontra representada $h(x) = x^4 - 16$, cujo zero ocorre em $\alpha = 2$, valores de $x^{(k)}$ próximos a α apresentam resíduos elevados, *e.g.*, $h(2{,}2) = 7{,}4$ e $h(2{,}1) = 3{,}4$.

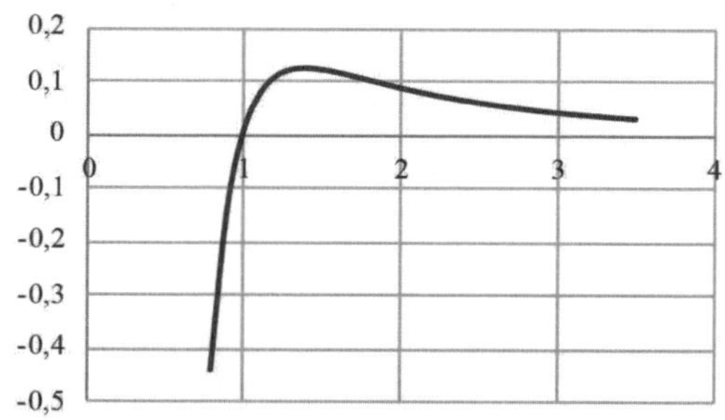

Figura 3.4a – Resíduos baixos para valores de x(k) distantes da solução ($|h \times (x^{(k)})| << 1$).

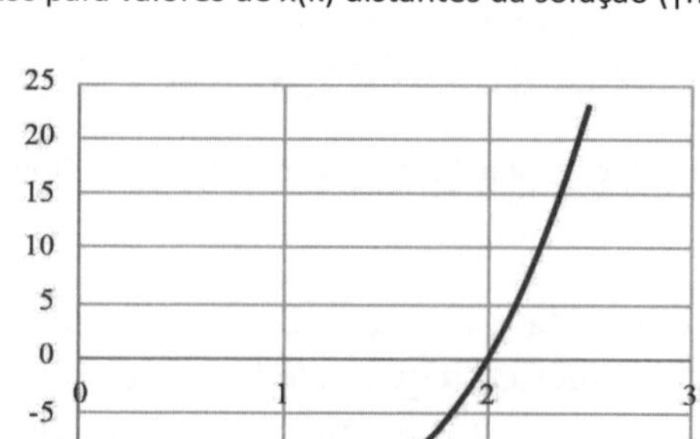

Figura 3.4b – Resíduos baixos para valores de x(k) distantes da solução ($|h \times (x^{(k)})| >> 1$).

Usualmente, toma-se *tol* = 0,5 × 10^{-m}, sendo *m* o número de casas decimais corretas que se deseja alcançar na obtenção da solução (considerada em termos absolutos).

Para processos iterativos malsucedidos (divergentes ou de difícil convergência para a solução), um limite máximo para o número de iterações deve ser estabelecido, fazendo com que haja um término, mesmo sem que a solução tenha sido alcançada.

3.3 MÉTODO DA BISSEÇÃO

Após ter sido encontrado um intervalo $\mathcal{J} = [a, b]$ em que se encontra a raiz de interesse, vários métodos numéricos podem ser escolhidos para obter tal raiz com o grau de precisão desejado. O método conhecido como Bisseção cumpre esse papel reduzindo sucessivamente à metade $\mathcal{J}$ (como indica o esboço da Figura 3.5), até que ele se torne suficientemente pequeno. O método da Bisseção não está entre aqueles que apresentam convergência rápida, mas seguramente converge sempre. Assim, suponha que *f* seja uma função contínua em $\mathcal{J}$, tendo $f(a)$ e $f(b)$ sinais opostos e, por esta razão, em algum ponto pertencente ao intervalo *f* será nula. Então, calcula-se o ponto médio $c = \frac{a+b}{2}$ e $f(c)$.

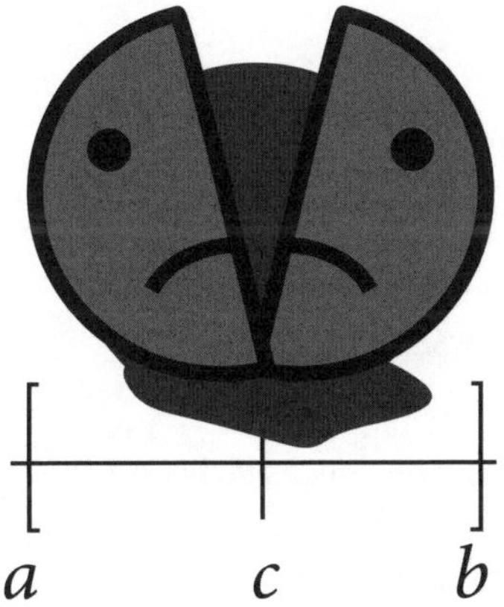

Figura 3.5 – Método intervalar da Bisseção.

Agora com os subintervalos $[a, c]$ e $[c, b]$ verifica-se em qual deles a função apresenta sinais opostos em seus extremos. Se $f(a)$ e $f(c)$ têm sinais opostos, a raiz encontra-se em $[a, c]$ que passa a ser o novo intervalo para a determinação da raiz (metade do anterior), voltando a ser designado por $[a, b]$, movendo-se o extremo (à direita) *b* para *c*. Caso contrário, a raiz está em $[c, b]$ e o extremo (esquerdo) *a* move-se para *c*. Segue o processo de Bisseção, até que o intervalo de busca da solução tenha sido reduzido suficientemente, de acordo com um grau de precisão especificado ε, para que não haja interesse em prosseguir, *i.e.*, $|b^{(k)} - a^{(k)}| < \varepsilon$, sendo que *k* representa o índice de iterações do método. A Figura 3.6 ilustra um exemplo simbólico de algumas iterações do método da Bisseção.

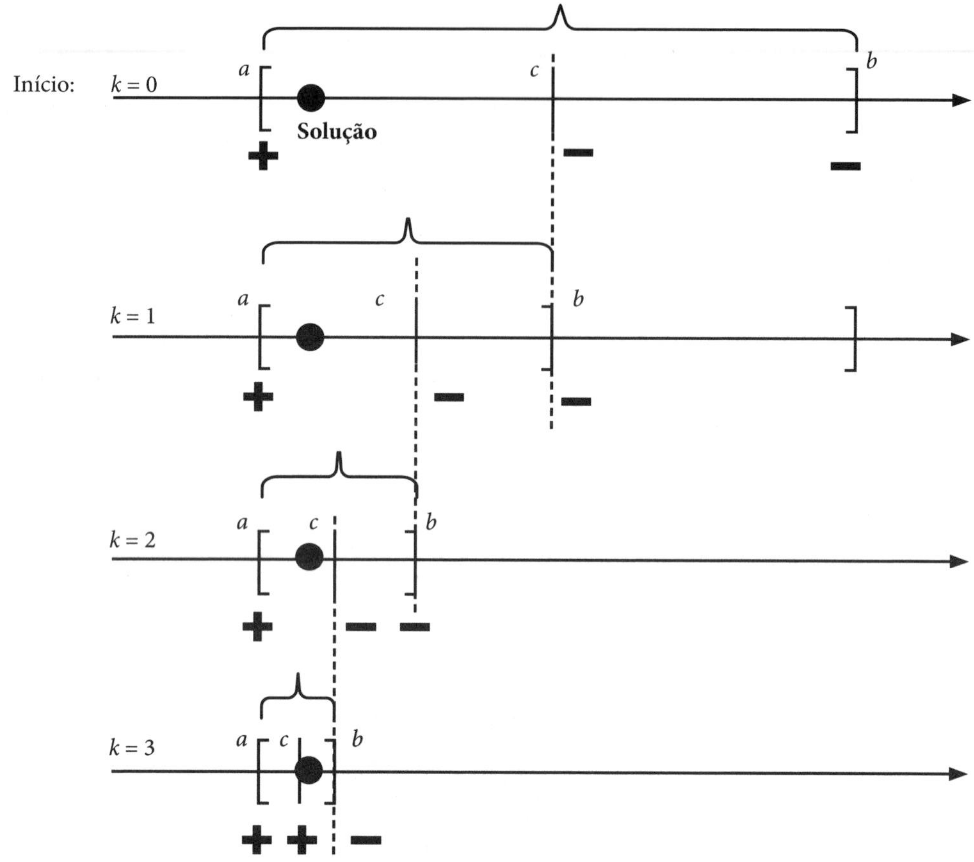

Figura 3.6 – Algumas iterações do método da Bisseção.

Uma avaliação sobre as bisseções necessárias pode ser feita considerando-se que o intervalo adotado a cada iteração k vai sendo sucessivamente reduzido à metade (o que o faz convergir linearmente), ou seja:

$[b^{(0)} - a^{(0)}]/2$; $[b^{(1)} - a^{(1)}]/2$; ...; $[b^{(k)} - a^{(k)}]/2$. Vale dizer: $[b^{(0)} - a^{(0)}]/2$; $[b^{(0)} - a^{(0)}]/2^2$; ...; e na n-ésima bisseção, $[b^{(0)} - a^{(0)}]/2^n$. Assim:

$$\frac{|b^{(0)}-a^{(0)}|}{2^n} < \varepsilon \;\Rightarrow\; 2^n > \frac{|b^{(0)}-a^{(0)}|}{\varepsilon} \;\Rightarrow\; nlog2 > log\left|b^{(0)} - a^{(0)}\right| - log\varepsilon \;\Rightarrow$$

$$n > \frac{log\left|b^{(0)} - a^{(0)}\right| - log\varepsilon}{log2}$$

A seguir, aplica-se o método da Bisseção ao problema do Exemplo 3.1.

Exemplo 3.2: Considere a função $h(x) = \cos(x) - 3 + e^x$, sabendo-se que o intervalo $\mathcal{J} = [0{,}8;1]$ contém a raiz α de $h(x)$. Determine α pelo método da Bisseção com 6 casas decimais de precisão ($tol = 0{,}5 \times 10^{-6}$).

Espera-se que a obtenção de α ocorra após n bisseções; $n > \dfrac{log|1 - 0{,}8| - log0{,}5 \times 10^{-6}}{log2}$, vale dizer e considerando o próximo inteiro, $n = 19$. Segue a Tabela 3.2 de valores encontrados durante o processo iterativo, do qual se extrai que a raiz procurada α vale **0,850233**.

Tabela 3.2 – Método da Bisseção: Exemplo 3.2

k	*a*	*c*	*b*	*h(a)*	*h(c)*	*h(b)*
0	0,8	0,900000	1,000000	- 0,0777524	0,0812131	0,258584
1	0,8	0,850000	0,900000	- 0,0777524	- 0,000370002	0,0812131
2	0,85	0,875000	0,900000	- 0,000370002	0,0398722	0,0812131
3	0,85	0,862500	0,875000	- 0,000370002	0,0196168	0,0398722
4	0,85	0,856250	0,862500	- 0,000370002	0,00959022	0,0196168
5	0,85	0,853125	0,856250	- 0,000370002	0,00460186	0,00959022
:	:	:	:	:	:	:
:	:	:	:	:	:	:
:	:	:	:	:	:	:
9	0,85	0,850195	0,850391	- 0,000370002	- 5,97423e-05	0,000250582
10	0,850195	0,850293	0,850391	5,97423e-05	9,54116e-05	0,000250582
:	:	:	:	:	:	:
19	**0,850233**	**0,850233**	**0,850233**	- 3,49342e-07	2,56721e-07	8,62784e-07

Como incentivo à prática da implementação computacional de métodos numéricos, a título de exemplificação, escreveu-se o Programa 3.2 (bem simplificado) para o ambiente **Scilab**, bem como o Programa 3.3 em **Python**, como se vê a seguir. Partindo desses Programas, deixa-se ao leitor a tarefa de aperfeiçoar a codificação do método da Bisseção.

Programa 3.2 – Método da Bisseção (**Scilab**)

```
//Programa para se obter o zero de uma função pelo método da Bisseção
funcprot(0);
clear
clc
//definição da função cujo zero deve ser obtido
function y=funcao(x)
 y=cos(x)-3+exp(x)
endfunction
//definição de parâmetros do problema
n=0
nmax=30
tol=0.5e-6
a=0.8
b=1.0
d=(b-a)/2
while (n <= nmax & d>tol)
 c=(a+b)/2
 d=(b-a)/2
 n=n+1
 if (funcao(c)*funcao(a)) > 0
  a=c
 else
  b=c
 end
end
printf('solução com %d bisseções.\n',n)
printf('raiz = %f',c)
```

Encontra-se no link https://github.com/ViniBiajoni/metodosNumericosLivroSBA.git

Programa 3.3 – Método da Bisseção (**Python**)

```
import numpy as np
def f(x):
    h = np.cos(x) - 3 + np.exp(x)
    return h
#método da Bisseção
a=0.8
b=1
tol = 0.5e-6
x = (a+b)/2
iter=0
while abs(f(x)) > tol:
    print(f"Iteração {iter}\n")
    print(f"a = {a}\n")
    print(f"b = {b}\n")
    print(f"x = {x}\n")
    print(f"f(x) = {f(x)}\n")
    print(f'------------------')
    if f(a)*f(x)<0:
        a=a
        b=x
    elif f(x)*f(b)<0:
        a=x
        b=b
    x = (a+b)/2
    iter += 1
print(f"A raiz da função é : {x}")
print(f"Total de iterações = {iter}"
```

Encontra-se no link https://github.com/ViniBiajoni/metodosNumericosLivroSBA.git

3.4 MÉTODO DA POSIÇÃO FALSA

Como na Seção 3.3 deste capítulo, aborda-se aqui um método intervalar, *i.e.*, dois valores (extremos [a, b] do intervalo $\mathcal{J}$ em que se encontra a solução) são necessários para iniciar o processo iterativo de obtenção do zero de uma função. Assume-se que tal função seja aproximadamente linear nas proximidades da solução.

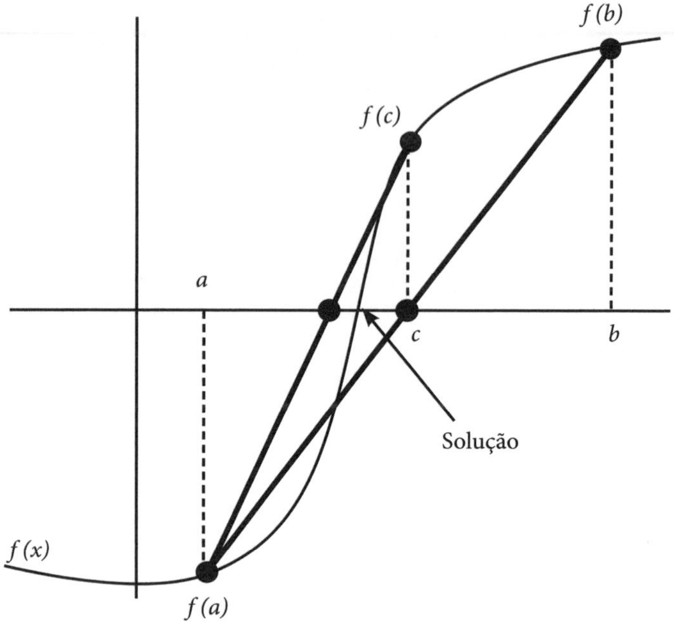

Figura 3.7 – Método da Posição Falsa.

Assim, o próximo valor do processo iterativo c obtém-se por interpolação linear, usando a interseção com o eixo-x da reta definida pelos pontos $(a, f(a))$ e $(b, f(b))$, como ilustra a Figura 3.7. Usando a semelhança de triângulos retângulos dessa figura: $\frac{b-c}{f(b)} = \frac{c-a}{-f(a)}$. Logo:

$$-f(a)(b-c) = f(b)(c-a) \quad \Rightarrow \quad -bf(a) + cf(a) = cf(b) - af(b)$$

$$c = \frac{af(b) - bf(a)}{f(b) - f(a)}$$

$$c\big(f(b) - f(a)\big) = af(b) - bf(a)$$

Usando a expressão anterior para construir um processo iterativo, chega-se a:

$$c^{(k)} = \frac{a^{(k)}f\big(b^{(k)}\big) - b^{(k)}f\big(a^{(k)}\big)}{f(b^{(k)}) - f(a^{(k)})}$$

sendo k o indexador das iterações do processo. Se $f(a^{(k)})$ e $f(c^{(k)})$ têm o mesmo sinal, então $a^{(k+1)} = c^{(k)}$ e $b^{(k+1)} = b^{(k)}$; do contrário $a^{(k+1)} = a^{(k)}$ e $b^{(k+1)} = c^{(k)}$. A ordem de convergência do método é de difícil estimação precisa; em geral, se assemelha àquela linear da Bisseção.

A seguir, encontra-se o Programa 3.4, escrito em **Python**, para uso do método da Posição Falsa. Usando o **Scilab**, programa semelhante pode ser desenvolvido pelo leitor, como exercício de programação.

Programa 3.4 – Método da Posição Falsa (**Python**)

```
import numpy as np
def f(x):
  h = np.cos(x) - 3 + np.exp(x)
  return h
#Falsa Posição
a=0.8
b=1
tol = 0.5e-6
x = (a*f(b) - b*f(a))/(f(b)-f(a))
iter=0
while abs(f(x)) > tol:
  print(f"Iteração {iter}\n")
  print(f"a = {a}\n")
  print(f"b = {b}\n")
  print(f"x = {x}\n")
  print(f"f(x) = {f(x)}\n")
  print(f'------------------')
  if f(a)*f(x)<0:
    a=a
    b=x
  elif f(x)*f(b)<0:
    a=x
    b=b
  x = (a*f(b) - b*f(a))/(f(b)-f(a))
  iter += 1
print(f"A raiz da função é : {x}")
print(f"Total de iterações = {iter}")
```

Encontra-se no link https://github.com/ViniBiajoni/metodosNumericosLivroSBA.git

Exemplo 3.3: Considere a mesma função $h(x) = \cos(x) - 3 + e^x$ usada anteriormente, sabendo-se também que o intervalo $\mathcal{J} = [0{,}8;1]$ contém a raiz α de $h(x)$. Determine α pelo método da Posição Falsa com 6 casas decimais de precisão ($tol = 0{,}5 \times 10^{-6}$).

A seguir, a Tabela 3.3 apresenta os valores encontrados durante o processo iterativo, que converge para a raiz procurada α igual a 0,850233.

Tabela 3.3 – Método da Posição Falsa: Exemplo 3.3

x	$h(x)$
0,8	-0,07775
0,81	-0,06259
0,82	-0,04728
0,83	-0,03181
0,84	-0,01617
0,85	-0,00037
0,86	0,015598

iterações (k)	1	2	3	4	5	6
a	0,8	0,846235	0,84991385	0,85020745	0,85023088	**0,850233**
c	0,846235	0,849914	0,85020745	0,85023088	0,85023275	**0,850233**
b	1	1	1	1	1	1
$h(a)$	-0,07775	-0,00634	-0,0005068	-4,046E-05	-3,23E-06	-2,58E-07
$h(c)$	-0,00634	-0,00051	-4,046E-05	-3,23E-06	-2,578E-07	-2,06E-08
$h(b)$	0,258584	0,258584	0,25858413	0,25858413	0,25858413	0,2585841

3.5 MÉTODO DO PONTO FIXO

Conforme apresentado na Introdução deste capítulo, o problema de se encontrar os 0 de uma função ou as raízes de uma equação consiste em se obter valores que tornem verdadeiras igualdades que se equivalem: $f(x) = g(x)$; $f(x) - g(x) = 0$; $h(x) = 0$. O método do Ponto Fixo é construído a partir da primeira igualdade, que corresponde à obtenção do ponto de interseção de duas funções, uma destas sendo em particular a reta f(x) = x. Assim, o problema de encontrar a raiz de $h(x) = 0$ se transforma em obter como solução a interseção de $x = g(x)$, denominado Ponto Fixo de g – *i.e.*, aquele ponto que não se altera quando nele for aplicada a função g: $\alpha = g(\alpha)$. Se tal ponto existir, então poderá ser computado pelo seguinte processo iterativo do método do Ponto Fixo:

$$x^{(k+1)}=g(x^{(k)}) \tag{3.1}$$

no qual g = função de iteração, a ser escolhida adequadamente; k = índice para a contagem de iterações; $x^{(0)}$ = valor inicial do processo iterativo, pertencente a uma vizinhança da solução.

Uma interpretação geométrica para o método do Ponto Fixo pode ser vista nas Figuras 3.8a-c a seguir, em que, apenas a título de ilustração, adotou-se a equação não linear $h(x) = x^2 - 3x - 4 = 0$. Para resolver tal equação, não seria necessário usar um método numérico, pois suas raízes ($\alpha_1 = -1$ e $\alpha_2 = 4$) são obtidas facilmente pela forma analítica. Vários arranjos podem ser realizados de modo a transformar o problema original $h(x) = 0$ em $x = g(x)$ — forma do Ponto Fixo — obtendo-se, por exemplo:

a) $g_a(x) = (x^2 - 4)/3$;

b) $g_b(x) = 3 + (4/x)$;

c) $g_c(x) = \sqrt{3x+4}$.

Admitindo-se interesse apenas pela raiz positiva ($\alpha_2 = 4$), cada uma dessas funções de iteração e a reta $f(x) = x$ foram representadas nas Figuras 3.8a-c. As trajetórias dos processos iterativos associados a cada uma das funções de iteração propostas também estão representadas graficamente nessa figura, por meio de setas verticais - em que cada uma delas corresponde à avaliação de $g(x^{(k)})$ - e horizontais - em que cada uma delas transporta para a reta $f(x) = x$ o valor $g(x^{(k)})$, o que faz com esse valor seja igual ao próximo argumento $x^{(k+1)}$ a ser usado pela função de iteração, e assim sucessivamente.

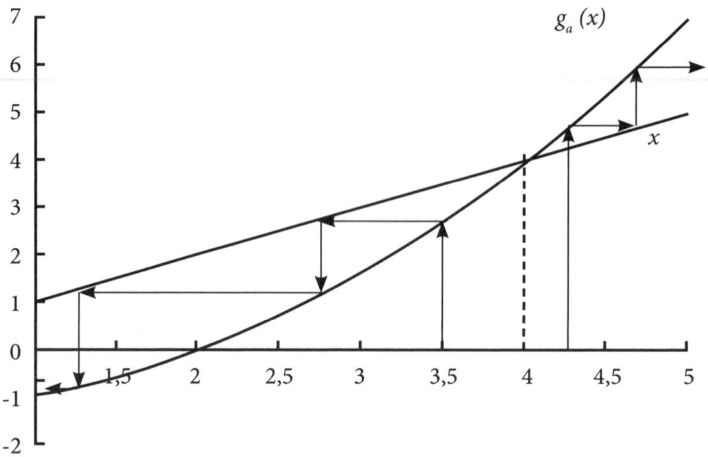

Figura 3.8a – Método Ponto Fixo – $g_a(x) = (x^2 - 4)/3$.

Dentre as funções de iteração propostas, pode-se ver que o processo iterativo criado por $g_a(x)$ não se encaminha para a raiz procurada ($\alpha_2 = 4$), qualquer que seja o valor inicial escolhido na vizinhança da raiz, *e.g.*, $\mathcal{I}$ = [3,5;4,5], $x^{(0)} = 3{,}5$ ou $x^{(0)} = 4{,}3$ como indica a Figura 3.8a. O leitor poderá constatar que, não importando quão próximo se esteja da raiz, no processo iterativo estabelecido por $g_a(x)$, atua um efeito de repulsão da raiz $\alpha_2 = 4$. Partindo-se, por exemplo, de $x^{(0)} = 3{,}5$, haverá uma atração (convergência) para a outra raiz $\alpha_1 = -1$ e, se for adotado $x^{(0)} = 4{,}3$, o processo produzirá valores $x^{(k+1)}$ sempre crescentes (divergirá).

Considerando agora a função de iteração $g_b(x)$, vê-se que haverá convergência para a raiz procurada, como indica a Figura 3.8b, quando se toma como valor inicial, *e.g.*, $x^{(0)} = 2$. Nesse caso, note que a convergência se dará com valores que alternadamente se aproximam à esquerda e à direita de $\alpha_2 = 4$.

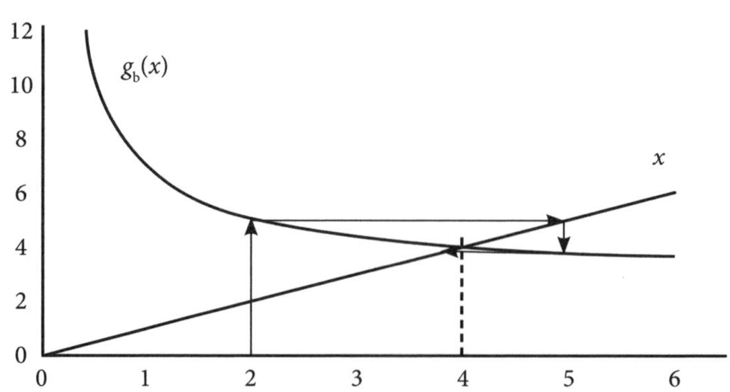

Figura 3.8b – Método do Ponto Fixo – $g_b(x) = 3 + (4/x)$.

Por fim, a escolha de $g_c(x)$ estabelece um processo iterativo convergente para a raiz, adotando-se valores iniciais na vizinhança de 4, tanto inferiores, como indicado na Figura 3.8c com $x^{(0)} = 1$, quanto superiores (deixado para confirmação do leitor).

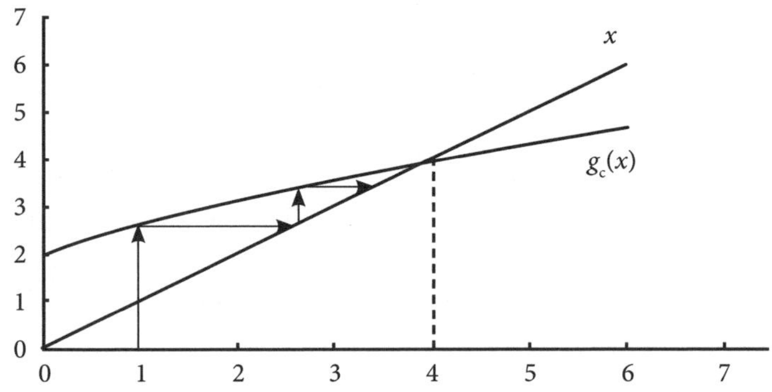

Figura 3.8c – Método do Ponto Fixo – $gc(x) = \sqrt{3x+4}$.

Vários problemas podem ser naturalmente expressos na forma do Ponto Fixo, como aquele, de início representado pela equação $h(x) = x^2 - 3x - 4 = 0$, usado para ilustrar como se comporta geometricamente o processo iterativo referente ao presente método. Entretanto, há casos em que transformar $h(x) = 0$ em $x = g(x)$ não constitui tarefa tão direta e simples, o que se pode contornar, *e.g.*, somando x em ambos os membros da primeira equação, *i.e.*, $x + h(x) = x$, ou ainda, escrevendo na forma desejada como $x = h(x) + x$ e, finalmente, $x = g(x) + h(x) + x$. Por certo, outros engenhos mais elaborados poderão ser concebidos.

Conforme evidenciado na interpretação geométrica do método do Ponto Fixo apresentada nas Figuras 3.8a-c, para uma dada equação $h(x) = 0$, poderão ser criados vários problemas equivalentes $x = g(x)$, resultantes das diferentes manipulações algébricas adotadas para deixar apenas x no primeiro membro da equação. Diante disso, é natural pensar que não deverá ser qualquer $g(x)$ que faça o método exitoso, na tarefa de encontrar a solução de desejada. Nem todas as funções de iteração $g(x)$ que possam ser obtidas irão gerar sequências de valores $\{x^{(0)}, x^{(1)}, x^{(2)}, \ldots , x^{(k)}, x^{(k+1)},\ldots\}$ convergentes, o que se faz necessário determinar, antecipadamente, se a função $g(x)$ adotada será conveniente ao objetivo proposto.

Uma maneira simples de se caracterizar o comportamento do processo iterativo estabelecido na Equação (3.1), $x^{(k+1)} = g(x^{(k)})$, toma por base que haverá convergência local se, em uma adequada vizinhança $\mathcal{J}$ do Ponto Fixo (α = solução da equação), a derivada de $g(x)$ for suave, inferior a 1 (em valor absoluto). Em linguagem matemática, com $x^{(0)} \in \mathcal{J}$, o processo iterativo $x^{(k+1)} = g(x^{(k)})$ converge, se:

$$|g'(x)|<1, \forall x \in \mathcal{J} \qquad (3.2)$$

Para maiores detalhes sobre a condição estabelecida na Equação (3.2), o leitor poderá consultar a referência [Heat02, Seção 5.5.2].

Exemplo 3.4: Considere a função $h(x) = \cos(x) - 3 + e^x$ do Exemplo 3.1, para qual se obteve o intervalo $\mathcal{I} = [0{,}8;1]$ em que ocorre α, raiz de $h(x)$. Para determinar α pelo método do Ponto Fixo estabelecido pela Equação (3.1), deve-se proceder à obtenção de uma função de iteração, por exemplo, com base na seguinte manipulação algébrica:

$$\cos(x) - 3 + e^x = 0 \Rightarrow e^x = 3 - \cos(x) \Rightarrow \ln(e^x) = \ln(3 - \cos(x)) \Rightarrow x = \ln(3 - \cos(x)).$$

Constrói-se então o processo iterativo $x^{(k+1)} = g(x^{(k)}) \equiv \ln(3 - \cos(x^{(k)}))$, em que $x^{(0)} = 1$, adotando-se $x^{(0)} = 1$, irá satisfazer a condição da Equação (3.2), $|g'(x)| < 1,\ \forall x \in [0{,}8;1]$, ou seja: $|g'(1)| = |\text{sen}(1)/(3-\cos(1))| = 0{,}34 < 1$. A Tabela 3.4 a seguir apresenta a sequência de valores gerada por esse processo iterativo, convergente para $\alpha = 0{,}85023$, com precisão de 6 casas decimais, *i.e.*, $tol < 0{,}5 \times 10^{-6}$, após 12 iterações.

Tabela 3.4 – Método do Ponto Fixo para a solução de $\cos(x) - 3 + e^x = 0$ do Exemplo 3.4

k	$x^{(k)}$	$g(x^{(k)})$	$d_a^{(k)} = \lvert x^{(k)} - x^{(k-1)}\rvert$	$d_r^{(k)} = (\lvert x^{(k)} - x^{(k-1)}\rvert / \lvert x^{(k)}\rvert)$	$r^{(k)} = h(x^{(k)})$
0	1	0,900038	***	***	$2{,}59 \times 10^{-1}$
1	0,900038	0,866436	$1{,}00 \times 10^{-1}$	$1{,}11 \times 10^{-1}$	$8{,}13 \times 10^{-2}$
2	0,866436	0,855459	$3{,}36 \times 10^{-2}$	$3{,}88 \times 10^{-2}$	$2{,}60 \times 10^{-2}$
3	0,855459	0,851913	$1{,}10 \times 10^{-2}$	$1{,}28 \times 10^{-2}$	$8{,}33 \times 10^{-3}$
4	0,851913	0,850773	$3{,}55 \times 10^{-3}$	$4{,}16 \times 10^{-3}$	$2{,}67 \times 10^{-3}$
5	0,850773	0,850406	$1{,}14 \times 10^{-3}$	$1{,}34 \times 10^{-3}$	$8{,}58 \times 10^{-4}$
6	0,850406	0,850289	$3{,}66 \times 10^{-4}$	$4{,}31 \times 10^{-4}$	$2{,}75 \times 10^{-4}$
7	0,850289	0,850251	$1{,}18 \times 10^{-4}$	$1{,}38 \times 10^{-4}$	$8{,}85 \times 10^{-5}$
8	0,850251	0,850239	$3{,}78 \times 10^{-5}$	$4{,}45 \times 10^{-5}$	$2{,}84 \times 10^{-5}$
9	0,850239	0,850235	$1{,}21 \times 10^{-5}$	$1{,}43 \times 10^{-5}$	$9{,}12 \times 10^{-6}$
10	0,850235	0,850234	$3{,}90 \times 10^{-6}$	$4{,}58 \times 10^{-6}$	$2{,}93 \times 10^{-6}$
11	0,850234	0,850233	$1{,}25 \times 10^{-6}$	$1{,}47 \times 10^{-6}$	$9{,}40 \times 10^{-7}$
12	**0,850233**	0,850233	$4{,}02 \times 10^{-7}$	$4{,}73 \times 10^{-7}$	$3{,}02 \times 10^{-7}$

3.6 MÉTODO DE NEWTON

Este tornou-se um dos mais conhecidos métodos numéricos para se obter a solução de problemas expressos matematicamente por equações na forma $h(x) = 0$. Até ser descrito na forma atual, o método de Newton, cujo nome remete apenas a um autor, evoluiu pela contribuição de diversos matemáticos. O método recebeu o nome do brilhante cientista Isaac Newton (retratado na Figura 3.9), em razão de ter sido por ele lançada a semente que deu origem aos demais desenvolvimentos trazidos por Joseph Raphson (1648-1715) e Thomas Simpson (1710-1761).

Figura 3.9 – Isaac Newton (1642-1727).
Fonte: https://mathshistory.st-andrews.ac.uk/Biographies/Newton/Newton.jpeg

Em 1669, Newton apresentou seu método por meio de um exemplo, em que a solução era encontrada pela manipulação de polinômios, tendo adotado como problema encontrar uma raiz para $x^3 - 2x - 5 = 0$, tomando o valor inteiro 2 para solução inicial. Assim, a solução, de parte inteira igual a 2, poderia ser expressa como $x = 2 + p$ e, substituída na equação original, resultaria em uma nova equação polinomial, $(2 + p)^3 - 2(2 + p) - 5 = 0$, ou ainda, $p^3 + 6p^2 + 10p - 1 = 0$. Considerando p pequeno, desprezou os termos p^3 e $6p^2$, resolvendo $10p - 1 = 0$, para obter $p = 0{,}1$. Com isso, a nova aproximação para a raiz passaria a ser $x = 2{,}1$. O próximo passo seria fazer $p = 0{,}1 + q$ e substituir no polinômio em p, resultando em $(q+0{,}1)^3 + 6(0{,}1 + q)^2 + 10(0{,}1 + q) - 1 = 0$, ou em termos reduzidos, $q^3 + 6{,}3q^2 + 11{,}23q + 0{,}061 = 0$. Novamente, desprezou-se os termos de ordem superior nesse polinômio e resolveu-se: $11{,}23q + 0{,}061 = 0$, encontrando $q = -0{,}0054$. Consequentemente, a nova aproximação para a raiz seria agora $x = 2 + p + q = 2{,}0946$. Esse processo de obtenção da solução poderia prosseguir até que fosse atingida a precisão desejada. Ao se realizar mais uma etapa do processo, Newton obteve $x = 2{,}09455147$ (se estiver curioso, o leitor poderá conferir).

Em 1690, Raphson simplificou o processo descrito anteriormente, evitando o tedioso cálculo de sucessivos polinômios, introduzindo um processo recursivo de obtenção de uma sequência de valores (aproximações da solução), em que cada termo depende do seu precedente. Mais tarde, em 1740, Simpson, ampliou o uso do método para equações que não fossem apenas polinomiais, descrevendo-o na forma iterativa e com a utilização de derivadas. Além disso, generalizou o método para a obtenção da solução de um sistema de duas equações a duas incógnitas.

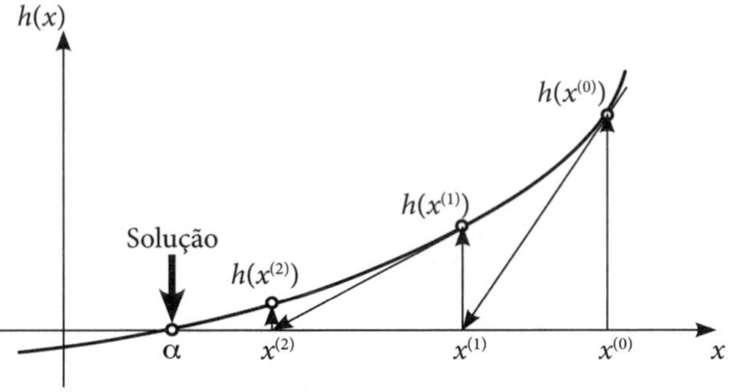

Figura 3.10 – Método de Newton.

A formulação simples e elegante do método de Newton a seguir apresentada foi publicada por Lagrange em 1798 e popularizada por Fourier em 1831, quando então a contribuição de outros matemáticos foi esquecida, restando apenas o nome Newton (algumas vezes unido ao de Raphson) associado ao método.

A interpretação geométrica do método de Newton diz respeito a se proceder à substituição da função não linear $h(x)$ por uma reta, tangente à curva $h(x)$ em um dado ponto escolhido próximo à solução, e determinar a interseção desta reta com o eixo x, o que constitui uma solução aproximada do problema. Assim deve-se proceder, repetidas vezes, até que se encontre a solução com o grau de precisão desejado. A Figura 3.10 ilustra esse procedimento, considerando $x^{(0)}$ como solução inicial, para então traçar a reta tangente à curva no ponto $(x^{(0)}, h(x^{(0)}))$, que intercepta o eixo x em $x^{(1)}$. Note que a partir do coeficiente angular dessa reta, obtém-se:

$$h'(x^{(0)}) = h(x^{(0)})/(x^{(0)} - x^{(1)}) \quad \Rightarrow \quad x^{(1)} - x^{(0)} = -h(x^{(0)})/h'(x^{(0)}) \quad \Rightarrow$$

$$x^{(1)} = x^{(0)} - \frac{h(x^{(0)})}{h'(x^{(0)})}$$

Da mesma forma, para a reta tangente em $(x^{(1)}, h(x^{(1)})$:

$$h'(x^{(1)}) = h(x^{(1)})/(x^{(1)} - x^{(2)}) \quad \Rightarrow \quad x^{(2)} - x^{(1)} = -h(x^{(1)})/h'(x^{(1)}) \quad \Rightarrow$$

$$x^{(2)} = x^{(1)} - \frac{h(x^{(1)})}{h'(x^{(1)})}$$

Generalizando para $(x^{(k)}, h(x^{(k)})$, obtém-se o processo iterativo que caracteriza o método de Newton:

$$x^{(k+1)} = x^{(k)} - \frac{h(x^{(k)})}{h'(x^{(k)})} \tag{3.3}$$

Antes de se passar à apresentação de um exemplo de aplicação do método, torna-se interessante notar a relação existente entre a formulação originalmente proposta por Newton e a estabelecida pela Equação (3.3). Constate que, desprezar os termos de grau superior a 1 nos polinômios manipulados por Newton (levando a $10p - 1 = 0$ e $11{,}23q + 0{,}061 = 0$), corresponde a realizar os seguintes cálculos:

$$p = x^{(1)} - x^{(0)} = -h(x^{(0)})/h'(x^{(0)}) = -(x^{(0)^3} - 2x^{(0)} - 5)/(3x^{(0)^2} - 2) = -(2^3 - 2\times 2 - 5)/(3\times 2^2 - 2) = 1/10$$

$$p = x^{(1)} - x^{(0)} = 0{,}1 \Rightarrow x^{(1)} = x^{(0)} + p = 2 + 0{,}1 = 2{,}1$$

$$q = x^{(2)} - x^{(1)} = -h(x^{(1)})/h'(x^{(1)}) = -(x^{(1)^3} - 2x^{(1)} - 5)/(3x^{(1)^2} - 2) = -(2{,}1^3 - 2\times 2{,}1 - 5)/(3\times 2{,}1^2 - 2)$$
$$= -0{,}0054$$

$$q = x^{(2)} - x^{(1)} = -0{,}0054 \Rightarrow x^{(2)} = x^{(1)} + q = 2{,}1 - 0{,}0054 = 2{,}0946$$

Exemplo 3.5: Considere a função $h(x) = \cos(x) - 3 + e^x$ do Exemplo 3.2, para qual se deseja obter α, raiz de $h(x)$. Adotando-se o método de Newton estabelecido pela Equação (3.3), foram realizados os cálculos apresentados na Tabela 3.5, com base no seguinte processo iterativo:

$$x^{(k+1)} = x^{(k)} - \frac{\cos(x^{(k)}) - 3 + e^{x^{(k)}}}{-\operatorname{sen}(x^{(k)}) + e^{x^{(k)}}}, \text{ com } x^{(0)} = 1$$

Obter a solução com 6 casas decimais de precisão ($tol < 0{,}5\times 10^{-6}$).

Tabela 3.5 – Método de Newton para a solução de $\cos(x) - 3 + e^x = 0$ do Exemplo 3.5

k	$x^{(k)}$	$h(x^{(k)})$	$h \times (x^{(k)})$	$-h(x^{(k)})/ h \times (x^{(k)})$	$d_a^{(k)} = \lvert x^{(k)} - x^{(k-1)} \rvert$	$d_r^{(k)} = (\lvert x^{(k)} - x^{(k-1)} \rvert / \lvert x^{(k)} \rvert)$
0	1,000000	0,258584	1,876811	-0,137778	***	***
1	0,862222	0,019169	1,609126	-0,011912	0,137778	0,159795
2	0,850309	0,000121	1,588886	$-7{,}62 \times 10^{-5}$	0,011912	0,01401
3	0,850233	$4{,}87 \times 10^{-9}$	1,588758	$-3{,}07 \times 10^{-9}$	$7{,}62 \times 10^{-5}$	$8{,}96 \times 10^{-5}$
4	**0,850233**	$4{,}44 \times 10^{-16}$	1,588758	$-2{,}80 \times 10^{-16}$	$3{,}07 \times 10^{-9}$	$3{,}61 \times 10^{-9}$

Note que, definido o grau de precisão (*tol*) e adotada a mesma solução inicial ($x^{(0)}$), tanto o método do Ponto Fixo como o de Newton obtiveram o mesmo valor numérico, entretanto, por meio de um número bem distinto de iterações ($k = 12$ e $k = 4$, respectivamente). Em termos gerais, sob os mesmos parâmetros de início e chegada, o processo iterativo gerado pelo método de Newton converge mais rapidamente do que o correspondente do método do Ponto Fixo.

Ainda vale ressaltar que no método de Newton a função de iteração $g_N(x)$ que conduz o processo iterativo não resulta de manobras algébricas realizadas para transformar $h(x) = 0$ na forma do Ponto Fixo $x = g(x)$, sendo portanto definida por: $g_N(x^{(k)}) = x^{(k)} - [h(x^{(k)})/h'(x^{(k)})]$.

Em termos práticos, a convergência do método de Newton depende substancialmente da escolha do valor inicial, devendo este estar próximo à raiz procurada. Uma boa prática para se fazer uma escolha adequada consiste em primeiramente obter um intervalo em que se encontre a raiz e reduzi-lo algumas vezes pelo Método da Bisseção (sucessivas divisões à metade, tomando-se em cada vez o subintervalo em que $h(x)$ mude de sinal) [Chen08].

Um exemplo que evidencia claramente a necessidade de escolha adequada para $x^{(0)}$ diz respeito à adoção de valores para os quais a derivada $h'(x^{(0)})$ seja pequena (*i.e.*, uma tangente quase paralela ao eixo x), o que fará com que o próximo valor $x^{(1)}$ seja lançado para longe da solução pretendida. O próximo exemplo ilustrará uma situação em que isso acontece.

Exemplo 3.6: Considere o problema de se encontrar o ponto de interseção das funções $f(x) = x^3$ e $g(x) = 5\text{sen}(x)$ que se encontra no intervalo $\mathcal{J} = [1;2]$. Esse problema equivale a se obter a raiz de $h(x) = x^3 - 5\text{sen}(x)$, tarefa que pode ser realizada pelo método de Newton, usando o seguinte processo iterativo:

$$x^{(k+1)} = x^{(k)} - \frac{x^{(k)^3} - 5\text{sen}(x^{(k)})}{3x^{(k)^2} - 5\cos(x^{(k)})}$$

Note que se for adotado como valor inicial $x^{(0)} = 1$, a derivada $h'(x) = 3x^2 - 5\cos(x)$, calculada em $x^{(0)}$, será $h'(1) = 0{,}298$ (valor pequeno), o que fará com que $x^{(1)} = 1{,}755$, valor este bastante distante da raiz procurada em $\mathcal{J}$. O mesmo não acontecerá, se for escolhido o outro extremo do intervalo, $x^{(0)} = 2$, pois neste caso $x^{(1)} = 11{,}745$. Deixa-se ao leitor, lançando mão de cada um dos valores iniciais citados, verificar a trajetória do processo iterativo criado.

3.7 MÉTODO DA SECANTE

Do exposto até aqui, pode-se perceber que o método de Newton apresenta como expressiva vantagem a rapidez de convergência, quando o processo iterativo atua sobre pontos próximos à raiz da equação. Para tanto, paga-se o preço de ter que calcular valores para $h(x)$ e sua derivada, a cada iteração do processo numérico de obtenção da solução. Em casos simples, como os vistos até agora, isso não traz maiores dificuldades. Entretanto, há aqueles em que $h(x)$ pode ser mais elaborada, até mesmo requerendo um programa de computador para avaliar seus valores. Acresça-se que diferenciar $h(x)$ analiticamente também pode ser difícil (até mesmo impossível) e sua avaliação numérica é muito trabalhosa. Assim, pode ser necessário realizar uma modificação do método de Newton, em que se evite o reiterado cálculo de derivadas ou se diminua a frequência com que estas devam ser computadas. Nessa linha de raciocínio, constrói-se o processo iterativo do método de Newton Modificado por:

$$x^{(k+1)} = x^{(k)} - \frac{h(x^{(k)})}{d^{(k)}} \tag{3.4}$$

sendo $d^{(k)} \approx h'(x^{(k)})$.

O processo iterativo definido na Equação (3.4) constitui uma classe de métodos também conhecida por Quase-Newton. Dentre as modificações do método de Newton completo, duas são recorrentes, dando origem às seguintes denominações: método de Newton com derivada constante e Método das Secantes.

No método de Newton com derivada constante, calcula-se $h'(x)$ uma única vez em $x^{(0)}$ e esse valor se mantém constante durante todo o processo iterativo. Assim, fazendo $d^{(k)} = h'(x^{(0)})$ na Equação (3.4), vem:

$$x^{(k+1)} = x^{(k)} - \frac{h(x^{(k)})}{h'(x^{(0)})} \tag{3.5}$$

Variações do método de Newton com derivada constante podem ser concebidas, por exemplo, atualizar de vez em quando $h'(x)$. Em vez de se fazer $d^{(k)} = h'(x^{(0)})$ para todo k, pode-se acompanhar a convergência do processo iterativo e, uma vez detectada sua morosidade, realizar um novo cálculo para a derivada. Alternativamente, pode-se calcular a derivada nas primeiras iterações e, só então, mantê-la constante.

Na Figura 3.11 a seguir, apresenta-se a interpretação geométrica do método de Newton com derivada constante, em que a reta tangente à curva descrita por $h(x)$ no ponto $(x^{(0)},h(x^{(0)})$ mantém-se constante ao longo de todo o processo iterativo. Dessa forma, as retas que passam pelos pontos $(x^{(1)},h(x^{(1)})$, $(x^{(2)},h(x^{(2)})$ etc. são todas paralelas à reta tangente inicial, tornando-se secantes à curva.

Exemplo 3.7: Considere ainda o problema do Exemplo 3.2, em que se deseja obter a raiz a da função $h(x) = \cos(x) - 3 + e^x$, com 6 casas decimais de precisão ($tol < 0{,}5 \times 10^{-6}$). Adotando-se o método de Newton com derivada constante estabelecido pela Equação (3.5), foram obtidos os resultados dispostos na Tabela 3.6, por meio do seguinte processo iterativo, com $x^{(0)} = 1$:

$$x^{(k+1)} = x^{(k)} - \frac{\cos(x^{(k)}) - 3 + e^{x^{(k)}}}{-\operatorname{sen}(x^{(0)}) + e^{x^{(0)}}}, \text{ ou ainda, usando } x^{(0)} = 1,$$

$$x^{(k+1)} = x^{(k)} - \frac{\cos(x^{(k)}) - 3 + e^{x^{(k)}}}{1{,}8768108}$$

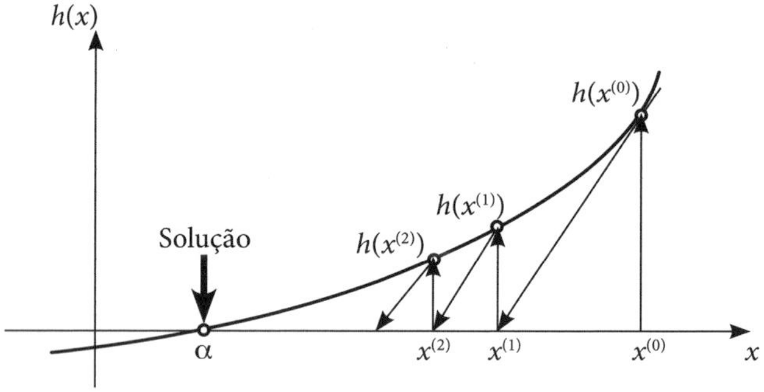

Figura 3.11 – Método de Newton com derivada constante.

Tabela 3.6 – Método de Newton com derivada constante para a solução de cos(*x*) – 3 + e^x = 0 do Exemplo 3.7

K	$x^{(k)}$	$h(x^{(k)})$	$h'(x^{(k)})$	$-h(x^{(k)})/h'(x^{(k)})$	$d_a^{(k)} = \lvert x^{(k)} - x^{(k-1)} \rvert$	$d_r^{(k)} = (\lvert x^{(k)} - x^{(k-1)} \rvert / \lvert x^{(k)} \rvert)$
0	1,000000	0,258584	1,876811	-0,137778	***	***
1	0,862222	0,019169	*idem*	-0,010213	0,137778	0,159795
2	0,852008	0,002823	*idem*	$-1{,}50 \times 10^{-3}$	0,010213	0,011987
3	0,850504	4,31E-04	*idem*	$-2{,}29 \times 10^{-4}$	$1{,}50 \times 10^{-3}$	0,001769
4	0,850274	6,60E-05	*idem*	$-3{,}52 \times 10^{-5}$	$2{,}29 \times 10^{-4}$	0,00027
5	0,850239	1,01E-05	*idem*	$-5{,}40 \times 10^{-6}$	$3{,}52 \times 10^{-5}$	$4{,}14 \times 10^{-5}$
6	0,850234	1,56E-06	*idem*	$-8{,}29 \times 10^{-7}$	$5{,}40 \times 10^{-6}$	$6{,}35 \times 10^{-6}$
7	**0,850233**	2,39E-07	*idem*	$-1{,}27 \times 10^{-7}$	$8{,}29 \times 10^{-7}$	$9{,}75 \times 10^{-7}$

O método das Secantes explora a ideia de não se calcular a função derivada $h'(x)$, reta tangente à curva descrita por $h(x)$, substituindo-a por retas secantes, definidas por dois pontos consecutivos do processo iterativo. Assim, fazendo $d^{(k)} = \frac{h(x^{(k)}) - h(x^{(k-1)})}{x^{(k)} - x^{(k-1)}}$ e substituindo na Equação (3.4), obtém-se:

$$x^{(k+1)} = x^{(k)} - h(x^{(k)}) \times \frac{(x^{(k)} - x^{(k-1)})}{h(x^{(k)}) - h(x^{(k-1)})} \tag{3.6}$$

Ou ainda:

$$x^{(k+1)} = \frac{h(x^{(k)})x^{(k-1)} - h(x^{(k-1)})x^{(k)})}{h(x^{(k)}) - h(x^{(k-1)})} \tag{3.7}$$

A interpretação geométrica do método das Secantes pode-se ver na Figura 3.12, em que cada reta secante é definida por dois pontos subsequentes do processo iterativo, genericamente: $(x^{(k)},h(x^{(k)})$ e $(x^{(k-1)},h(x^{(k-1)})$.

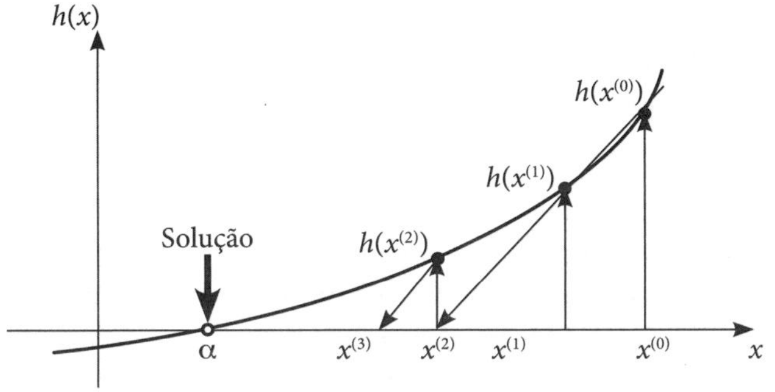

Figura 3.12 – Método de Newton com secantes.

Exemplo 3.8: Considere mais uma vez o problema do Exemplo 3.2, destinado à obtenção da solução de $h(x) = \cos(x) - 3 + e^x = 0$, com 6 casas decimais de precisão (*tol* $< 0{,}5\times10^{-6}$). Agora com o Método das Secantes, estabelecido pela Equação (3.6), foram alcançados os resultados numéricos da Tabela 3.7, com o seguinte processo iterativo, adotando-se inicialmente, $x^{(0)} = 1$ e $x^{(1)} = 0{,}8$:

$$x^{(k+1)} = x^{(k)} - (\cos(x^{(k)}) - 3 + e^{x^{(k)}}) / \Delta h^{(k)}$$

sendo

$$\Delta h^{(k)} = \frac{(\cos(x^{(k)}) - 3 + e^{x^{(k)}}) - (\cos(x^{(k-1)}) - 3 + e^{x^{(k-1)}})}{(x^{(k)} - x^{(k-1)})}$$

Tabela 3.7 – Método das Secantes para a solução de $\cos(x) - 3 + e^x = 0$ do Exemplo 3.8

k	$x^{(k)}$	$h(x^{(k)})$	$Dh^{(k)}$	$d_a^{(k)} = \lvert x^{(k)} - x^{(k-1)} \rvert$	$d_r^{(k)} = (\lvert x^{(k)} - x^{(k-1)} \rvert / \lvert x^{(k)} \rvert)$
0	1	0,258584	***	***	***
1	0,8	-0,077752	1,681682	0,200000	0,25
2	0,846235	-0,006339	1,544588	0,046235	0,054636
3	0,850339	$1{,}68 \times 10^{-4}$	1,585495	$4{,}10 \times 10^{-3}$	0,004826
4	0,850233	$-3{,}55 \times 10^{-7}$	1,588846	$1{,}06 \times 10^{-4}$	0,000125
5	**0,850233**	$-1{,}98 \times 10^{-11}$	1,588758	$2{,}23 \times 10^{-7}$	$2{,}63 \times 10^{-7}$

Como no método de Newton completo, as versões modificadas com derivada constante e secantes devem iniciar os processos iterativos respectivos adotando valores próximos à raiz, para favorecer a convergência de tais processos.

Cabe comentar também que as modificações do método de Newton não introduzem aproximações no valor da solução do problema $h(x) = 0$, sendo alterada apenas a trajetória do processo iterativo (passagem por diferentes pontos do eixo x) correspondente a cada versão do método. Isso se deve ao fato de que o problema original se mantém preservado, ou seja, $h(x) = 0$ não sofre nenhuma aproximação em todos os processos iterativos construídos. Dessa forma, veja que todos os valores encontrados para a raiz da equação tratada nos exemplos deste capítulo são numericamente idênticos, com 6 casas decimais de precisão, mas obtidos com diferentes números de iterações.

O custo computacional total para se encontrar a solução de um problema, por meio de métodos numéricos, depende do custo de cada iteração e do número de iterações necessárias para a convergência do processo, havendo um compromisso entre cada um desses dois fatores. Assim, alterações criadas em determinado método numérico, visando a redução de custo computacional, devem ser tais que façam com que cada iteração seja menos onerosa (mais rápida) para que, mesmo havendo aumento do número de iterações, ainda haja diminuição do custo total.

Ainda vale comentar brevemente sobre quão rapidamente os processos numéricos marcham para a solução desejada, o que se conhece por ordem de convergência e cuja definição formal pode ser encontrada em diversas fontes, como [Burd11]. Aqui, de forma simplificada, para destacar a característica geral de cada método a esse respeito, faz-se um paralelo rudimentar com a motorização (cilindradas) de um automóvel, como indica a seguir a Figura 3.13.

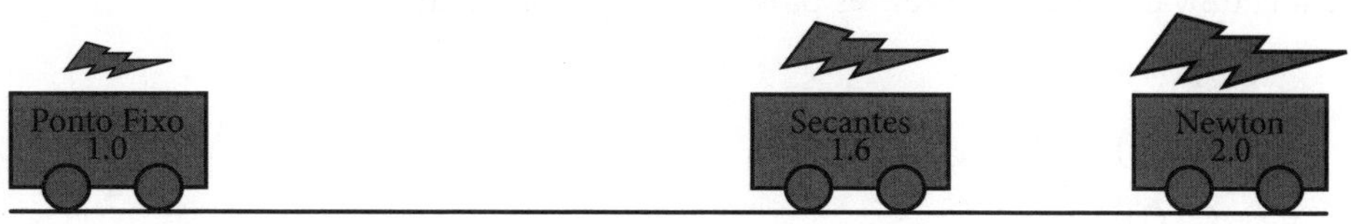

Figura 3.13 – Ordens de Convergência.

O método do Ponto Fixo seria o de menor padrão (*i.e.*, 1.0), seguido do método das Secantes com 1.6 e, finalmente, o de Newton completo, o mais rápido, dotado de motor 2.0.

A escolha do método mais adequado para a solução de um problema, como aquele que aqui foi abordado, depende de diversos fatores, alguns deles mencionados neste capítulo, mas também de outros (fatores humanos) intangíveis, como a preferência de uso. De certa forma, os autores ao selecionar os métodos numéricos apresentados, foram influenciados por suas preferências. Para que o leitor possa concluir a respeito, sugere-se então a prática intensiva da solução de problemas, estando para tal disponível uma interessante série deles, a seguir listada.

3.8 EXERCÍCIOS PROPOSTOS

1) Considere a função $f(x) = xe^{0,5x} + 1,2x - 5$ representada no gráfico. Para obter o zero de *f*(*x*) pelo método do Ponto Fixo, as seguintes funções de iteração foram propostas:

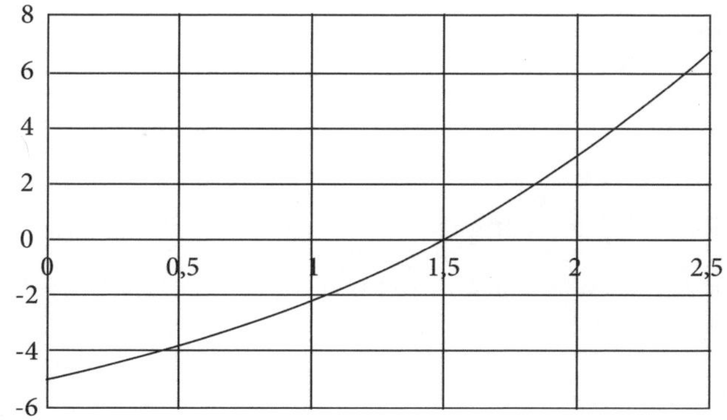

I) $g_a(x) = (5 - xe^{0,5x})/1,2$

II) $g_b(x) = 5/(e^{0,5x} + 1,2)$

III) $g_c(x) = (5 - 1,2x)/e^{0,5x}$

1.1) Dentre as funções de iteração propostas, a mais adequada para gerar uma sequência de valores convergentes para o zero de $f(x)$ será:

A) (I)

B) (II)

C) (III)

D) todas são igualmente adequadas

E) nenhuma delas

1.2) Com a função escolhida e assumindo $x^0 = 1{,}5$, o valor do zero será obtido com uma tolerância de $0{,}5 \times 10^{-6}$ após:

A) 5 iterações

B) 7 iterações

C) 9 iterações

D) 3 iterações

E) 14 iterações

2) Encontre um intervalo $\mathcal{J}$ em que se encontra a menor raiz positiva α de $e^x - 4x^2 = 0$. Em seguida, escolhendo um valor inicial $x^{(0)}$ pertencente a $\mathcal{J}$, com o método do Ponto Fixo, obtenha α com 4 casas decimais de precisão. Resolva o problema escolhendo, se possível, duas funções de iteração distintas que convirjam para a solução α. O valor de α procurado é:

A) 0,7148

B) 0,5136

C) 0, 8157

D) 0,6938

E) 0,9012

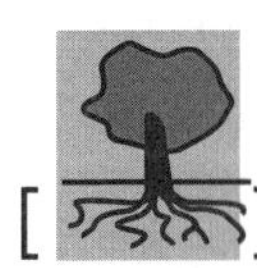

$\mathcal{J}$

3) Use o método de Newton completo para encontrar o zero de $f(x) = 2x^3 + \ln(x) - 5$.

3.1) Partindo de $x^{(0)} = 2$ e satisfazendo a precisão de 3 casas decimais, obtém-se:

A) 1,596

B) 1,097

C) 1,331

D) 0,984

E) 1,459

3.2) Repita a tarefa, considerando o método de Newton com derivada constante. Nese caso, o número de iterações adicionais necessárias à obtenção do resultado pretendido é:

A) +1

B) +2

C) +3

D) +4

E) +7

4) Um problema de integração interessante consiste na determinação da área compreendida entre duas curvas. A resolução desse problema começa pela obtenção dos pontos de interseção das curvas. Assim, encontre as coordenadas dos pontos de interseção das curvas definidas pelas funções $f1(x) = 1/x$ e $f2(x) = x^2e^{-x}$, como ilustra o gráfico. Resolva o problema por meio do método das Secantes, adotando tol = 10^{-3}. Os valores procurados (abscissas) são iguais a:

A) 1,912 e 4,407

B) 1,857 e 4,536

C) 1,986 e 4,619

D) 1,991 e 4,398

E) 1,797 e 4,722

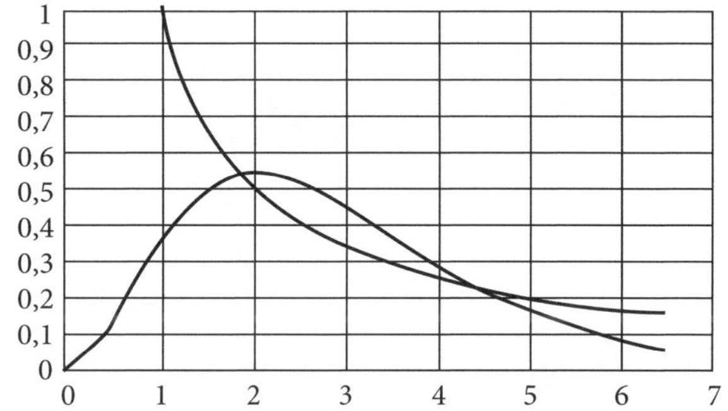

5) Considere a função $f(x) = (x^2/2) + x(\ln x - 1)$. Representando por m o módulo do valor mínimo de *f*(*x*), pode-se corretamente afirmar que:

A) 0,6 < m < 0,7

B) m = 0,5

C) 0,7 < m < 0,8

D) m < 10-2

E) m > 1

6) Uma quadra de futsal começa a ser pintada pelo círculo central, que conterá o escudo do clube a que pertence. O referido círculo é de 28 m^2, tendo sido pintado um segmento de círculo correspondente a 25% dessa área, como aparece na figura (meramente ilustrativa). Sabendo que a área de um segmento de círculo é dada por $A = R^2 (\theta - \text{sen } \theta)/2$, a melhor resposta para o valor do ângulo θ (graus) é:

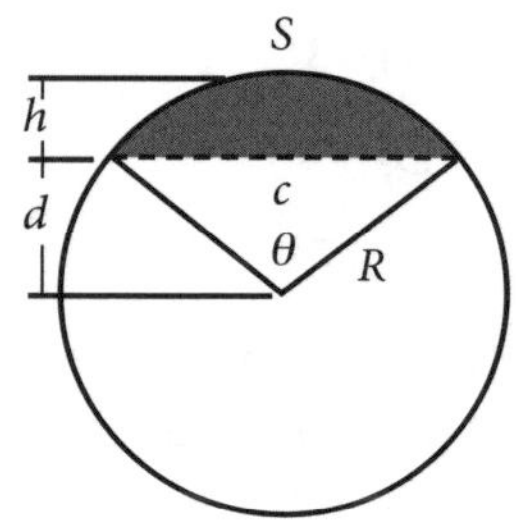

A) $850 < \theta < 900$

B) $950 < \theta < 1000$

C) $1050 < \theta < 1100$

D) $1150 < \theta < 1200$

E) $1250 < \theta < 1350$

7) Um cabo suspenso por suas extremidades, nivelado e fixado em duas torres conforme indica a figura, está sujeito apenas à ação do próprio peso. Sabe-se que o comprimento (L) do cabo é dado por $L = 2x\text{senh}(d/x)$, e que x é raiz da equação $x[\cosh(d/x) - 1] - f = 0$. Conhecendo os valores do comprimento da metade do vão $d = 200$ m e da flecha $f = 100$ m, o valor de L (em metros) é de cerca de:

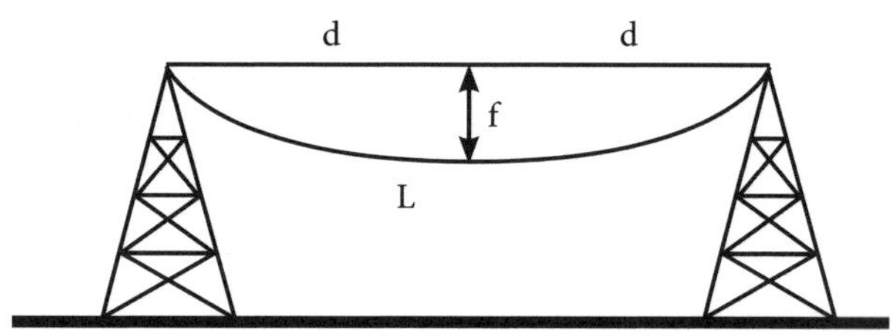

A) 510

B) 460

C) 320

D) 430

E) 550

8) O preço à vista (PV) de um aparelho de som portátil é de R\$312,00. Esse valor pode ser financiado com o seguinte plano: entrada (E) de R\$91,00 e 12 (n) prestações mensais (PM) de R\$26,00. Por meio da equação fornecida, pode-se corretamente afirmar que o valor da taxa de juros (t) praticada é:

$$\frac{1-(1+t)^{-n}}{t} = \frac{PV - E}{PM}$$

A) 3,25%

B) 4,50%

C) 5,75%

D) 8,50%

E) 9%

9) Desejando encontrar o ponto de interseção α (valor positivo) das funções $f_1(x) = x^3$ e $f_2(x) = 5\text{sen}(x)$, por meio do método de Newton, afirma-se que:

I) o ponto α encontra-se entre 1,0 e 2,0;

II) adotando como valor inicial $x^{(0)} = 2{,}0$ a sequência de valores gerada pelo método se afastará de α;

III) não é uma boa escolha adotar o valor inicial $x^{(0)} = 1{,}0$.

Sobre as afirmativas feitas, pode-se dizer que:

A) todas são F

B) apenas (I) é V

C) apenas (II) é F

D) todas são V

E) nra

10) A posição $\bar{y}$ do centróide de um segmento circular de raio r (como se vê na figura) é dada por $\bar{y} = (2r\text{sen}^3\alpha)/3(\alpha - \text{sen}\alpha\cos\alpha)$. Considere o problema de se determinar o ângulo a para o qual $\bar{y} = 2r/3$. Assim, o valor de α (graus) procurado é:

A) 64

B) 73

C) 51

D) 80

E) 48

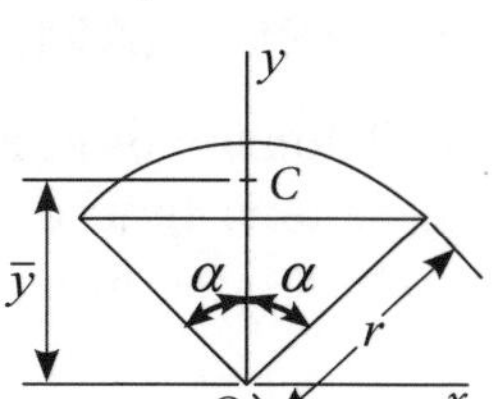

11) O Princípio de Arquimedes pode ser enunciado como: "Todo corpo mergulhado em um fluido em repouso sofre por parte do fluido uma força vertical para cima cuja intensidade se iguala ao peso do fluido deslocado pelo corpo". Usando esse Princípio, pode-se resolver o problema a seguir descrito.

Coloca-se nas águas da Baía de Guanabara uma boia de sinalização esférica de 45 cm de raio e 70 kg de massa. A altura h, correspondente à parte da boia que está acima da água, pode ser determinada resolvendo-se a equação $m_{bóia} = \rho \times V_{calota}$, em que a massa da boia se iguala à massa de água deslocada pela calota esférica que se encontra submersa. Sabe-se que o volume de uma calota esférica se obtém por $V_{calota} = \pi h^2(3r - h)/3$. Adote ρ = 1.030 kg/m3 para a densidade da água do mar. Assim, o intervalo que melhor representa entre quais valores está h (cm) é:

A) [55;60]

B) [65;70]

C) [75;80]

D) [85;90]

E) [95;100]

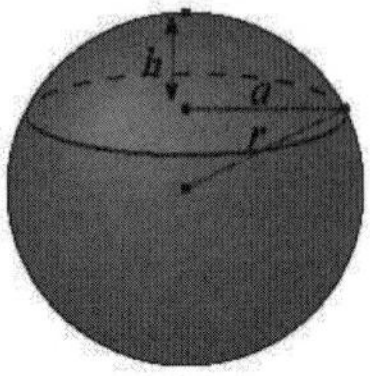

12) Um problema semelhante ao anterior diz respeito à utilização de tanques esféricos para armazenamento de líquidos. Suponha que em um tanque esférico de raio R igual a 3 m esteja armazenado o volume de 30 m^3 de um certo líquido. A altura h (m) correspondente ao referido armazenamento vale:

A) 2,834

B) 3,128

C) 1,892

D) 2,026

E) 3,568

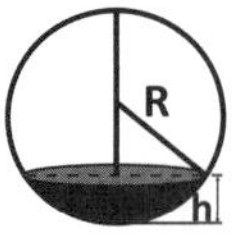

3.9 PROGRAMAS COMPUTACIONAIS

1) Retomando o Exemplo 3.2, pode-se obter a raiz de $h(x) = \cos(x) - 3 + e^x$, por meio de uma função residente no **Scilab**, denominada fsolve, adotando-se $x^{(0)} = 1$, como se vê a seguir no Programa 3.5.

Programa 3.5 – Obtenção da solução de equações algébricas não lineares

```
//Programa para se obter o zero de uma função
funcprot(0);
//definição da função cujo zero deve ser obtido
function y=funcao(x)
  y=cos(x)-3+exp(x)
endfunction
//definição do valor inicial
x0=1;
//obtenção da solução
solucao=fsolve(x0,funcao)
printf('Solução: \n')
disp(solucao)
```

Encontra-se no link https://github.com/ViniBiajoni/metodosNumericosLivroSBA.git

Convida-se o leitor a executar a tarefa de obter o valor (positivo) de x que satisfaça à equação $\cos(x) + \ln(x) + x = 0$. Para tal, desenvolva um programa **Scilab** ou **Python** para o método do Ponto Fixo e utilize como ponto de partida um valor extraído do intervalo em que ocorre a raiz da equação, que pode ser obtido usando o Programa 3.1. Utilize diferentes tamanhos de passo e verifique como se comporta o processo iterativo, com relação a intervalos "mais estreitos". Lembre-se de que a escolha da função de iteração tem influência direta na convergência do processo iterativo estabelecido pelo método. Inclua no programa desenvolvido o teste de convergência estabelecido na Equação (3.2), para prevenir possíveis processos iterativos divergentes. Confira os resultados alcançados, usando também o Programa 3.4.

2) Suponha agora que a tarefa seja construir um programa **Scilab** ou **Python** que implemente o método de Newton para encontrar a solução de uma equação algébrica não linear. Para facilitar, considere o Programa 3.6 que utiliza para testes a equação: cos(x) + ln(x) + x = 0. Busca-se executar o programa utilizando diferentes parâmetros de entrada, *i.e.*: valor inicial; tolerância; e número máximo de iterações. Verifique como esse método se comporta diante da variação desses parâmetros. Para valores iniciais distantes da solução, o método de Newton convergirá? Muitas iterações serão necessárias? A tolerância não poderá ser baixa?

Programa 3.6 – Obtenção da solução de equações algébricas não lineares – Método de Newton

```
//Programa para obter a solução de uma equação pelo método de Newton
//Definição da função cujo zero se procura
funcprot(0);
function z=funcao(t)
 z=cos(t)-3+exp(t)
endfunction
//Obtenção da derivada da função
function y=derivada(t)
 y=-sin(t)+exp(t)
endfunction
//Definição do ponto inicial
a=input('Entre com o valor inicial do processo iterativo ');
//Definição da tolerância
tol=input('Entre com a tolerância do processo iterativo ');
//Definição do número máximo de iterações do processo
k_max=input('Entre com o número máximo de iterações do processo ');
//Início das iterações
k=1;
da=100; //valor elevado escolhido arbitrariamente
//Definição do valor inicial
x(k)=a;
//Processo iterativo
while(k <= k_max & da > tol)
 delta=-funcao(a)/derivada(a);
 x(k+1)=x(k)+delta;
 da=abs(x(k+1)-x(k));
 dr=da/x(k+1);
 a=x(k+1);
 k=k+1;
end
num_iter=k-1;
//mensagem para indicar que o número máximo de iterações foi atingido
if(k > k_max) then
 printf('Limite de iterações foi atingido \n')
end
//solução da equação
printf('A solução obtida foi %f \n',a)
printf('O número de iterações foi de %d \n',num_iter)
```

Encontra-se no link https://github.com/ViniBiajoni/metodosNumericosLivroSBA.git

3) Tomando por base o Programa 3.5, com algumas modificações, construa outros programas **Scilab** ou **Python** que sejam capazes de resolver problemas da mesma natureza, agora por intermédio dos seguintes métodos: Newton, com derivada constante, como na Equação (3.5); Secantes, usando as Equações (3.6) ou (3.7). Para que o leitor possa estabelecer comparações entre os processos iterativos estabelecidos pelos métodos apontados, sugere-se a adoção da mesma equação-teste: $\cos(x) + \ln(x) + x = 0$. As ordens de convergência, sugestivamente representadas na Figura 3.13, podem ser observadas nos testes realizados?

4) Repita os exercícios anteriores, testando os programas desenvolvidos para obter as raízes das seguintes equações:

A) $tan(x) = 2x$

B) $cosh(x) = 2cos(x)$

C) $e^x = 4cos(x)$

CAPÍTULO 4

Sistemas de equações algébricas lineares

4.1 INTRODUÇÃO

Nas mais diversas disciplinas, frequentemente enfrenta-se (de forma direta ou indireta) o problema de obter a solução de um sistema de equações algébricas lineares. O leitor, em boa medida, deve ter adquirido anteriormente (talvez nos cursos de Álgebra Linear) conhecimento suficiente para resolver problemas dessa natureza que envolvam poucas equações. A título de ilustração, sinta-se motivado a resolver inicialmente o problema a seguir enunciado:

No início de um período letivo, alunos recém-ingressos em uma universidade decidem organizar uma festa de boas-vindas, em que estudantes cursando o 1º ano (calouros) contribuem com R$10 e do 2º ano fornecem R$15. Contando com a colaboração de 164 alunos, para uma arrecadação de R$2.000, deseja-se saber quantos calouros devem contribuir e também verificar se o número de contribuintes calouros suplanta o de alunos do 2º ano.

Intuitivamente, analisando o que tornou o problema apresentado de simples solução, percebe-se que dificuldades em resolver um sistema linear podem resultar de dois fatores básicos: *dimensionalidade*, *i.e.*, número de equações e incógnitas; e *interdependência* de variáveis. Isso ficará patente no desenvolvimento deste capítulo, à medida que métodos de solução eficientes e precisos sejam abordados. Nas próximas seções, duas classes de métodos serão apresentadas, a saber: *diretos*, com ênfase na representação matricial do sistema de equações para a aplicação da eliminação de Gauss; e *iterativos*, como, os de Gauss-Jacobi e Gauss-Seidel.

Diversos cérebros matemáticos contribuíram para pavimentar o caminho que leva às técnicas de solução de sistemas de equações lineares apresentadas adiante. Registros históricos que apontam para as mais destacadas obras e seus autores foram selecionados [Gull96], [Katz09], [Pick09], [Gree12], passando a ser descritos a seguir.

Como referência mais remota ao problema, encontra-se o texto chinês intitulado *Jiuzhang Suanshu* (*Nove Capítulos sobre a Arte da Matemática*), provavelmente escrito por volta de 200 a.C, durante a dinastia Han, consistindo em um manual com uma série de questões práticas e respectivas soluções. Trata-se do primeiro exemplo conhecido de aplicação de método numérico de natureza matricial. Especialmente, o oitavo capítulo deste manual descrevia em detalhes um processo de solução de sistemas de equações lineares de baixa dimensionalidade, essencialmente idêntico ao método da eliminação Gaussiana (surgida na Europa, cerca de dois mil anos depois). Sistemas lineares eram representados por meio de seus coeficientes, escritos em colunas sobre um tabuleiro, no mesmo padrão matricial que se conhece atualmente. Assim, com operações aritméticas elementares sobre essas colunas, faziam a eliminação de variáveis (procedimento que consiste em anular coeficientes, sem alterar a solução do problema original).

Muito mais tarde, a partir do fim do século XVII, cálculos envolvendo sistemas de equações lineares simultâneas foram retomados. Um dos mais proeminentes matemáticos japoneses, Seki Takakazu (1642-1708), conhecido também por Seki Kōwa, publicou em 1683 um manuscrito que tratava de sistemas de equações lineares, introduzindo o conceito de *determinantes* por meio de diagramas. Dez anos mais tarde, o alemão Gottfried Wilhelm Leibniz (1646-1716) descreveu formalmente em 1693 o uso de uma combinação de coeficientes como ferramenta para resolver sistemas lineares de ordem três. Em 1750, o suíço Gabriel Cramer (1704-1752), valendo-se de uma notação em que índices eram ligados a coeficientes literais, estabeleceu a regra geral para resolver sistemas de n equações lineares com n incógnitas por meio de *determinantes*. O francês Alexandre-Théophile Vandermonde (1735-1796), foi o primeiro a reconhecer (em 1771) os *determinantes* como funções independentes, além da sua utilização na solução de sistemas de equações lineares. Acresça-se a isso que Vandermonde descreveu várias propriedades dessas funções e desenvolveu uma forma de notação mais completa e apropriada do que aquela proposta por Leibniz. Em sequência (1772), o francês Pierre Simon Laplace (1749-1827) descreveu um método geral para a expansão de *determinantes* por intermédio de seus menores (define-se o menor M_{ij} como o determinante da submatriz extraída de uma dada matriz $[n \times n]$ em que são desconsideradas a linha i e coluna j). Outras contribuições relevantes para a teoria dos determinantes foram dadas pelo francês Augustin Louis Cauchy (1789-1857), que apresentou (em 1812) um resumo sobre o que se conhecia sobre o assunto e introduziu o termo *determinante* (até então, não utilizado por seus antecessores), denominação esta firmada posteriormente pelo alemão Carl Gustav Jacobi (1804-1851).

O método da eliminação de Gauss para resolver sistemas de equações lineares originou-se em trabalhos de Carl Friedrich Gauss (1777-1855) sobre a órbita de corpos celestes, como aquele descrito no livro *Disquisitio de Elementis Ellipticis Palladis*, publicado em 1810. Gauss coletou dados (entre 1803 e 1809) sobre a órbita do asteroide Pallas, usando-os para construir com um sistema de equações lineares simultâneas a seis equações e incógnitas. Em vez de tentar solucionar o problema diretamente, Gauss introduziu um método para lidar com sistemas de equações lineares em geral. O processo de eliminação de variáveis foi descrito por Gauss na forma de algoritmo, sem usar a noção de matrizes.

Com o que foi descrito até aqui, verifica-se que a teoria dos *determinantes* se estabeleceu bem antes que o conceito de *matrizes* tivesse emergido. Embora tal conceito estivesse implícito em alguns estudos, particularmente os conduzidos no período de 1839 a 1841 pelo irlandês William Rowan Hamilton (1805-1865), o termo *matriz* só veio a ser usado a partir de 1850, introduzido pelo matemático inglês James Joseph Sylvester (1814-1897), em seu artigo (*On a New Class of Theorems*). Com isso, a *matriz* passa a ter o significado atual de uma formação retangular de números dispostos em linhas e colunas, a partir da qual se pode calcular seu determinante. Em 1855, o advogado e matemático inglês Arthur Cayley (1821-1895) apresentou um estudo fundamental sobre *matrizes* e suas propriedades algébricas. Cayley e Sylvester são considerados os criadores da teoria de *matrizes* (reconhecimento que pode se estender a Hamilton).

Uma outra classe de métodos, conhecidos como *iterativos*, aqueles que partem de uma solução inicial e geram uma sequência de valores que a cada passo se aproxima mais da solução desejada, surgiram no século XIX, utilizando-se das contribuições de Gauss, Seidel e Jacobi à Matemática. Esses nomes eminentes participaram da fase inicial de deslocamento do centro de atividades matemáticas da França para a Alemanha.

Ao finalizar essa breve retrospectiva, ao tempo que se escreve este livro, há que reconhecer a força dos resultados práticos alcançados, que até hoje se projetam como válidos e extremamente úteis, como será mostrado a seguir.

4.2 ASPECTOS PRELIMINARES

Antes de se apresentar os métodos computacionais mais frequentemente usados para solução de um sistema de equações algébricas simultâneas, cumpre abordar dois aspectos básicos deste problema, mencionados na seção anterior, que dizem respeito à sua dimensionalidade (número de equações *versus* número de incógnitas) e inter-relação (acoplamento) das variáveis a determinar.

Resolver um sistema de pequena dimensão (até 3×3, portanto composto por três equações a três incógnitas), constitui em geral tarefa simples, realizada por meio da *visualização* do caminho mais curto para a solução do problema, em que comumente se usa a eliminação/substituição de variáveis. Note que o termo *visualização* (utilizado propositalmente), indica um procedimento não sistemático e não reprodutível computacionalmente, mas aplicável a problemas de baixa dimensão, resolvidos manualmente.

Já a interdependência de variáveis aponta para um aspecto de natureza estrutural do problema, claramente retratado, por exemplo, pelas matrizes de coeficientes $\boldsymbol{A}_1$, $\boldsymbol{A}_2$ e $\boldsymbol{A}_3$ da representação matricial de um sistema qualquer a ser resolvido ($\boldsymbol{Ax} = \boldsymbol{b}$), sendo $\boldsymbol{x}$ o vetor de incógnitas e $\boldsymbol{b}$ o vetor independente. Considere que a estrutura de cada uma das três matrizes esteja caracterizada na Figura 4.1, na qual o símbolo (·) indica a presença de elemento não nulo. As posições vazias correspondem a coeficientes nulos.

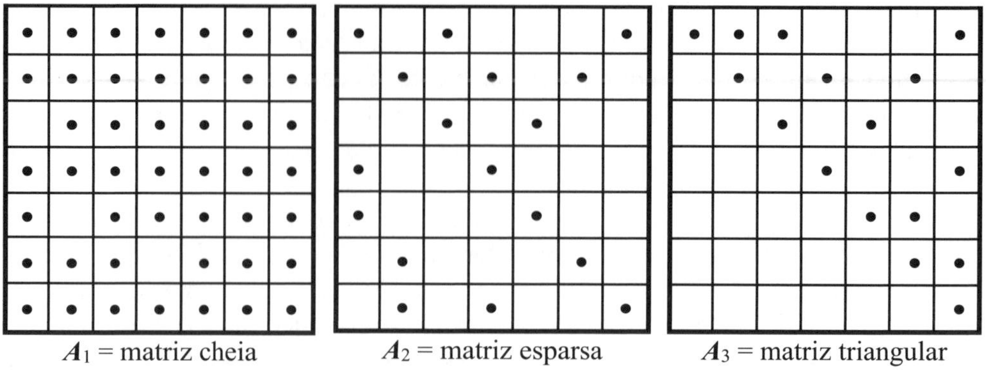

Figura 4.1 – Estruturas de certas matrizes de coeficientes, com a representação de elementos não nulos.

Percebe-se que a $\boldsymbol{A}_1$, por ser *cheia ou densa* (a maior parte ou totalidade de seus elementos são não nulos), exige mais cálculos para que se alcance a solução. A estrutura de $\boldsymbol{A}_1$ revela uma fortíssima interdependência entre as variáveis do problema, por meio dos coeficientes não nulos fora da diagonal principal. Por outro lado, denomina-se a matriz $\boldsymbol{A}_2$ como esparsa, por apresentar poucos coeficientes não nulos, o que permite dizer que há fraco acoplamento entre variáveis. Tal característica pode ser explorada para que conduza à obtenção computacionalmente mais eficiente da solução, como será visto adiante neste capítulo. Por fim, a matriz $\boldsymbol{A}_3$, como está na forma triangular (todos os elementos abaixo da diagonal principal são nulos), facilita a solução do sistema.

Problemas que se traduzam matematicamente por sistemas lineares, cujas matrizes de coeficientes tenham as estruturas ilustradas anteriormente, serão exemplificados aqui.

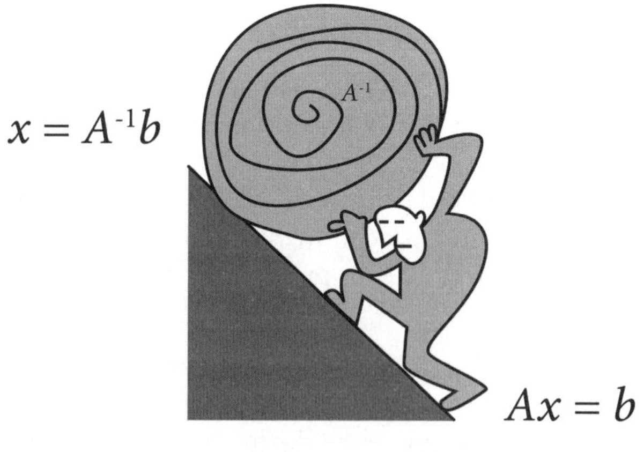

Ainda sobre alguns aspectos preliminares do problema, vale dizer que a obtenção da solução do sistema por meio da obtenção explícita da matriz inversa, ou seja, $\boldsymbol{x} = \boldsymbol{A}^{-1}\boldsymbol{b}$, constitui forma de cálculo computacionalmente onerosa. Isso porque obter diretamente $\boldsymbol{A}^{-1}$ envolve o cálculo (de natureza combinatorial) dos vários determinantes que compõem a matriz de cofatores, lembrando que:

$$A^{-1} = \frac{1}{\det A} \times (\text{cofat}\, A)^t$$

Aproveitando o momento, deve-se destacar que neste capítulo serão tratados os problemas que tenham uma única solução, condição revelada pela inversibilidade de $\boldsymbol{A}$ (matriz de coeficientes não singular, det $\boldsymbol{A} \neq 0$).

Outro aspecto a considerar refere-se ao fato de que a etapa intermediária que estabelece o cálculo da matriz inversa, na maioria dos casos desnecessária, pode levar a uma resposta menos precisa para o problema. Como um exemplo ilustrativo simples disso, considere o sistema linear (1 × 1): 3x = 18. Se for efetuada uma única operação aritmética (divisão), obtém-se: x = 18/3 = 6. Entretanto, se for feita a inversão explícita do coeficiente da variável x, seguida da sua multiplicação pelo termo independente, encontra-se a solução: x = 3^{-1} × 18 = 0,333 × 18 = 5,99 (usando 3 dígitos significativos). A desvantagem por assim proceder se agrava com a dimensionalidade do sistema. Moral da história: *quanto mais cálculos, maior a chance de surgir erros.*

Nas próximas seções, conceitos, propriedades e operações que envolvam a representação matricial serão considerados como pré-requisitos para mais fácil leitura e entendimento do conteúdo exposto. Leitores que necessitem de material de apoio para uma revisão sobre matrizes, poderão recorrer a algum livro-texto da disciplina de Álgebra Linear, *e.g.* [Cabr12], ou também às referências [Atki04], [Burd11], [Chen08], [Gila14].

4.3 NOTAÇÃO

Um sistema de equações algébricas lineares, ou simplesmente sistema linear, compõe-se de duas ou mais equações lineares, da forma:

$$\begin{cases} a_{11}x_1 + a_{12}x_2 + \cdots + a_{1n}x_n = b_1 \\ a_{21}x_1 + a_{22}x_2 + \cdots + a_{2n}x_n = b_2 \\ \quad\vdots \qquad\quad \vdots \qquad\qquad\quad \vdots \qquad\; \vdots \\ a_{n1}x_1 + a_{n2}x_2 + \cdots + a_{nn}x_n = b_n \end{cases}$$

sendo:

$x_1, x_2, ..., x_n$ = incógnitas (variáveis);

$a_{11}, a_{12}, ..., a_{nn}$ = coeficientes;

$b_1, b_2, ..., b_n$ = termos independentes.

Escrevendo o sistema na forma matricial, $\boldsymbol{Ax} = \boldsymbol{b}$:

$$\begin{bmatrix} a_{11} & a_{12} & \cdots & a_{1n} \\ a_{21} & a_{22} & \cdots & a_{2n} \\ \vdots & \vdots & \cdots & \vdots \\ a_{n1} & a_{n2} & \cdots & a_{nn} \end{bmatrix} \begin{bmatrix} x_1 \\ x_2 \\ \vdots \\ x_n \end{bmatrix} = \begin{bmatrix} b_1 \\ b_2 \\ \vdots \\ b_n \end{bmatrix}$$

sendo:

$\boldsymbol{x}$ = vetor de incógnitas (variáveis);

$\boldsymbol{A}$ = matriz de coeficientes;

a_{ij} = coeficiente da linha i e coluna j;

$\boldsymbol{b}$ = vetor independente.

4.4 REGRA DE CRAMER

Na classe de métodos diretos, encontra-se aquele conhecido como Regra de Cramer (desde 1750), útil para se encontrar a solução de sistemas de baixa dimensionalidade, obtida por cálculos realizados manualmente (próprios da época em que foi concebido pelo suíço Gabriel Cramer, retratado na Figura 4.2). Tal limitação deve-se à necessidade de calcular vários determinantes para encontrar a solução do sistema.

Figura 4.2 – Gabriel Cramer (1704-1752).
Fonte: https://upload.wikimedia.org/wikipedia/commons/6/6d/Gabriel_Cramer.jpg

Considere então um sistema qualquer ($n \times n$), $\boldsymbol{Ax} = \boldsymbol{b}$. Para calcular $\boldsymbol{x}_i$ (i-ésima componente da solução), troca-se a i-ésima coluna de $\boldsymbol{A}$ pelo vetor $\boldsymbol{b}$, o que resulta na matriz $\boldsymbol{A}_i$, e calcula-se a relação entre os determinantes de $\boldsymbol{A}_i$ e $\boldsymbol{A}$, ou seja: $\boldsymbol{x}_i = \dfrac{\det \boldsymbol{A}_i}{\det \boldsymbol{A}}$.

O cálculo de determinantes está associado a um problema de natureza combinatória, como se vê pela expressão a seguir que permite obter o determinante de $\boldsymbol{A}$:

$$\det \boldsymbol{A} = \sum_{p=1}^{n!} (-1)^k a_{i_1 1} \times a_{i_2 2} \times a_{i_3 3} \times \cdots \times a_{i_n n}$$

em que: $(i_1, i_2, i_3, \dots, i_n)$ = lista de índices que representa uma das p permutações (de um total de $n!$) dos n primeiros números inteiros; cada permutação corresponde a uma lista ordenada qualquer dos inteiros 1, 2, 3, ..., n; k = número de inversões de cada permutação; e conta-se como uma inversão (na ordem) toda vez que um inteiro preceder outro de menor valor.

De modo a facilitar o entendimento, os Quadros 4.1 e 4.2 a seguir ilustram o cálculo dos determinantes de matrizes (2×2) e (3×3).

Quadro 4.1 – Cálculo de determinantes de matrizes (2×2)

Contador de permutações (p) [total = 2! = 2]	**Índices** $i_1 i_2$	**Contagem de inversões (k)**	**Termos da soma**
1	1 2	0	$a_{11} a_{22}$
2	2 1	1	$- a_{21} a_{12}$

$$A = \begin{bmatrix} a_{11} & a_{12} \\ a_{21} & a_{22} \end{bmatrix}$$

Quadro 4.2 – Cálculo de determinantes de matrizes (3×3)

Contador de permutações (p) [total = 3! = 6]	**Índices** $i_1 i_2 i$	**Contagem de inversões (k)**	**Termos da soma**
1	1 2 3	0	$a_{11} a_{22} a_{33}$
2	1 3 2	1	$- a_{11} a_{32} a_{23}$
3	2 1 3	1	$- a_{21} a_{12} a_{33}$
4	2 3 1	2	$a_{21} a_{32} a_{13}$
5	3 1 2	2	$a_{31} a_{12} a_{23}$
6	3 2 1	3	$- a_{31} a_{22} a_{13}$

$$A = \begin{bmatrix} a_{11} & a_{12} & a_{13} \\ a_{21} & a_{22} & a_{23} \\ a_{31} & a_{32} & a_{33} \end{bmatrix}$$

Em termos práticos, para determinar o sinal de cada termo da soma que leva ao valor do determinante, basta verificar se o número de inversões relativo ao termo é par (sinal +) ou ímpar (sinal –).

Note que o cálculo de determinantes envolve a soma de um total de $n!$ termos, para um sistema $(n \times n)$. Assim, torna-se totalmente impróprio calcular determinantes utilizando-se dessa maneira, quando n não for pequeno. Para se ter uma ideia do crescimento do problema, considere um sistema de dimensão $n = 20$. Portanto, a soma para se calcular o determinante teria $20! \approx 2{,}4 \times 10^{18}$ termos. Em um computador que seja capaz de processar 10^9 operações em ponto flutuante por segundo, seriam necessários pelo menos 76 anos para concluir o cálculo.

Felizmente, há outras formas de se calcular determinantes, como será visto a seguir. A transformação de $\boldsymbol{A}$ em uma matriz triangular equivalente $\boldsymbol{A}_{eq}$ permite que se obtenha o determinante de $\boldsymbol{A}$, simplesmente fazendo o produto dos elementos da diagonal principal de $\boldsymbol{A}_{eq}$.

Exemplo 4.1: Considere o sistema $\boldsymbol{Ax} = \boldsymbol{b}$, de dimensão (3×3), cujos valores são apresentados a seguir. Deseja-se obter a solução do sistema (vetor $\boldsymbol{x}$) pela Regra de Cramer, estando o leitor convidado a conferir os resultados obtidos, pois algumas passagens foram omitidas propositalmente.

$$\begin{bmatrix} 4 & 2 & 3 \\ 8 & 7 & 4 \\ 16 & 6{,}5 & 17 \end{bmatrix} \begin{bmatrix} x_1 \\ x_2 \\ x_3 \end{bmatrix} = \begin{bmatrix} 11{,}5 \\ 13 \\ 53 \end{bmatrix}$$

Segundo Cramer, $x_1 = \dfrac{det\,\boldsymbol{A}_1}{det\,\boldsymbol{A}}$. Então, calcula-se inicialmente $det\,\boldsymbol{A}_1$, denominador comum a todas as frações usadas na determinação das variáveis do sistema. Usando o **Scilab**, vem:

$$\det \boldsymbol{A} = \begin{bmatrix} 4 & 2 & 3 \\ 8 & 7 & 4 \\ 16 & 6{,}5 & 17 \end{bmatrix} = 48$$

$$x_1 = \frac{det\,\boldsymbol{A}_1}{det\,\boldsymbol{A}} = \frac{det \begin{bmatrix} 11{,}5 & 2 & 3 \\ 13 & 7 & 4 \\ 53 & 6{,}5 & 17 \end{bmatrix}}{48} = \frac{192}{48} = 4$$

$$x_2 = \frac{det\,\boldsymbol{A}_2}{det\,\boldsymbol{A}} = \frac{det \begin{bmatrix} 4 & 11{,}5 & 3 \\ 8 & 13 & 4 \\ 16 & 53 & 17 \end{bmatrix}}{48} = \frac{-144}{48} = -3$$

$$x_3 = \frac{det\,\boldsymbol{A}_3}{det\,\boldsymbol{A}} = \frac{det \begin{bmatrix} 4 & 2 & 11{,}5 \\ 8 & 7 & 13 \\ 16 & 6{,}5 & 53 \end{bmatrix}}{48} = \frac{24}{48} = \frac{1}{2}$$

4.5 MÉTODO DA ELIMINAÇÃO DE GAUSS

Também pertencente à classe de métodos diretos, encontra-se um procedimento bastante conhecido, que recebe o nome do alemão Carl Friedrich Gauss (retratado na Figura 4.3), em reconhecimento aos seus trabalhos publicados no início dos anos 1800, quando, bem jovem (por volta dos seus vinte anos), estudava corpos celestes.

Figura 4.3 – Carl Friedrich Gauss (1777-1855).
Fonte: https://mathshistory.st-andrews.ac.uk/Biographies/Gauss/Gauss_11.jpeg

A ideia básica desse método consiste na transformação de um sistema linear $\boldsymbol{A}\,\boldsymbol{x} = \boldsymbol{b}$ em outro equivalente $\boldsymbol{A}_{eq}\,\boldsymbol{x} = \boldsymbol{b}_{eq}$, em que a matriz de coeficientes $\boldsymbol{A}_{eq}$ torna-se triangular. Tal transformação se dá por meio de operações aritméticas entre linhas do sistema, de modo a tornar nulos os coeficientes de $\boldsymbol{A}_{eq}$ situados abaixo da diagonal principal. Os referidos sistemas são ditos equivalentes pois apresentam a mesma solução que se busca alcançar. A Figura 4.4 ilustra esquematicamente a ideia básica do método de eliminação de Gauss.

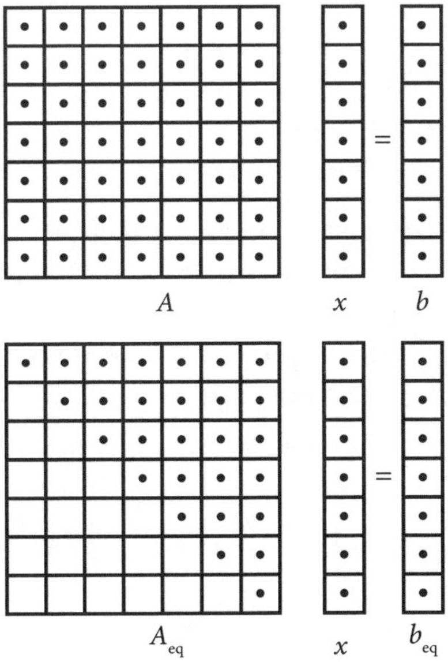

Figura 4.4 – Ideia básica do método da eliminação de Gauss.

O processo de transformação da matriz de coeficientes deve ser feito de forma organizada e sistemática, para que também possa ser realizado computacionalmente. Assim, na etapa de *eliminação, i.e.*, naquela em que os coeficientes de participação de variáveis em cada equação serão *zerados*, atua-se na matriz $\boldsymbol{A}$ em cada coluna, de cima para baixo (↓), a partir do elemento da diagonal principal (denominado pivô). Terminadas as operações efetuadas em uma determinada coluna, move-se para a seguinte à direita (⇒) e assim sucessivamente, até o fim do processo de *eliminação*. Começa-se pela coluna 1 (aquela mais à esquerda) e termina-se na coluna (n – 1). As operações aritméticas realizadas com as linhas do sistema na transformação de $\boldsymbol{A}$ também são efetuadas sobre os elementos de $\boldsymbol{b}$.

Na Figura 4.5 a seguir, mostra-se a sequência em que tais operações devem ser realizadas na etapa de eliminação do método, apresentando-se a título de ilustração apenas as operações nas colunas de 1 a 4.

Para que um determinado coeficiente $a_{i\ell}$ — situado na linha i, abaixo da linha ℓ em que está o pivô (elemento $a_{\ell\ell}$) — se torne nulo, basta fazer a seguinte operação: multiplicar a linha ℓ por $m_{i\ell} = -\frac{a_{i\ell}}{a_{\ell\ell}}$ e somá-la à linha i. A linha ℓ permanece inalterada, sendo multiplicada por $m_{i\ell}$ apenas para que seja realizada a operação desejada. Note que a operação fará com que $a_{i\ell}$ se anule: $a_{i\ell}^{novo} = a_{i\ell} + m_{i\ell} \times a_{\ell\ell} = a_{i\ell} + (-\frac{a_{i\ell}}{a_{\ell\ell}}) \times a_{\ell\ell} = 0$. Logicamente, os demais coeficientes da linha i, assim como b_ℓ, também se modificarão:

$$a_{ij}^{novo} = a_{ij} + m_{i\ell} \times a_{\ell j} = a_{ij} + (-\frac{a_{i\ell}}{a_{\ell\ell}}) \times a_{\ell j} = a_{ij} - a_{i\ell} \times a_{\ell\ell}^{-1} \times a_{\ell j}$$

para $j = \ell + 1, \cdots, n$

$$b_i^{novo} = b_i + m_{i\ell} \times b_\ell = b_i + (-\frac{a_{i\ell}}{a_{\ell\ell}}) \times b_\ell = b_i - a_{i\ell} \times a_{\ell\ell}^{-1} \times b_\ell$$

Na Figura 4.5, ilustram-se algumas dessas operações, relativas à eliminação dos coeficientes das colunas 1 e 4. Os coeficientes que atuam como pivô, *e.g.*, a_{11} e a_{44}, estão *sombreados* na referida figura. Todos os valores dos elementos de cada linha do sistema submetida ao processo de *eliminação* (tanto em $\boldsymbol{A}$, como em $\boldsymbol{b}$) são alterados.

Após a etapa de *eliminação*, pode-se iniciar a obtenção da solução, começando pela variável de mais alto índice, x_n, uma vez que esta tornou-se a única remanescente na n-ésima equação do sistema triangular equivalente. A partir da obtenção de x_n, as demais variáveis vão sendo obtidas sequencialmente em ordem inversa, *i.e.*, $x_{n-1} \rightarrow x_{n-2} \rightarrow \ldots \rightarrow x_2 \rightarrow x_1$. Essa etapa recebe o nome de *substituição* regressiva.

Veja então a seguir a obtenção da solução de um sistema (7 × 7) triangular superior.

$$\boldsymbol{A} = \begin{bmatrix} a_{11} & a_{12} & a_{13} & a_{14} & a_{15} & a_{16} & a_{17} \\ & a_{22} & a_{23} & a_{24} & a_{25} & a_{26} & a_{27} \\ & & a_{33} & a_{34} & a_{35} & a_{36} & a_{37} \\ & & & a_{44} & a_{45} & a_{46} & a_{47} \\ & & & & a_{55} & a_{56} & a_{57} \\ & & & & & a_{66} & a_{67} \\ & & & & & & a_{77} \end{bmatrix}$$

$$x_7 = \frac{b_7}{a_{77}} \rightarrow x_6 = \frac{b_6 - a_{67}x_7}{a_{66}} \rightarrow x_5 = \frac{b_5 - a_{56}x_6 - a_{57}x_7}{a_{55}} \rightarrow \cdots$$

$$\vdots$$

$$x_1 = \frac{b_1 - a_{12}x_2 - a_{13}x_3 - a_{14}x_4 - a_{15}x_5 - a_{16}x_6 - a_{17}x_7}{a_{11}}$$

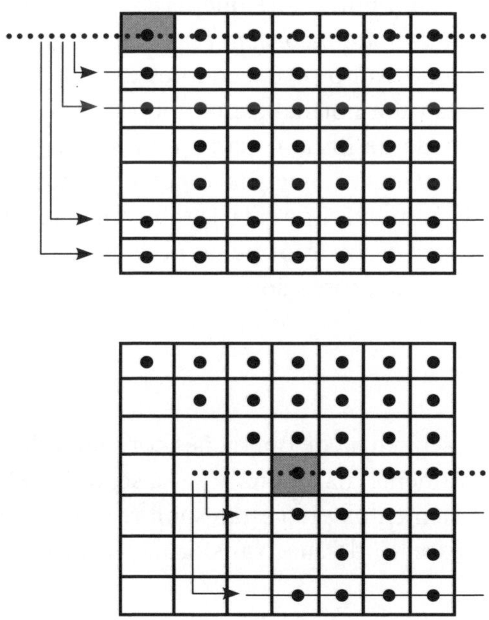

2ª linha (*zerar* a_{21}):

$$a_{21}^{novo} = a_{21} + m_{21} \times a_{11} = a_{21} - a_{21} \times a_{11}^{-1} \times a_{11} = 0$$
$$a_{22}^{novo} = a_{22} + m_{21} \times a_{12} = a_{22} - a_{21} \times a_{11}^{-1} \times a_{12}$$
$$\vdots$$
$$a_{27}^{novo} = a_{27} + m_{21} \times a_{17} = a_{27} - a_{21} \times a_{11}^{-1} \times a_{17}$$

3ª linha (*zerar* a_{31}):

$$a_{31}^{novo} = a_{31} + m_{31} \times a_{11} = a_{31} - a_{31} \times a_{11}^{-1} \times a_{11} = 0$$
$$a_{32}^{novo} = a_{32} + m_{31} \times a_{12} = a_{32} - a_{31} \times a_{11}^{-1} \times a_{12}$$
$$\vdots$$
$$a_{37}^{novo} = a_{37} + m_{31} \times a_{17} = a_{37} - a_{31} \times a_{11}^{-1} \times a_{17}$$

6ª linha (*zerar* a_{61}):

$$a_{61}^{novo} = a_{61} + m_{61} \times a_{11} = a_{61} - a_{61} \times a_{11}^{-1} \times a_{11} = 0$$
$$a_{62}^{novo} = a_{62} + m_{61} \times a_{12} = a_{62} - a_{61} \times a_{11}^{-1} \times a_{12}$$
$$\vdots$$
$$a_{67}^{novo} = a_{67} + m_{61} \times a_{17} = a_{67} - a_{61} \times a_{11}^{-1} \times a_{17}$$

7ª linha (*zerar* a_{71}):

$$a_{71}^{novo} = a_{71} + m_{71} \times a_{11} = a_{71} - a_{71} \times a_{11}^{-1} \times a_{11} = 0$$
$$a_{72}^{novo} = a_{72} + m_{71} \times a_{12} = a_{72} - a_{71} \times a_{11}^{-1} \times a_{12}$$
$$\vdots$$
$$a_{77}^{novo} = a_{77} + m_{71} \times a_{17} = a_{77} - a_{71} \times a_{11}^{-1} \times a_{17}$$

5ª linha (*zerar* a_{54}):

$$a_{54}^{novo} = a_{54} + m_{54} \times a_{44} = a_{54} - a_{54} \times a_{44}^{-1} \times a_{44} = 0$$
$$a_{55}^{novo} = a_{55} + m_{54} \times a_{45} = a_{55} - a_{54} \times a_{44}^{-1} \times a_{45}$$
$$\vdots$$
$$a_{57}^{novo} = a_{57} + m_{54} \times a_{47} = a_{57} - a_{54} \times a_{44}^{-1} \times a_{47}$$

7ª linha (*zerar* a_{74}):

$$a_{74}^{novo} = a_{74} + m_{74} \times a_{44} = a_{74} - a_{74} \times a_{44}^{-1} \times a_{44} = 0$$
$$a_{75}^{novo} = a_{75} + m_{74} \times a_{45} = a_{75} - a_{74} \times a_{44}^{-1} \times a_{45}$$
$$\vdots$$
$$a_{77}^{novo} = a_{77} + m_{74} \times a_{47} = a_{77} - a_{74} \times a_{44}^{-1} \times a_{47}$$

Figura 4.5 – Etapa de eliminação de variáveis.

Antes de passar a um exemplo numérico, torna-se interessante estender a ideia básica do método da eliminação de Gauss, para continuar transformando o sistema, de modo a se obter o sistema equivalente em que a matriz de coeficientes se torne a matriz identidade e o vetor independente venha a ser a solução do problema. Basta então que se incluam duas etapas após a *eliminação*: *normalização* da diagonal e *substituição* regressiva.

Na etapa de *normalização*, os elementos da diagonal da matriz $\boldsymbol{A}_{eq}$ são transformados em valores *unitários*. Para isso, basta dividir cada linha da matriz pelo coeficiente diagonal correspondente. Por exemplo, para fazer com que o elemento a_{ii} se torne unitário, todos os elementos da linha i devem ser divididos por a_{ii}, ou seja:

$$a_{ii}^{novo} = 1;\ a_{ij}^{novo} = a_{ij} / a_{ii},\ \text{para}\ j = i + 1,\ \dots,\ n$$

Essa etapa, de natureza preparatória apenas, visa a tornar a última etapa de *substituição* mais direta.

Por fim, a *substituição* regressiva corresponde ao processo de *zerar* os coeficientes situados no triângulo superior da matriz do sistema em transformação. Para tal, adota-se a mesma forma organizada de proceder utilizada na etapa inicial de *eliminação*, só que agora trabalha-se em ordem contrária, ou seja, de baixo para cima em cada coluna (↑), percorrendo-se a matriz, coluna a coluna, da direita para a esquerda (←). Veja a ilustração apresentada na Figura 4.6, a seguir. Note que nessa etapa final, os coeficientes de cada coluna de $\boldsymbol{A}_{eq}$ vão sendo *zerados* na ordem estabelecida, por meio de operações aritméticas com a linha em que está o pivô, sendo esta composta por elementos nulos, exceto o pivô que apresenta valor normalizado unitário. Assim, para que um determinado coeficiente $a_{i\ell}$ — situado na linha i, acima da linha ℓ em que está o pivô (elemento $a_{i\ell}$) — se torne nulo, basta fazer a seguinte operação: multiplicar a linha ℓ por $m_{i\ell} = -\frac{a_{i\ell}}{a_{\ell\ell}} = -\frac{a_{i\ell}}{1} = -a_{i\ell}$ e somá-la à linha i. Como já se sabe que o resultado da mencionada operação é tornar $a_{i\ell}$ nulo, será necessário apenas obter a modificação que produz no vetor $\boldsymbol{b}$, de acordo com a seguinte expressão:

$$b_i^{novo} = b_i + m_{i\ell} \times b_\ell = b_i - a_{i\ell} \times b_\ell$$

A Figura 4.6 exemplifica parte de uma sequência de operações correspondentes à eliminação de coeficientes em $\boldsymbol{A}_{eq}$: primeiramente, na coluna 7; seria seguida pela coluna 6 (omitida); e depois na coluna 5. Os elementos-pivô estão sombreados. A repercussão em $\boldsymbol{b}$ das operações indicadas (processo de sua transformação na solução) encontra-se ao lado.

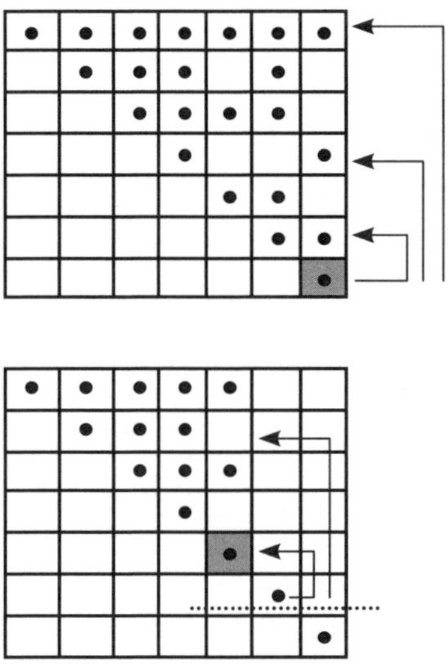

6ª linha (*zerar* a_{67}):

$a_{67}^{novo} = 0$

$b_6^{novo} = b_6 + m_{67} \times b_7 = b_6 - a_{67} \times b_7$

4ª linha (*zerar* a_{47}):

$a_{47}^{novo} = 0$

$b_4^{novo} = b_4 + m_{47} \times b_7 = b_4 - a_{47} \times b_7$

1ª linha (*zerar* a_{17}):

$a_{17}^{novo} = 0$

$b_1^{novo} = b_1 + m_{17} \times b_7 = b_1 - a_{17} \times b_7$

3ª linha (*zerar* a_{35}):

$a_{35}^{novo} = 0$

$b_3^{novo} = b_3 + m_{35} \times b_5 = b_3 - a_{35} \times b_5$

1ª linha (*zerar* a_{15}):

$a_{15}^{novo} = 0$

$b_1^{novo} = b_1 + m_{15} \times b_5 = b_1 - a_{15} \times b_5$

Figura 4.6 – Etapa de substituição regressiva de variáveis.

Exemplo 4.2: Considere o sistema $\boldsymbol{Ax} = \boldsymbol{b}$, de dimensão (4 × 4), cujos valores encontram-se a seguir, para o qual se deseja obter a solução pelo método da eliminação de Gauss. Nesse exemplo, convida-se o leitor a conferir os resultados dos cálculos apresentados, pois seu detalhamento foi omitido propositalmente.

Sistema original

$$\begin{bmatrix} 4 & -2 & -3 & 6 \\ -6 & 7 & 6{,}5 & -6 \\ 1 & 7{,}5 & 6{,}25 & 5{,}5 \\ -12 & 22 & 15{,}5 & -1 \end{bmatrix} \begin{bmatrix} x_1 \\ x_2 \\ x_3 \\ x_4 \end{bmatrix} = \begin{bmatrix} 12 \\ -6{,}5 \\ 16 \\ 17 \end{bmatrix}$$

1ª Etapa: *Eliminação*

O processo de eliminação se inicia pela 1ª coluna de $\boldsymbol{A}$, atuando em seus elementos não nulos, situados abaixo da linha do pivô a_{11}. Os valores dos multiplicadores da 1ª linha, em que está o pivô, são: $m_{21} = -(-6/4) = 6/4$, $m_{31} = -1/4$ e $m_{41} = 12/4 = 3$. Note que os elementos de $\boldsymbol{b}$ também são alterados.

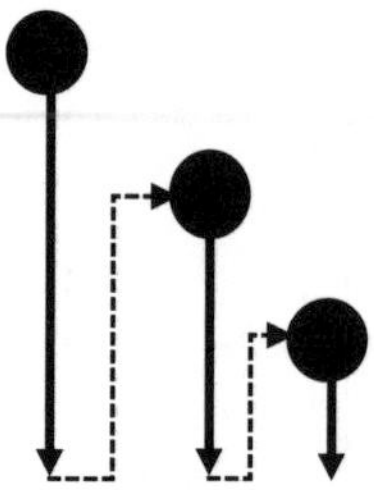

$$\begin{matrix} 12/4=3 & -1/4 & 6/4 \end{matrix} \quad \begin{bmatrix} \mathbf{4} & -2 & -3 & 6 \\ -6 & 7 & 6{,}5 & -6 \\ 1 & 7{,}5 & 6{,}25 & 5{,}5 \\ -12 & 22 & 15{,}5 & -1 \end{bmatrix} \begin{bmatrix} x_1 \\ x_2 \\ x_3 \\ x_4 \end{bmatrix} = \begin{bmatrix} 12 \\ -6{,}5 \\ 16 \\ 17 \end{bmatrix}$$

A etapa de *eliminação* prossegue, sendo $\boldsymbol{A}$ percorrida sequencialmente por coluna, da esquerda para a direita (→), e em cada coluna, de cima para baixo (↓). Então, abordam-se a 2ª e 3ª colunas, obtendo-se, respectivamente, os seguintes multiplicadores:

$m_{32} = -8/4 = -2$ e $m_{42} = -16/4 = -4$; $m_{43} = -(-1{,}5)/3 = 1/2$

$$\begin{matrix} -16/4=-4 & -8/4=-2 \end{matrix} \quad \begin{bmatrix} 4 & -2 & -3 & 6 \\ 0 & \mathbf{4} & 2 & 3 \\ 0 & 8 & 7 & 4 \\ 0 & 16 & 6{,}5 & 17 \end{bmatrix} \begin{bmatrix} x_1 \\ x_2 \\ x_3 \\ x_4 \end{bmatrix} = \begin{bmatrix} 12 \\ 11{,}5 \\ 13 \\ 53 \end{bmatrix}$$

$$1{,}5/3=1/2 \quad \begin{bmatrix} 4 & -2 & -3 & 6 \\ 0 & 4 & 2 & 3 \\ 0 & 0 & \mathbf{3} & -2 \\ 0 & 0 & -1{,}5 & 5 \end{bmatrix} \begin{bmatrix} x_1 \\ x_2 \\ x_3 \\ x_4 \end{bmatrix} = \begin{bmatrix} 12 \\ 11{,}5 \\ -10 \\ 7 \end{bmatrix}$$

$$\begin{bmatrix} 4 & -2 & -3 & 6 \\ 0 & 4 & 2 & 3 \\ 0 & 0 & 3 & -2 \end{bmatrix} \begin{bmatrix} x_1 \\ x_2 \\ x_3 \end{bmatrix} = \begin{bmatrix} 12 \\ 11{,}5 \\ -10 \end{bmatrix}$$

2ª Etapa: *Normalização*

Aqui, cada elemento-diagonal da matriz triangular inferior (resultante da etapa de *eliminação*) é dividido por si mesmo, para que seu valor passe a ser unitário. Obviamente, todos os demais elementos da linha a que esse coeficiente pertence serão também divididos por ele:

$$a_{ii}^{novo} = 1; \; a_{ij}^{novo} = a_{ij} / a_{ii}, \text{ para } j = i + 1, \ldots, n$$

Como sempre, não se pode esquecer a repercussão em $\boldsymbol{b}$ da divisão por a_{ii}.

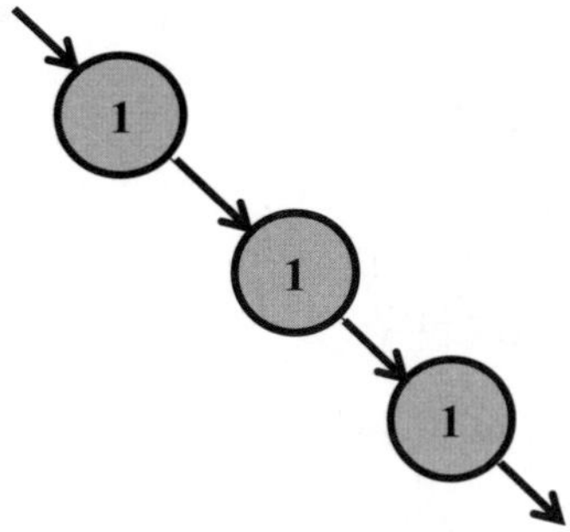

$$\begin{bmatrix} \mathbf{4/4} & -2/4 & -3/4 & 6/4 \\ 0 & \mathbf{4/4} & 2/4 & 3/4 \\ 0 & 0 & \mathbf{3/3} & -2/3 \\ 0 & 0 & 0 & \mathbf{4/4} \end{bmatrix} \begin{bmatrix} x_1 \\ x_2 \\ x_3 \\ x_4 \end{bmatrix} = \begin{bmatrix} 12/4 \\ 11{,}5/4 \\ -10/3 \\ 2/4 \end{bmatrix} \Rightarrow \begin{bmatrix} \mathbf{1} & -1/2 & -3/4 & 3/2 \\ 0 & \mathbf{1} & 1/2 & 3/4 \\ 0 & 0 & \mathbf{1} & -2/3 \\ 0 & 0 & 0 & \mathbf{1} \end{bmatrix} \begin{bmatrix} x_1 \\ x_2 \\ x_3 \\ x_4 \end{bmatrix} = \begin{bmatrix} 3 \\ 23/8 \\ -10/3 \\ 1/2 \end{bmatrix}$$

3ª Etapa: *Substituição*

Agora, os elementos da matriz triangular superior vão sendo zerados, ocorrendo por sua vez a transformação progressiva de $\boldsymbol{b}$ na solução (na ordem inversa dos índices das componentes de $\boldsymbol{x}$). O processo se inicia pela última coluna, atuando-se de baixo para cima (↑) e segue, coluna a coluna, da direita para a esquerda (←).

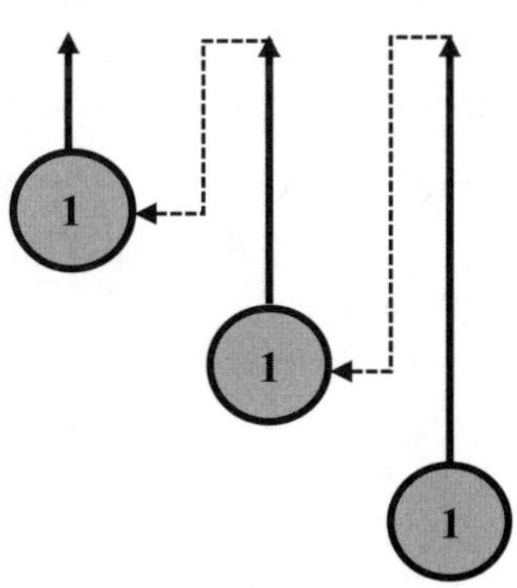

$$\begin{bmatrix} \mathbf{1} & -1/2 & -3/4 & 3/2 \\ 0 & \mathbf{1} & 1/2 & 3/4 \\ 0 & 0 & \mathbf{1} & -2/3 \\ 0 & 0 & 0 & \mathbf{1} \end{bmatrix} \begin{bmatrix} x_1 \\ x_2 \\ x_3 \\ x_4 \end{bmatrix} = \begin{bmatrix} 3 \\ 23/8 \\ -10/3 \\ 1/2 \end{bmatrix} \quad 2/3 \quad -3/4 \quad -3/2$$

$$\begin{bmatrix} \mathbf{1} & -1/2 & -3/4 & 0 \\ 0 & \mathbf{1} & 1/2 & 0 \\ 0 & 0 & \mathbf{1} & 0 \\ 0 & 0 & 0 & \mathbf{1} \end{bmatrix} \begin{bmatrix} x_1 \\ x_2 \\ x_3 \\ x_4 \end{bmatrix} = \begin{bmatrix} 9/4 \\ 5/2 \\ -3 \\ 1/2 \end{bmatrix} \quad -1/2 \quad 3/4$$

$$\begin{bmatrix} \mathbf{1} & -1/2 & 0 & 0 \\ 0 & \mathbf{1} & 0 & 0 \\ 0 & 0 & \mathbf{1} & 0 \\ 0 & 0 & 0 & \mathbf{1} \end{bmatrix} \begin{bmatrix} x_1 \\ x_2 \\ x_3 \\ x_4 \end{bmatrix} = \begin{bmatrix} 0 \\ 4 \\ -3 \\ 1/2 \end{bmatrix} \quad 1/2 \quad \Rightarrow \quad \begin{bmatrix} \mathbf{1} & 0 & 0 & 0 \\ 0 & \mathbf{1} & 0 & 0 \\ 0 & 0 & \mathbf{1} & 0 \\ 0 & 0 & 0 & \mathbf{1} \end{bmatrix} \begin{bmatrix} x_1 \\ x_2 \\ x_3 \\ x_4 \end{bmatrix} = \begin{bmatrix} 2 \\ 4 \\ -3 \\ 1/2 \end{bmatrix}$$

Finalmente, $\boldsymbol{A}$ foi transformada na matriz identidade e $\boldsymbol{b}$ no vetor-solução do sistema linear. Para conferir se o resultado encontrado está correto, os valores das componentes de $\boldsymbol{x}$ devem ser substituídas nas equações constituintes do sistema original.

4.6 MATRIZES ELEMENTARES

As operações aritméticas destinadas à combinação linear de linhas da matriz $\boldsymbol{A}$ no processo da eliminação de Gauss – objetivando *zerar* certos coeficientes – podem ser realizadas por intermédio de multiplicações matriciais. Para tal, considere as seguintes matrizes elementares $\boldsymbol{M}_{\ell w}$, $\boldsymbol{M}_{dd}$ e $\boldsymbol{M}_{up}$ idênticas à matriz identidade, exceto pelos elementos, $m_{\ell w}$, m_{dd} e m_{up}, indicados na Figura 4.7 a seguir.

Tomando-se a título de ilustração o Exemplo 4.1, *zerar* o coeficiente a_{21} corresponde a pré-multiplicar $\boldsymbol{A}$ por $\boldsymbol{M}_{21}$ [$m_{21} = -(-6/4)$], o que faz com que apenas a 2ª linha de $\boldsymbol{A}$ seja modificada, conforme desejado.

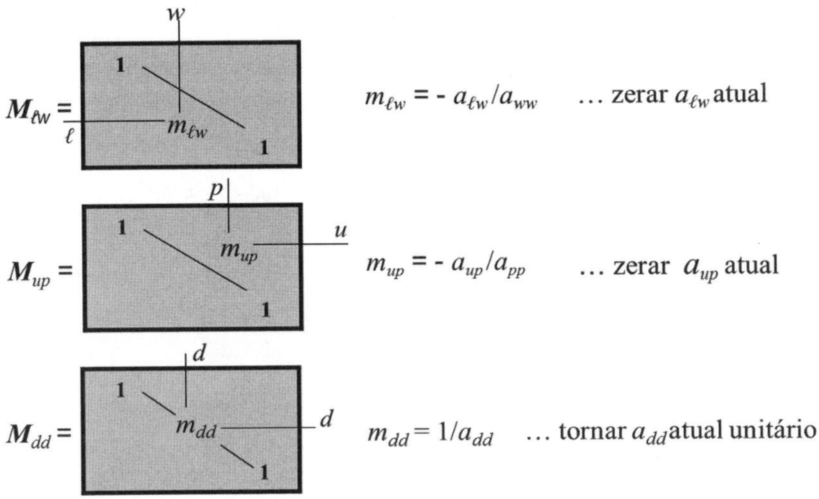

Figura 4.7 – Matrizes elementares do processo de eliminação de Gauss.

$$M_{21} \times A = \begin{bmatrix} 1 & 0 & 0 & 0 \\ 6/4 & 1 & 0 & 0 \\ 0 & 0 & 1 & 0 \\ 0 & 0 & 0 & 1 \end{bmatrix} \times \begin{bmatrix} 4 & -2 & -3 & 6 \\ -6 & 7 & 6{,}5 & -6 \\ 1 & 7{,}5 & 6{,}25 & 5{,}5 \\ -12 & 22 & 15{,}5 & -1 \end{bmatrix} = \begin{bmatrix} 4 & -2 & -3 & 6 \\ 0 & 4 & 2 & 3 \\ 1 & 7{,}5 & 6{,}25 & 5{,}5 \\ -12 & 22 & 15{,}5 & -1 \end{bmatrix}$$

Continuando a se operar com a 1ª coluna, zerando a_{31} e a_{41}, basta que agora pré-multiplicar ($M_{21} \times A$) por M_{31} ($m_{31} = -1/4$) e depois por M_{41} ($m_{41} = 12/4 = 3$):

$$M_{41} \times M_{31} \times M_{21} \times A = \begin{bmatrix} 1 & 0 & 0 & 0 \\ 0 & 1 & 0 & 0 \\ 0 & 0 & 1 & 0 \\ 3 & 0 & 0 & 1 \end{bmatrix} \times \begin{bmatrix} 1 & 0 & 0 & 0 \\ 0 & 1 & 0 & 0 \\ -1/4 & 0 & 1 & 0 \\ 0 & 0 & 0 & 1 \end{bmatrix} \times \begin{bmatrix} 1 & 0 & 0 & 0 \\ 6/4 & 1 & 0 & 0 \\ 0 & 0 & 1 & 0 \\ 0 & 0 & 0 & 1 \end{bmatrix} \times \begin{bmatrix} 4 & -2 & -3 & 6 \\ -6 & 7 & 6{,}5 & -6 \\ 1 & 7{,}5 & 6{,}25 & 5{,}5 \\ -12 & 22 & 15{,}5 & -1 \end{bmatrix}$$

Note que o produto das três matrizes elementares $M_{41} \times M_{31} \times M_{21}$ corresponde essencialmente à união em M_1 dos elementos que definem tais matrizes, conforme assinalado:

$$M_1 = M_{41} \times M_{31} \times M_{21} = \begin{bmatrix} 1 & 0 & 0 & 0 \\ 0 & 1 & 0 & 0 \\ 0 & 0 & 1 & 0 \\ 3 & 0 & 0 & 1 \end{bmatrix} \times \begin{bmatrix} 1 & 0 & 0 & 0 \\ 0 & 1 & 0 & 0 \\ -1/4 & 0 & 1 & 0 \\ 0 & 0 & 0 & 1 \end{bmatrix} \times \begin{bmatrix} 1 & 0 & 0 & 0 \\ 6/4 & 1 & 0 & 0 \\ 0 & 0 & 1 & 0 \\ 0 & 0 & 0 & 1 \end{bmatrix} = \begin{bmatrix} 1 & 0 & 0 & 0 \\ 6/4 & 1 & 0 & 0 \\ -1/4 & 0 & 1 & 0 \\ 3 & 0 & 0 & 1 \end{bmatrix}$$

Assim, $M_1 \times A$ corresponde à eliminação dos coeficientes de x_1 abaixo do pivô:

$$A_1 = M_1 \times A = \begin{bmatrix} 4 & -2 & -3 & 6 \\ 0 & 4 & 2 & 3 \\ 0 & 8 & 7 & 4 \\ 0 & 16 & 6,5 & 17 \end{bmatrix}$$

Dando continuidade ao processo de eliminação, passa-se à 2ª coluna de A_1. Usando-se as matrizes elementares M_{32} ($m_{32} = -8/4 = -2$) e M_{42} ($m_{42} = -16/4 = -4$) para zerar a_{32} e a_{42}, respectivamente, vem:

$$M_{42} \times M_{32} \times A_1 = \begin{bmatrix} 1 & 0 & 0 & 0 \\ 0 & 1 & 0 & 0 \\ 0 & 0 & 1 & 0 \\ 0 & -4 & 0 & 1 \end{bmatrix} \times \begin{bmatrix} 1 & 0 & 0 & 0 \\ 0 & 1 & 0 & 0 \\ 0 & -2 & 1 & 0 \\ 0 & 0 & 0 & 1 \end{bmatrix} \times \begin{bmatrix} 4 & -2 & -3 & 6 \\ 0 & 4 & 2 & 3 \\ 0 & 8 & 7 & 4 \\ 0 & 16 & 6,5 & 17 \end{bmatrix}$$

$$M_2 = M_{42} \times M_{32} = \begin{bmatrix} 1 & 0 & 0 & 0 \\ 0 & 1 & 0 & 0 \\ 0 & 0 & 1 & 0 \\ 0 & -4 & 0 & 1 \end{bmatrix} \times \begin{bmatrix} 1 & 0 & 0 & 0 \\ 0 & 1 & 0 & 0 \\ 0 & -2 & 1 & 0 \\ 0 & 0 & 0 & 1 \end{bmatrix} = \begin{bmatrix} 1 & 0 & 0 & 0 \\ 0 & 1 & 0 & 0 \\ 0 & -2 & 1 & 0 \\ 0 & -4 & 0 & 1 \end{bmatrix}$$

$$A_2 = M_2 \times A_1 = \begin{bmatrix} 1 & 0 & 0 & 0 \\ 0 & 1 & 0 & 0 \\ 0 & -2 & 1 & 0 \\ 0 & -4 & 0 & 1 \end{bmatrix} \times \begin{bmatrix} 4 & -2 & -3 & 6 \\ 0 & 4 & 2 & 3 \\ 0 & 8 & 7 & 4 \\ 0 & 16 & 6,5 & 17 \end{bmatrix} = \begin{bmatrix} 4 & -2 & -3 & 6 \\ 0 & 4 & 2 & 3 \\ 0 & 0 & 3 & -2 \\ 0 & 0 & -1,5 & 5 \end{bmatrix}$$

Para terminar a etapa de eliminação, *zera-se* o coeficiente da posição (4,3) em A_2, por intermédio de M_{43} [$m_{43} = -(-1,5/3)$] = 1/2, como segue:

$$M_{43} \times A_2 = \begin{bmatrix} 1 & 0 & 0 & 0 \\ 0 & 1 & 0 & 0 \\ 0 & 0 & 1 & 0 \\ 0 & 0 & 1/2 & 1 \end{bmatrix} \times \begin{bmatrix} 4 & -2 & -3 & 6 \\ 0 & 4 & 2 & 3 \\ 0 & 0 & 3 & -2 \\ 0 & 0 & -1,5 & 5 \end{bmatrix}$$

$$M_3 = M_{43} = \begin{bmatrix} 1 & 0 & 0 & 0 \\ 0 & 1 & 0 & 0 \\ 0 & 0 & 1 & 0 \\ 0 & 0 & 1/2 & 1 \end{bmatrix}$$

$$A_3 = M_3 \times A_2 = \begin{bmatrix} 1 & 0 & 0 & 0 \\ 0 & 1 & 0 & 0 \\ 0 & 0 & 1 & 0 \\ 0 & 0 & 1/2 & 1 \end{bmatrix} \times \begin{bmatrix} 4 & -2 & -3 & 6 \\ 0 & 4 & 2 & 3 \\ 0 & 0 & 3 & -2 \\ 0 & 0 & -1,5 & 5 \end{bmatrix} = \begin{bmatrix} 4 & -2 & -3 & 6 \\ 0 & 4 & 2 & 3 \\ 0 & 0 & 3 & -2 \\ 0 & 0 & 0 & 4 \end{bmatrix}$$

Após a obtenção da matriz triangular equivalente do sistema $A_{eq} = A_3$, ingressa-se então na etapa de normalização da diagonal, em que a matriz elementar M_{11} ao pré-multiplicar A_3 faz com que o valor do coeficiente da posição (1,1) dessa matriz passe a ser unitário. Usando matrizes elementares M_{22}, M_{33} e M_{44} para os demais elementos da diagonal de A_{eq}, obtém-se:

$$M_4 = M_{44} \times M_{33} \times M_{22} \times M_{11} = \begin{bmatrix} 1/4 & 0 & 0 & 0 \\ 0 & 1 & 0 & 0 \\ 0 & 0 & 1 & 0 \\ 0 & 0 & 0 & 1 \end{bmatrix} \times \begin{bmatrix} 1 & 0 & 0 & 0 \\ 0 & 1/4 & 0 & 0 \\ 0 & 0 & 1 & 0 \\ 0 & 0 & 0 & 1 \end{bmatrix} \times \begin{bmatrix} 1 & 0 & 0 & 0 \\ 0 & 1 & 0 & 0 \\ 0 & 0 & 1/3 & 0 \\ 0 & 0 & 0 & 1 \end{bmatrix} \times \begin{bmatrix} 1 & 0 & 0 & 0 \\ 0 & 1 & 0 & 0 \\ 0 & 0 & 1 & 0 \\ 0 & 0 & 0 & 1/4 \end{bmatrix}$$

$$= \begin{bmatrix} 1/4 & 0 & 0 & 0 \\ 0 & 1/4 & 0 & 0 \\ 0 & 0 & 1/3 & 0 \\ 0 & 0 & 0 & 1/4 \end{bmatrix}$$

$$A_4 = M_4 \times A_3 = \begin{bmatrix} 1/4 & 0 & 0 & 0 \\ 0 & 1/4 & 0 & 0 \\ 0 & 0 & 1/3 & 0 \\ 0 & 0 & 0 & 1/4 \end{bmatrix} \times \begin{bmatrix} 4 & -2 & -3 & 6 \\ 0 & 4 & 2 & 3 \\ 0 & 0 & 3 & -2 \\ 0 & 0 & 0 & 4 \end{bmatrix} = \begin{bmatrix} 1 & -1/2 & -3/4 & 3/2 \\ 0 & 1 & 1/2 & 3/4 \\ 0 & 0 & 1 & -2/3 \\ 0 & 0 & 0 & 1 \end{bmatrix}$$

Por fim, passa-se à última etapa do processo da eliminação de Gauss em que a matriz de coeficientes A_4, resultante das etapas anteriores, será transformada na matriz identidade. Para tal, procede-se de forma análoga àquela adotada na 1ª etapa (eliminação de variáveis), com matrizes elementares que atuarão sequencialmente na 4ª, 3ª e 2ª colunas de A_4, como se vê a seguir.

$\Rightarrow M_{34}$ ($m_{34} = 2/3$), M_{24} ($m_{24} = 3/4$) e M_{14} ($m_{14} = -3/2$), que se reúnem em $M_5 = M_{14} \times M_{24} \times M_{34}$:

$$M_5 = \begin{bmatrix} 1 & 0 & 0 & -3/2 \\ 0 & 1 & 0 & 0 \\ 0 & 0 & 1 & 0 \\ 0 & 0 & 0 & 1 \end{bmatrix} \times \begin{bmatrix} 1 & 0 & 0 & 0 \\ 0 & 1 & 0 & -3/4 \\ 0 & 0 & 1 & 0 \\ 0 & 0 & 0 & 1 \end{bmatrix} \times \begin{bmatrix} 1 & 0 & 0 & 0 \\ 0 & 1 & 0 & 0 \\ 0 & 0 & 1 & 2/3 \\ 0 & 0 & 0 & 1 \end{bmatrix} = \begin{bmatrix} 1 & 0 & 0 & -3/2 \\ 0 & 1 & 0 & -3/4 \\ 0 & 0 & 1 & 2/3 \\ 0 & 0 & 0 & 1 \end{bmatrix}$$

$$A_5 = M_5 \times A_4 = \begin{bmatrix} 1 & -1/2 & -3/4 & 0 \\ 0 & 1 & 1/2 & 0 \\ 0 & 0 & 1 & 0 \\ 0 & 0 & 0 & 1 \end{bmatrix}$$

$\Rightarrow M_{23}$ ($m_{23} = -1/2$) e M_{13} ($m_{13} = 3/4$), que se reúnem em $M_6 = M_{13} \times M_{23}$:

$$M_6 = \begin{bmatrix} 1 & 0 & 3/4 & 0 \\ 0 & 1 & 0 & 0 \\ 0 & 0 & 1 & 0 \\ 0 & 0 & 0 & 1 \end{bmatrix} \times \begin{bmatrix} 1 & 0 & 0 & 0 \\ 0 & 1 & -1/2 & 0 \\ 0 & 0 & 1 & 0 \\ 0 & 0 & 0 & 1 \end{bmatrix} = \begin{bmatrix} 1 & 0 & 3/4 & 0 \\ 0 & 1 & -1/2 & 0 \\ 0 & 0 & 1 & 0 \\ 0 & 0 & 0 & 1 \end{bmatrix}$$

$$A_6 = M_6 \times A_5 = \begin{bmatrix} 1 & -1/2 & 0 & 0 \\ 0 & 1 & 0 & 0 \\ 0 & 0 & 1 & 0 \\ 0 & 0 & 0 & 1 \end{bmatrix}$$

$\Rightarrow M_{12}$ ($m_{12} = 1/2$), que está em $M_7 = M_{12}$:

$$M_7 = M_{12} = \begin{bmatrix} 1 & 1/2 & 0 & 0 \\ 0 & 1 & 0 & 0 \\ 0 & 0 & 1 & 0 \\ 0 & 0 & 0 & 1 \end{bmatrix}$$

$$A_7 = M_7 \times A_6 = \begin{bmatrix} 1 & 0 & 0 & 0 \\ 0 & 1 & 0 & 0 \\ 0 & 0 & 1 & 0 \\ 0 & 0 & 0 & 1 \end{bmatrix}$$

A utilização de matrizes elementares durante a 1ª etapa do processo da eliminação de Gauss, como ilustrado no Exemplo 4.1, pode ser generalizada. Considere que A_{k-1} seja a matriz de coeficientes do sistema, em um certo estágio intermediário do processo de eliminação, cujos elementos da parte triangular inferior das colunas de 1 até aquela de índice k–1 já tenham sido zerados. Então, para que se proceda à eliminação dos coeficientes da coluna k, deve-se pré-multiplicar A_{k-1} por M_k definida como:

$$M_k = \begin{bmatrix} 1 & \cdots & 0 & 0 & \cdots & 0 \\ \vdots & \ddots & \vdots & \vdots & \ddots & \vdots \\ 0 & \cdots & 1 & 0 & \cdots & 0 \\ 0 & \cdots & m_{k+1,k} & 1 & \cdots & 0 \\ \vdots & \ddots & \vdots & \vdots & \ddots & \vdots \\ 0 & \cdots & m_{nk} & 0 & \cdots & 1 \end{bmatrix} \quad \text{onde} \quad m_{jk} = -\frac{a_{jk}}{a_{kk}} \quad j = k+1, \cdots, n$$

Os valores dos multiplicadores m_{jk} são obtidos com os coeficientes de A_{k-1}.

A matriz do estágio k fica determinada por:

$A_k = M_k \times A_{k-1}$

Na etapa de normalização da diagonal, a matriz que reúne os multiplicadores necessários à transformação em valores unitários dos elementos da diagonal da matriz de coeficientes em certo estágio do processo assume a seguinte forma:

$$M_d = \begin{bmatrix} m_{11} & \cdots & 0 & \cdots & 0 \\ \vdots & \ddots & \vdots & \ddots & \vdots \\ 0 & \cdots & m_{kk} & \cdots & 0 \\ \vdots & \ddots & \vdots & \ddots & \vdots \\ 0 & \cdots & 0 & \cdots & m_{nn} \end{bmatrix} \quad \text{onde} \quad m_{kk} = \frac{1}{a_{kk}} \quad k = 1, \cdots, n$$

Finalmente, na etapa em que os coeficientes da parte triangular superior são anulados, operando com a coluna k, se faz a pré-multiplicação de A_{k-1} por M_k, agora definida como:

$$M_k = \begin{bmatrix} 1 & \cdots & 0 & m_{1,k} & \cdots & 0 \\ \vdots & \ddots & \vdots & \vdots & \ddots & \vdots \\ 0 & \cdots & 1 & m_{k-1,k} & \cdots & 0 \\ 0 & \cdots & 0 & 1 & \cdots & 0 \\ \vdots & \ddots & \vdots & \vdots & \ddots & \vdots \\ 0 & \cdots & 0 & 0 & \cdots & 1 \end{bmatrix} \quad \text{onde} \quad m_{jk} = -a_{jk} \quad j = k-1, \cdots, 1$$

Não custa lembrar que as mesmas operações feitas na matriz de coeficientes para zerar elementos se refletem no vetor independente $\boldsymbol{b}$, da seguinte forma:

$$M_k \boldsymbol{b} = \begin{bmatrix} 1 & \cdots & 0 & 0 & \cdots & 0 \\ \vdots & \ddots & \vdots & \vdots & \ddots & \vdots \\ 0 & \cdots & 1 & 0 & \cdots & 0 \\ 0 & \cdots & m_{k+1,k} & 1 & \cdots & 0 \\ \vdots & \ddots & \vdots & \vdots & \ddots & \vdots \\ 0 & \cdots & m_{nk} & 0 & \cdots & 1 \end{bmatrix} \begin{bmatrix} b_1 \\ \vdots \\ b_k \\ b_{k+1} \\ \vdots \\ b_n \end{bmatrix}$$

Os elementos de b_1 até b_k não se modificarão, enquanto aqueles de b_{k+1} até b_n serão alterados de acordo com:

$$b_j^{novo} = b_j + m_{jk} b_k \text{ sendo } m_{jk} = -\frac{a_{jk}}{a_{kk}} \quad \text{para} \quad j = k+1, \cdots, n$$

As operações com os elementos da diagonal principal da matriz de coeficientes repercutem no vetor $\boldsymbol{b}$ da seguinte forma:

$$M_d \boldsymbol{b} = \begin{bmatrix} m_{11} & \cdots & 0 & \cdots & 0 \\ \vdots & \ddots & \vdots & \ddots & \vdots \\ 0 & \cdots & m_{kk} & \cdots & 0 \\ \vdots & \ddots & \vdots & \ddots & \vdots \\ 0 & \cdots & 0 & \cdots & m_{nn} \end{bmatrix} \begin{bmatrix} b_1 \\ \vdots \\ b_k \\ \vdots \\ b_n \end{bmatrix}$$

$$b_j^{novo} = m_{jj} b_j \quad \text{para} \quad j = 1, \cdots, n$$

E na etapa final do processo:

$$M_k b = \begin{bmatrix} 1 & \cdots & 0 & m_{1,k} & \cdots & 0 \\ \vdots & \ddots & \vdots & \vdots & \ddots & \vdots \\ 0 & \cdots & 1 & m_{k-1,k} & \cdots & 0 \\ 0 & \cdots & 0 & 1 & \cdots & 0 \\ \vdots & \ddots & \vdots & \vdots & \ddots & \vdots \\ 0 & \cdots & 0 & 0 & \cdots & 1 \end{bmatrix} \begin{bmatrix} b_1 \\ \vdots \\ b_{k-1} \\ b_k \\ \vdots \\ b_n \end{bmatrix}$$

Os elementos de b_k até b_n não se modificarão, enquanto aqueles de b_{k-1} até b_1 serão alterados de acordo com:

$$b_j^{novo} = b_j + m_{jk} b_k \quad \text{sendo } m_{jk} = -\frac{a_{jk}}{a_{kk}} \quad \text{para } j = k-1, \cdots, 1$$

4.7 FATORAÇÃO DA MATRIZ DE COEFICIENTES

A princípio, pode parecer desnecessário realizar o processo da eliminação de Gauss fazendo uso de matrizes elementares. Não foi por acaso que a interpretação da eliminação de Gauss como uma decomposição de matrizes (fatoração composta por matrizes mais simples) só tenha surgido na década de 1940 [Stew00], muito após a formulação original de Gauss (1810) e a teoria de matrizes proposta por Cayley e outros (1855). Entretanto, alguns aspectos interessantes devem ser considerados. Veja que cada uma das etapas do processo pode ser representada por matrizes elementares que consideradas em conjunto representam a decomposição (em fatores multiplicativos) da matriz $\boldsymbol{A}^{-1}$. Para facilitar o entendimento desse resultado, considere as matrizes elementares referentes ao Exemplo 4.1, como segue.

1ª etapa (eliminação): $\boldsymbol{M}_1 = \boldsymbol{M}_{41} \times \boldsymbol{M}_{31} \times \boldsymbol{M}_{21}$ $\quad \boldsymbol{M}_2 = \boldsymbol{M}_{42} \times \boldsymbol{M}_{32}$ $\quad \boldsymbol{M}_3 = \boldsymbol{M}_{43}$

2ª etapa (normalização): $\boldsymbol{M}_4 = \boldsymbol{M}_{44} \times \boldsymbol{M}_{33} \times \boldsymbol{M}_{22} \times \boldsymbol{M}_{11}$

3ª etapa (substituição): $\boldsymbol{M}_5 = \boldsymbol{M}_{14} \times \boldsymbol{M}_{24} \times \boldsymbol{M}_{34}$ $\quad \boldsymbol{M}_6 = \boldsymbol{M}_{13} \times \boldsymbol{M}_{23}$ $\quad \boldsymbol{M}_7 = \boldsymbol{M}_{12}$

Aplicando as matrizes elementares sucessivamente à esquerda de $\boldsymbol{A}$ para transformá-la na matriz identidade $\boldsymbol{I}$, vem:

$$\underbrace{\boldsymbol{M}_7 \times \boldsymbol{M}_6 \times \boldsymbol{M}_5}_{3^a\,etapa} \times \underbrace{\boldsymbol{M}_4}_{2^a\,etapa} \times \underbrace{\boldsymbol{M}_3 \times \boldsymbol{M}_2 \times \boldsymbol{M}_1}_{1^a\,etapa} \times \boldsymbol{A} = \boldsymbol{I}$$

Logo:

$$\boldsymbol{A}^{-1} = \boldsymbol{M}_7 \times \boldsymbol{M}_6 \times \boldsymbol{M}_5 \times \boldsymbol{M}_4 \times \boldsymbol{M}_3 \times \boldsymbol{M}_2 \times \boldsymbol{M}_1$$

Consequentemente:

$$\boldsymbol{A} = (\boldsymbol{M}_7 \times \boldsymbol{M}_6 \times \boldsymbol{M}_5 \times \boldsymbol{M}_4 \times \boldsymbol{M}_3 \times \boldsymbol{M}_2 \times \boldsymbol{M}_1)^{-1}$$

Ou ainda (lembrando que, se $F = G \times H$, então $F^{-1} = (G \times H)^{-1} \Rightarrow F^{-1} = H^{-1} \times G^{-1}$):

$$A = \underbrace{M_1^{-1} \times M_2^{-1} \times M_3^{-1}}_{1^a\ etapa} \times \underbrace{M_4^{-1}}_{2^a\ etapa} \times \underbrace{M_5^{-1} \times M_6^{-1} \times M_7^{-1}}_{3^a\ etapa}$$

Para obter a inversa de uma matriz elementar basta a inversão dos sinais dos elementos que a definem (deixa-se ao leitor demonstrar essva afirmação). Continuando a trabalhar com o exemplo em estudo para a obtenção das matrizes-fatores de A, vem:

$$M_1^{-1} = (M_{41} \times M_{31} \times M_{21})^{-1} = M_{21}^{-1} \times M_{31}^{-1} \times M_{41}^{-1} =$$

$$\begin{bmatrix} 1 & 0 & 0 & 0 \\ -6/4 & 1 & 0 & 0 \\ 0 & 0 & 1 & 0 \\ 0 & 0 & 0 & 1 \end{bmatrix} \times \begin{bmatrix} 1 & 0 & 0 & 0 \\ 0 & 1 & 0 & 0 \\ 1/4 & 0 & 1 & 0 \\ 0 & 0 & 0 & 1 \end{bmatrix} \times \begin{bmatrix} 1 & 0 & 0 & 0 \\ 0 & 1 & 0 & 0 \\ 0 & 0 & 1 & 0 \\ -3 & 0 & 0 & 1 \end{bmatrix} = \begin{bmatrix} 1 & 0 & 0 & 0 \\ -6/4 & 1 & 0 & 0 \\ 1/4 & 0 & 1 & 0 \\ -3 & 0 & 0 & 1 \end{bmatrix}$$

$$M_2^{-1} = (M_{42} \times M_{32})^{-1} = M_{32}^{-1} \times M_{42}^{-1} = \begin{bmatrix} 1 & 0 & 0 & 0 \\ 0 & 1 & 0 & 0 \\ 0 & 2 & 1 & 0 \\ 0 & 0 & 0 & 1 \end{bmatrix} \times \begin{bmatrix} 1 & 0 & 0 & 0 \\ 0 & 1 & 0 & 0 \\ 0 & 0 & 1 & 0 \\ 0 & 4 & 0 & 1 \end{bmatrix} = \begin{bmatrix} 1 & 0 & 0 & 0 \\ 0 & 1 & 0 & 0 \\ 0 & 2 & 1 & 0 \\ 0 & 4 & 0 & 1 \end{bmatrix}$$

$$M_3^{-1} = M_{43}^{-1} = \begin{bmatrix} 1 & 0 & 0 & 0 \\ 0 & 1 & 0 & 0 \\ 0 & 0 & 1 & 0 \\ 0 & 0 & -1/2 & 1 \end{bmatrix}$$

$$\underbrace{M_1^{-1} \times M_2^{-1} \times M_3^{-1}}_{1^a\ etapa} = \begin{bmatrix} 1 & 0 & 0 & 0 \\ -6/4 & 1 & 0 & 0 \\ 1/4 & 2 & 1 & 0 \\ -3 & 4 & -1/2 & 1 \end{bmatrix} \equiv L$$

A matriz resultante da 1ª etapa apresenta valores unitários na diagonal e na parte triangular inferior reúne os multiplicadores, com sinais invertidos, usados nessa etapa, sendo comumente referida por matriz L (*lower triangular matrix*) do processo de eliminação de Gauss.

A 2ª etapa está associada a M^{-1}_4 de M_1, denominada matriz D (*diagonal matrix*), obtida por:

$$\underbrace{M_4^{-1}}_{2^a\ etapa} = M_{11}^{-1} \times M_{22}^{-1} \times M_{33}^{-1} \times M_{44}^{-1} = \begin{bmatrix} 4 & 0 & 0 & 0 \\ 0 & 1 & 0 & 0 \\ 0 & 0 & 1 & 0 \\ 0 & 0 & 0 & 1 \end{bmatrix} \times \begin{bmatrix} 1 & 0 & 0 & 0 \\ 0 & 4 & 0 & 0 \\ 0 & 0 & 1 & 0 \\ 0 & 0 & 0 & 1 \end{bmatrix} \times \begin{bmatrix} 1 & 0 & 0 & 0 \\ 0 & 1 & 0 & 0 \\ 0 & 0 & 3 & 0 \\ 0 & 0 & 0 & 1 \end{bmatrix} \times \begin{bmatrix} 1 & 0 & 0 & 0 \\ 0 & 1 & 0 & 0 \\ 0 & 0 & 1 & 0 \\ 0 & 0 & 0 & 4 \end{bmatrix}$$

$$= \begin{bmatrix} 4 & 0 & 0 & 0 \\ 0 & 4 & 0 & 0 \\ 0 & 0 & 3 & 0 \\ 0 & 0 & 0 & 4 \end{bmatrix} \equiv D$$

Para a 3ª etapa, obtém-se a matriz U (*upper triangular matrix*):

$$M_5^{-1} = (M_{14} \times M_{24} \times M_{34})^{-1} = M_{34}^{-1} \times M_{24}^{-1} \times M_{14}^{-1} =$$

$$= \begin{bmatrix} 1 & 0 & 0 & 0 \\ 0 & 1 & 0 & 0 \\ 0 & 0 & 1 & -2/3 \\ 0 & 0 & 0 & 1 \end{bmatrix} \times \begin{bmatrix} 1 & 0 & 0 & 0 \\ 0 & 1 & 0 & 3/4 \\ 0 & 0 & 1 & 0 \\ 0 & 0 & 0 & 1 \end{bmatrix} \times \begin{bmatrix} 1 & 0 & 0 & 3/2 \\ 0 & 1 & 0 & 0 \\ 0 & 0 & 1 & 0 \\ 0 & 0 & 0 & 1 \end{bmatrix} = \begin{bmatrix} 1 & 0 & 0 & 3/2 \\ 0 & 1 & 0 & 3/4 \\ 0 & 0 & 1 & -2/3 \\ 0 & 0 & 0 & 1 \end{bmatrix}$$

$$M_6^{-1} = (M_{13} \times M_{23})^{-1} = M_{23}^{-1} \times M_{13}^{-1} = \begin{bmatrix} 1 & 0 & 0 & 0 \\ 0 & 1 & 1/2 & 0 \\ 0 & 0 & 1 & 0 \\ 0 & 0 & 0 & 1 \end{bmatrix} \times \begin{bmatrix} 1 & 0 & -3/4 & 0 \\ 0 & 1 & 0 & 0 \\ 0 & 0 & 1 & 0 \\ 0 & 0 & 0 & 1 \end{bmatrix} = \begin{bmatrix} 1 & 0 & -3/4 & 0 \\ 0 & 1 & 1/2 & 0 \\ 0 & 0 & 1 & 0 \\ 0 & 0 & 0 & 1 \end{bmatrix}$$

$$M_7^{-1} = M_{12}^{-1} = \begin{bmatrix} 1 & -1/2 & 0 & 0 \\ 0 & 1 & 0 & 0 \\ 0 & 0 & 1 & 0 \\ 0 & 0 & 0 & 1 \end{bmatrix}$$

$$\underbrace{M_5^{-1} \times M_6^{-1} \times M_7^{-1}}_{3^a\, etapa} = \begin{bmatrix} 1 & -1/2 & -3/4 & 3/2 \\ 0 & 1 & 1/2 & 3/4 \\ 0 & 0 & 1 & -2/3 \\ 0 & 0 & 0 & 1 \end{bmatrix} \equiv U$$

Finalmente:

$$A = \underbrace{M_1^{-1} \times M_2^{-1} \times M_3^{-1}}_{1^a\, etapa} \times \underbrace{M_4^{-1}}_{2^a\, etapa} \times \underbrace{M_5^{-1} \times M_6^{-1} \times M_7^{-1}}_{3^a\, etapa} = L \times D \times U$$

As matrizes **L**, **D** e **U**, fatores de **A**, representam a memória (composta pelos multiplicadores) das operações realizadas em cada etapa do método da eliminação de Gauss, necessárias à obtenção da solução. Com base no exemplo, constata-se que:

A matriz triangular inferior **L** contém os multiplicadores do processo de eliminação de variáveis localizados nas posições correspondentes aos coeficientes de **A**, em determinado estágio de transformação, que foram *zerados*.

$$L = \begin{bmatrix} 1 & 0 & 0 & \cdots & \cdots & 0 \\ \ell_{21} & 1 & 0 & \cdots & \cdots & 0 \\ \ell_{31} & \ell_{32} & 1 & \cdots & \cdots & 0 \\ \vdots & \vdots & \vdots & \ddots & \ddots & \vdots \\ \vdots & \vdots & \vdots & \vdots & \ddots & \vdots \\ \ell_{n1} & \ell_{n2} & \ell_{n3} & \cdots & \cdots & 1 \end{bmatrix} \quad \text{onde} \quad \ell_{jk} = -m_{jk} = \frac{a_{jk}}{a_{kk}}$$

Para formar a matriz diagonal $\boldsymbol{D}$, basta extrair os elementos da diagonal de $\boldsymbol{A}$ resultante da etapa de eliminação:

$$\boldsymbol{D} = \begin{bmatrix} d_{11} & 0 & 0 & \cdots & \cdots & 0 \\ 0 & d_{22} & 0 & \cdots & \cdots & 0 \\ 0 & 0 & d_{33} & \cdots & \cdots & 0 \\ \vdots & \vdots & \vdots & \ddots & \ddots & \vdots \\ \vdots & \vdots & \vdots & \vdots & \ddots & \vdots \\ 0 & 0 & 0 & \cdots & \cdots & d_{nn} \end{bmatrix} \quad \text{onde} \quad d_{kk} = \frac{1}{m_{kk}} = a_{kk}$$

Após a normalização da diagonal de $\boldsymbol{A}$, encontra-se diretamente a matriz triangular superior $\boldsymbol{U}$:

$$\boldsymbol{U} = \begin{bmatrix} 1 & u_{12} & u_{13} & \cdots & \cdots & u_{1n} \\ 0 & 1 & u_{23} & \cdots & \cdots & u_{2n} \\ 0 & \cdots & 1 & \cdots & \cdots & \vdots \\ 0 & \cdots & 0 & 1 & \cdots & \vdots \\ \vdots & \ddots & \vdots & \vdots & \ddots & \vdots \\ 0 & \cdots & 0 & 0 & \cdots & 1 \end{bmatrix} \quad \text{onde} \quad u_{jk} = a_{jk}$$

A fatoração da matriz de coeficientes decorrente do processo da eliminação de Gauss pode ser feita de acordo com variações na definição dos fatores triangulares adotados. A etapa de normalização, em que se determina o fator $\boldsymbol{D}$, pode não ser realizada, fazendo-se então a decomposição de $\boldsymbol{A}$ no produto $\boldsymbol{LU}$, de modo que $\boldsymbol{L}$ tenha elementos unitários na diagonal e não se destaque $\boldsymbol{D}$ de $\boldsymbol{U}$, ou seja, $\boldsymbol{A} = \boldsymbol{L}\,(\boldsymbol{DU})$. Essa fatoração recebe o nome de método de *Doolittle* [High02], supondo-se ter sido introduzida por volta de 1880, pelo professor de Matemática Myrick Hascall Doolittle (1830-1913), natural de Addison, Vermont, EUA [Grie05]. Vale registrar que o próprio Doolittle, para demonstrar as virtudes de seu método, resolveu um sistema de 41 equações, em cerca de uma semana, usando apenas cálculos manuais ("papel e lápis"). Alternativamente, pode-se usar o método de *Crout* [Gila14], proposto em 1941, assim denominado por ser de autoria do professor de Matemática Prescott Durand Crout (1907-1984), nascido em Ohio, EUA, que trabalhou no *Massachusetts Institute of Technology* (MIT), notabilizando por seu interesse em Engenharia Elétrica. A fatoração de *Crout* requer que $\boldsymbol{U}$ tenha diagonal unitária e não se destaque $\boldsymbol{D}$ de $\boldsymbol{L}$, *i.e.*, $\boldsymbol{A} = (\boldsymbol{LD})\,\boldsymbol{U}$. Por fim, para matrizes simétricas, encontra-se o método de *Cholesky* [Chap08], em que se obtém a fatoração $\boldsymbol{A} = \boldsymbol{LDL}^t$. André-Louis Cholesky (1875-1918) nasceu na pequena vila de Montguyon, próxima à Bordeaux, na França, tendo atuado como matemático e topógrafo, vindo a falecer no *front* da Primeira Guerra Mundial [Brez14].

4.8 SOLUÇÃO PELA FATORAÇÃO LDU

Com o que foi exposto até aqui, percebe-se claramente que resolver sistemas lineares cuja matriz de coeficientes seja triangular constitui tarefa menos trabalhosa do que aquela que se apresenta envolvendo matrizes cheias. Ao se decompor a matriz $\boldsymbol{A}$ nos fatores **LDU** associados ao método da eliminação de Gauss, três sistemas simples são resolvidos para que se alcance a solução do sistema, como se vê a seguir.

$$\boldsymbol{A\,x} = \boldsymbol{b} \Rightarrow \boldsymbol{L} \times \underbrace{\boldsymbol{D} \times \overbrace{\boldsymbol{U\,x}}^{z}}_{y} = \boldsymbol{b}$$

Primeiramente, de $Ly = b$, obtém-se $\boldsymbol{y}$. Em seguida, com $Dz = y$, encontra-se $\boldsymbol{z}$. Para, finalmente, chegar-se à solução do sistema, resolvendo $Ux = z$.

A obtenção da solução de cada um desses sistemas torna-se facilitada pela natureza das matrizes de $\boldsymbol{L}$ (triangular inferior), $\boldsymbol{D}$ (diagonal) e $\boldsymbol{U}$ (triangular superior). Isso faz com que $\boldsymbol{y}$, $\boldsymbol{z}$ e $\boldsymbol{x}$ correspondam às transformações pelas quais passa o vetor $\boldsymbol{b}$ ao longo de cada etapa do processo da eliminação de Gauss, a saber:

$$\text{com a matriz } \boldsymbol{L} \text{ (cálculo de } \boldsymbol{y}) \Rightarrow b_i^{(\text{novo})} = b_i^{(\text{anterior})} - \ell_{ik} b_k^{(\text{anterior})}$$

$$\text{com a matriz } \boldsymbol{D} \text{ (cálculo de } \boldsymbol{z}) \Rightarrow b_i^{(\text{novo})} = b_i^{(\text{anterior})} / d_{ii}$$

$$\text{com a matriz } \boldsymbol{U} \text{ (cálculo de } \boldsymbol{x}) \Rightarrow b_i^{(\text{novo})} = b_i^{(\text{anterior})} - u_{ik} b_k^{(\text{anterior})}$$

Exemplo 4.3: Considere novamente o sistema linear do Exemplo 4.2. Pede-se encontrar a solução, usando agora as matrizes-fatores $\boldsymbol{LDU}$ de $\boldsymbol{A}$.

$$\boldsymbol{Ax} = \mathbf{b}$$

$$\begin{bmatrix} 4 & -2 & -3 & 6 \\ -6 & 7 & 6{,}5 & -6 \\ 1 & 7{,}5 & 6{,}25 & 5{,}5 \\ -12 & 22 & 15{,}5 & -1 \end{bmatrix} \begin{bmatrix} x_1 \\ x_2 \\ x_3 \\ x_4 \end{bmatrix} = \begin{bmatrix} 12 \\ -6{,}5 \\ 16 \\ 17 \end{bmatrix}$$

$$\boldsymbol{LDUx} = \boldsymbol{b}$$

$$\begin{bmatrix} 1 & 0 & 0 & 0 \\ -6/4 & 1 & 0 & 0 \\ 1/4 & 2 & 1 & 0 \\ -3 & 4 & -1/2 & 1 \end{bmatrix} \begin{bmatrix} 4 & 0 & 0 & 0 \\ 0 & 4 & 0 & 0 \\ 0 & 0 & 3 & 0 \\ 0 & 0 & 0 & 4 \end{bmatrix} \begin{bmatrix} 1 & -1/2 & -3/4 & 3/2 \\ 0 & 1 & 1/2 & 3/4 \\ 0 & 0 & 1 & -2/3 \\ 0 & 0 & 0 & 1 \end{bmatrix} \begin{bmatrix} x_1 \\ x_2 \\ x_3 \\ x_4 \end{bmatrix} = \begin{bmatrix} 12 \\ -6{,}5 \\ 16 \\ 17 \end{bmatrix}$$

De modo a organizar os cálculos correspondentes às modificações do vetor independente até se chegar à solução (vetor $\boldsymbol{x}$), considere os Quadros 4.3 a 4.5 a seguir. Os elementos de $\boldsymbol{L}$, $\boldsymbol{D}$ e $\boldsymbol{U}$ estão dispostos em cada quadro na mesma ordem em que são obtidos durante o processo de eliminação de Gauss.

Quadro 4.3 – Operações com a matriz L

b	$b^{(1)}$	$b^{(2)}$	$b^{(3)}$	$b^{(4)}$	$b^{(5)}$	y
12	12	12	12	12	12	**12**
-6,5	11,5	11,5	11,5	11,5	11,5	**11,5**
16	16	13	13	-10	-10	**-10**
17	17	17	53	53	7	**2**
-6/4	1/4	-3	2	4	-1/2	
ℓ_{21}	ℓ_{31}	ℓ_{41}	ℓ_{32}	ℓ_{42}	ℓ_{43}	
$b_i^{(\text{novo})} = b_i^{(\text{anterior})} - \ell_{ik} b_k^{(\text{anterior})}$						

$$b_2^{(1)} = b_2 - \ell_{21} b_1 = -6{,}5 - (-6/4) \times 12 = 23/2 = 11{,}5$$
$$b_3^{(2)} = b_3^{(1)} - \ell_{31} b_1^{(1)} = 16 - (1/4) \times 12 = 13$$
$$b_4^{(3)} = b_4^{(2)} - \ell_{41} b_1^{(2)} = 17 - (-3) \times 12 = 53$$
$$b_3^{(4)} = b_3^{(3)} - \ell_{32} b_2^{(3)} = 13 - (2) \times 11{,}5 = 10$$
$$b_4^{(5)} = b_4^{(4)} - \ell_{42} b_2^{(4)} = 53 - (4) \times 11{,}5 = 7$$
$$y_4 = b_4^{(5)} - \ell_{43} b_3^{(5)} = 7 - (-1/2) \times (-10) = 2$$

Quadro 4.4 – Operações com a matriz D

y	$y^{(1)}$	$y^{(2)}$	$y^{(3)}$	z
12	3	3	3	**3**
11,5	11,5	23/8	23/8	**23/8**
-10	-10	-10	-10/3	**-10/3**
2	2	2	2	**1/2**
4	4	3	4	
d_{11}	d_{22}	d_{33}	d_{44}	
$y_i^{novo} = y_i^{(\text{anterior})} / d_{ii}$				

$$y_1^{(1)} = y_1 / d_{11} = 12/4 = 3$$
$$y_2^{(2)} = y_2^{(1)} / d_{22} = 11{,}5/4 = 23/8$$
$$y_3^{(3)} = y_3^{(2)} / d_{33} = -10/3$$
$$z_4 = y_4^{(3)} / d_{44} = 2/4 = 1/2$$

Quadro 4.5 – Operações com a matriz U

z	$z^{(1)}$	$z^{(2)}$	$z^{(3)}$	$z^{(4)}$	$z^{(5)}$	x
3	3	3	9/4	9/4	0	**2**
23/8	23/8	5/2	5/2	4	4	**4**
-10/3	-3	-3	-3	-3	-3	**-3**
1/2	1/2	1/2	1/2	1/2	1/2	**1/2**
-2/3	3/4	3/2	1/2	-3/4	-1/2	
u_{34}	u_{24}	u_{14}	u_{23}	u_{13}	u_{12}	
$z_i^{(novo)} = z_i^{(anterior)} - u_{ik} z_k^{(anterior)}$						

$$z_3^{(1)} = z_3 - u_{34} z_4 = -10/3 - (-2/3) \times (1/2) = -3$$
$$z_2^{(2)} = z_2^{(1)} - u_{24} z_4^{(1)} = 23/8 - (3/4) \times (1/2) = 5/2$$
$$z_1^{(3)} = z_1^{(2)} - u_{14} z_4^{(2)} = 3 - (3/2) \times (1/2) = 9/4$$
$$z_2^{(4)} = z_2^{(3)} - u_{23} z_3^{(3)} = 5/2 - (1/2) \times (-3) = 4$$
$$z_1^{(5)} = z_1^{(4)} - u_{13} z_3^{(4)} = 9/4 - (-3/4) \times (-3) = 0$$
$$x_1 = z_1^{(5)} - u_{12} z_2^{(5)} = 0 - (-1/2) \times (4) = 2$$

O uso da fatoração **LDU** constitui evidente vantagem nos problemas em que seja necessário resolver sistemas que apresentem a mesma matriz de coeficientes e diversos vetores independentes. A seguir, apresenta-se um exemplo particular de problemas dessa natureza.

Exemplo 4.4: Suponha que se deseje obter a matriz inversa da matriz de coeficientes do sistema $\boldsymbol{Ax} = \boldsymbol{b}$ apresentado no Exemplo 4.2, usando-se as matrizes-fatores ***LDU*** de ***A***, oriundas do processo da eliminação de Gauss.

Admita que as matrizes ***A*** e sua inversa $\boldsymbol{A}^{-1}$ (a ser obtida) sejam representadas da seguinte forma:

$$A = \begin{bmatrix} a_{11} & a_{12} & a_{13} & a_{14} \\ a_{21} & a_{22} & a_{23} & a_{24} \\ a_{31} & a_{32} & a_{33} & a_{34} \\ a_{41} & a_{42} & a_{43} & a_{44} \end{bmatrix} \qquad A^{-1} = \begin{bmatrix} x_{11} & x_{12} & x_{13} & x_{14} \\ x_{21} & x_{22} & x_{23} & x_{24} \\ x_{31} & x_{32} & x_{33} & x_{34} \\ x_{41} & x_{42} & x_{43} & x_{44} \end{bmatrix}$$

Então $\boldsymbol{A} \times \boldsymbol{A}^{-1} = \boldsymbol{I}$, ou seja:

$$\begin{bmatrix} a_{11} & a_{12} & a_{13} & a_{14} \\ a_{21} & a_{22} & a_{23} & a_{24} \\ a_{31} & a_{32} & a_{33} & a_{34} \\ a_{41} & a_{42} & a_{43} & a_{44} \end{bmatrix} \times \begin{bmatrix} x_{11} & x_{12} & x_{13} & x_{14} \\ x_{21} & x_{22} & x_{23} & x_{24} \\ x_{31} & x_{32} & x_{33} & x_{34} \\ x_{41} & x_{42} & x_{43} & x_{44} \end{bmatrix} = \begin{bmatrix} 1 & 0 & 0 & 0 \\ 0 & 1 & 0 & 0 \\ 0 & 0 & 1 & 0 \\ 0 & 0 & 0 & 1 \end{bmatrix}$$

A multiplicação dessas matrizes pode ser desmembrada, tomando-se por vez uma coluna de $\boldsymbol{A}^{-1}$ (vetor de incógnitas) e sua correspondente em $\boldsymbol{I}$ (vetor independente). Assim, 4 sistemas lineares são formados, cada um desses com a mesma matriz de coeficientes:

1° sistema

$$\begin{bmatrix} a_{11} & a_{12} & a_{13} & a_{14} \\ a_{21} & a_{22} & a_{23} & a_{24} \\ a_{31} & a_{32} & a_{33} & a_{34} \\ a_{41} & a_{42} & a_{43} & a_{44} \end{bmatrix} \times \overbrace{\begin{bmatrix} x_{11} \\ x_{21} \\ x_{31} \\ x_{41} \end{bmatrix}}^{A^{-1}(1^a\ \text{col.})} = \overbrace{\begin{bmatrix} 1 \\ 0 \\ 0 \\ 0 \end{bmatrix}}^{I(1^a\ \text{col.})}$$

2° sistema

$$\begin{bmatrix} a_{11} & a_{12} & a_{13} & a_{14} \\ a_{21} & a_{22} & a_{23} & a_{24} \\ a_{31} & a_{32} & a_{33} & a_{34} \\ a_{41} & a_{42} & a_{43} & a_{44} \end{bmatrix} \times \overbrace{\begin{bmatrix} x_{12} \\ x_{22} \\ x_{32} \\ x_{42} \end{bmatrix}}^{A^{-1}(2^a\ \text{col.})} = \overbrace{\begin{bmatrix} 0 \\ 1 \\ 0 \\ 0 \end{bmatrix}}^{I(2^a\ \text{col.})}$$

3° sistema

$$\begin{bmatrix} a_{11} & a_{12} & a_{13} & a_{14} \\ a_{21} & a_{22} & a_{23} & a_{24} \\ a_{31} & a_{32} & a_{33} & a_{34} \\ a_{41} & a_{42} & a_{43} & a_{44} \end{bmatrix} \times \overbrace{\begin{bmatrix} x_{13} \\ x_{23} \\ x_{33} \\ x_{43} \end{bmatrix}}^{A^{-1}(3^a\ \text{col.})} = \overbrace{\begin{bmatrix} 0 \\ 0 \\ 1 \\ 0 \end{bmatrix}}^{I(3^a\ \text{col.})}$$

4° sistema

$$\begin{bmatrix} a_{11} & a_{12} & a_{13} & a_{14} \\ a_{21} & a_{22} & a_{23} & a_{24} \\ a_{31} & a_{32} & a_{33} & a_{34} \\ a_{41} & a_{42} & a_{43} & a_{44} \end{bmatrix} \times \overbrace{\begin{bmatrix} x_{14} \\ x_{24} \\ x_{34} \\ x_{44} \end{bmatrix}}^{A^{-1}(4^a\ \text{col.})} = \overbrace{\begin{bmatrix} 0 \\ 0 \\ 0 \\ 1 \end{bmatrix}}^{I(4^a\ \text{col.})}$$

A solução de cada sistema anterior corresponde a uma das colunas de $\boldsymbol{A}^{-1}$. A sequência de operações relativa à aplicação do método da eliminação de Gauss, que conduz à obtenção da solução, está contida nas matrizes ***LDU***, fatores de ***A***. Assim, para se obter a i-ésima coluna de $\boldsymbol{A}^{-1}$, basta que se apliquem os multiplicadores contidos em ***LDU*** aos elementos que compõem a i-ésima coluna de ***I***. Aqui, selecionou-se obter apenas a 1ª coluna de A^{-1}, deixando-se ao leitor a tarefa de calcular as demais. Seguem os cálculos necessários, resumidos nos Quadros 4.6 a 4.8, trabalhando-se com frações. O detalhamento desses cálculos foi propositalmente omitido, deixando ao leitor a recomendação para que o faça.

$$A = \begin{bmatrix} 4 & -2 & -3 & 6 \\ -6 & 7 & 6{,}5 & -6 \\ 1 & 7{,}5 & 6{,}25 & 5{,}5 \\ -12 & 22 & 15{,}5 & -1 \end{bmatrix}$$

$$LDU = \begin{bmatrix} 1 & 0 & 0 & 0 \\ -6/4 & 1 & 0 & 0 \\ 1/4 & 2 & 1 & 0 \\ -3 & 4 & -1/2 & 1 \end{bmatrix} \begin{bmatrix} 4 & 0 & 0 & 0 \\ 0 & 4 & 0 & 0 \\ 0 & 0 & 3 & 0 \\ 0 & 0 & 0 & 4 \end{bmatrix} \begin{bmatrix} 1 & -1/2 & -3/4 & 3/2 \\ 0 & 1 & 1/2 & 3/4 \\ 0 & 0 & 1 & -2/3 \\ 0 & 0 & 0 & 1 \end{bmatrix}$$

Quadro 4.6 – Operações com a matriz L

b	$b^{(1)}$	$b^{(2)}$	$b^{(3)}$	$b^{(4)}$	$b^{(5)}$	y
1	1	1	1	1	1	**1**
0	3/2	3/2	3/2	3/2	3/2	**3/2**
0	0	-1/4	-1/4	-13/4	-13/4	**-13/4**
0	0	0	3	3	-3	**-37/8**
-6/4	1/4	-3	2	4	-1/2	
ℓ_{21}	ℓ_{31}	ℓ_{41}	ℓ_{32}	ℓ_{42}	ℓ_{43}	
$b_i^{(\text{novo})} = b_i^{(\text{anterior})} - \ell_{ik} b_k^{(\text{anterior})}$						

Quadro 4.7 – Operações com a matriz D

y	$y^{(1)}$	$y^{(2)}$	$y^{(3)}$	z
1	1/4	1/4	1/4	**1/4**
3/2	3/2	3/8	3/8	**3/8**
-13/4	-13/4	-13/4	-13/12	**-13/12**
-37/8	-37/8	-37/8	-37/8	**-37/32**
4	4	3	4	
d_{11}	d_{22}	d_{33}	d_{44}	
$y_i^{novo} = y_i^{(\text{anterior})} / d_{ii}$				

Quadro 4.8 – Operações com a matriz U

z	$z^{(1)}$	$z^{(2)}$	$z^{(3)}$	$z^{(4)}$	$z^{(5)}$	x
1/4	1/4	1/4	127/64	127/64	19/32	**1289/768**
3/8	3/8	159/128	159/128	833/384	833/384	**833/384**
-13/12	-89/48	-89/48	-89/48	-89/48	-89/48	**-89/48**
-37/32	-37/32	-37/32	-37/32	-37/32	-37/32	**-37/32**
-2/3	3/4	3/2	1/2	-3/4	-1/2	
u_{34}	u_{24}	u_{14}	u_{23}	u_{13}	u_{12}	
$z_i^{(\text{novo})} = z_i^{(\text{anterior})} - u_{ik} z_k^{(\text{anterior})}$						

4.9 PIVOTEAMENTO

O método de eliminação de Gauss, em grande medida descomplicado e de fácil implementação, requer certos cuidados. Alguns são facilmente percebidos, enquanto outros revestem-se de uma certa sutileza.

O cuidado mais evidente diz respeito à necessidade de construir uma estratégia capaz de contornar o surgimento de pivôs nulos durante o processo de eliminação. Isso porque a eliminação de Gauss não poderá prosseguir, em virtude da divisão por zero que iria ocorrer no cálculo de multiplicadores dependentes de um pivô nulo. O procedimento mais comum, conhecido por *pivoteamento*, consiste na troca de linhas (o que não altera a solução do sistema), realizada da seguinte forma: se for encontrado na etapa (k) do processo um elemento-diagonal (pivô) $a_{kk} = 0$, então deve-se proceder à troca da linha k de $\boldsymbol{A}$ (sem esquecer de fazer o mesmo no vetor $\boldsymbol{b}$) por alguma das linhas subsequentes que contenha na coluna k um elemento não nulo. Este irá ocupar a posição de pivô, dando usual seguimento ao processo de eliminação. Caso nenhum elemento não nulo seja encontrado na referida coluna k, deve-se então emitir uma mensagem de erro informando o ocorrido.

Exemplo 4.5: Aplique o método da eliminação de Gauss para resolver o sistema apresentado a seguir.

Note que a 1ª linha do sistema deve ser trocada de posição, pois contém pivô nulo. Então, arbitrariamente, serão permutadas as linhas 1 e 4 do sistema, para que se dê início ao processo de eliminação. A solução será obtida via fatoração **LDU**.

$$\begin{bmatrix} 0 & -2 & 0 & 8 \\ -1 & 0 & -4 & -2 \\ -1 & 4 & -6 & 0 \\ 1 & 2 & 3 & 2 \end{bmatrix} \begin{bmatrix} x_1 \\ x_2 \\ x_3 \\ x_4 \end{bmatrix} = \begin{bmatrix} -6 \\ -20{,}5 \\ -17{,}5 \\ 22 \end{bmatrix}$$

$$\boldsymbol{A} = \begin{bmatrix} 1 & 2 & 3 & 2 \\ -1 & 0 & -4 & -2 \\ -1 & 4 & -6 & 0 \\ 0 & -2 & 0 & 8 \end{bmatrix} \Rightarrow \begin{bmatrix} 1 & 2 & 3 & 2 \\ 0 & 2 & -1 & 0 \\ 0 & 6 & -3 & 2 \\ 0 & -2 & 0 & 8 \end{bmatrix} \Rightarrow \begin{bmatrix} 1 & 2 & 3 & 2 \\ 0 & 2 & -1 & 0 \\ 0 & 0 & 0 & 2 \\ 0 & 0 & -1 & 8 \end{bmatrix}$$

Com a eliminação dos elementos da 2ª coluna de $\boldsymbol{A}$, o próximo pivô (elemento da posição a_{33}) também se anula, o que requer nova permutação, neste caso entre a 3ª e 4ª linhas. Lembre-se que as trocas efetuadas em $\boldsymbol{A}$ também se fazem em $\boldsymbol{b}$, e ainda nos elementos que compõem $\boldsymbol{L}$, resultando em:

$$\boldsymbol{A} = \begin{bmatrix} 1 & 2 & 3 & 2 \\ 0 & 2 & -1 & 0 \\ 0 & 0 & -1 & 8 \\ 0 & 0 & 0 & 2 \end{bmatrix} \qquad \boldsymbol{b} = \begin{bmatrix} 22 \\ -20{,}5 \\ -6 \\ -17{,}5 \end{bmatrix}$$

$$\boldsymbol{L} = \begin{bmatrix} 1 & 0 & 0 & 0 \\ -1 & 1 & 0 & 0 \\ 0 & 3 & 1 & 0 \\ -1 & -1 & 0 & 1 \end{bmatrix} \qquad \boldsymbol{D} = \begin{bmatrix} 1 & 0 & 0 & 0 \\ 0 & 2 & 0 & 0 \\ 0 & 0 & -1 & 0 \\ 0 & 0 & 0 & 2 \end{bmatrix} \qquad \boldsymbol{U} = \begin{bmatrix} 1 & 2 & 3 & 2 \\ 0 & 1 & -1/2 & 0 \\ 0 & 0 & 1 & -8 \\ 0 & 0 & 0 & 1 \end{bmatrix}$$

Os Quadros 4.9 a 4.11 a seguir exibem os cálculos que transformam $\boldsymbol{b}$ na solução do sistema, por intermédio da fatoração LDU.

Quadro 4.9 – Operações com a matriz L

b	$b^{(1)}$	$b^{(2)}$	$b^{(3)}$	y
22	22	22	22	**22**
-20,5	1,5	1,5	1,5	**1,5**
-6	-6	-6	-4,5	**-4,5**
-17,5	-17,5	4,5	4,5	**0**
-1	-1	-1	3	
ℓ_{21}	ℓ_{41}	ℓ_{32}	ℓ_{42}	
$b_i^{(\text{novo})} = b_i^{(\text{anterior})} - \ell_{ik} b_k^{(\text{anterior})}$				

Quadro 4.10 – Operações com a matriz *D*

y	$y^{(1)}$	$y^{(2)}$	z
22	22	22	**22**
1,5	0,75	0,75	**0,75**
-4,5	-4,5	4,5	**4,5**
0	0	0	**0**
2	-1	2	
d_{22}	d_{33}	d_{44}	
$y_i^{novo} = y_i^{(\text{anterior})} / d_{ii}$			

Quadro 4.11 – Operações com a matriz U

z	$z^{(1)}$	$z^{(2)}$	$z^{(3)}$	$z^{(4)}$	x
22	22	22	22	8,5	**2,5**
0,75	0,75	0,75	3	3	**3**
4,5	4,5	4,5	4,5	4,5	**4,5**
0	0	0	0	0	**0**
-8	2	-1/2	3	2	
u_{34}	u_{14}	u_{23}	u_{13}	u_{12}	
$z_i^{(\text{novo})} = z_i^{(\text{anterior})} - u_{ik} z_k^{(\text{anterior})}$					

Ainda sobre valores de pivôs, deve-se considerar que, em vez da ocorrência de um pivô exatamente nulo, pode surgir um pivô cujo valor seja muito pequeno (em módulo), o que constitui em si uma situação um tanto traiçoeira, requerendo especial cuidado.

Em princípio, qualquer pivô de valor não nulo poderia ser usado para o cálculo de multiplicadores no método da eliminação de Gauss. Entretanto, como cálculos aritméticos têm precisão limitada, em alguns casos, quando necessário, a escolha do elemento pivô deve ser feita de modo a minimizar a propagação de erros numéricos [Heat02]. Uma boa prática, conhecida como *pivoteamento parcial*, consiste em se escolher pivôs que limitem a magnitude dos valores dos multiplicadores do processo da eliminação de Gauss à unidade. Para tal, basta que, em cada coluna em que estejam sendo *zerados* coeficientes de $\boldsymbol{A}$, escolha-se para pivô o elemento diagonal ou abaixo deste que apresente maior valor absoluto.

A denominação *pivoteamento parcial* diz respeito ao fato de se buscar um pivô conveniente apenas na coluna em que ocorre o "pivô da vez" (aquele para o qual se avalia a possível substituição). Uma estratégia mais abrangente, o *pivoteamento completo (ou máximo)*, enseja uma busca que envolve a troca de linhas e colunas de $\boldsymbol{A}$ em determinada fase de transformação, para trazer para a posição de pivô o elemento disponível de maior valor na matriz. Por ser mais dispendiosa computacionalmente, essa estratégia cabe apenas em situações específicas, *e.g.*, aquelas em que seja essencial obter-se uma solução com alto grau de precisão.

A troca de linhas realizada no *pivoteamento* pode ser realizada por meio de uma multiplicação matricial. Uma matriz que se destina a rearranjar ou permutar linhas de uma dada matriz recebe o nome de *matriz de permutação*. Por exemplo, considere uma matriz $\boldsymbol{A}$ (4 × 4) qualquer, para qual se deseja permutar a 2ª e 3ª linhas. A matriz de permutação $\boldsymbol{P}$ definida a seguir cumpre esse papel, bastando que se faça a multiplicação $\boldsymbol{P} \times \boldsymbol{A}$:

$$\boldsymbol{P} = \begin{bmatrix} 1 & 0 & 0 & 0 \\ 0 & 0 & 1 & 0 \\ 0 & 1 & 0 & 0 \\ 0 & 0 & 0 & 1 \end{bmatrix} \Rightarrow \boldsymbol{PA} = \begin{bmatrix} 1 & 0 & 0 & 0 \\ 0 & 0 & 1 & 0 \\ 0 & 1 & 0 & 0 \\ 0 & 0 & 0 & 1 \end{bmatrix} \times \begin{bmatrix} a_{11} & a_{12} & a_{13} & a_{14} \\ a_{21} & a_{22} & a_{23} & a_{24} \\ a_{31} & a_{32} & a_{33} & a_{34} \\ a_{41} & a_{42} & a_{43} & a_{44} \end{bmatrix} = \begin{bmatrix} a_{11} & a_{12} & a_{13} & a_{14} \\ a_{31} & a_{32} & a_{33} & a_{34} \\ a_{21} & a_{22} & a_{23} & a_{24} \\ a_{41} & a_{42} & a_{43} & a_{44} \end{bmatrix}$$

De modo similar, o produto $\boldsymbol{A} \times \boldsymbol{P}$ produz a troca da 2ª e 3ª colunas de $\boldsymbol{A}$.

Voltando ao Exemplo 4.4, a matriz $\boldsymbol{P}$ que retrata as trocas de linhas (1ª ↔ 4ª e 3ª ↔ 4ª) necessárias à aplicação com sucesso do método da eliminação de Gauss seria:

$$\mathbf{P} = \begin{bmatrix} 0 & 0 & 0 & 1 \\ 0 & 1 & 0 & 0 \\ 1 & 0 & 0 & 0 \\ 0 & 0 & 1 & 0 \end{bmatrix} \Rightarrow \mathbf{PA} = \begin{bmatrix} 0 & 0 & 0 & 1 \\ 0 & 1 & 0 & 0 \\ 1 & 0 & 0 & 0 \\ 0 & 0 & 1 & 0 \end{bmatrix} \times \begin{bmatrix} 0 & -2 & 0 & 8 \\ -1 & 0 & -4 & -2 \\ -1 & 4 & -6 & 0 \\ 1 & 2 & 3 & 2 \end{bmatrix} = \begin{bmatrix} 1 & 2 & 3 & 2 \\ -1 & 0 & -4 & -2 \\ 0 & -2 & 0 & 8 \\ -1 & 4 & -6 & 0 \end{bmatrix}$$

Note que agora o sistema $\boldsymbol{PAx} = \boldsymbol{Pb}$ pode ser resolvido sem que seja necessário se proceder a troca de linhas. Consequentemente, na nova resolução do problema, a matriz resultante do produto ($\boldsymbol{P} \times \boldsymbol{A}$) pode ser fatorada em $\boldsymbol{LDU}$, deixando-se ao leitor a confirmação da solução no Exemplo 4.4. A propósito, apenas a título de ilustração, incentiva-se o leitor a também resolver o sistema $\boldsymbol{Ax} = \boldsymbol{b}$ aplicando *pivoteamento parcial*.

4.10 MATRIZES INTERESSANTES

As matrizes de coeficientes consideradas nos sistemas lineares tratados até aqui foram genéricas, *i.e.*, corresponderam àquelas conhecidas como *cheias* ou *densas*. Entretanto, se $\boldsymbol{A}$ apresentar propriedades que possam facilitar a obtenção da solução do sistema, estas devem ser exploradas. Algumas matrizes interessantes são comumente aquelas conhecidas por:

- *Simétricas*: considerando a diagonal principal como eixo, elementos em posições simétricas têm igual valor. Matematicamente: $\boldsymbol{A}^t = \boldsymbol{A}$, ou seja, $a_{ij} = a_{ji}$, para todo i ou $j = 1, ..., n$

- *Diagonalmente dominantes*: em cada linha, o valor (em módulo) do elemento pertencente à diagonal prepondera (estritamente) sobre a soma de todos os demais elementos (em módulo) dessa linha, ou seja, $|a_{ii}| > \sum_{\substack{j=1 \\ j \neq i}}^{n} |a_{ij}|, \forall i = 1, \cdots, n$.

  Uma matriz diagonalmente dominante no sentido estrito faz com que o processo da eliminação de Gauss seja realizado sem que haja necessidade de se proceder à troca de linhas/colunas, para proteger a solução da propagação de erros de arredondamento.

- *Positiva definida*: trata-se de uma matriz de coeficientes tal que $\boldsymbol{x}^t\boldsymbol{A}\boldsymbol{x} > 0$, para todo vetor x ≠ 0. Avaliar se essa condição se verifica, parece ser uma maneira um tanto difícil de se identificar uma matriz como *positiva definida*. Felizmente, outros critérios de caráter mais prático podem ser adotados para realizar essa tarefa. Entre esses, um de fácil entendimento se apoia no conceito de submatriz *principal* de ordem k de uma matriz $\boldsymbol{A}$. Tal submatriz forma-se pela extração de um bloco de dimensão $(k \times k)$ de $\boldsymbol{A}$, contendo as k primeiras linhas e colunas de $\boldsymbol{A}$, que se apresenta da seguinte forma:

$$\boldsymbol{A}_k = \begin{bmatrix} a_{11} & a_{12} & \cdots & a_{1k} \\ a_{21} & a_{22} & \cdots & a_{2k} \\ \vdots & \vdots & \cdots & \vdots \\ a_{k1} & a_{k2} & \cdots & a_{kk} \end{bmatrix} \quad \text{para } 1 \leq k \leq n$$

  Uma matriz *simétrica* é *positiva definida*, se e somente se, o determinante de cada uma de suas submatrizes *principais* for positivo [Burd11]. Além disso, os elementos de uma matriz *positiva definida simétrica* respeitam as seguintes condições: $a_{ii} > 0, \forall i = 1, \cdots, n$; assim como, $(a_{ij})^2 < a_{ii}a_{jj}$, para cada $i \neq j$. Tais condições, caso não se verifiquem em determinada matriz, farão com que esta seja desconsiderada da classificação em análise. A importância de uma matriz dessa classe, se traduz pelo seguinte teorema: A matriz *simétrica* $\boldsymbol{A}$ é *positiva definida*, se e somente se, o processo da Eliminação de Gauss sem troca de linhas puder ser realizado no sistema $\boldsymbol{Ax} = \boldsymbol{b}$ com todos os elementos-pivô positivos. Desse teorema, decorre o seguinte resultado: a matriz simétrica positiva definida $\boldsymbol{A}$ pode ser fatorada na forma $\boldsymbol{LDL}^t$ e o sistema ser resolvido pelo método conhecido por decomposição de Cholesky [Fran06].

- *Em banda*: uma matriz com elementos nulos, exceto por aqueles que se concentram em uma faixa ou banda da matriz constituída pela diagonal principal e diagonais adjacentes, dá-se o nome de matriz em banda. Os algoritmos de fatoração usados nessa classe de matrizes, como os referentes aos métodos de *Crout* e *Doolittle* podem ser simplificados consideravelmente, em virtude do elevado número de zeros que ocorrem em regiões bem definidas. A título de ilustração considere uma matriz ***A*** *tridiagonal* a seguir caracterizada. Para decompor ***A*** na forma LU do método de *Crout*, os fatores não serão apenas triangulares, mas também matrizes tridiagonais.

$$\boldsymbol{A} = \begin{bmatrix} a_{11} & a_{12} & 0 & \cdots & 0 \\ a_{21} & a_{22} & a_{23} & \ddots & \vdots \\ 0 & a_{32} & a_{33} & \ddots & 0 \\ \vdots & \ddots & \ddots & \ddots & a_{n-1,n} \\ 0 & \cdots & 0 & a_{n,n-1} & a_{nn} \end{bmatrix}$$

$$\boldsymbol{L} = \begin{bmatrix} \ell_{11} & 0 & 0 & \cdots & 0 \\ \ell_{21} & \ell_{22} & 0 & \ddots & \vdots \\ 0 & \ell_{32} & \ell_{33} & \ddots & 0 \\ \vdots & \ddots & \ddots & \ddots & 0 \\ 0 & \cdots & 0 & \ell_{n,n-1} & \ell_{nn} \end{bmatrix} \quad \boldsymbol{U} = \begin{bmatrix} 1 & u_{12} & 0 & \cdots & 0 \\ 0 & 1 & u_{23} & \ddots & \vdots \\ 0 & 0 & 1 & \ddots & 0 \\ \vdots & \vdots & \ddots & \ddots & u_{n-1,n} \\ 0 & 0 & \cdots & 0 & 1 \end{bmatrix}$$

Efetuando-se o produto ***A*** = ***LU***, os seguintes elementos não nulos são obtidos que, se igualando aos correspondentes em ***A***, permitem a obtenção dos elementos de ***L*** e ***U***.

$$\boldsymbol{A} = \boldsymbol{LU} = \begin{bmatrix} \ell_{11} & \ell_{11}u_{12} & 0 & \cdots & 0 \\ \ell_{21} & \ell_{22} + \ell_{21}u_{12} & \ell_{22}u_{23} & \ddots & \vdots \\ 0 & \ell_{32} & \ell_{33} + \ell_{32}u_{23} & \ddots & 0 \\ \vdots & \ddots & \ddots & \ddots & 0 \\ 0 & \cdots & 0 & \ell_{n,n-1} & \ell_{nn} + \ell_{n,n-1}u_{n-1,n} \end{bmatrix}$$

$$\ell_{11} = a_{11}; \quad u_{12} = a_{12}/\ell_{11}$$

$$\ell_{21} = a_{12}; \quad \ell_{22} = a_{22} - \ell_{21}u_{12}; \quad u_{23} = a_{23}/\ell_{22}$$

$$\ell_{i,i-1} = a_{i,i-1}; \quad \ell_{ii} = a_{ii} - \ell_{i,i-1}u_{i-1,i}; \quad u_{i,i+1} = a_{i,i+1}/\ell_{ii}$$

Primeiramente, são identificados os elementos (não nulos) de ***L*** fora da diagonal ($\ell_{i,i-1}$), para então, calcular os demais elementos, alternadamente, (ℓ_{ii}) e ($u_{i,i-1}$).

- *Esparsas*: esta classe de matrizes reúne aquelas que apresentam em sua estrutura poucos elementos não nulos, esparsos. A eliminação de Gauss e suas versões são aplicáveis a sistemas que apresentem matrizes de coeficientes esparsas, devendo-se explorar tal característica, tanto no armazenamento, como na realização de operações aritméticas, referentes apenas a elementos não nulos. O grau de esparsidade de uma matriz pode ser definido como a relação entre o número de elementos nulos e o total de elementos.

$$A = \begin{bmatrix} \bullet & \bullet & \bullet & 0 & \bullet \\ \bullet & 0 & 0 & \bullet & 0 \\ 0 & \bullet & 0 & 0 & \bullet \\ \bullet & 0 & 0 & \bullet & 0 \\ 0 & \bullet & \bullet & 0 & 0 \end{bmatrix}$$

A título de ilustração, considere a matriz esparsa $\boldsymbol{A}$ (4×4) exibida ao lado, contendo 13 elementos nulos. Assim, seu grau de esparsidade supera ligeiramente 81%. Observe que a eliminação de Gauss ao ser aplicada a essa matriz, fará com que a esparsidade de $\boldsymbol{A}$ seja destruída em parte, o que implica em mais um cuidado a ser tomado na aplicação do método. O surgimento de elementos não nulos em posições de $\boldsymbol{A}$ anteriormente ocupadas por coeficientes de valor zero caracteriza o que se conhece por *efeito de preenchimento*, fato que deve ser controlado pela conveniente ordenação das linhas do sistema. A eliminação de coeficientes não nulos, representados por (•), criará novos elementos não nulos (∇), como se vê nas transformações que irão ocorrer em $\boldsymbol{A}$, indicadas a seguir, referentes as operações na 1ª e 2ª colunas. Os elementos originais eliminados no processo de transformar $\boldsymbol{A}$ em uma matriz triangular são representados por (⊗). Note que das 13 posições que continham originalmente elementos nulos apenas 3 assim permaneceram, ou seja houve um intenso *efeito de preenchimento.*

$$\begin{bmatrix} \bullet & \bullet & \bullet & 0 & \bullet \\ \otimes & \nabla & \nabla & \bullet & \nabla \\ 0 & \bullet & 0 & 0 & \bullet \\ \otimes & \nabla & \nabla & \bullet & \nabla \\ 0 & \bullet & \bullet & 0 & 0 \end{bmatrix} \Rightarrow \begin{bmatrix} \bullet & \bullet & \bullet & 0 & \bullet \\ \otimes & \nabla & \nabla & \bullet & \nabla \\ 0 & \otimes & \nabla & \nabla & \bullet \\ \otimes & \nabla & \nabla & \bullet & \nabla \\ 0 & \otimes & \bullet & \nabla & \nabla \end{bmatrix}$$

Por outro lado, se houver uma reordenação de linhas na seguinte sequência, $\{1^a \rightarrow 4^a \rightarrow 3^a \rightarrow 2^a \rightarrow 1^a\}$, haverá um pequeno efeito de *efeito de preenchimento*, com a introdução de apenas 2 novos elementos não nulos.

$$\begin{bmatrix} \bullet & 0 & 0 & \bullet & 0 \\ 0 & \bullet & 0 & 0 & \bullet \\ 0 & \bullet & \bullet & 0 & 0 \\ \bullet & 0 & 0 & \bullet & 0 \\ \bullet & \bullet & \bullet & 0 & \bullet \end{bmatrix} \Rightarrow \begin{bmatrix} \bullet & 0 & 0 & \bullet & 0 \\ 0 & \bullet & 0 & 0 & \bullet \\ 0 & \otimes & \bullet & 0 & \nabla \\ \otimes & 0 & 0 & \bullet & 0 \\ \otimes & \otimes & \otimes & \nabla & \bullet \end{bmatrix}$$

Para um estudo mais aprofundado sobre esquemas de ordenação de linhas de sistemas lineares, que limitem o efeito de preenchimento na fatoração de matrizes esparsas, recomenda-se a leitura de [Duff86] e [Geor81].

4.11 MÉTODOS ITERATIVOS

Nesta seção, será abordada uma estratégia completamente distinta daquela encontrada na classe dos *métodos diretos* vista até aqui. Tal estratégia destina-se a estabelecer alternativas de cálculo que contornem dificuldades que podem ocorrer em certos casos na aplicação do método da eliminação de Gauss, provavelmente já percebidas pelo leitor:

- Os elementos de $\boldsymbol{A}$ na função de pivô devem ser convenientemente escolhidos para evitar a propagação de erros de arredondamento, o que se alcança com *pivoteamento* (parcial ou completo); e
- A alteração da estrutura de $\boldsymbol{A}$, resultante das operações de combinação linear entre linhas da matriz, pode ser inconveniente nos casos em que o *efeito de preenchimento* se manifeste com intensidade. Quando isso acontece, esquemas de ordenação otimizada de linhas de $\boldsymbol{A}$ devem ser utilizados de forma a minimizar o referido efeito.

Em geral, as dificuldades apontadas anteriormente não comprometem a aplicação do método da eliminação de Gauss em sistemas de pequeno ou moderado porte (da ordem de umas poucas centenas ou milhares de equações), sendo uma razoável escolha.

Métodos iterativos oferecem um caminho diferente para a obtenção da solução de um sistema linear. Partindo de uma estimativa inicial da solução, tais métodos geram sucessivamente valores mais próximos da solução, até que seja atingido o valor procurado, com o grau de precisão desejado. Matematicamente, o problema assume a forma $x^{(k+1)} = g(x^{(k)})$, na qual k representa o índice da k-ésima iteração realizada e $g(x)$ a função resultante do isolamento no primeiro membro das equações do sistema de cada variável x_i, analogamente ao que preconiza o método do Ponto Fixo apresentado no Capítulo 3. A seguir, dois desses métodos serão descritos, a saber: Gauss-Jacobi e Gauss-Seidel.

Método de Gauss-Jacobi

Carl Gustav Jacob Jacobi, matemático alemão, reconhecidamente o maior professor de Matemática de sua geração [Eves04], por volta de 1845, construiu um método que hoje leva seu nome, também ladeado ao de Gauss. A ideia básica do método consiste em explicitar em cada equação uma das variáveis do sistema, conforme indicado a seguir.

Figura 4.8 – Jacobi (1804-1851).
Fonte: https://mathshistory.st-andrews.ac.uk/Biographies/Jacobi/Jacobi_3.jpeg

$$\begin{cases} a_{11}x_1 + a_{12}x_2 + \cdots + a_{1n}x_n = b_1 \\ a_{21}x_1 + a_{22}x_2 + \cdots + a_{2n}x_n = b_2 \\ \vdots \quad \vdots \quad \quad \vdots \quad \vdots \\ a_{n1}x_1 + a_{n2}x_2 + \cdots + a_{nn}x_n = b_n \end{cases}$$

$$\begin{cases} x_1 = \dfrac{1}{a_{11}}(b_1 - a_{12}x_2 - \cdots - a_{1n}x_n) \\ x_2 = \dfrac{1}{a_{22}}(b_2 - a_{21}x_1 - \cdots - a_{2n}x_n) \\ \vdots \quad \vdots \quad \quad \vdots \quad \vdots \\ x_n = \dfrac{1}{a_{nn}}(b_n - a_{n1}x_1 - \cdots - a_{n,n-1}x_{n-1}) \end{cases} \Rightarrow$$

$$x_i = \frac{1}{a_{ii}}(b_i - \sum_{\substack{j=1 \\ j\neq i}}^{n} a_{ij}x_j), \quad \text{para } i = 1, 2, \cdots, n$$

$$a_{ii} \neq 0$$

Estabelecendo um processo iterativo em que, a cada $k \geq 0$ (contador de iterações), gera as componentes $x_i^{(k+1)}$ do vetor solução na iteração (k+1), a partir dos valores obtidos na iteração anterior, obtém-se a seguinte equação que governa o método de Gauss-Jacobi:

$$x_i^{(k+1)} = \frac{1}{a_{ii}}(b_i - \sum_{\substack{j=1 \\ j \neq i}}^{n} a_{ij} x_j^{(k)}), \quad \text{para } i = 1, 2, \cdots, n; \quad a_{ii} \neq 0 \tag{4.1}$$

Usualmente, como critério de interrupção do processo iterativo estabelecido, adota-se a avaliação do seguinte erro relativo:

$$e_r^{(k+1)} = \max_{1 \leq i \leq n} \left[\frac{\left| x_i^{(k+1)} - x_i^{(k)} \right|}{\left| x_i^{(k+1)} \right|} \right]$$

Quando $e_r^{(k+1)}$ satisfizer o grau de precisão especificado (tolerância), então encerra-se o processo iterativo.

Note que o processo iterativo de Gauss-Jacobi se assemelha ao problema de se equilibrar (após sucessivas iterações) uma gangorra em que, as variáveis que estão do lado (direito) devem assumir valores que, combinados segundo cada uma das equações do sistema, resultem no valor da variável selecionada para ocupar o lado oposto (esquerdo). O processo se encerra apenas quando todas as variáveis forem testadas e gangorra se mantiver em equilíbrio. Veja no próximo exemplo como esse processo evolui com as iterações realizadas.

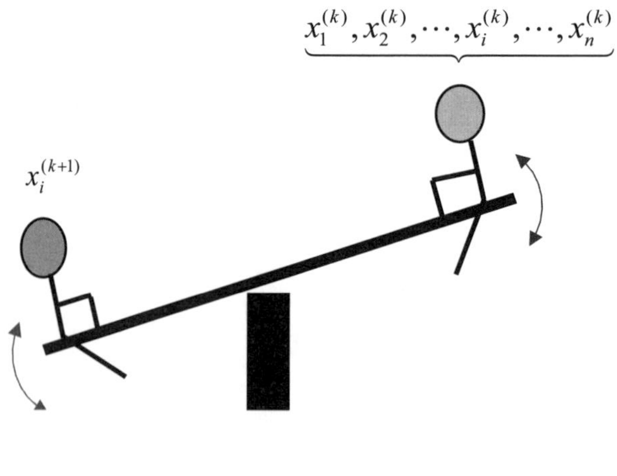

Exemplo 4.6: Considere o sistema $\boldsymbol{Ax} = \boldsymbol{b}$ definido a seguir, para o qual se deseja obter a solução por intermédio do método de Gauss-Jacobi, tomando como valor inicial da solução $\boldsymbol{x}^{(0)} = 0$ e $e_r < 10^{-3}$.

$$\begin{bmatrix} 6 & 1 & -2 & 0 \\ 0 & 9 & 0 & 4 \\ 2 & -1 & 10 & -1 \\ 0 & 0 & -1 & 8 \end{bmatrix} \begin{bmatrix} x_1 \\ x_2 \\ x_3 \\ x_4 \end{bmatrix} = \begin{bmatrix} 10 \\ 22 \\ -11 \\ 9 \end{bmatrix}$$

$$x_i^{(k+1)} = \frac{1}{a_{ii}}(b_i - \sum_{\substack{j=1 \\ j \neq i}}^{n} a_{ij}x_j^{(k)}), \quad \text{para } i = 1, 2, \cdots, n$$

$$x_1^{(k+1)} = \frac{1}{a_{11}}(b_1 - a_{12}x_2^{(k)} - a_{13}x_3^{(k)} - a_{14}x_4^{(k)}) = \frac{1}{6}(10 - x_2^{(k)} + 2x_3^{(k)})$$

$$x_2^{(k+1)} = \frac{1}{a_{22}}(b_2 - a_{21}x_1^{(k)} - a_{23}x_3^{(k)} - a_{24}x_4^{(k)}) = \frac{1}{9}(22 - 4x_4^{(k)})$$

$$x_3^{(k+1)} = \frac{1}{a_{33}}(b_3 - a_{31}x_1^{(k)} - a_{32}x_2^{(k)} - a_{34}x_4^{(k)}) = \frac{1}{10}(-11 - 2x_1^{(k)} + x_2^{(k)} + x_4^{(k)})$$

$$x_4^{(k+1)} = \frac{1}{a_{44}}(b_4 - a_{41}x_1^{(k)} - a_{42}x_2^{(k)} - a_{43}x_3^{(k)}) = \frac{1}{8}(9 + x_3^{(k)})$$

Os cálculos necessários à obtenção da solução encontram-se dispostos no Quadro 4.12.

Quadro 4.12 – Processo iterativo de Gauss-Jacobi (tolerância inferior a 10^{-3})

K	0	1	2	3	4	5	6
$x_1^{(k)}$	0	1,6667	0,8926	0,9838	1,0040	1,0002	**1,0001**
$x_2^{(k)}$	0	2,4444	1,9444	2,0056	2,0042	1,9992	**1,9998**
$x_3^{(k)}$	0	-1,1000	-1,0764	-0,9853	-0,9972	-1,0002	**-1,0001**
$x_4^{(k)}$	0	1,1250	0,9875	0,9905	1,0018	1,0004	**1,0000**
$x_5^{(k)}$		1,0000	0,86722	0,092706	0,02009	0,003725	0,000378

Método de Gauss-Seidel

O matemático alemão Philipp Ludwig Ritter von Seidel, em 1874, tornou público um método iterativo para a solução de sistemas lineares, oriundo de estudos realizados por Gauss, cerca de 50 anos antes. Assim como Newton, Gauss era muito cuidadoso e relutante para publicar seus resultados; empenhava-se para que cada obra de sua autoria fosse concisa, acabada e convincente [Eves04]. Seidel trabalhou como assistente de Jacobi resolvendo problemas que envolviam sistemas de equações lineares que resultaram de trabalhos de Gauss com o método dos mínimos quadrados [Burd11] (a ser apresentado no Capítulo 7).

Figura 4.9 – Seidel (1821-1896).
Fonte: https://mathshistory.st-andrews.ac.uk/Biographies/Seidel/seidel_1.jpg

O método de Gauss-Seidel (também conhecido por método dos deslocamentos sucessivos) traz uma ligeira modificação em relação àquele de Gauss-Jacobi, ao fazer com que as componentes já calculadas, $x_j^{(k+1)}$ sejam usadas nas equações subsequentes do sistema. Assim, obtém-se:

$$x_1^{(k+1)} = \frac{1}{a_{11}}(b_1 - \sum_{j=2}^{n} a_{1j} x_j^{(k)}); \quad a_{11} \neq 0$$

$$x_i^{(k+1)} = \frac{1}{a_{ii}}(b_i - \sum_{j=1}^{i-1} a_{ij} x_j^{(k+1)} - \sum_{j=i+1}^{n} a_{ij} x_j^{(k)}), \quad \text{para } i = 2, \cdots, n-1; \quad a_{ii} \neq 0$$

$$x_n^{(k+1)} = \frac{1}{a_{nn}}(b_n - \sum_{j=1}^{n-1} a_{nj} x_j^{(k+1)}); \quad a_{nn} \neq 0$$

Exemplo 4.7: Considere o sistema $\boldsymbol{Ax} = \boldsymbol{b}$ adotado no exemplo anterior, para o qual se deseja obter a solução agora por intermédio do método de Gauss-Seidel, tomando como valor inicial da solução $\boldsymbol{x}^{(0)} = 0$ e $e_r < 10^{-3}$.

$$\begin{bmatrix} 6 & 1 & -2 & 0 \\ 0 & 9 & 0 & 4 \\ 2 & -1 & 10 & -1 \\ 0 & 0 & -1 & 8 \end{bmatrix} \begin{bmatrix} x_1 \\ x_2 \\ x_3 \\ x_4 \end{bmatrix} = \begin{bmatrix} 10 \\ 22 \\ -11 \\ 9 \end{bmatrix}$$

$$x_1^{(k+1)} = \frac{1}{a_{11}}(b_1 - a_{12}x_2^{(k)} - a_{13}x_3^{(k)} - a_{14}x_4^{(k)}) = \frac{1}{6}(10 - x_2^{(k)} + 2x_3^{(k)})$$

$$x_2^{(k+1)} = \frac{1}{a_{22}}(b_2 - a_{21}x_1^{(k+1)} - a_{23}x_3^{(k)} - a_{24}x_4^{(k)}) = \frac{1}{9}(22 - 4x_4^{(k)})$$

$$x_3^{(k+1)} = \frac{1}{a_{33}}(b_3 - a_{31}x_1^{(k+1)} - a_{32}x_2^{(k+1)} - a_{34}x_4^{(k)}) = \frac{1}{10}(-11 - 2x_1^{(k+1)} + x_2^{(k+1)} + x_4^{(k)})$$

$$x_4^{(k+1)} = \frac{1}{a_{44}}(b_4 - a_{41}x_1^{(k+1)} - a_{42}x_2^{(k+1)} - a_{43}x_3^{(k+1)}) = \frac{1}{8}(9 + x_3^{(k+1)})$$

Quadro 4.13 – Processo iterativo de Gauss-Seidel (tolerância inferior a 10^{-3})

k	0	1	2	3	4	5
$x_1^{(k)}$	0	1,6667	0,8630	1,0069	0,9998	**1,0000**
$x_2^{(k)}$	0	2,4444	2,0105	1,9986	2,0001	**2,0000**
$x_3^{(k)}$	0	-1,1889	-0,9739	-1,0012	-1,0000	**-1,0000**
$x_4^{(k)}$	0	0,9764	1,0033	0,9998	1,0000	**1,0000**
$e_r^{(k)}$		1,0000	0,93133	0,142993	0,007112	0,000158

Condições de convergência

Os métodos iterativos apresentados geram uma sequência de valores convergentes para a solução procurada, bastando que (condição de suficiência) a matriz de coeficientes do sistema seja estritamente diagonal dominante, conforme definição apresentada anteriormente, ou seja, satisfaça o *critério das linhas* em que

$$|a_{ii}| > \sum_{\substack{j=1 \\ j \neq i}}^{n} |a_{ij}|, \ \forall i = 1, \cdots, n$$

Nos Exemplos 4.5 e 4.6, a matriz $\boldsymbol{A}$ satisfaz tal condição.

Em termos práticos, para a aplicação do *critério das linhas*, podem-se calcular para cada linha i de $\boldsymbol{A}$ ($\forall i = 1, \cdots, n$), os seguintes coeficientes:

$$\alpha_i = \frac{\sum_{\substack{j=1 \\ j \neq i}}^{n} |a_{ij}|}{|a_{ii}|}$$

Assim, torna-se suficiente que cada α_i seja inferior a 1, para que se dê a convergência da sequência de valores gerada pelos métodos iterativos de Gauss-Jacobi e Gauss-Seidel.

Note que a convergência dos métodos de Gauss-Jacobi e Gauss-Seidel não depende do valor inicial $\boldsymbol{x}^{(0)}$ adotado, sendo o vetor nulo escolhido para esse fim, na maioria das vezes. Seguindo esse raciocínio, para o método de Gauss-Jacobi, torna-se equivalente iniciar cada variável com $x_i^{(0)} = b_i \,/\, a_{ii}$.

Quando ambos os métodos convergem, o de Gauss-Seidel encaminha-se mais rapidamente para a solução, como se pode observar nos exemplos apresentados anteriormente.

Caso necessário, deve-se proceder a uma permutação de linhas/colunas de $\boldsymbol{A}$ para que esta possa atender a condição de dominância diagonal estrita. Se isso não for alcançado, nada se pode afirmar sobre a convergência em análise.

Ainda sobre condições de convergência, encontram-se vários sistemas lineares para os quais os métodos de Gauss-Jacobi e Gauss-Seidel convergem, a despeito de violarem a condição de dominância diagonal estrita; pode-se citar como um clássico exemplo o sistema ($n \times n$) em que a matriz de coeficientes $\boldsymbol{A}$ seja tri-diagonal, dada por:

$$\boldsymbol{A} = \begin{bmatrix} 2 & -1 & 0 & \cdots & 0 \\ -1 & 2 & -1 & \ddots & \vdots \\ 0 & \ddots & \ddots & \ddots & 0 \\ \vdots & \ddots & -1 & 2 & -1 \\ 0 & \cdots & 0 & -1 & 2 \end{bmatrix}$$

Matrizes desse tipo aparecem em problemas descritos por equações diferenciais cuja solução obtém-se pelo método das diferenças finitas [Atki04].

Uma avaliação mais detalhada sobre as condições de convergência dos métodos de Gauss-Jacobi e Gauss-Seidel será aqui omitida, indicando-se ao leitor interessado o material exposto em [Fran06], [Rugg96], [Burd11].

Para ilustrar uma outra condição de convergência (menos restritiva do que estabelece o *critério das linhas*) aplicável ao método de Gauss-Seidel, apresenta-se a seguir o *critério de Sassenfeld*.

Considere o sistema linear de ordem n, representado por $\boldsymbol{Ax} = \boldsymbol{b}$. Os seguintes valores podem ser calculados para cada linha i da matriz $\boldsymbol{A}$:

$$\beta_i = \frac{1}{|a_{ii}|}\left[\sum_{j=1}^{i-1} \beta_j |a_{ij}| + \sum_{j=i+1}^{n} |a_{ij}|\right]$$

Se $\beta = \max\{\beta_{i,} i = 1,2,\ldots,n\}<1$, então o método de Gauss-Seidel gera uma sequência de valores $x^{(k)}$, sendo k o índice que designa genericamente uma iteração do processo, convergente para a solução do sistema a ser resolvido, independentemente da escala do valor inicial $x^{(0)}$.

O parâmetro β_i associado à linha i corresponde ao quociente da divisão da soma dos valores absolutos (módulos) de todos os elementos da linha i da matriz $\boldsymbol{A}$ excetuando-se , pelo valor absoluto do próprio a_{ll}; sendo que os valores absolutos dos elementos com índice j menor do que i são multiplicados por β_i, ou seja:

$$\beta_1 = \frac{|a_{12}| + |a_{13}| + \cdots + |a_{1n}|}{|a_{11}|}$$

$$\beta_i = \frac{|a_{i1}|\beta_1 + |a_{i2}|\beta_2 + \cdots + |a_{i,i-1}|\beta_{i-1} + |a_{i,i+1}| + \cdots + |a_{i,n}|}{|a_{ii}|}$$

Veja que os parâmetros β_1 e α_1 (calculado pelo *critério das linhas*) são iguais. Quanto menores forem os valores de β mais rapidamente haverá a convergência do método de Gauss-Seidel. Pode-se mostrar que quando o *critério de Sassenfeld* for atendido, o mesmo ocorrerá com o *critério das linhas*, não sendo válida a recíproca.

No exemplo a seguir, avalia-se a condição da matriz tridiagonal $\boldsymbol{A}$ para a convergência do método de Gauss-Seidel, já que $\boldsymbol{A}$ não atende ao *critério das linhas* (recomenda-se ao leitor confirmar tal afirmativa).

Exemplo 4.8: Verifique se a matriz $\boldsymbol{A}$ do sistema $\boldsymbol{Ax} = \boldsymbol{b}$ satisfaz o critério de *Sassenfeld* para a convergência do método de Gauss-Seidel quando aplicado ao sistema.

2	-1	0	0	0	0		x_1		2
-1	2	-1	0	0	0		x_2		-1
0	-1	2	-1	0	0		x_3	=	7
0	0	-1	2	-1	0		x_4		5
0	0	0	-1	2	-1		x_5		4
0	0	0	0	-1	2		x_6		3

Inicialmente, veja que o *critério das linhas* indica, já na segunda linha da matriz, a não dominância estrita da diagonal de A, ou seja, $\alpha_2 = 1$.

Agora, calculando-se os coeficientes do critério de Sassenfeld:

$$\beta_1 = \alpha_1 = 1/2; \beta_2 = (1 \times \beta_1 + 1)/2 = 3/4; \beta_3 = (1 \times \beta_2 + 1)/2 = 7/8; \beta_4 = (1 \times \beta_3 + 1)/2 = 15/16;$$

$$\beta_4 = (1 \times \beta_3 + 1)/2 = 31/32; \beta_5 = (1 \times \beta_4 + 1)/2 = 63/64; \beta_6 = (1 \times \beta_5)/2 = 63/128$$

Portanto, pode-se afirmar que o método de Gauss-Seidel irá convergir e fornecerá a solução procurada para o sistema apresentado. Deixa-se ao leitor confirmar o fato e, para ajudá-lo, segue a solução a ser obtida: x_1 = 8,7142857; x_2 = 15,428571; x_3 = 23,142857; x_4 = 23,857143; x_5 = 19,571429; x_6 = 11,285714.

4.12 EXERCÍCIOS PROPOSTOS

1) Considere o sistema $\boldsymbol{Ax} = \boldsymbol{b}$ apresentado a seguir, a ser resolvido por intermédio do método da Eliminação de Gauss, com fatoração $\boldsymbol{L} \times \boldsymbol{D} \times \boldsymbol{U}$ da matriz simétrica e tridiagonal $\boldsymbol{A}$, sem trocas de linhas/colunas, efetuando cálculos com frações:

2	-1	0	0	0	0		x_1		2
-1	2	-1	0	0	0		x_2		-1
0	-1	2	-1	0	0		x_3	=	7
0	0	-1	2	-1	0		x_4		5
0	0	0	-1	2	-1		x_5		4
0	0	0	0	-1	2		x_6		3

1.1) O valor do determinante da matriz A é:

A) 2^6

B) 2

C) – 1

D) 7

E) nra

1.2) O valor do elemento (4,3) da matriz L é:

A) - 3/4

B) - 4/3

C) - 1/2

D) 5/4

E) nra

1.3) O valor do elemento (3,3) da matriz D é:

A) - 2

B) - 8/3

C) 4/3

D) 2

E) nra

1.4) O valor do elemento (5,6) da matriz U é:

A) - 5/6

B) 4/3

C) - 4/3

D) 2

E) nra

1.5) O valor da variável x_6 é:

A) 61/7

B) 108/7

C) 162/7

D) 79/7

E) nra

1.6) O valor do elemento (6,6) da matriz inversa de A é:

A) 6/7

B) 10/7

C) 16/7

D) -1

E) nra

2) Com o método de Gauss-Seidel aplicado ao problema anterior, adotando como solução inicial o vetor zero e realizando a 1ª iteração, obtém-se para o valor da variável x6:

A) 7/2

B) 17/4

C) 33/8

D) 57/16

E) nra

3) Considere um sistema linear $\boldsymbol{Ax} = \boldsymbol{b}$ para o qual as seguintes afirmativas foram feitas sobre a aplicação do método da eliminação de Gauss com o objetivo de encontrar a solução $\boldsymbol{x}$:

I) Com fatoração de $\boldsymbol{A} = \boldsymbol{L} \times \boldsymbol{D} \times \boldsymbol{U}$, os valores dos elementos de $\boldsymbol{L}$ em determinada etapa (p) do processo de eliminação são obtidos por: $\ell_{ij} = a_{ij}^{(p)} / a_{jj}^{(p)}$.

II) O determinante de A é obtido pelo produto de todos os elementos pertencentes à diagonal do fator D.

III) Os elementos do fator $\boldsymbol{U}$ em determinada etapa (q) do processo de eliminação são iguais a: $u_{ij} = a_{ij}^{(q)}$.

Sobre as afirmativas, escolha a opção correta:

A) todas são V

B) todas são F

C) apenas (I) é F

D) apenas (II) é F

E) apenas (III) é V

4) Considere a matriz de coeficientes $\boldsymbol{A}$ de um sistema linear:

A =

2	0	0	8	0
0	2	0	0	0
0	0	4	0	0
4	0	0	16	1
1	1	-1	2	-1

Aplicando-se o método da eliminação de Gauss ao sistema, pode-se afirmar sobre a matriz $\boldsymbol{A}$ que:

I) Não haverá o que se conhece por *efeito de preenchimento.*

II) Haverá necessidade de pivoteamento parcial.

III) O valor (em módulo) do determinante de $\boldsymbol{A}$ é 256.

Escolha a opção correta:

A) todas são F

B) apenas (I) é V

C) apenas (II) é F

D) todas são V

E) (III) é F

5) Sobre os métodos iterativos de Gauss-Jacobi e Gauss-Seidel, para se obter a solução de sistemas lineares, afirma-se que:

I) Baseiam-se na generalização do método do Ponto Fixo utilizado para a obtenção de zeros de funções.

II) Não alteram a estrutura da matriz de coeficientes, evitando o chamado efeito de preenchimento de métodos diretos.

III) Apresentam usualmente menos erros de arredondamento do que métodos diretos, como o da eliminação de Gauss.

Sobre as afirmativas anteriores, conclui-se que:

A) todas são F

B) todas são V

C) apenas (II) é F

D) (III) é F

E) apenas (I) é V

6) Considere as seguintes afirmativas referentes ao sistema a seguir, a ser resolvido com a utilização dos métodos iterativos de Gauss-Seidel (GS) e Gauss-Jacobi (GJ).

24	4	2	2	6	x_1		21
4	12	0	0	0	x_2		5
2	0	3	0	0	x_3	=	7
2	0	0	3	0	x_4		4
6	0	0	0	6	x_5		5

I) GS irá gerar uma sequência de valores $\{x^{(k)}\}$, convergente para a solução do sistema, qualquer que seja o valor de $x^{(0)}$ adotado.

II) Pelo Critério das Linhas, não há condições suficientes para se garantir a convergência de GJ.

III) GJ e GS convergirão somente se forem realizadas operações de pivoteamento para tornar a matriz de coeficientes diagonal dominante.

A) todas são F

B) apenas I é V

C) apenas III é F

D) todas são V

E) nra

7) Como trote de ingresso na Universidade Federal Fluminense (UFF), quatro calouras são encarregadas de arrecadar moedas, comprar frutas e fazer uma salada, a ser consumida em uma festa de boas-vindas. Assim, cada aluna gastou o total correspondente ao que arrecadou, realizando as seguintes compras:

- Irene pagou R$2,77 para trazer 2 bananas e 3 laranjas.
- Joana gastou R$5,26 em 12 maçãs e 2 laranjas.
- Carla levou 3 maçãs, 12 bananas e 1 laranja que saíram a R$2,36.
- Roberta trouxe 3 laranjas e 3 peras que custaram R$4,17.

Na salada, uma pera custou (em centavos):

A) 29

B) 50

C) 5

D) 89

E) nra

8) Considere o circuito elétrico resistivo da figura a seguir alimentado por uma fonte de tensão (bateria) de 5,5 volts.

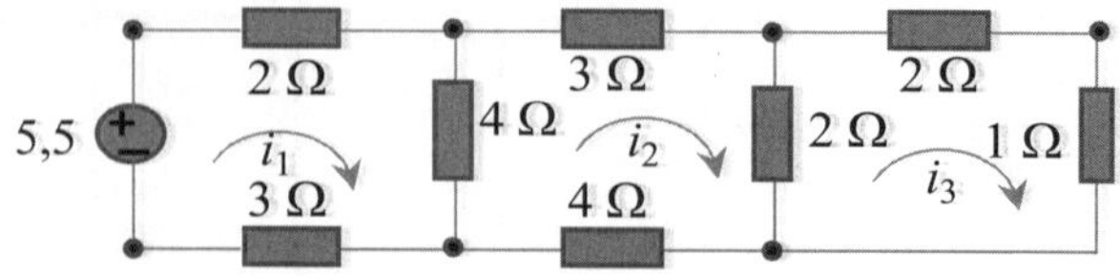

Desejando-se determinar as correntes (contínuas) i_1, i_2 e i_3 que se estabelecem nas malhas do circuito, aplicam-se as seguintes leis básicas:

- Lei de Ohm: A tensão v em um resistor r atravessado por uma corrente i é dada por:

$$v_{ab} = v_a - v_b = r \times i$$

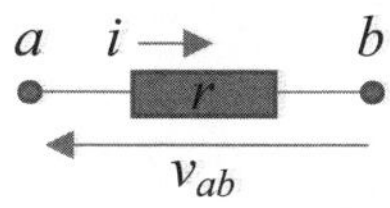

- Lei das Malhas de Kirchhoff: A soma das tensões de ramo ao longo de um percurso fechado (malha) é nula. Por exemplo, para a malha percorrida por i_1, vem:

$$-2i_1 - 5(i_1 - i_2) - 3i_1 + 5{,}5 = 0$$

Ou ainda, $10i_1 - 5i_2 = 5{,}5$. Assim, considerando as malhas indicadas na figura, o seguinte sistema linear pode ser construído:

$$\begin{cases} 10i_1 - 5i_2 = 5{,}5 \\ -5i_1 + 14i_2 - 2i_3 = 0 \\ -2i_2 + 5i_3 = 0 \end{cases}$$

Na forma matricial:

$$\begin{bmatrix} 10 & -5 & 0 \\ -5 & 14 & -2 \\ 0 & -2 & 5 \end{bmatrix} \begin{bmatrix} i_1 \\ i_2 \\ i_3 \end{bmatrix} = \begin{bmatrix} 5{,}5 \\ 0 \\ 0 \end{bmatrix}$$

Finalmente, pede-se determinar a solução do sistema (correntes de malha em amperes), para então escolher a opção correta:

A) i1 = 1,6785

B) i2 = 0,2570

C) i3 = 0,09143

D) i2 = 0,4215

E) i3 = 0,1542

9) Continuando a tratar de problemas que envolvam circuitos elétricos, considere o que está representado na figura a seguir. As fontes de corrente alternada que alimentam o circuito nos nós 3 e 4, representadas na forma polar, são: $I_3 = 1{,}00\angle{-90^0}$ e $I_4 = 0{,}68\angle{-135^0}$. Lembre-se que uma grandeza complexa expressa na forma polar (módulo e ângulo) pode ser convertida para forma retangular (parte real e imaginária), da seguinte maneira: $A = |A|\angle\alpha = A_{real} + jA_{imag} = |A|\cos(\alpha) + j|A|\text{sen}(\alpha)]$. E também: $\alpha = \tan^{-1}(A_{imag} / A_{real})$; $|A| = \sqrt{A_{real}^2 + A_{imag}^2}$; j representa a unidade imaginária. Além disso, são conhecidos os valores das admitâncias entre nós: y_{12} = –j11,75; y_{13} = –j2,50; y_{14} = –j2,50; y_{23} = –j2,50;y_{24} = –j5,0; y_{30} = –j0,8; y_{40} = –j0,8. Todos os valores estão adequadamente expressos em um sistema normalizado de grandezas elétricas denominado *por unidade (p.u.)*.

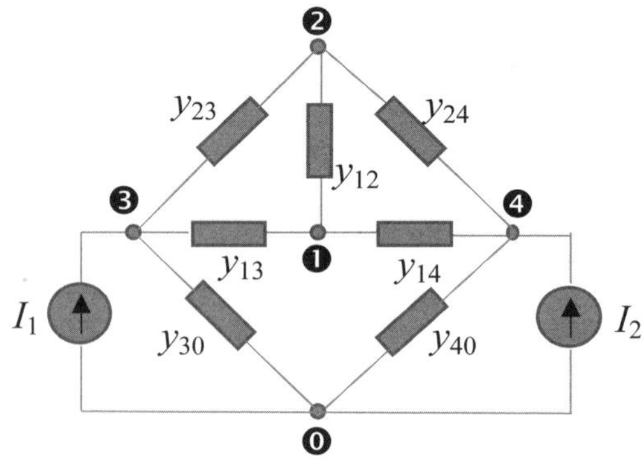

Supondo que a partir das correntes injetadas nos nós do circuito o objetivo seja obter as tensões nodais complexas, aplica-se então a Lei dos Nós de Kirchhoff que estabelece o seguinte: a soma das correntes que incidem em um nó (encontro de dois ou mais ramos do circuito) é nula. Considerando o nó ⓿ como referência ($V_0 = 0$), vem:

Nó ❶: $I_{12} + I_{13} + I_{14} = 0$; $y_{12}(V_1 - V_2) + y_{13}(V_1 - V_3) + y_{14}(V_1 - V_4) = 0$

Nó ❷: $I_{21} + I_{23} + I_{24} = 0$; $y_{12}(V_2 - V_1) + y_{23}(V_2 - V_3) + y_{24}(V_2 - V_4) = 0$

Nó ❸: $I_{30} + I_{31} + I_{32} - I_3 = 0$; $y_{30}(V_3 - 0) + y_{13}(V_3 - V_1) + y_{23}(V_3 - V_2) = I_3$

Nó ❹: $I_{40} + I_{41} + I_{42} - I_4 = 0$; $y_{40}(V_4 - 0) + y_{14}(V_4 - V_1) + y_{24}(V_4 - V_2) = I_4$

Com as equações anteriores, escreve-se o sistema linear que relaciona as tensões e correntes nodais do circuito:

$$\begin{cases} (y_{12} + y_{13} + y_{14})V_1 - y_{12}V_2 - y_{13}V_3 - y_{14}V_4 = 0 \\ -y_{12}V_1 + (y_{12} + y_{23} + y_{24})V_2 - y_{23}V_3 - y_{24}V_4 = 0 \\ -y_{13}V_1 - y_{23}V_2 + (y_{30} + y_{13} + y_{23})V_3 = I_3 \\ -y_{14}V_1 - y_{24}V_2 + (y_{40} + y_{14} + y_{24})V_4 = I_4 \end{cases}$$

Na forma matricial ($\boldsymbol{Y}_{nó}\boldsymbol{V}_{nó} = \boldsymbol{I}_{nó}$) e com os valores fornecidos:

$$\begin{bmatrix} -j16,75 & j11,75 & j2,50 & j2,50 \\ j11,5 & -j19,25 & j2,5 & j5,00 \\ j2,50 & j2,50 & -j5,80 & 0 \\ j2,50 & j5,00 & 0 & -j8,30 \end{bmatrix} \begin{bmatrix} V_1 \\ V_2 \\ V_3 \\ V_4 \end{bmatrix} = \begin{bmatrix} 0 \\ 0 \\ 1,00\angle -90^0 \\ 0,68\angle -135^0 \end{bmatrix}$$

Resolvendo o sistema, escolha a opção INCORRETA:

A) $V_1 = 0,9691\angle -18,42^0$

B) $V_2 = 0,9673\angle -18,60^0$

C) $V_3 = 0,9996\angle -15,37^0$

D) $V_4 = 0,9487\angle -20,75^0$

E) $V_1 = 1,0638\angle -11,82^0$

10) Um número complexo na forma retangular z = z^{real} + jz^{imag} (j representa a unidade imaginária) pode ser escrito como uma matriz quadrada antissimétrica (2×2) de números reais, como, $\boldsymbol{Z} = \begin{bmatrix} z^{real} & -z^{imag} \\ z^{imag} & z^{real} \end{bmatrix}$. Isso pode ser útil para se obter a solução de sistemas lineares que contenham números complexos, realizando operações apenas com números reais. Para tal, considere o seguinte desenvolvimento que, sem perda de generalidade, utiliza um sistema $A\boldsymbol{x} = \boldsymbol{b}$ (2×2):

$$\begin{cases} (a_{11}^{real} + ja_{11}^{imag})(x_1^{real} + jx_1^{imag}) + (a_{12}^{real} + ja_{12}^{imag})(x_2^{real} + jx_2^{imag}) = b_1^{real} + jb_1^{imag} \\ (a_{21}^{real} + ja_{21}^{imag})(x_1^{real} + jx_1^{imag}) + (a_{22}^{real} + ja_{22}^{imag})(x_2^{real} + jx_2^{imag}) = b_2^{real} + jb_2^{imag} \end{cases}$$

Usando as propriedades dos números complexos pode-se transformar o sistema original em um equivalente (4×4) contendo apenas números reais. Deixa-se ao leitor conferir essa transformação que se apresenta a seguir:

$$\begin{bmatrix} a_{11}^{real} & -a_{11}^{imag} & a_{12}^{real} & -a_{12}^{imag} \\ a_{11}^{imag} & a_{11}^{real} & a_{12}^{imag} & a_{12}^{real} \\ a_{21}^{real} & -a_{21}^{imag} & a_{22}^{real} & -a_{22}^{imag} \\ a_{21}^{imag} & a_{21}^{real} & a_{22}^{imag} & a_{22}^{real} \end{bmatrix} \begin{bmatrix} x_1^{real} \\ x_1^{imag} \\ x_2^{real} \\ x_2^{imag} \end{bmatrix} = \begin{bmatrix} b_1^{real} \\ b_1^{imag} \\ b_2^{real} \\ b_2^{imag} \end{bmatrix}$$

Para verificar se esse "truque" funciona, resolva o seguinte sistema de duas formas, *i.e.*, tratando-o como um sistema complexo e na forma real equivalente:

$$\begin{bmatrix} 2 + \mathrm{j}1 & 3 - \mathrm{j}2 \\ 1 & -\mathrm{j}1 \end{bmatrix} \begin{bmatrix} x_1 \\ x_2 \end{bmatrix} = \begin{bmatrix} 1,5 - \mathrm{j}0,5 \\ 3,4 + \mathrm{j}1,6 \end{bmatrix}$$

Pode-se corretamente afirmar que:

A) $x_1 = 6{,}95 - j0{,}25$

B) $x_1 = -1{,}85 - j3{,}55$

C) $x_1 = -6{,}95 - j3{,}55$

D) $x_1 = -1{,}85 - j0{,}25$

E) $x_1 = 0{,}95 - j6{,}25$

11) Uma empresa transportadora possui uma frota de caminhões de 3 tipos, denominados A, B e C, que suportam um carregamento máximo associado a uma combinação de certas máquinas agrícolas, conforme indica a seguinte tabela:

	 Carregadeira	 Rolo Compressor	 Trator Compacto
Caminhão	**Quantidades de Máquinas Agrícolas**		
A	1	0	2
B	1	1	1
C	1	2	1

Assim, o Caminhão do tipo A tem capacidade para transportar *uma* máquina carregadeira, *nenhum* rolo compressor e *dois* tratores compactos. Supondo que cada caminhão tenha sido carregado por completo, determine quantos caminhões de cada tipo são necessários para transportar exatamente 12 máquinas carregadeiras, 10 rolos compressores e 16 tratores compactos.

Sugestão: Resolva o problema pelo método da eliminação de Gauss, usando a fatoração **LDU**.

Escolha a opção correta, para se realizar o transporte pretendido:

A) são necessários 2 caminhões do tipo A

B) são necessários 4 caminhões do tipo B

C) são necessários 2 caminhões do tipo C

D) não há solução possível

E) necessita-se um total de 14 caminhões da frota de diferentes tipos

12) Uma das formas de se obter o polinômio que passa por um conjunto de pontos $(x_{i,}p_n(x_i))$, assunto a ser tratado no Capítulo 6, consiste em resolver um sistema linear cujas incógnitas são os coeficientes desse polinômio. Considere que se deseja construir um polinômio do quarto grau que passa pelos pontos da seguinte tabela:

x	x_0	0	x_1	1	x_2	2	x_3	3	x_4	4
$p_4(x)$	$p_4(x_0)$	1	$p_4(x_1)$	2	$p_4(x_2)$	4	$p_4(x_3)$	8	$p_4(x_4)$	16

Sendo $p_4\,(x)= a_4x^4 + a_3\,x^3 + a_2\,x^2 + a_1\,x + a_0$, basta usar cada valor de x, denotado por x_i, para obter as equações $p_4\,(x_i)= a_4x_i^{\,4} + a_3x_i^{\,3} + a_2x_i^{\,2} + a_1x_i + a_0$, ou seja:

$$\begin{cases} a_4{x_0}^4 + a_3{x_0}^3 + a_2{x_0}^2 + a_1x_0 + a_0 = p_4(x_0) \\ a_4{x_1}^4 + a_3{x_1}^3 + a_2{x_1}^2 + a_1x_1 + a_1 = p_4(x_1) \\ a_4{x_2}^4 + a_3{x_2}^3 + a_2{x_2}^2 + a_1x_2 + a_0 = p_4(x_2) \\ a_4{x_3}^4 + a_3{x_3}^3 + a_2{x_3}^2 + a_1x_3 + a_0 = p_4(x_3) \\ a_4{x_4}^4 + a_3{x_4}^3 + a_2{x_4}^2 + a_1x_4 + a_0 = p_4(x_4) \end{cases}$$

Matricialmente:

$$\begin{bmatrix} x_0^4 & x_0^3 & x_0^2 & x_0 & 1 \\ x_1^4 & x_1^3 & x_1^2 & x_1 & 1 \\ x_2^4 & x_2^3 & x_2^2 & x_2 & 1 \\ x_3^4 & x_3^3 & x_3^2 & x_3 & 1 \\ x_4^4 & x_4^3 & x_4^2 & x_4 & 1 \end{bmatrix} \begin{bmatrix} a_4 \\ a_3 \\ a_2 \\ a_1 \\ a_0 \end{bmatrix} = \begin{bmatrix} p_4(x_0) \\ p_4(x_1) \\ p_4(x_2) \\ p_4(x_3) \\ p_4(x_4) \end{bmatrix}$$

Substitua no sistema anterior os valores numéricos fornecidos na tabela do problema e determine os coeficientes de $p_4(x)$. Escolha a opção correta:

A) a0 = 0

B) a1 = - 7/12

C) a2 = - 11/24

D) a3 = 1/12

E) a4 = 1/24

4. 13 PROGRAMAS COMPUTACIONAIS

1) Fazendo uso do **Scilab**, encontra-se a solução de sistemas lineares $\boldsymbol{Ax} = \boldsymbol{b}$ com facilidade, como se mostra no quadro a seguir, que reproduz a tela Console do referido ambiente. Retomando o Exemplo 4.1, vem:

```
-->A=[4 -2 -3 6; -6 7 6.5 -6; 1 7.5 6.25 5.5; -12 22 15.5 -1]
A =
 4. - 2. - 3. 6.
 - 6. 7. 6.5 - 6.
 1. 7.5 6.25 5.5
 - 12. 22. 15.5 - 1.
-->b=[12; -6.5; 16; 17]
b =
 12.
 - 6.5
 16.
 17.
-->x=A\b
x =
 2.
 4.
 - 3.
 0.5
```

Também são úteis as seguintes funções internas, referentes à obtenção da solução do sistema por meio da inversão de $\boldsymbol{A}$ e cálculo do seu determinante. Convida-se o leitor a testar tais funções, conforme indicado a seguir.

```
--> x=inv(A)*b
--> determinante=det(A)
```

Alternativamente, o **Scilab** também fornece a solução do sistema, com base no método de eliminação de Gauss-Jordan [Gila14]. Esse método difere ligeiramente do método da eliminação de Gauss, pois realiza a eliminação de variáveis nas linhas situadas abaixo e também acima da linha do pivô, dispensando assim a etapa de substituição regressiva de variáveis. Entretanto, a eliminação de Gauss-Jordan é 50% mais onerosa do que a de Gauss-Seidel [Heat02]. Para usar esta alternativa, agrega-se à matriz $\boldsymbol{A}$ o vetor $\boldsymbol{b}$, fazendo a operação de concatenação $\boldsymbol{C}$=[$\boldsymbol{A}$ $\boldsymbol{b}$], em seguida, aplicando-se a função interna rref (C).

Usando os dados do Exemplo 4.5, a tela Console do **Scilab** exibirá, na última coluna da matriz **Resposta** (transformação de $\boldsymbol{b}$ na solução), o seguinte:

```
-->A=[6 1 - 2 0; 0 9 0 4; 2 -1 10 -1; 0 0 -1 8]
 A =
  6.  1. - 2.  0.
  0.  9.  0.   4.
  2. - 1.  10. - 1.
  0.  0.  - 1.  8.

-->b=[10; 22; -11; 9]
 b =
  2.
  22.
 - 11.
  9.

-->C=[A b]
 C =
  6.  1.  - 2.  0.  10.
  0.  9.  0.  4.  22.
  2. - 1.  10. - 1. - 11.
  0.  0.  - 1.  8.  9.

-->Resposta=rref(C)
 Resposta =
  1.  0.  0.  0.  1.
  0.  1.  0.  0.  2.
  0.  0.  1.  0. - 1.
  0.  0.  0.  1.  1.
```

Diante de tais facilidades contidas no ambiente **Scilab**, possivelmente o leitor não se sinta motivado a construir seu próprio *script* (roteiro de cálculos computacionais). Ainda assim, propõe-se aqui um problema interessante na busca da reversão dessa expectativa.

Então anime-se e considere que se possa associar o método da eliminação de Gauss ao problema de redução de circuitos lineares, recorrente em muitos estudos da área Elétrica. Um problema comum diz repeito à transformação de um circuito tipo *estrela* (Y) em *triângulo* (Δ), também conhecido como delta, como mostra a ilustração a seguir. Note que passar de Y para Δ, corresponde a se eliminar o nó ❶.

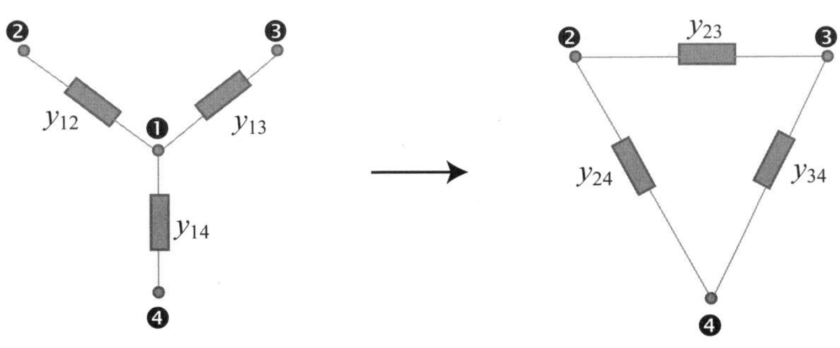

As admitâncias equivalentes do circuito delta (y_{23}, y_{24}, y_{34}) são obtidas em função daquelas do circuito estrela (y_{12}, y_{13}, y_{14}). Veja que a matriz que representa (topologicamente) um circuito linear com relação aos nós ($\boldsymbol{Y}_{\text{nó}}$) forma-se por meio da seguinte "regra":

- elemento da diagonal $\boldsymbol{Y}_{\text{nó}}(i,i)$ = soma das admitâncias dos ramos que incidem no nó i;
- elemento fora da diagonal $\boldsymbol{Y}_{\text{nó}}(i,j) = -y_{ij}$, contém, com sinal oposto, a admitância do ramo que conecta os nós i e j.

O leitor atento deve ter observado que a matriz de admitâncias nodais construída no Exercício 9 formou-se de acordo com esta regra. Assim, para o circuito estrela representado anteriormente, obtém-se a seguinte matriz $\boldsymbol{Y}_{\text{nó}}$:

$$\boldsymbol{Y}_{\text{nó}} = \begin{bmatrix} y_{12}+y_{13}+y_{14} & -y_{12} & -y_{13} & -y_{14} \\ -y_{12} & y_{12} & 0 & 0 \\ -y_{13} & 0 & y_{13} & 0 \\ -y_{14} & 0 & 0 & y_{14} \end{bmatrix}$$

Agora aplicando-se o método da eliminação de Gauss a essa matriz:

$$\boldsymbol{Y}_{\text{no}'} = \begin{bmatrix} y_{12}+y_{13}+y_{14} & -y_{12} & -y_{13} & -y_{14} \\ 0 & \dfrac{y_{12}y_{13}+y_{12}y_{14}}{s} & \dfrac{-y_{12}y_{13}}{s} & \dfrac{-y_{12}y_{14}}{s} \\ 0 & \dfrac{-y_{12}y_{13}}{s} & \dfrac{y_{12}y_{13}+y_{13}y_{14}}{s} & \dfrac{-y_{13}y_{14}}{s} \\ 0 & \dfrac{-y_{12}y_{14}}{s} & \dfrac{-y_{13}y_{14}}{s} & \dfrac{y_{12}y_{14}+y_{13}y_{14}}{s} \end{bmatrix}$$

sendo $s = (y_{12} + y_{13} + y_{14})$. Extrai-se de $\boldsymbol{Y}_{\text{nó}'}$ a matriz corresponde ao circuito equivalente sem o nó 1 (circuito delta), conforme indica a área retangular sombreada. Dessa forma, a tensão do nó 1 (V_1) foi eliminada do sistema $\boldsymbol{Y}_{\text{nó}}\boldsymbol{V}_{\text{nó}} = \boldsymbol{I}_{\text{nó}}$. Como existe uma correspondência biunívoca entre o circuito e a matriz nodal que o representa, com a matriz reduzida e de acordo com a "regra" estabelecida anteriormente, o circuito delta terá então as seguintes admitâncias (resultado conhecido):

$$y_{23} = \frac{y_{12}y_{13}}{y_{12}+y_{13}+y_{14}}\ ;\ y_{24} = \frac{y_{12}y_{14}}{y_{12}+y_{13}+y_{14}}\ ;\ y_{34} = \frac{y_{13}y_{14}}{y_{12}+y_{13}+y_{14}}$$

Dessa forma, chega-se à interessante relação entre a eliminação de Gauss e a redução de circuitos.

Do exposto, construa um programa **Scilab** que realize a tarefa de aplicar o processo da eliminação de Gauss (em sua forma básica), capacitado a triangularizar a matriz de coeficientes de um sistema $\boldsymbol{Ax} = \boldsymbol{b}$. Utilize o programa desenvolvido para resolver o problema de se achar a resistência equivalente (r_{eq}) entre os nós 5 e 0 do circuito resistivo (por intermédio da matriz nodal triangular 5 × 5 equivalente) a seguir representado:

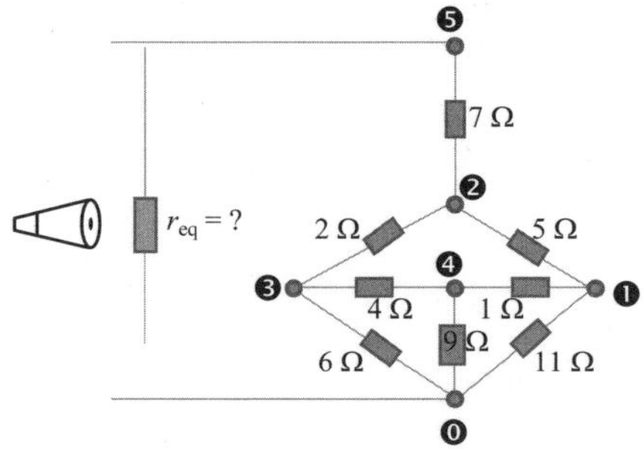

Para ajudar o leitor em parte da tarefa proposta, tome por base as seguintes linhas de código **Scilab** (considerando aperfeiçoá-las ¾ lembre-se que o elemento pivô não pode ser nulo), referentes ao processo de eliminação de Gauss estabelecido na Seção 4.5:

```
for j=1:(n-1)
 for i=j+1:n
  mult=-A(i,j)/A(j,j);
  for k=j:n
   A(i,k)=A(i,k)+(mult*A(j,k));
  end
 end
end
```

O resultado a ser obtido pode ser confirmado pelas transformações estrela-triângulo e associações série e paralelo de resistores, o que leva a uma resistência equivalente aproximadamente igual a 11,3 Ω.

2) Considere agora a decomposição (fatoração) ***LDU*** da matriz de coeficientes do sistema $\boldsymbol{Ax} = \boldsymbol{b}$, associada ao método da eliminação de Gauss, conforme se estabeleceu na Seção 4.7. Introduza no programa **Scilab**, desenvolvido no item anterior da presente seção, a obtenção dos fatores ***L***, ***D*** e ***U***. Por fim, complete o programa de modo que ele forneça a solução do sistema e para testá-lo, resolva o problema:

$$\begin{bmatrix} 3 & -1 & -1 & 2 \\ -1 & 2 & 3 & -1 \\ 2 & 1 & -1 & 1 \\ 1 & 1 & 0 & 3 \end{bmatrix} \begin{bmatrix} x_1 \\ x_2 \\ x_3 \\ x_4 \end{bmatrix} = \begin{bmatrix} 14 \\ -7 \\ 7 \\ 8 \end{bmatrix}$$

Saiba também que o **Scilab** contém funções residentes para a fatoração de ***A***, com a realização de pivoteamento parcial (reveja a Seção 4.9), pelas quais os fatores ***L*** e ***U*** (sem a extração de ***D***) podem ser obtidos, como mostra a tela Console do **Scilab** a seguir. Para o problema em questão, a matriz ***P*** (reflete a permutação de linhas no pivoteamento) indica que não houve necessidade de trocas entre linhas. Como exercício, altere a ordem inicial das equações do sistema e analise o respectivo efeito na obtenção dos fatores de ***A***.

```
-->A=[3 -1 -1 2; -1 2 3 -1; 2 1 -1 1; 1 1 0 3]
 A =
  3. - 1. - 1. 2.
 - 1. 2. 3. - 1.
  2. 1. - 1. 1.
  1. 1. 0. 3.
-->[L,U,P]=lu(A)
 P =
  1. 0. 0. 0.
  0. 1. 0. 0.
  0. 0. 1. 0.
  0. 0. 0. 1.
 U =
  3.   - 1.        - 1.        2.
  0.   1.6666667   2.6666667 - 0.3333333
  0.   0.        - 3.          0.
  0.   0.          0.          2.6
 L =
    1.          0.   0.   0.
  - 0.3333333   1.   0.   0.
    0.6666667   1.   1.   0.
    0.3333333   0.8  0.6  1.
```

CAPÍTULO 5

Sistemas de equações algébricas não lineares

5.1 INTRODUÇÃO

Em boa parte, problemas que envolvem sistemas físicos são descritos matematicamente por uma ou mais equações não lineares. No Capítulo 3, foi abordado o problema de se obter as raízes de uma equação algébrica não linear, recebendo destaque o método de Newton e suas variações. Esse problema será aqui estendido, para se lidar simultaneamente com um conjunto de n equações a n incógnitas, adotando-se também o método de Newton. Cabe lembrar que se deve a Thomas Simpson (1710-1761) a colocação desse método em uma forma mais próxima à atual, bem como a ampliação do seu uso [Gold77]. O mérito de Simpson foi descrever em 1740 o método na forma iterativa, aplicá-lo a equações não polinomiais, utilizar derivadas e estendê-lo para resolver, pela primeira vez, um sistema de duas equações a duas incógnitas.

5.2 MÉTODO DE NEWTON

A seguinte notação será adotada:

$$\begin{cases} h_1(x_1, x_2, \cdots, x_n) = 0 \\ h_2(x_1, x_2, \cdots, x_n) = 0 \\ \quad \vdots \qquad\qquad\quad \vdots \\ h_n(x_1, x_2, \cdots, x_n) = 0 \end{cases} \qquad \boldsymbol{h}(\boldsymbol{x}) = \begin{bmatrix} h_1(\boldsymbol{x}) \\ h_2(\boldsymbol{x}) \\ \vdots \\ h_n(\boldsymbol{x}) \end{bmatrix} \qquad \boldsymbol{x} = \begin{bmatrix} x_1 \\ x_2 \\ \vdots \\ x_n \end{bmatrix}$$

A matriz que contém as derivadas parciais de $\boldsymbol{h}(\boldsymbol{x})$, conhecida por Jacobiano do sistema, corresponde a:

$$H(x) = \begin{bmatrix} \frac{\partial h_1}{x_1} & \frac{\partial h_1}{x_2} & \cdots & \frac{\partial h_1}{x_n} \\ \frac{\partial h_2}{x_1} & \frac{\partial h_2}{x_2} & \cdots & \frac{\partial h_2}{x_n} \\ \vdots & \vdots & \cdots & \vdots \\ \frac{\partial h_n}{x_1} & \frac{\partial h_n}{x_2} & \cdots & \frac{\partial h_n}{x_n} \end{bmatrix}$$

Os métodos de solução para sistemas de equações não lineares são iterativos, *i.e.*, a partir de um valor inicial $\boldsymbol{x}^{(0)}$, dentro de certas condições, são capazes de gerar uma sequência $\{\boldsymbol{x}^{(k)}\}$, tal que: $\lim_{k\to\infty} \boldsymbol{x}^{(k)} = \boldsymbol{x}^{(solução)}$.

Usualmente, escreve-se o método de Newton para resolver uma única equação não linear na seguinte forma:

$$x^{(k+1)} = x^{(k)} - \frac{h(x^{(k)})}{h'(x^{(k)})}$$

Para fazer a adaptação do método necessária a um sistema de equações, define-se $\Delta x^{(k)} = x^{(k+1)} - x^{(k)}$ e reescreve-se a forma anterior como:

$$x^{(k+1)} - x^{(k)} = -\frac{h(x^{(k)})}{h'(x^{(k)})} \quad \Rightarrow \quad h'(x^{(k)})\Delta x^{(k)} = -h(x^{(k)})$$

Agora, considerando que todos os elementos da equação anterior sejam vetoriais, com a notação adotada, obtém-se o método de Newton para resolver um sistema de equações não lineares:

$$\boldsymbol{H}(\boldsymbol{x}^{(k)})\Delta\boldsymbol{x}^{(k)} = -\boldsymbol{h}(\boldsymbol{x}^{(k)}) \tag{5.1}$$

$$\boldsymbol{x}^{(k+1)} = \boldsymbol{x}^{(k)} + \Delta\boldsymbol{x}^{(k)} \tag{5.2}$$

O processo iterativo do método de Newton, compreende duas etapas:

1º) resolver o sistema linear estabelecido pela Equação (5.1), obtendo-se $\Delta x^{(k)}$, sendo $\boldsymbol{H}$ a matriz de coeficientes do sistema e – $h(x^{(k)})$ o vetor independente, ambos, calculados em $x^{(k)}$;

2º) obter, usando a Equação (5.2), o próximo valor do vetor de incógnitas $x^{(k+1)}$.

O referido processo deve ser iniciado com um vetor $x^{(0)}$ próximo à solução, para ser bem-sucedido, *i.e.*, convergir para a solução. Se convergente, o processo iterativo progride para a solução, sendo interrompido de acordo com um critério preestabelecido. Usualmente, procede-se à avaliação de erro absoluto ou relativo, para verificar se o grau de precisão especificado (tolerância) foi atingido, conforme estabelecem as seguintes expressões:

$$e_{abs}^{(k+1)} = \max_{1\le i\le n} \left|\Delta x_i^{(k)}\right| = \max_{1\le i\le n} \left|x_i^{(k+1)} - x_i^{(k)}\right| \tag{5.3}$$

$$e_r^{(k+1)} = \max_{1\le i\le n} \left[\frac{\left|\Delta x_i^{(k)}\right|}{\left|x_i^{(k+1)}\right|} \right] \tag{5.4}$$

Os exemplos de porte reduzido e apresentados a seguir ilustram a aplicação do método de Newton. Aqui, vale registrar que nos problemas de maior dimensionalidade, a solução do sistema linear estabelecido pela Equação (5.1) deve ser obtida por intermédio de um dos métodos apresentados no Capítulo 4. Por essa razão, neste livro, decidiu-se por não apresentar no Capítulo 3 o problema que trata da obtenção da solução de um sistema de equações não lineares.

Exemplo 5.1: Resolva o sistema a seguir, fazendo uso do método de Newton, iniciando o processo iterativo com $\boldsymbol{x}^{(0)}$, arbitrariamente escolhido, e interrompendo-o quando a solução atingir 3 casas decimais de precisão. Adote o erro relativo estabelecido na Equação (5.4).

$$\begin{cases} 5x_1 - 2x_2^3 + 113 = 0 \\ 2x_1^3 + 4x_2^2 - 118 = 0 \end{cases} \qquad \boldsymbol{x}^{(0)} = \begin{bmatrix} 2 \\ 6 \end{bmatrix}$$

$$\boldsymbol{h}(\boldsymbol{x}) = \begin{bmatrix} h_1(\boldsymbol{x}) \\ h_2(\boldsymbol{x}) \end{bmatrix} = \begin{bmatrix} 5x_1 - 2x_2^3 + 113 \\ 2x_1^3 + 4x_2^2 - 118 \end{bmatrix} \qquad \boldsymbol{H}(\boldsymbol{x}) = \begin{bmatrix} \dfrac{\partial h_1}{x_1} & \dfrac{\partial h_1}{x_2} \\ \dfrac{\partial h_2}{x_1} & \dfrac{\partial h_2}{x_2} \end{bmatrix} = \begin{bmatrix} 5 & -6x_2^2 \\ 6x_1^2 & 8x_2 \end{bmatrix}$$

Iteração (0):

$$\boldsymbol{x}^{(0)} = \begin{bmatrix} 2 \\ 6 \end{bmatrix} \qquad \boldsymbol{h}(\boldsymbol{x}^{(0)}) = \begin{bmatrix} -309 \\ 42 \end{bmatrix} \qquad \boldsymbol{H}(\boldsymbol{x}^{(0)}) = \begin{bmatrix} 5 & -216 \\ 24 & 48 \end{bmatrix}$$

$$\begin{bmatrix} 5 & -216 \\ 24 & 48 \end{bmatrix} \begin{bmatrix} \Delta x_1^{(0)} \\ \Delta x_2^{(0)} \end{bmatrix} = -\begin{bmatrix} -309 \\ 42 \end{bmatrix} \Rightarrow \begin{bmatrix} \Delta x_1^{(0)} \\ \Delta x_2^{(0)} \end{bmatrix} = \begin{bmatrix} 1{,}06195 \\ -1{,}40597 \end{bmatrix} \Rightarrow \boldsymbol{x}^{(1)} = \boldsymbol{x}^{(0)} + \Delta\boldsymbol{x}^{(0)}$$

$$e_r^{(1)} = \frac{|-1{,}40597|}{|4{,}59403|} = 0{,}30604$$

Iteração (1):

$$\begin{bmatrix} x_1^{(1)} \\ x_2^{(1)} \end{bmatrix} = \begin{bmatrix} 3{,}06195 \\ 4{,}59403 \end{bmatrix} \qquad \boldsymbol{h}(\boldsymbol{x}^{(1)}) = \begin{bmatrix} -65{,}60486 \\ 23{,}83500 \end{bmatrix} \qquad \boldsymbol{H}(\boldsymbol{x}^{(1)}) = \begin{bmatrix} 5 & -126{,}63048 \\ 56{,}25311 & 36{,}75221 \end{bmatrix}$$

$$\begin{bmatrix} 5 & -126{,}63048 \\ 56{,}25311 & 36{,}75221 \end{bmatrix} \begin{bmatrix} \Delta x_1^{(1)} \\ \Delta x_2^{(1)} \end{bmatrix} = -\begin{bmatrix} -65{,}60486 \\ 23{,}83500 \end{bmatrix} \Rightarrow \begin{bmatrix} \Delta x_1^{(1)} \\ \Delta x_2^{(1)} \end{bmatrix} = \begin{bmatrix} -0{,}08309 \\ -0{,}52136 \end{bmatrix} \Rightarrow \boldsymbol{x}^{(2)} = \boldsymbol{x}^{(1)} + \Delta\boldsymbol{x}^{(1)}$$

$$e_r^{(2)} = \frac{|-0{,}52136|}{|4{,}07266|} = 0{,}12801$$

Iteração (2):

$$\begin{bmatrix} x_1^{(2)} \\ x_2^{(2)} \end{bmatrix} = \begin{bmatrix} 2{,}97886 \\ 4{,}07266 \end{bmatrix} \quad \boldsymbol{h}(\boldsymbol{x}^{(2)}) = \begin{bmatrix} -7{,}20901 \\ 1{,}21295 \end{bmatrix} \quad \boldsymbol{H}(\boldsymbol{x}^{(2)}) = \begin{bmatrix} 5 & -99{,}51960 \\ 53{,}2417 & 32{,}58132 \end{bmatrix}$$

$$\begin{bmatrix} 5 & -99{,}51960 \\ 53{,}2417 & 32{,}58132 \end{bmatrix} \begin{bmatrix} \Delta x_1^{(1)} \\ \Delta x_2^{(1)} \end{bmatrix} = -\begin{bmatrix} -7{,}20901 \\ 1{,}21295 \end{bmatrix} \Rightarrow \begin{bmatrix} \Delta x_1^{(2)} \\ \Delta x_2^{(2)} \end{bmatrix} = \begin{bmatrix} 0{,}02090 \\ -0{,}07139 \end{bmatrix} \Rightarrow \boldsymbol{x}^{(3)} = \boldsymbol{x}^{(2)} + \Delta\boldsymbol{x}^{(2)}$$

$$e_r^{(3)} = \frac{|-0{,}07139|}{|4{,}00128|} = 0{,}01784$$

Iteração (3):

$$\begin{bmatrix} x_1^{(3)} \\ x_2^{(3)} \end{bmatrix} = \begin{bmatrix} 2{,}99977 \\ 4{,}00128 \end{bmatrix} \quad \boldsymbol{h}(\boldsymbol{x}^{(3)}) = \begin{bmatrix} -0{,}12380 \\ 0{,}02821 \end{bmatrix} \quad \boldsymbol{H}(\boldsymbol{x}^{(3)}) = \begin{bmatrix} 5 & -96{,}0613 \\ 53{,}99156 & 32{,}01022 \end{bmatrix}$$

$$\begin{bmatrix} 5 & -96{,}0613 \\ 53{,}99156 & 32{,}01022 \end{bmatrix} \begin{bmatrix} \Delta x_1^{(3)} \\ \Delta x_2^{(3)} \end{bmatrix} = -\begin{bmatrix} -0{,}12380 \\ 0{,}02821 \end{bmatrix} \Rightarrow \begin{bmatrix} \Delta x_1^{(3)} \\ \Delta x_2^{(3)} \end{bmatrix} = \begin{bmatrix} 0{,}00023 \\ -0{,}00128 \end{bmatrix} \Rightarrow \boldsymbol{x}^{(4)} = \boldsymbol{x}^{(3)} + \Delta\boldsymbol{x}^{(3)}$$

$$e_r^{(4)} = \frac{|-0{,}00128|}{|4{,}00000|} = 0{,}00032$$ ⇒ o processo convergiu, atendendo a precisão especificada.

$$\begin{bmatrix} x_1^{(4)} \\ x_2^{(4)} \end{bmatrix} = \begin{bmatrix} 2{,}99977 \\ 4{,}00128 \end{bmatrix} + \begin{bmatrix} 0{,}00023 \\ -0{,}00128 \end{bmatrix} = \begin{bmatrix} 3{,}00000 \\ 4{,}00000 \end{bmatrix}$$

Exemplo 5.2: Resolva o sistema a seguir [Gila14], iniciando o processo iterativo do método de Newton com o valor arbitrário fornecido para $\boldsymbol{x}^{(0)}$. Interrompa o processo quando o erro absoluto for inferior a 5×10^{-3}.

$$\begin{cases} x_2 - \dfrac{1}{2}(e^{x_1/2} + e^{-x_1/2}) = 0 \\ 9x_1^2 + 25x_2^2 - 225 = 0 \end{cases} \qquad \boldsymbol{x}^{(0)} = \begin{bmatrix} x_1^{(0)} \\ x_2^{(0)} \end{bmatrix} = \begin{bmatrix} 2{,}500 \\ 2{,}000 \end{bmatrix}$$

Inicialmente, recomenda-se ao leitor que resolva o problema proposto usando uma calculadora, para que possa se familiarizar com o algoritmo do método de Newton.

Por outro lado, a solução desse problema pode também ser realizada no **Scilab** por intermédio do Programa 5.1, em que se faz uso de uma função residente (**fsolve**), que permite a obtenção direta da solução de uma ou mais equações algébricas não lineares, definidas pelo comando **function**.

Ao serem executadas as instruções do Programa 5.1, o **Scilab** produzirá a seguinte resposta (valor calculado para a variável *solução*):

solução =

3,0311554

2,3858657

Programa 5.1 – Obtenção da solução de um sistema de equações algébricas não lineares

```
// definição das equações do sistema
function y=funcao(x)
 y(1)=x(2)-(exp(x(1)/2)+exp(-x(1)/2))/2
 y(2)=9*x(1)*x(1)+25*x(2)*x(2)-225
endfunction
//valor inicial da solução
x0=[2.5;2];
//solução do sistema
solucao=fsolve(x0,funcao)
```

Encontra-se no link https://github.com/ViniBiajoni/metodosNumericosLivroSBA.git

Programa 5.2 – Solução de um sistema de equações algébricas não lineares pelo método de Newton

```
//definição das equações do sistema
funcprot(0);
function y=funcao(x)
 y(1)=x(2)-(exp(x(1)/2)+exp(-x(1)/2))/2
 y(2)=9*x(1)*x(1)+25*x(2)*x(2)-225
endfunction
//definição do valor inicial da solução
x0=[2.5;2.0];
//definição da tolerância
tol=5.0e-3;
//definição do número máximo de iterações
k_max=30;
//contador de iterações (valor inicial)
k=0;
//maior valor em delta_x inicial
delta_max=100;
printf("+++++ Início do processo iterativo +++++\n")
while(delta_max>tol & k<k_max)
//Cálculo da matriz Jacobiano em x0
 [H]=numderivative(funcao,x0)
//Cálculo do valor da função vetorial y em x0
 h=funcao(x0)
//Cálculo do vetor delta_x: solução de H*delta_x = - h(x)
 delta_x=inv(H)*(-h)
//Cálculo do valor máximo dentre os elementos do vetor delta_x
 delta_max=max(abs(delta_x));
//Novo valor de x
 x0=x0+delta_x
 printf("Iteração corrente %d \n",k)
 disp(x0)
 k=k+1
end
//Resultados
printf("===== RESULTADOS =====\n")
printf("número de iterações: %d \n", k)
printf("solução: \n")
disp(x0)
```

Encontra-se no link https://github.com/ViniBiajoni/metodosNumericosLivroSBA.git

De modo a praticar a programação computacional no **Scilab**, seguem as instruções que compõem o Programa 5.2, necessárias à implementação do método de Newton. Algumas funções residentes são utilizadas, como: **numderivative** (criação da matriz Jacobiano $\boldsymbol{H}$); **inv** (obtenção de $\boldsymbol{H}^{-1}$, que conduz à solução do sistema linear $\boldsymbol{H}\Delta\boldsymbol{x} = -\boldsymbol{h}$; e **max** (seleção do maior valor dentre os elementos de um vetor). Como critério de parada para o processo iterativo comparou-se à tolerância (5×10^{-3}) o maior valor (em termos absolutos) encontrado entre as componentes de $\Delta\boldsymbol{x}$.

Uma vez executado o Programa 5.2, os seguintes resultados são alcançados:

Iteração (0):

$$\boldsymbol{x}^{(0)} = \begin{bmatrix} 2{,}5 \\ 2{,}0 \end{bmatrix} \qquad \boldsymbol{h}(\boldsymbol{x}^{(0)}) = \begin{bmatrix} 0{,}1115761 \\ -68{,}75 \end{bmatrix} \qquad \boldsymbol{H}(\boldsymbol{x}^{(0)}) = \begin{bmatrix} -0{,}8009595 & 1 \\ 45 & 100 \end{bmatrix}$$

$$\begin{bmatrix} \Delta x_1^{(0)} \\ \Delta x_2^{(0)} \end{bmatrix} = \begin{bmatrix} 0{,}6387706 \\ 0{,}4000532 \end{bmatrix} \qquad \boldsymbol{x}^{(1)} = \boldsymbol{x}^{(0)} + \Delta\boldsymbol{x}^{(0)}$$

Iteração (1):

$$\begin{bmatrix} x_1^{(1)} \\ x_2^{(1)} \end{bmatrix} = \begin{bmatrix} 3{,}1387706 \\ 2{,}4000532 \end{bmatrix} \qquad \boldsymbol{h}(\boldsymbol{x}^{(1)}) = \begin{bmatrix} -0{,}1058805 \\ 7{,}6733155 \end{bmatrix} \qquad \boldsymbol{H}(\boldsymbol{x}^{(1)}) = \begin{bmatrix} -1{,}1488803 & 1 \\ 56{,}49787 & 120{,}00266 \end{bmatrix}$$

$$\begin{bmatrix} \Delta x_1^{(1)} \\ \Delta x_2^{(1)} \end{bmatrix} = \begin{bmatrix} -0{,}1048496 \\ -0{,}0145791 \end{bmatrix} \qquad \boldsymbol{x}^{(2)} = \boldsymbol{x}^{(1)} + \Delta\boldsymbol{x}^{(1)}$$

Iteração (2):

$$\begin{bmatrix} x_1^{(2)} \\ x_2^{(2)} \end{bmatrix} = \begin{bmatrix} 3{,}033921 \\ 2{,}3854741 \end{bmatrix} \qquad \boldsymbol{h}(\boldsymbol{x}^{(2)}) = \begin{bmatrix} -0{,}0033892 \\ 0{,}1042547 \end{bmatrix} \qquad \boldsymbol{H}(\boldsymbol{x}^{(2)}) = \begin{bmatrix} -1{,}0847428 & 1 \\ 54{,}610577 & 119.2737 \end{bmatrix}$$

$$\begin{bmatrix} \Delta x_1^{(2)} \\ \Delta x_2^{(2)} \end{bmatrix} = \begin{bmatrix} -0{,}0027637 \\ 0{,}0003913 \end{bmatrix} \qquad \boldsymbol{x}^{(3)} = \boldsymbol{x}^{(2)} + \Delta\boldsymbol{x}^{(2)}$$

Iteração (3):

$$\begin{bmatrix} x_1^{(3)} \\ x_2^{(3)} \end{bmatrix} = \begin{bmatrix} 3{,}0311573 \\ 2{,}3858654 \end{bmatrix}$$

$e_{abs}^{(3)} = |-0{,}0027637| = 2{,}7 \times 10^{-3} < tol \Rightarrow$ processo convergiu ($tol = 5 \times 10^{-3}$).

5.3 MÉTODO DE NEWTON MODIFICADO

Essencialmente, o método de Newton faz com que o problema de se encontrar a solução de um sistema de equações não lineares seja transformado na obtenção da solução de sucessivos sistemas lineares, até que esta atinja o grau de precisão desejado para satisfazer o problema original.

O esforço computacional presente no método de Newton evidencia-se claramente pela necessidade de cálculo da solução $\Delta \boldsymbol{x}^{(k)}$ de um novo sistema linear que se forma a cada iteração, pela obtenção da matriz de coeficientes do sistema, ou seja, Jacobiano $\boldsymbol{H}(\boldsymbol{x}^{(k)})$, e do vetor independente $-\boldsymbol{h}(\boldsymbol{x}^{(k)})$, conforme se vê na Equação (5.1).

Algumas modificações do método clássico, que o levam a ser denominado método de quase-Newton, podem ser adotadas de modo a aliviar a carga computacional anteriormente referida. Uma dessas modificações, baseia-se na observação de que $\boldsymbol{H}(\boldsymbol{x}^{(k)})$ varia pouco quando $\boldsymbol{x}^{(k)}$ está próximo da solução. Assim, escolhido um adequado valor inicial $\boldsymbol{x}^{(0)}$, pode-se propor o seguinte processo iterativo, em que simplesmente mantém-se constante a matriz Jacobiano $\boldsymbol{H}$, calculada em $\boldsymbol{x}^{(0)}$:

$$\boldsymbol{H}\Delta\boldsymbol{x}^{(k)} = -\boldsymbol{h}(\boldsymbol{x}^{(k)}) \tag{5.5}$$

$$\boldsymbol{x}^{(k+1)} = \boldsymbol{x}^{(k)} + \Delta\boldsymbol{x}^{(k)} \tag{5.6}$$

Com isso, a fatoração de $\boldsymbol{H}$, para a aplicação do método da Eliminação de Gauss de modo a resolver a Equação (5.5), só precisa ser realizada uma única vez, o se traduz em expressivo ganho computacional. Importante esclarecer que se espera um acréscimo no número de iterações necessárias ao atendimento do grau de precisão preestabelecido. Entretanto, cada iteração realiza-se de modo mais célere, costumeiramente. Assim, no cômputo do tempo total dispendido pelo processo iterativo, o balanço entre o número de iterações adicionais requeridas e o tempo médio por iteração favorece a adoção da modificação proposta.

Outras modificações do método de Newton envolvendo o cálculo/atualização da matriz Jacobiano são encontradas na literatura especializada, notadamente aquela conhecida por método de Broyden ou das Secantes. Ao leitor interessado no tema recomenda-se consulta à [Burd11] e [Heat02].

Exemplo 5.3: Resolva o sistema a seguir, considerando:

$$\begin{cases} x_1^3 + x_1^2 x_2 - x_1 x_3 + 6 = 0 \\ e^{x_1} + e^{x_2} - x_3 = 0 \\ x_2^2 - 2x_1 x_3 = 4 \end{cases}$$

a) método de Newton clássico; e

b) método de Newton modificado, com Jacobiano constante.

Adote $\boldsymbol{x}^{(0)}$=[–1; –2;1] e $e_{abs} < 5\times10^{-4}$ (precisão de 3 casas decimais)

Para o item (a), utilizando o Programa 5.2, os seguintes resultados são alcançados:

Iteração (0):

$$x^{(0)} = \begin{bmatrix} -1 \\ -2 \\ 1 \end{bmatrix} \quad h(x^{(0)}) = \begin{bmatrix} 4 \\ -0,49679 \\ 2 \end{bmatrix} \quad H(x^{(0)}) = \begin{bmatrix} 6 & 1 & 1 \\ 0,36788 & 0,13534 & -1 \\ -2 & -4 & 2 \end{bmatrix}$$

$$\begin{bmatrix} \Delta x_1^{(0)} \\ \Delta x_2^{(0)} \\ \Delta x_3^{(0)} \end{bmatrix} = \begin{bmatrix} -0,63674 \\ 0,48572 \\ -0,66530 \end{bmatrix} \quad x^{(1)} = x^{(0)} + \Delta x^{(0)}$$

Iteração (1):

$$x^{(1)} = \begin{bmatrix} -1,63674 \\ -1,51428 \\ 0,33471 \end{bmatrix} \quad h(x^{(1)}) = \begin{bmatrix} -1,89347 \\ 0,07987 \\ -0,61131 \end{bmatrix} \quad H(x^{(1)}) = \begin{bmatrix} 12,65898 & 2,67891 & 1,63674 \\ 0,19461 & 0,21997 & -1 \\ -0,66941 & -3,02855 & 3,273477 \end{bmatrix}$$

$$\begin{bmatrix} \Delta x_1^{(1)} \\ \Delta x_2^{(1)} \\ \Delta x_3^{(1)} \end{bmatrix} = \begin{bmatrix} 0,17188 \\ -0,15395 \\ 0,07946 \end{bmatrix} \quad x^{(2)} = x^{(1)} + \Delta x^{(1)}$$

Iteração (2):

$$x^{(2)} = \begin{bmatrix} -1,46486 \\ -1,66823 \\ 0,41417 \end{bmatrix} \quad h(x^{(2)}) = \begin{bmatrix} -0,11631 \\ 0,00552 \\ -0,00361 \end{bmatrix} \quad H(x^{(2)}) = \begin{bmatrix} 10,91069 & 2,14581 & 1,46486 \\ 0,23111 & 0,18858 & -1 \\ -0,82833 & -3,33646 & 2,92971 \end{bmatrix}$$

$$\begin{bmatrix} \Delta x_1^{(2)} \\ \Delta x_2^{(2)} \\ \Delta x_3^{(2)} \end{bmatrix} = \begin{bmatrix} 0,00875 \\ 0,00404 \\ 0,00831 \end{bmatrix} \quad x^{(3)} = x^{(2)} + \Delta x^{(2)}$$

Iteração (3):

$$x^{(3)} = \begin{bmatrix} -1,45611 \\ -1,66419 \\ 0,42248 \end{bmatrix} \quad h(x^{(3)}) = \begin{bmatrix} 0,00064 \\ 0,00001 \\ -0,00013 \end{bmatrix} \quad H(x^{(3)}) = \begin{bmatrix} 10,78475 & 2,12025 & 1,45611 \\ 0,23314 & 0,1893438 & -1 \\ -0,84495 & -3,32838 & 2,91221 \end{bmatrix}$$

$$\begin{bmatrix} \Delta x_1^{(3)} \\ \Delta x_2^{(3)} \\ \Delta x_3^{(3)} \end{bmatrix} = \begin{bmatrix} 0,00006 \\ -0,00004 \\ 0,00002 \end{bmatrix} \quad x^{(4)} = x^{(3)} + \Delta x^{(3)}$$

Iteração (4):

Iteração (4):

$$x^{(4)} = \begin{bmatrix} -1{,}45604 \\ -1{,}66423 \\ 0{,}42249 \end{bmatrix}$$

$e_{abs}^{(4)} = |-0{,}0000646| = 6{,}46 \times 10^{-5} < tol \Rightarrow$ processo convergiu ($tol = 5\times10^{-4}$).

O Quadro 5.1 a seguir, mostra a trajetória da solução no processo iterativo do método de Newton sem modificações.

Quadro 5.1 – Processo iterativo do método de Newton, sem modificações

	Iterações				
	0	1	2	3	4
x_1	-1	-1,63674	-1,46486	-1,45611	**-1,45604**
x_2	-2	-1,51428	-1,66283	-1,66419	**-1,66423**
x_3	1	0,33471	0,41417	0,42248	**0,42249**
e_{abs}	---	$6{,}7 \times 10^{-1}$	$1{,}7 \times 10^{-1}$	$8{,}3 \times 10^{-3}$	6×10^{-5}

Para se obter os resultados do item (b), basta modificar o Programa 5.2 fazendo com que o Jacobiano seja calculado uma única vez. Verifica-se que, se $H(x^{(0)})$ for adotado, o processo irá requerer 23 iterações para atingir a solução com a tolerância fixada, o que a princípio pode não ser vantajoso. Entretanto, se a partir da 1ª iteração, o Jacobiano $H(x^{(1)})$ for adotado como constante, o processo convergirá (com menor esforço computacional) em 4 iterações. A trajetória da solução do sistema está disposta no Quadro 5.2 a seguir.

Quadro 5.2 – Processo iterativo do método de Newton, com Jacobiano constante

	Iterações			
	1	2	3	4
x_1	-1,63674	-1,46486	-1,45804	**-1,45615**
x_2	-1,51428	-1,66823	-1,66206	**-1,66454**
x_3	0,33471	0,41417	0,42238	**0,42226**
e_{abs}	$1{,}7 \times 10^{-1}$	$8{,}2 \times 10^{-3}$	$2{,}48 \times 10^{-3}$	$4{,}0 \times 10^{-4}$

5.4 MÉTODO DE NEWTON APLICADO A FUNÇÕES COMPLEXAS

No Capítulo 3 e até aqui, apresentou-se o método de Newton para obter a solução do problema que se traduz matematicamente por encontrar valores para a variável x que satisfaça a equação não linear $f(x) = 0$, lidando-se com funções reais de variáveis reais. Em termos mais gerais, para $w = f(z)$, se z e w representam variáveis complexas, diz-se que f é uma função complexa de variável complexa.

Para a aplicação do método de Newton ao problema de funções complexas de variáveis complexas, torna-se interessante fazer um desenvolvimento que conduza à solução de $f(z) = 0$ como se apresenta a seguir, notadamente no que diz respeito à derivação.

Inicialmente, considere que (sendo $j = \sqrt{-1}$, a unidade complexa):

$$z = x + jy; \quad f(z) = u(x,y) + jv(x,y) \tag{5.7}$$

$$u_x = \frac{\partial u(x,y)}{\partial x}; u_y = \frac{\partial u(x,y)}{\partial y}; v_x = \frac{\partial v(x,y)}{\partial x}; v_y = \frac{\partial v(x,y)}{\partial y}$$

Para $f(z)$ ser diferenciável, deve-se ter:

$$u_x = v_y \text{ e } u_y = -v_x \tag{5.8}$$

De modo a facilitar o entendimento dessa condição de diferenciabilidade, considere o seguinte exemplo: $f(z) = e^z - z^2$, sendo $z = x + jy$.

$$\Rightarrow f(z) = e^{x+jy} - (x+jy)^2 \quad \Rightarrow f(z) = e^x e^{jy} - (x+jy)^2$$

$$f(z) = e^x(cosy + jseny) - (x^2 + j2xy - y^2)$$

$$f(z) = (e^x cosy - x^2 + y^2) + j(e^x seny - 2xy)$$

Separando as partes real e imaginária e derivando-as:

$$u(x,y) = e^x cosy - x^2 + y^2 \quad \Rightarrow \quad u_x = \frac{\partial u}{\partial x} = e^x cosy - 2x$$

$$\Rightarrow \quad u_y = \frac{\partial u}{\partial y} = -e^x seny + 2y$$

$$v(x,y) = e^x seny - 2xy \quad \Rightarrow \quad v_x = \frac{\partial v}{\partial x} = e^x seny - 2y$$

$$\Rightarrow \quad v_y = \frac{\partial v}{\partial y} = e^x cosy - 2x$$

Sabe-se que $u_x = v_y$ e $u_y = -v_y$. Então, $f(z)$ é diferenciável.

Continuando o desenvolvimento, o método de Newton estabelece para cada iteração k que:

$$z^{(k+1)} = z^{(k)} - \frac{f(z^{(k)})}{f'(z^{(k)})} \tag{5.9}$$

$$f'(z) = \frac{\partial u}{\partial x} + j\frac{\partial v}{\partial x} = u_x + jv_x \tag{5.10}$$

$$(x + jy)^{(k+1)} = (x + jy)^{(k)} - \frac{u^{(k)} + jv^{(k)}}{u_x^{(k)} + jv_x^{(k)}} \tag{5.11}$$

Multiplicando $\frac{u^{(k)}+jv^{(k)}}{u_x^{(k)}+jv_x^{(k)}}$ por $\left[\frac{u_x^{(k)}-jv_x^{(k)}}{u_x^{(k)}-jv_x^{(k)}}\right]$., vem:

$$(x + jy)^{(k+1)} = (x + jy)^{(k)} - \frac{u^{(k)}u_x^{(k)} + ju_x^{(k)}v^{(k)} - ju^{(k)}v_x^{(k)} + v^{(k)}v_x^{(k)}}{(u_x^{(k)})^2 + (v_x^{(k)})^2} \tag{5.12}$$

Separando em parte real e imaginária:

$$x^{(k+1)} = x^{(k)} - \frac{u^{(k)}u_x^{(k)} + v^{(k)}v_x^{(k)}}{(u_x^{(k)})^2 + (v_x^{(k)})^2} \tag{5.13}$$

$$y^{(k+1)} = y^{(k)} - \frac{u_x^{(k)}v^{(k)} - u^{(k)}v_x^{(k)}}{(u_x^{(k)})^2 + (v_x^{(k)})^2} \tag{5.14}$$

Voltando ao exemplo usado:

$u^{(k)} = e^{x^{(k)}} cosy^{(k)} - [x^{(k)}]^2 + [y^{(k)}]^2$ $\quad$ $u_x^{(k)} = e^{x^{(k)}} cosy^{(k)} - 2x^{(k)}$

$v^{(k)} = e^{x^{(k)}} seny^{(k)} - 2x^{(k)}y^{(k)}$ $\quad$ $v_x^{(k)} = e^{x^{(k)}} seny^{(k)} - 2y^{(k)}$

Adotando como valores iniciais $z^{(0)} = x^{(0)} + jy^{(0)} = 1{,}6 + j1{,}5$, vem:

$u^{(0)} = 0{,}040364$ $\quad$ $u_x^{(0)} = -2{,}849636$

$v^{(0)} = 0{,}14625$ $\quad$ $v_x^{(0)} = 1{,}940625$

Finalmente, após 3 iterações das Equações (5.13) e (5.14) o processo iterativo com o método de Newton convergirá para:

$$z^{(3)} = x^{(3)} + jy^{(3)} = 1{,}5880 + j1{,}5402$$

A seguir, apresenta-se uma outra forma de se conduzir o desenvolvimento da solução de $f(z) = 0$, sendo $z = x + jy$, por meio do método de Newton.

Tomando-se a parte real e imaginária de $f(z) = u(x,y) + jv(x,y) = 0$, transforma-se o problema naquele em que se busca resolver um sistema não linear de duas equações a duas incógnitas (reais). Usando as Equações (5.1) e (5.2), vem:

$$\begin{cases} u(x,y) = 0 \\ v(x,y) = 0 \end{cases} \rightarrow \begin{bmatrix} u_x & u_y \\ v_x & v_y \end{bmatrix}^{(k)} \begin{bmatrix} \Delta x \\ \Delta y \end{bmatrix}^{(k)} = -\begin{bmatrix} u \\ v \end{bmatrix}^{(k)}$$

$$\begin{bmatrix} x \\ y \end{bmatrix}^{(k+1)} = \begin{bmatrix} x \\ y \end{bmatrix}^{(k)} + \begin{bmatrix} \Delta x \\ \Delta y \end{bmatrix}^{(k)}$$

$$\begin{bmatrix} \Delta x \\ \Delta y \end{bmatrix}^{(k)} = \frac{1}{det^{(k)}} \begin{bmatrix} v_y & -u_y \\ -v_x & u_x \end{bmatrix}^{(k)} \begin{bmatrix} -u \\ -v \end{bmatrix}^{(k)}$$

$$det^{(k)} = u_x v_y - u_y v_x$$

$$\Delta x^{(k)} = \frac{-u^{(k)} v_y^{(k)} + v^{(k)} u_y^{(k)}}{u_x^{(k)} v_y^{(k)} - u_y^{(k)} v_x^{(k)}} \tag{5.15}$$

$$\Delta y^{(k)} = \frac{u^{(k)} v_x^{(k)} - v^{(k)} u_x^{(k)}}{u_x^{(k)} v_y^{(k)} - u_y^{(k)} v_x^{(k)}} \tag{5.16}$$

Para obter as mesmas expressões nas Equações (5.13) e (5.14) encontradas no desenvolvimento anterior, basta usar $u_x = v_y$ e $u_x = - v_y$ nas Equações (5.15) e (5.16).

Sugere-se ao leitor resolver o Exercício Proposto nº 2, aplicando o algoritmo de Newton para funções complexas apresentado na seção a seguir.

5.5 EXERCÍCIOS PROPOSTOS

1) Considere o sistema representado a seguir, a ser resolvido utilizando-se do método de Newton. As seguintes afirmativas foram feitas:

$$\begin{cases} x_1^2 + x_2^2 = 2 \\ e^{x_1 - 1} + x_2^3 = 2 \end{cases}$$

I) Caso seja adotada a solução inicial $x_1^{(0)} = 1$ e $x_2^{(0)} = 0$, o processo iterativo convergirá em poucas iterações.

II) Se os valores iniciais $x_1^{(0)} = 1$ e $x_2^{(0)} = 1$ forem escolhidos, o processo iterativo divergirá.

III) caso sejam adotados $x_1^{(0)} = 0$ e $x_2^{(0)} = 0$, a matriz Jacobiano do sistema poderá ser mantida constante durante o processo iterativo.

Sobre as afirmativas, escolha a opção correta:

A) apenas (II) é F

B) apenas (III) é V

C) (II) é V

D) apenas (I) é F

E) (I), (II) e (III) são F

2) Uma das raízes complexas da equação $z^2 - 2z + 3 = 0$ pode ser obtida substituindo-se $z = a + jb$ (sendo j a unidade imaginária) nesta equação e, nela tomando-se a parte real $f_1(a,b)$ e imaginária $f_2(a,b)$, resolver o sistema abaixo.

$$\begin{cases} f_1(a,b) = 0 \\ f_2(a,b) = 0 \end{cases} \quad \begin{bmatrix} a^{(0)} \\ b^{(0)} \end{bmatrix} = \begin{bmatrix} 1{,}00 \\ 1{,}00 \end{bmatrix}$$

Adotando o método de Newton e usando como solução inicial os valores de $a^{(0)}$ e $b^{(0)}$ indicados, encontram-se na próxima iteração $a^{(1)}$ e $b^{(1)}$ iguais a, respectivamente:

A) 1,05 e 1,41

B) 1,00 e 1,50

C) 1,05 e 1,35

D) 0,98 e 1,41

E) 1,00 e 1,00

3) Um parafuso tipo argola suporta 4 forças, conforme ilustra a figura a seguir. Sabe-se que o efeito resultante no parafuso é um puxão direto de 3,5 kN na direção x. Para determinar os valores de θ e T, realiza-se a decomposição das forças nos eixos x e y, formando o sistema a seguir, a ser resolvido pelo método de Newton.

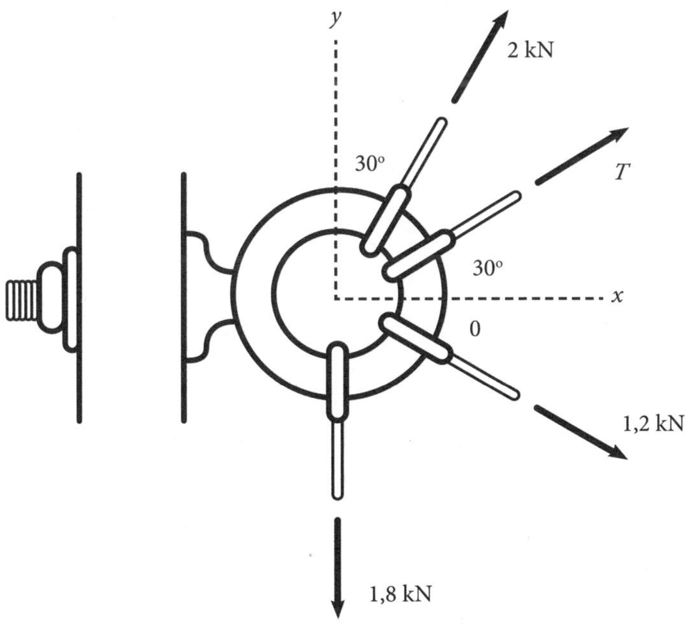

$$\begin{cases} 2\cos 60^\circ + T\cos 30^\circ + 1{,}2\cos\theta = 3{,}5 \\ -1{,}8 - 1{,}2\,\text{sen}\,\theta + T\cos 60^\circ + 2\cos 30^\circ = 0 \end{cases}$$

Adote como valores iniciais $\theta^{(0)} = 25°$ e $T^{(0)} = 3{,}5$ kN. Para valores da próxima iteração a opção correta é:

A) $\theta^{(1)} = 53°$; $T^{(1)} = 2{,}1$kN

B) $\theta^{(1)} = 42°$; $T^{(1)} = 1{,}8$kN

C) $\theta^{(1)} = 26°$; $T^{(1)} = 3{,}2$kN

D) $\theta^{(1)} = 34°$; $T^{(1)} = 2{,}8$kN

E) $\theta^{(1)} = 18°$; $T^{(1)} = 3{,}7$kN

4) Partindo-se de $x^{(0)} = \begin{bmatrix} 1{,}50 \\ 3{,}50 \end{bmatrix}$, por meio do método de Newton aplicado ao sistema, obtém-se na próxima iteração para $x^{(1)}$ o valor de:

$$\begin{cases} x_1^2 + x_1 x_2 = 10 \\ 3x_1 x_2^2 + x_2 = 57 \end{cases}$$

A) $\begin{bmatrix} 2{,}04 \\ 2{,}84 \end{bmatrix}$

B) $\begin{bmatrix} 2{,}00 \\ 3{,}00 \end{bmatrix}$

C) $\begin{bmatrix} 1{,}98 \\ 3{,}09 \end{bmatrix}$

D) $\begin{bmatrix} 1{,}82 \\ 3{,}41 \end{bmatrix}$

E) $\begin{bmatrix} 1{,}75 \\ 2{,}92 \end{bmatrix}$

5) Use o método de Newton com Jacobiano constante para encontrar uma solução para o sistema a seguir.

$$\begin{cases} x_1 x_2 = 1 \\ x_1^2 + x_2^2 - 4x_1 + 2x_2 = 4 \end{cases}$$

Adote como tolerância o valor de 10^{-4} para a convergência do processo iterativo, iniciando-o com:

$$x^{(0)} = \begin{bmatrix} x_1^{(0)} \\ x_2^{(0)} \end{bmatrix} = \begin{bmatrix} 0{,}50 \\ 1{,}50 \end{bmatrix}$$

Assim, o processo converge para:

A) $\begin{bmatrix} 1{,}054 \\ 2{,}841 \end{bmatrix}$

B) $\begin{bmatrix} 0{,}937 \\ 1{,}738 \end{bmatrix}$

C) $\begin{bmatrix} 0{,}604 \\ 1{,}665 \end{bmatrix}$

D) $\begin{bmatrix} 1{,}812 \\ 3{,}414 \end{bmatrix}$

E) $\begin{bmatrix} 0{,}575 \\ 1{,}923 \end{bmatrix}$

6) Considere o seguinte sistema e respectivo vetor-solução inicial:

$$\begin{cases} x_1x_2 - x_3^2 - 1 = 0 \\ x_1x_2x_3 - x_1^2 + x_2^2 - 2 = 0 \\ e^{x_1} - e^{x_2} + x_3 - 3 = 0 \end{cases} \qquad \begin{bmatrix} x_1 \\ x_2 \\ x_3 \end{bmatrix}^{(0)} = \begin{bmatrix} 2{,}0 \\ 2{,}0 \\ 1{,}5 \end{bmatrix}$$

Os elementos da 2ª linha da matriz Jacobiano na iteração inicial valem, respectivamente:

A) -1, -2, -3

B) 1, 2, 3

C) 3, 3, 2

D) -1, 7, 4

E) nra

7) Para encontrar a solução do sistema não linear apresentado a seguir,

$$\begin{cases} x_1 - 0{,}7\text{sen}(x_1) - 0{,}2\cos(x_2) = 0 \\ x_2 - 0{,}7\cos(x_1) + 0{,}2\text{sen}(x_2) = 0 \end{cases}$$

aplica-se o método de Newton completo, partindo-se de $x^{(0)} = \begin{bmatrix} 0{,}4 \\ 0{,}3 \end{bmatrix}$.

Realizando-se 3 iterações, obtém-se para a solução:

A) $\begin{bmatrix} 0,8054 \\ 0,8413 \end{bmatrix}$

B) $\begin{bmatrix} 0,7737 \\ 1,7382 \end{bmatrix}$

C) $\begin{bmatrix} 0,6041 \\ 1,6652 \end{bmatrix}$

D) $\begin{bmatrix} 0,5448 \\ 0,5067 \end{bmatrix}$

E) $\begin{bmatrix} 0,5665 \\ 0,5079 \end{bmatrix}$

8) Resolva o sistema pelo método de Newton.

$$\begin{cases} 3x_1 - \cos(x_2 x_3) - 1{,}0 = 0 \\ x_1^2 - 80(x_2 + 0{,}1)^2 + \operatorname{sen}(x_3) + 2{,}0 = 0 \\ e^{-x_1 x_2} + 20x_3 + 10 = 0 \end{cases} \qquad x^{(0)} = \begin{bmatrix} 0{,}1 \\ 0{,}1 \\ -0{,}1 \end{bmatrix}$$

O valor de x_2 com 4 casas decimais de precisão é:

A) - 0,5482

B) 0,6665

C) 0,0550

D) 1,8263

E) nra

9) Na Seção 3.3, apresentou-se o método do Ponto Fixo para resolver uma equação algébrica não linear escrita na forma h(x) = 0, sendo estabelecido em (3.1) o seguinte processo iterativo: $x^{(k+1)} = g(^{x(k)})$, em que g(x), conhecida por função de iteração, obtém-se pela manipulação de h(x), de modo a se isolar a variável x no primeiro membro da equação. O método do Ponto Fixo pode ser também aplicado a um sistema de equações algébricas não lineares na forma h(x) = 0. Assim, pede-se resolver o sistema apresentado no Exercício 8 por tal método.

O valor de x_3 com 4 casas decimais de precisão é:

A) - 0,5482

B) 0,6665

C) 0,0550

D) 1,8263

E) nra

10) Considerando o Exercício 9, no sentido de se tentar acelerar a convergência do processo iterativo estabelecido, pode-se recorrer à utilização das estimativas correntes (relativas à iteração k + 1), i.e., $x_1^{(k+1)}, x_2^{(k+1)},..., x_{i-1}^{(k+1)}$ em vez de $x_1^{(k)}, x_2^{(k)},..., x_{i-1}^{(k)}$, para calcular $x_i^{(k+1)}$, à semelhança do que preconiza o Método de Gauss-Seidel (veja Seção 4.11) para sistemas lineares. Para facilitar o entendimento, apresenta-se a seguir o processo iterativo resultante dessa providência.

$$x_1^{(k+1)} = \frac{1}{3}\cos(x_2^{(k)}x_3^{(k)}) + \frac{1}{6}$$

$$x_2^{(k+1)} = \frac{1}{\sqrt{80}}\sqrt{[x_1^{(k+1)}]^2 + \operatorname{sen}(x_3^{(k)}) + 2} - 0,1$$

$$x_3^{(k+1)} = -\frac{1}{20}e^{-x_1^{(k+1)}x_2^{(k+1)}} - 0,5$$

O valor de x_1 com 4 casas decimais de precisão é:

A) - 0,5482

B) 0,6665

C) 0,0550

D) 1,8263

E) nra

5.6 PROGRAMAS COMPUTACIONAIS

1) Considere o seguinte sistema, para o qual se deseja obter a solução fazendo uso do método de Newton, partindo-se do vetor $\boldsymbol{x}^{(0)}$ fornecido, até que o processo iterativo convirja adotando-se a tolerância de 10^{-6}.

$$\begin{cases} x_1x_2 - x_3^2 - 1 = 0 \\ x_1x_2x_3 - x_1^2 + x_2^2 - 2 = 0 \\ e^{x_1} - e^{x_2} + x_3 - 3 = 0 \end{cases} \qquad \begin{bmatrix} x_1 \\ x_2 \\ x_3 \end{bmatrix}^{(0)} = \begin{bmatrix} 2,0 \\ 2,0 \\ 1,5 \end{bmatrix}$$

Elabore um programa **Scilab** em que a solução desejada seja obtida considerando-se dois procedimentos:

- Jacobiano calculado a cada iteração;
- Jacobiano calculado em $x^{(0)}$ e mantido constante nas iterações seguintes.

Em ambos os casos, avalie o número de iterações realizadas e o tempo total gasto ao fim de cada um dos processos iterativos correspondentes (existem funções residentes para este fim). Qual dos procedimentos estabelecidos apresenta vantagem computacional no problema em questão?

A função residente **fsolve** poderá ser usada para conferir os resultados alcançados.

2) Considere o seguinte sistema, para o qual apresenta-se o valor de uma estimativa inicial de solução $x^{(0)}$:

$$\begin{cases} 3x_1 - \cos(x_2 x_3) - 0{,}5 = 0 \\ x_1^2 - 625x_2^2 - 0{,}25 = 0 \\ e^{-x_1 x_2} + 20x_3 + (10\pi - 3)/3 = 0 \end{cases} \qquad \begin{bmatrix} x_1 \\ x_2 \\ x_3 \end{bmatrix}^{(0)} = \begin{bmatrix} 1{,}0 \\ 1{,}0 \\ -1{,}0 \end{bmatrix}$$

Com o programa **Scilab** desenvolvido no item anterior, resolva o sistema apresentado, adotando como tolerância 10^{-5}. Que o leitor não se surpreenda, caso um substancial número de iterações seja necessário para que se alcance a convergência. Verifique se de fato a matriz Jacobiano torna-se singular no valor de x correspondente à solução do problema, apontada a seguir para auxiliar na interpretação de como se conduz o processo iterativo do método de Newton aplicado ao problema.

$$\begin{bmatrix} x_1 \\ x_2 \\ x_3 \end{bmatrix} = \begin{bmatrix} 0{,}5 \\ 0 \\ -0{,}5235988 \end{bmatrix}$$

CAPÍTULO 6
Interpolação

6.1 INTRODUÇÃO

No campo científico, frequentemente são coletados dados (valores numéricos) que inter-relacionam variáveis de interesse. Tais dados podem ser manipulados de diversas maneiras para deles se extrair a informação procurada (razão da referida coleta). Lógico imaginar que tal coleta ocorra dentro de certos limites, o que remete a uma primeira necessidade: a de completar indiretamente o conjunto de dados disponíveis. O procedimento que fornece estimativas para valores que se situem entre aqueles dos dados coletados (usualmente dispostos em tabelas) recebe o nome de *interpolação*.

Na antiguidade, por volta de 300 a.C, quando astrônomos babilônios listavam registros das posições do Sol, da Lua e dos planetas conhecidos de então, em intervalos regulares de tempo, havia a necessidade de completar lacunas em tais listas (efemérides astronômicas), por força da presença de condições atmosféricas adversas, impeditivas dos registros pretendidos, ou pela impossibilidade de visualização de corpos celestes em certos períodos. Evidências do uso mais remoto de *interpolação* foram encontradas em tábulas (placas ou chapas) com textos cuneiformes sobre Astronomia [Neug75]. Na Grécia antiga, Hiparco (190-120 a.C), também atuando no mesmo campo, teria usado *interpolação* para a construção de tabelas de valores numéricos de funções trigonométricas (tábuas de cordas, equivalentes a senos). Por esses desenvolvimentos, talvez Hiparco possa hoje ser considerado como o pai da Trigonometria. Em continuação, encontram-se as contribuições do grego Claudio Ptolomeu (90-168 d.C) de Alexandria reunidas no tratado sobre Astronomia conhecido como *Almagesto* (*O Grande Livro*), em que também se encontram aplicações de *interpolação* [Katz09]. Esse trabalho reveste-se de importância para a história da Matemática por seu conteúdo trigonométrico, pois inclui o equivalente a uma tabela de valores de senos para ângulos entre (½)° e 180°, bem como uma introdução à trigonometria esférica. Ptolomeu introduziu a Teoria Geocêntrica (a Terra como centro do Universo) que iria prevalecer por mais de mil anos até o Renascimento, no século XVI. Na China e Índia, no período entre 600 e 1300 d.C, encontram-se também aplicações de interpolação à Astronomia.

O desenvolvimento do que se conhece hoje por *interpolação* clássica surgiu após uma verdadeira revolução do pensamento científico ocidental, em especial nos campos da Astronomia e da Física, iniciada pelo polonês Nicolau Copérnico (1473-1543) com a Teoria Heliocêntrica (o Sol no centro do sistema solar), continuada pelo alemão Johannes Kepler (1571-1630) e pelo italiano Galileu Galilei (1564-1642), culminada pelas teorias trazidas pelo inglês Isaac Newton (1642-1727).

Como mencionado anteriormente, a *interpolação* já era conhecida quando Newton desenvolveu seus estudos sobre o tema. O matemático árabe Al-Biruni (973-1050) já usava interpolação quadrática e o inglês Henry Briggs (1561-1630) utilizou a *interpolação* para tabelar logaritmos. John Wallis (1616-1703), principal matemático inglês antes de Newton, usou *interpolação* para o cálculo de uma integral. Atribui-se a Wallis a introdução na Matemática do termo *interpolação*; também conhecido por ser o primeiro a usar o símbolo ∞ para representar infinito. Newton em seu livro *Principia Mathematica* (1687), que descreve a trajetória de cometas, utilizou o método de *interpolação* do escocês James Gregory (1638-1675). Métodos variados de interpolação foram propostos também por destacados matemáticos, como: o escocês James Stirling (1692-1770) em seu trabalho publicado em 1749 sobre um método de diferenças; o inglês Edward Waring (1734-1798) no artigo de 1779 em que propõe um método alternativo que não requer o cálculo de diferenças sucessivas [Wari79]. Nos dias de hoje, usualmente, atribui-se tal método ao italiano (nato em Turim), com família de origem francesa, Giuseppe Lodovico Lagrangia ou Giuseppe Luigi Lagrange, ou conforme se notabilizou Joseph-Louis Lagrange (1736-1813). O método foi publicado por Lagrange (Figura 6.1) em 1795, em aparente desconhecimento sobre o artigo de Waring.

Vários outros estudos envolvendo *interpolação* foram conduzidos ao longo do tempo, principalmente por destacados matemáticos, astrônomos, estatísticos, entre outros, ampliando seu uso em novas áreas, como no processamento de sinais e de imagens. Em [Meij02], encontra-se uma descrição cronológica sobre o desenvolvimento da teoria da interpolação, desde sua proposição inicial até o tempo presente.

Figura 6.1 – Lagrange (1736-1813).
Fonte:https://mathshistory.st-andrews.ac.uk/Biographies/Lagrange/Lagrange_6.jpeg

Entre os propósitos da *interpolação*, encontram-se aqueles relativos à consecução das seguintes tarefas:

- representar uma coleção de dados discretos por intermédio de uma função suave;
- obter um valor entre outros presentes em uma tabela;
- diferenciar ou integrar uma função conhecida por pontos;
- substituir uma função complicada por outra mais simples.

Neste capítulo, será adotada a classe dos polinômios para *interpolar*. Essa escolha, a mais comumente feita, se deve a facilidade de se realizar cálculos com polinômios, em que apenas operações aritméticas básicas são efetuadas para se obter um valor desejado. Assim também a derivação e integração de funções polinomiais são tarefas de simples realização, resultando também em polinômios.

6.2 CONSIDERAÇÕES INICIAIS

As funções polinomiais, ou simplesmente polinômios, assumem comumente a seguinte forma padrão:

$$p_n(x) = a_n x^n + a_{n-1}x^{n-1} + \cdots + a_1 x + a_0 \tag{6.1}$$

na qual n (número inteiro, não negativo) representa o grau ou ordem do polinômio e $a_n, a_{n-1}, \cdots, a_1, a_0$ são seus coeficientes (constantes reais). Cada termo da soma na Equação (6.1) denomina-se monômio. Polinômios com $n \geq 2$ são funções não lineares que apresentam concavidades e inflexões diversas, que se tornam mais presentes à medida que n aumenta.

Considere um conjunto de $(n + 1)$ pontos distintos de uma determinada função $f(x)$, designado por $(x_0,f(x_0))$, $(x_1,f(x_1))$, ... , $(x_n,f(x_n))$. Para esse dado conjunto, há apenas um único polinômio de grau no máximo igual a n que passa por todos os pontos do conjunto. Por exemplo, para o conjunto de 5 pontos de uma determinada função $f(x)$, apresentado na Tabela 6.1, o único polinômio que passa por todos esses pontos (mais adiante neste capítulo mostra-se como obtê-lo), refere-se à Figura 6.2, assume a seguinte forma:

$$p_4(x) = -0{,}0112332x^4 + 0{,}3413789x^3 - 3{,}3856493x^2 + 12{,}500419x - 9{,}228203$$

Tabela 6.1 – Valores disponíveis de $f(x)$

	x_0	x_1	x_2	x_3	x_4
x	1,5	3,5	7,0	11,5	14
$f(x)$	3,0	6,0	2,5	9,5	7,4

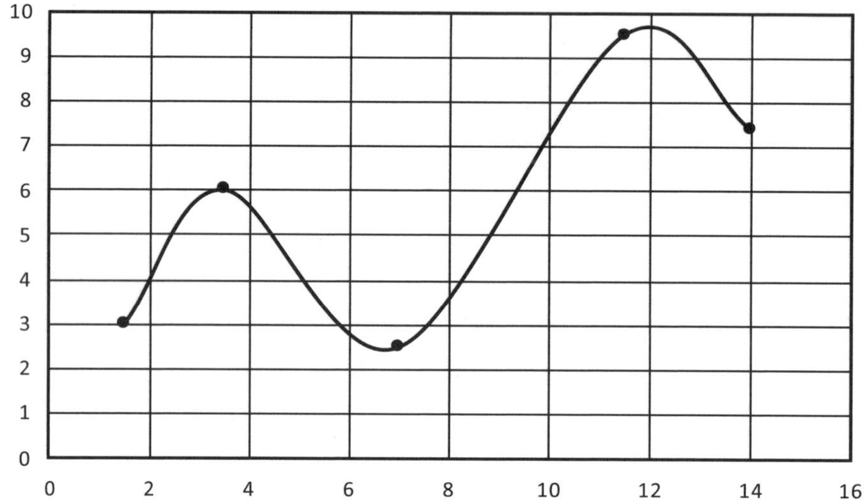

Figura 6.2 – Polinômio de 4º grau contendo 5 pontos de uma função f(x).

Vale observar que o número de pontos disponíveis de uma determinada função indica o grau máximo do polinômio, já que este também depende de como os referidos pontos estejam dispostos. Assim, se no exemplo anterior, os 5 pontos de $f(x)$ estivessem alinhados, o polinômio que por eles passaria seria de grau 1 (reta).

Os pontos usados para se construir um *polinômio interpolante*, no exemplo $p_4(x)$, são chamados de *nós de interpolação*, sendo comuns a $p_4(x)$ e $f(x)$. Os valores de $f(x)$ que não tenham sido tabelados, *i.e.*, estejam nos intervalos (x_0,x_1), (x_1,x_2), (x_2,x_3) e (x_3,x_4), são obtidos por meio do *polinômio interpolante*. Dessa forma, para o valor da função f em $x = 8$, obtém-se a seguinte estimativa: $f(8) \cong p_4(8) = 2{,}868$.

Quando se dispõe de um número elevado de pontos de uma determinada função interpolar, usando apenas um polinômio que passe por todos estes pontos pode não ser adequado, notadamente nos extremos (início e fim) do intervalo que os contêm. Polinômios de grau elevado naturalmente apresentam caráter oscilatório, o que pode não corresponder ao comportamento da função entre os pontos conhecidos. A ocorrência de tal fato exacerba-se no conhecido fenômeno de Runge, podendo ser vista na Figura 6.3, em que um polinômio de grau 10 foi utilizado para interpolar pontos de $f(x) = 1/(1 + 25x^2)$, igualmente espaçados no intervalo $[-1,1]$. Deixa-se ao leitor como exercício, usando uma das formas de se obter um polinômio interpolante apresentadas mais adiante, obter $p_{10}(x)$.

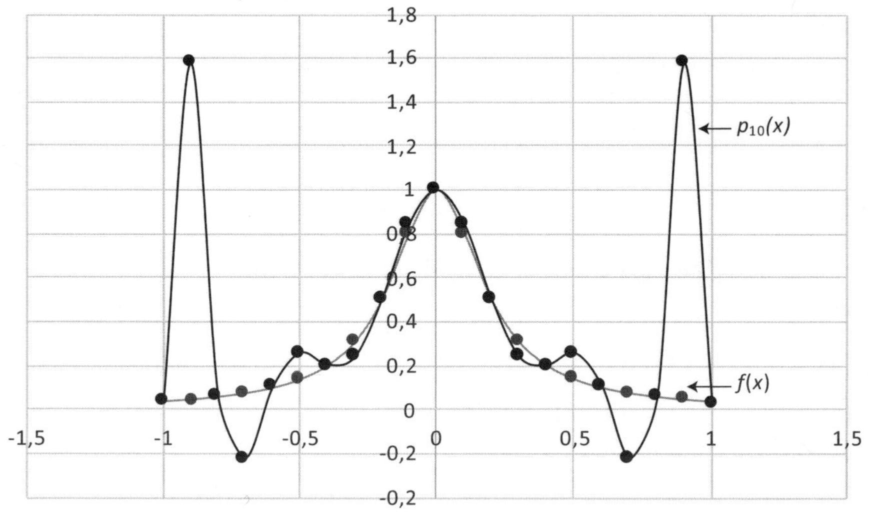

Figura 6.3 – Polinômio de 10º grau caracterizando o fenômeno de Runge.

Uma boa prática para contornar situações como a anteriormente descrita consiste em se adotar a *interpolação por partes*, *i.e.*, usar diferentes polinômios de grau baixo - usualmente, até $p_3(x)$ - nos subconjuntos de dados da função que se tenha interesse em obter valores não disponíveis.

Outra recomendação que merece registro diz respeito à obtenção de estimativas para valores que sejam *externos* ao intervalo de pontos conhecidos de determinada função. Esse problema recebe o nome de *extrapolação* (será abordado no Capítulo 7), não devendo ser confundido com o de *interpolação* (obtenção de estimativas internas) aqui tratado.

Como mencionado anteriormente, para um conjunto de $(n + 1)$ pontos distintos, somente um único polinômio de grau n (máximo) passa exatamente por todos os pontos. Dentre as diferentes formas de se obter tal *polinômio interpolante*, a seguir, três delas receberão destaque, sendo assim denominadas: Padrão, Lagrange e Newton.

6.3 FORMA PADRÃO

Considere o polinômio $p_n(x)$ escrito na forma padrão, *i.e.*, reduzido à sua expressão mais simples e completa (expresso por todos os monômios de grau até n), como na Equação (6.1). Os coeficientes de $p_n(x)$ podem ser obtidos por meio da solução de um sistema de equações lineares, obtidas usando-se o fato de que $p_n(x)$ deve passar pelos

$(n + 1)$ pontos de $f(x)$ disponíveis. Assim, $p_n(x_i) = f(x_i)$, para um conjunto de pontos $(x_i, f(x_i)), i = 0, \dots, n$. Ou ainda, usando a Equação (6.1), $\sum_{j=0}^{n} a_j x_i^j = f(x_i)$, $i = 0, \dots, n$:

$$\begin{cases} a_0 + a_1 x_0 + a_2 x_0^2 + \cdots + a_n x_0^n = f(x_0) \\ a_0 + a_1 x_1 + a_2 x_1^2 + \cdots + a_n x_1^n = f(x_1) \\ a_0 + a_1 x_2 + a_2 x_2^2 + \cdots + a_n x_2^n = f(x_2) \\ \vdots \\ a_0 + a_1 x_n + a_2 x_n^2 + \cdots + a_n x_n^n = f(x_n) \end{cases}$$

Na forma matricial, explicitando os coeficientes do polinômio como incógnitas do problema, obtém-se:

$$\begin{bmatrix} 1 & x_0 & x_0^2 & \cdots & x_0^n \\ 1 & x_1 & x_1^2 & \cdots & x_1^n \\ 1 & x_2 & x_2^2 & \cdots & x_2^n \\ \vdots & \vdots & \vdots & & \vdots \\ 1 & x_n & x_n^2 & \cdots & x_n^n \end{bmatrix} \begin{bmatrix} a_0 \\ a_1 \\ a_2 \\ \vdots \\ a_n \end{bmatrix} = \begin{bmatrix} f(x_0) \\ f(x_1) \\ f(x_2) \\ \vdots \\ f(x_n) \end{bmatrix} \tag{6.2}$$

A matriz de coeficientes do sistema $\boldsymbol{Va} = \boldsymbol{f}$ apresentado na Equação (6.2), composta por colunas contendo os pontos de $f(x)$ conhecidos e suas sucessivas potências (desde 0 até n), chama-se matriz de Vandermonde, tributo prestado ao matemático francês Alexandre-Théophile Vandermonde (1735-1796), cujo nome encontra-se associado notadamente à teoria de determinantes. A matriz $\boldsymbol{V}$ será não singular, contanto que $x_0, x_1, \dots, x_n$ sejam distintos. Entretanto, poderá ser mal condicionada, em especial nos casos em que o polinômio interpolante for de grau elevado [Heat02]. Acresça-se a essa dificuldade o esforço computacional referente à solução do sistema linear, razões que levam os problemas de interpolação a serem resolvidos por outras formas, como as que são apresentadas nas próximas seções deste capítulo.

Exemplo 6.1: Usando o sistema de Vandermonde, obtenha os coeficientes do polinômio interpolante que passa por todos os pontos de $f(x)$ constantes da Tabela 6.1.

$$\begin{bmatrix} 1 & 1{,}5 & 1{,}5^2 & 1{,}5^3 & 1{,}5^4 \\ 1 & 3{,}5 & 3{,}5^2 & 3{,}5^3 & 3{,}5^4 \\ 1 & 7{,}0 & 7{,}0^2 & 7{,}0^3 & 7{,}0^4 \\ 1 & 11{,}5 & 11{,}5^2 & 11{,}5^3 & 11{,}5^4 \\ 1 & 14 & 14^2 & 14^3 & 14^4 \end{bmatrix} \begin{bmatrix} a_0 \\ a_1 \\ a_2 \\ a_3 \\ a_4 \end{bmatrix} = \begin{bmatrix} 3{,}0 \\ 6{,}0 \\ 2{,}5 \\ 9{,}5 \\ 7{,}4 \end{bmatrix}$$

A solução do sistema $Va = f$ pode ser obtida no **Scilab**, com as seguintes instruções:

Programa 6.1 – Sistema de Vandermonde

```
//Sistema de Vandermonde Va=f
//Definição da matriz V
V=[1 1.5 1.5^2 1.5^3 1.5^4;1 3.5 3.5^2 3.5^3 3.5^4;1 7 7^2 7^3 7^4;
1 11.5 11.5^2 11.5^3 11.5^4;1 14 14^2 14^3 14^4]
//Definição do vetor f
f=[3;6;2.5;9.5;7.4]
//Solução do sistema
a=V\f
printf('coeficientes do polinômio em ordem crescente: \n')
disp(a)
```

Encontra-se no link https://github.com/ViniBiajoni/metodosNumericosLivroSBA.git

O vetor-solução (coeficientes do polinômio interpolante) fornece:

$$p_4(x) = -0{,}0112332x^4 + 0{,}3413789x^3 - 3{,}3856493x^2 + 12{,}500419x - 9{,}228203$$

Para interpolar um valor de $f(x)$ na Tabela 6.1, por exemplo $f(10)$, basta calcular: $f(10) \cong p_4(10) = 6{,}258$.

6.4 FORMA DE LAGRANGE

Antes de se obter a forma geral de interpolação de Lagrange, considere em caráter introdutório a construção do polinômio linear (grau 1) que passa pelos pontos(x_0,y_0) e (x_1,y_1), sendo $y_0 = f(x_0)$ e $y_1 = f(x_1)$. Tal polinômio pode ser escrito pela equação da reta que passa por x_0 e tem coeficiente angular $(y_1 - y_0)/(x_1 - x_0)$:

$$p_1(x) = y_0 + \frac{y_1 - y_0}{x_1 - x_0}(x - x_0)$$

Ou ainda:

$$p_1(x) = \frac{(x_1 - x_0)y_0 + (x - x_0)y_1 - (x - x_0)y_0}{x_1 - x_0} = \frac{(x_1 - x_0 - x + x_0)y_0 + (x - x_0)y_1}{x_1 - x_0} =$$

$$= \frac{(x_1 - x)y_0 + (x - x_0)y_1}{x_1 - x_0} = \frac{(x - x_1)}{x_0 - x_1}y_0 + \frac{(x - x_0)}{x_1 - x_0}y_1$$

Definindo:

$$L_0(x) = \frac{(x - x_1)}{x_0 - x_1} \qquad L_1(x) = \frac{(x - x_0)}{x_1 - x_0}$$

Finalmente:

$$p_1(x) = y_0 L_0(x) + y_1 L_1(x) \tag{6.3}$$

Note que as parcelas da soma que compõem $p_1(x)$ são polinômios de grau 1, que satisfazem a condição imposta pelo problema de ter que passar pelos pontos de $f(x)$ disponíveis.

Em x_0:

$$L_0(x_0) = \frac{(x_0 - x_1)}{x_0 - x_1} = 1$$
$$L_1(x_0) = \frac{(x_0 - x_0)}{x_1 - x_0} = 0$$
$$p_1(x_0) = y_0 L_0(x_0) + y_1 L_1(x_0) = y_0$$

Em x_1:

$$L_0(x_1) = \frac{(x_1 - x_1)}{x_0 - x_1} = 0$$
$$L_1(x_1) = \frac{(x_1 - x_0)}{x_1 - x_0} = 1$$
$$p_1(x_1) = y_0 L_0(x_1) + y_1 L_1(x_1) = y_1$$

Observando o caso linear, pode-se construir formas semelhantes para $p_n(x)$ em que uma parcela genérica $L_i(x)$ seja unitária em $x = x_i$ e nula em qualquer outro ponto $x = x_j$, $j \neq i$.

$$L_i(x) = \frac{(x - x_0)(x - x_1)\cdots(x - x_{i-1})(x - x_{i+1})\cdots(x - x_j)\cdots(x - x_n)}{(x_i - x_0)(x_i - x_1)\cdots(x_i - x_{i-1})(x_i - x_{i+1})\cdots(x_i - x_j)\cdots(x_i - x_n)}$$

$$L_i(x_i) = 1; \; L_i(x_j) = 0, \; j \neq i.$$

$L_i(x)$ contém no numerador o produto de n termos em x, já que $(x - x_i)$ não foi incluído, sendo portanto um polinômio de grau n. $L_i(x)$ apresenta no denominador o polinômio do numerador aplicado em $x = x_i$.

Assim, $p_n(x)$ assume a forma de Lagrange, por intermédio de:

$$p_n(x) = y_0 L_0(x) + y_1 L_1(x) + \cdots + y_i L_i(x) + \cdots + y_n L_n(x) = \sum_{i=0}^{n} y_i L_i(x) \tag{6.4}$$

$$\text{sendo } L_i(x) = \prod_{\substack{j=0 \\ j \neq i}}^{n} \frac{(x - x_j)}{(x_i - x_j)} \tag{6.5}$$

Em $x = x_i$:

$$p_n(x_i) = y_0 \overset{0}{L_0(x_i)} + y_1 \overset{0}{L_1(x_i)} + \cdots + y_i \overset{1}{L_i(x_i)} + \cdots + y_n \overset{0}{L_n(x_i)} = y_i$$

Exemplo 6.2: Repita o Exemplo 6.1, adotando agora a Forma de Lagrange para obter o polinômio interpolante que passa pelos 5 pontos conhecidos de $f(x)$, conforme consta na Tabela 6.1, a saber: $(x_0, y_0) = (1{,}5; 3{,}0)$, $(x_1, y_1) = (3{,}5; 6{,}0)$; $(x_2, y_2) = (7{,}0; 2{,}5)$; $(x_3, y_3) = (11{,}5; 9{,}5)$ e $(x_4, y_4) = (14; 7{,}4)$.

$$p_4(x) = y_0 L_0(x) + y_1 L_1(x) + y_2 L_2(x) + y_3 L_3(x) + y_4 L_4(x)$$

$$L_0(x) = \frac{(x - x_1)(x - x_2)(x - x_3)(x - x_4)}{(x_0 - x_1)(x_0 - x_2)(x_0 - x_3)(x_0 - x_4)} = \frac{(x - 3{,}5)(x - 7{,}0)(x - 11{,}5)(x - 14)}{(1{,}5 - 3{,}5)(1{,}5 - 7{,}0)(1{,}5 - 11{,}5)(1{,}5 - 14)}$$

$$L_1(x) = \frac{(x - x_0)(x - x_2)(x - x_3)(x - x_4)}{(x_1 - x_0)(x_1 - x_2)(x_1 - x_3)(x_1 - x_4)} = \frac{(x - 1{,}5)(x - 7{,}0)(x - 11{,}5)(x - 14)}{(3{,}5 - 1{,}5)(3{,}5 - 7{,}0)(3{,}5 - 11{,}5)(3{,}5 - 14)}$$

$$L_2(x) = \frac{(x - x_0)(x - x_1)(x - x_3)(x - x_4)}{(x_2 - x_0)(x_2 - x_1)(x_2 - x_3)(x_2 - x_4)} = \frac{(x - 1{,}5)(x - 3{,}5)(x - 11{,}5)(x - 14)}{(7{,}0 - 1{,}5)(7{,}0 - 3{,}5)(7{,}0 - 11{,}5)(7{,}0 - 14)}$$

$$L_3(x) = \frac{(x - x_0)(x - x_1)(x - x_2)(x - x_4)}{(x_3 - x_0)(x_3 - x_1)(x_3 - x_2)(x_3 - x_4)} = \frac{(x - 1{,}5)(x - 3{,}5)(x - 7{,}0)(x - 14)}{(11{,}5 - 1{,}5)(11{,}5 - 3{,}5)(11{,}5 - 7{,}0)(11{,}5 - 14)}$$

$$L_4(x) = \frac{(x - x_0)(x - x_1)(x - x_2)(x - x_3)}{(x_4 - x_0)(x_4 - x_1)(x_4 - x_2)(x_4 - x_3)} = \frac{(x - 1{,}5)(x - 3{,}5)(x - 7{,}0)(x - 11{,}5)}{(14 - 1{,}5)(14 - 3{,}5)(14 - 7{,}0)(14 - 11{,}5)}$$

Efetuando os cálculos dos denominadores das parcelas de Lagrange, o polinômio interpolante assume a seguinte forma:

$$p_4(x) = \frac{3}{1375}(x - 3{,}5)(x - 7{,}0)(x - 11{,}5)(x - 14) - \frac{6}{588}(x - 1{,}5)(x - 7{,}0)(x - 11{,}5)(x - 14)$$
$$+ \frac{2{,}5}{606{,}375}(x - 1{,}5)(x - 3{,}5)(x - 11{,}5)(x - 14) + \frac{9{,}5}{900}(x - 1{,}5)(x - 3{,}5)(x - 7{,}0)(x - 14) +$$
$$\frac{7{,}4}{2296{,}875}(x - 1{,}5)(x - 3{,}5)(x - 7{,}0)(x - 11{,}5)$$

O polinômio $p_4(x)$ obtido pela Forma de Lagrange é idêntico àquele obtido na Forma Padrão, estando apenas escrito em uma forma algébrica distinta. Para o propósito de obter um valor não conhecido de $f(x)$, não há necessidade de se escrever $p_4(x)$ na sua expressão mais simples. Assim, se o interesse for obter $f(8)$ ou $f(10)$ por exemplo, basta fazer $x = 8$ ou $x = 10$ em $p_4(x)$ escrito na Forma de Lagrange, obtendo-se os valores 2,868 e 6,258, respectivamente, confirmando os resultados anteriormente obtidos. Lembre-se que só existe um polinômio $p_4(x)$ que passa pelos 5 pontos de $f(x)$ conhecidos.

A principal vantagem da Forma de Lagrange está na sua fácil implementação computacional, como mostra o Programa 6.2 a seguir. O leitor poderá testá-lo para reconfirmar os resultados obtidos neste capítulo.

Programa 6.2 – Forma de Lagrange

```
//programa de interpolação pela Forma de Lagrange
//dados de entrada
x=input('valores do vetor x : ')
y=input('valores do vetor y: ')
x_interpol=input('valor do ponto x a ser interpolado: ')
n=length(x); //quantidade de pontos
for i=1:n
 L(i)=1;
 for j=1:n
  if j < > i
   L(i)=L(i)*(x_interpol-x(j))/(x(i)-x(j));
  end
 end
end
soma=0;
for i=1:n
 soma=soma+y(i)*L(i);
end
y_interpol=soma //valor interpolado
```

Encontra-se no link https://github.com/ViniBiajoni/metodosNumericosLivroSBA.git

6.5 FORMA DE NEWTON

Outra alternativa para se obter um polinômio interpolante consiste em escrevê-lo da seguinte forma:

$$p_n(x) = d_0 + d_1(x - x_0) + d_2(x - x_0)(x - x_1) + \cdots + d_n(x - x_0)(x - x_1)\cdots(x - x_{n-1}) \quad (6.6)$$

na qual d_i são coeficientes a serem determinados para satisfazer a restrição do problema de que o polinômio deve coincidir com $f(x)$ em cada um dos nós de interpolação, *i.e.*, $p_n(x_i) = f(x_i) = y_i$.

Em $x = x_0$, a única parcela remanescente em $p_n(x)$ será a primeira. Como $p_n(x_0) = y_0$, então:

$$d_0 = y_0 \tag{6.7}$$

De modo similar, em $x = x_1$, $p_n(x_1) = y_1 = d_0 + d_1(x_1 - x_0)$. Substituindo $d_0 = y_0$ e tirando o valor de d_1 na expressão anterior, vem:

$$d_1 = \frac{(y_1 - y_0)}{(x_1 - x_0)} \tag{6.8}$$

Note que o coeficiente d_1 corresponde à inclinação da reta que passa pelos pontos (x_0,y_0) e (x_1,y_1).

Ainda para ganhar sensibilidade em relação à obtenção dos coeficientes de $p_n(x)$ na Equação (6.6), considere agora $x = x_2$, $p_2(x_2) = y_2$, o que leva a:

$$d_0 + d_1(x_2 - x_0) + d_2(x_2 - x_0)(x_2 - x_1) = y_2$$

$$d_2 = \frac{y_2 - d_0 - d_1(x_2 - x_0)}{(x_2 - x_0)(x_2 - x_1)} \tag{6.9}$$

Substituindo d_0 e d_1, obtidos em (6.7) e (6.8), em (6.9) e isolando d_2, após alguma manipulação algébrica, obtém-se:

$$d_2 = \frac{y_2 - y_0 - \dfrac{(y_1 - y_0)}{(x_1 - x_0)}(x_2 - x_0)}{(x_2 - x_0)(x_2 - x_1)} = \frac{\dfrac{(y_2 - y_0)}{(x_2 - x_1)} - \dfrac{(x_2 - x_0)(y_1 - y_0)}{(x_2 - x_1)(x_1 - x_0)}}{(x_2 - x_0)} =$$

$$= \frac{\dfrac{(y_2 - y_0)(x_1 - x_0) - (x_2 - x_1 + x_1 - x_0)(y_1 - y_0)}{(x_2 - x_1)(x_1 - x_0)}}{(x_2 - x_0)} =$$

$$= \frac{\dfrac{(y_2 - y_0)(x_1 - x_0) - (x_2 - x_1)(y_1 - y_0) + (x_1 - x_0)(y_1 - y_0)}{(x_2 - x_1)(x_1 - x_0)}}{(x_2 - {}_0)} =$$

$$= \frac{\dfrac{(y_2 - y_0 - y_1 + y_0)(x_1 - x_0) - (x_2 - x_1)(y_1 - y_0)}{(x_2 - x_1)(x_1 - x_0)}}{(x_2 - x_0)} = \frac{\dfrac{(y_2 - y_1)(x_1 - x_0) - (x_2 - x_1)(y_1 - y_0)}{(x_2 - x_1)(x_1 - x_0)}}{(x_2 - x_0)}$$

Finalmente:

$$d_2 = \frac{\dfrac{(y_2 - y_1)}{(x_2 - x_1)} - \dfrac{(y_1 - y_0)}{(x_1 - x_0)}}{(x_2 - x_0)} \tag{6.10}$$

Nesse ponto torna-se interessante observar que os coeficientes até então obtidos são dependentes das diferenças entre valores de $f(x)$ divididas pelos respectivos intervalos de x em que tais valores são apurados, sendo por isto denominadas *diferenças divididas*.

A seguinte notação será adotada para a primeira diferença dividida, considerando os pontos (x_0,y_0) e (x_1,y_1):

$$d_1 = f[x_0,x_1] = \frac{y_1 - y_0}{x_1 - x_0} \tag{6.11}$$

Para três pontos, (x_0,y_0), (x_1,y_1) e (x_2,y_2), define-se (recursivamente) a segunda diferença dividida, denotada por $f[x_0,x_1,x_2]$, como:

$$d_2 = f[x_0,x_1,x_2] = \frac{f[x_1,x_2] - f[x_0,x_1]}{x_2 - x_0} = \frac{\frac{y_2 - y_1}{x_2 - x_1} - \frac{y_1 - y_0}{x_1 - x_0}}{x_2 - x_0} \tag{6.12}$$

Genericamente, a diferença dividida de ordem n, para $n + 1$ pontos distintos $x_0, x_1, \ldots, x_n$, define-se como:

$$f[x_0,\cdots,x_n] = \frac{f[x_1,\cdots,x_n] - f[x_0,\cdots,x_{n-1}]}{x_n - x_0} \tag{6.13}$$

Assim, os coeficientes do polinômio interpolante escrito como na Equação (6.6) correspondem às diferenças divididas, como foram definidas nas Equações (6.11) e (6.13). Portanto, na Forma de Newton o polinômio fica definido por:

$$\begin{aligned} p_n(x) &= f(x_0) + f[x_0,x_1](x - x_0) + f[x_0,x_1,x_2](x - x_0)(x - x_1) + \cdots + \\ &+ f[x_0,x_1,\cdots,x_n](x - x_0)(x - x_1)\cdots(x - x_{n-1}) \end{aligned} \tag{6.14}$$

A título de ilustração, são calculadas na Tabela 6.2 a seguir as diferenças divididas para um conjunto de 5 pontos, como aquele apresentado na Tabela 6.1. A 4ª diferença, não consta da Tabela 6.2 por falta de espaço, sendo seu valor dado por:

$$f[x_0,x_1,x_2,x_3,x_4] = \frac{-0{,}0630 - 0{,}0774}{14 - 1{,}5} = -\ 0{,}01\,123$$

Constate que a 4ª diferença dividida calculada corresponde ao valor do coeficiente de x^4, monômio de mais alto grau de $p_4(x)$, como mostra o Exemplo 6.1.

Exemplo 6.3: Repita o Exemplo 6.1, adotando agora a Forma de Newton para obter o polinômio interpolante que passa pelos 5 pontos conhecidos de $f(x)$, usando a Tabela 6.2 a seguir.

Na Forma de Newton, o polinômio interpolante $p_4(x)$ procurado pode ser escrito como:

$$p_4(x) = f(x_0) + f[x_0, x_1](x - x_0) + f[x_0, x_1, x_2](x - x_0)(x - x_1) +$$
$$+ f[x_0, x_1, x_2, x_3](x - x_0)(x - x_1)(x - x_2) +$$
$$+ [x_0, x_1, x_2, x_3, x_4](x - x_0)(x - x_1)(x - x_2)(x - x_3)$$

$$p_4(x) = 3 + 1{,}5(x - 1{,}5) - 0{,}45455(x - 1{,}5)(x - 3{,}5) + 0{,}0774(x - 1{,}5)(x - 3{,}5)(x - 7) -$$
$$- 0{,}01123(x - 1{,}5)(x - 3{,}5)(x - 7)(x - 11{,}5)$$

Como anteriormente, os valores de $f(8)$ e $f(10)$ extraídos de $p_4(x)$, agora na Forma de Newton, são 2,868 e 6,258, respectivamente.

Tabela 6.2 – Diferenças divididas para o conjunto de pontos da Tabela 6.1

	x	*f(x)*	*Dif. Div. 1*	*Dif. Div. 2*	*Dif. Div. 3*
x_0	1,5	3,0			
			$f[x_0, x_1]$ $\dfrac{6-3}{3{,}5-1{,}5} = 1{,}5$		
x_1	3,5	6,0		$f[x_0, x_1, x_2]$ $\dfrac{-1-1{,}5}{7-1{,}5} = -0{,}45455$	
			$f[x_1, x_2]$ $\dfrac{2{,}5-6}{7-3{,}5} = -1$		$f[x_0, x_1, x_2, x_3]$ $\dfrac{0{,}31945+0{,}45455}{11{,}5-1{,}5} = 0{,}0774$
x_2	7,0	2,5		$f[x_1, x_2, x_3]$ $\dfrac{1{,}55556+1}{11{,}5-3{,}5} = 0{,}31945$	
			$f[x_2, x_3]$ $\dfrac{9{,}5-2{,}5}{11{,}5-7} = 1{,}55556$		$f[x_1, x_2, x_3, x_4]$ $\dfrac{-0{,}34222-0{,}31945}{14-3{,}5} = -0{,}0630$
x_3	11,5	9,5		$f[x_2, x_3, x_4]$ $\dfrac{-0{,}84-1{,}55556}{14-7} = -0{,}34222$	
			$f[x_3, x_4]$ $\dfrac{7{,}4-9{,}5}{14-11{,}5} = -0{,}84$		
x_4	14	7,4			

Segue um programa computacional **Scilab** para interpolação polinomial na Forma de Newton.

Programa 6.3 – Forma de Newton

```
//programa de interpolação pela Forma de Newton
//leitura dos dados de entrada
x=input('valores do vetor x : ');
y=input('valores do vetor y: ');
x_interpol=input('valor do ponto x a ser interpolado: ');
//construção da tabela de diferenças divididas
n=length(x);
//cálculo das diferenças divididas de ordem 1
for i=1:n-1
  Dif_Div(i,1)=(y(i+1)-y(i))/(x(i+1)-x(i))
end
//cálculo das diferenças divididas de ordem superior
for j=2:n-1
  for i=1:n-j
    Dif_Div(i,j)=(Dif_Div(i+1,j-1)-Dif_Div(i,j-1))/(x(j+i)-x(i));
  end
end
//armazenamento das diferenças divididas
d(1)=y(1);
for k=2:n
  d(k)=Dif_Div(1,k-1);
end
//cálculo do valor de y_interpol no ponto x_interpol
delta_x=1;
y_interpol=d(1);
for i=2:n
  delta_x=delta_x*(x_interpol-x(i-1));
  y_interpol=y_interpol+d(i)*delta_x;
end
printf('valor de y interpolado = %g \n', y_interpol)
```

Encontra-se no link https://github.com/ViniBiajoni/metodosNumericosLivroSBA.git

A Forma de Newton apresenta características interessantes em relação às formas anteriores, notadamente:

- a determinação dos coeficientes do polinômio $p_n(x)$ ocorre por meio de um procedimento matemático simples em que se tabulam as diferenças divididas do conjunto de pontos disponíveis de $f(x)$;
- uma vez que tenham sido determinados os coeficientes de $p_n(x)$, o polinômio pode ser usado para interpolar qualquer valor no conjunto de pontos considerado;

- o conjunto de pontos não precisa estar ordenado;
- se pontos adicionais forem incorporados ao conjunto, não há necessidade de se recalcular a tabela de diferenças divididas, bastando completá-la a partir do acréscimo sofrido e atualizar $p_n(x)$;
- a natureza recursiva de construção do polinômio interpolante faz com que se possa facilmente explorar polinômios de diferentes graus, já que se obtém $p_{n+1}(x)$ a partir de $p_n(x)$;
- o erro de interpolação introduzido por $p_n(x)$ pode ser estimado em função da diferença dividida de ordem $(n + 1)$, o que favorece o uso da Forma de Newton para a obtenção do polinômio interpolante.

Na seção de Exercícios Propostos a ser apresentada mais adiante, as referidas características serão ilustradas.

6.6 ERRO DE INTERPOLAÇÃO

O polinômio que interpola uma certa função $f(x)$ em um intervalo [a,b] que contenha $n + 1$ pontos desta função, pode ser obtido por uma das formas apresentadas nas seções anteriores. Tal polinômio $p_n(x)$ tem pontos em comum com $f(x)$ - aqueles usados para identificar $p_n(x)$ - substituindo-a nos outros pontos de $[a,b]$. Naturalmente, deve-se indagar se os valores das diferenças entre $f(x)$ e $p_n(x)$ são adequadamente pequenos para o propósito de determinado problema. Para responder a essa pergunta, deve-se avaliar o erro cometido na interpolação, definido por:

$$E_n(x) = f(x) - p_n(x), \quad \forall x \in [a,b] \tag{6.15}$$

Para avaliar $E_n(x)$ toma-se por base o seguinte teorema, cuja demonstração encontra-se em [Fran06], [Gree12]:

Considere uma função $f(x)$ com $n + 1$ derivadas contínuas em $[a,b]$ e pontos distintos $x_0, x_1, \ldots, x_n$ deste intervalo (nós de interpolação), então

$$E_n(x) = f(x) - p_n(x) = (x - x_0)(x - x_1)\cdots(x - x_n)\frac{f^{(n+1)}(c_x)}{(n+1)!} \tag{6.16}$$

sendo c_x um ponto desconhecido em $[a,b]$, dependente de x, situado entre o mínimo e o máximo de $x_0, x_1, \ldots, x_n$ e x

A avaliação de $E_n(x)$ por intermédio da Expressão (6.16) não se torna prática, visto que não se consegue obter c_x. Entretanto, pode-se usar essa expressão e obter um *limitante* para o erro de interpolação:

$$|E_n(x)| = |f(x) - p_n(x)| \le |(x - x_0)(x - x_1)\cdots(x - x_n)| \frac{M^{(n+1)}}{(n+1)!} \quad (6.17)$$

sendo $M^{(n+1)} = \max\limits_{x \in [a,b]} |f^{(n+1)}(x)|$.

O erro $E_n(x)$ também pode ser expresso em termos de diferenças divididas. Talvez o leitor já tenha encontrado alguma semelhança entre tais diferenças e derivadas. De fato, as diferenças divididas são aproximações das derivadas, estando relacionadas por [Atki04]:

$$f[x_0, x_1, \cdots, x_n, x_{n+1}] = \frac{f^{(n+1)}(c)}{(n+1)!}$$

Assim, usando as Expressões (6.17) e (6.18), pode-se então obter uma estimativa para o erro em função da diferença dividida de ordem $(n + 1)$, especialmente útil nos casos em que não se conhece $f(x)$ em termos analíticos:

$$|E_n(x)| = |f(x) - p_n(x)| \approx |(x - x_0)(x - x_1)\cdots(x - x_n)| \times \max |f[x_0, x_1, \cdots, x_n, x_{n+1}]| \quad (6.19)$$

Exemplo 6.4: Para confirmar numericamente os resultados teóricos sobre o erro de interpolação, estabelecidos pelas Expressões (6.16) a (6.19), considere a função $f(x) = sen(x)$ a ser substituída por um polinômio interpolante $p_1(x)$, no intervalo $[0, \pi/2]$, como ilustra a Figura 6.4.

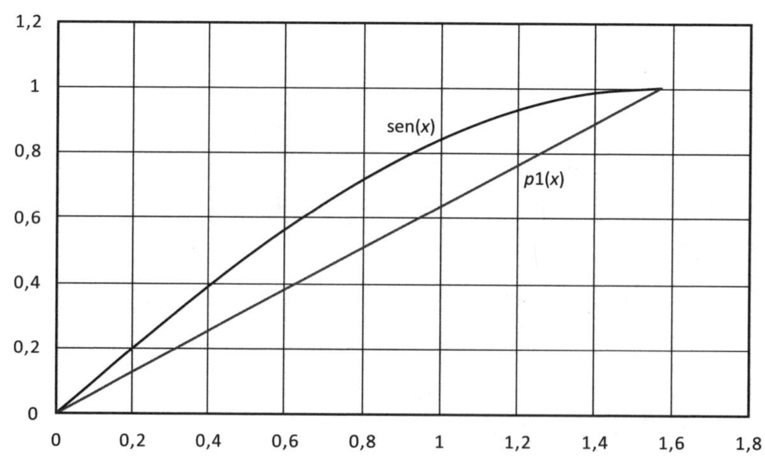

Figura 6.4 – Interpolação linear da função sen(x) em $[0, \pi/2]$.

No intervalo $[x_0,x_1] = [0, \pi/2]$, o polinômio interpolador será dado por:

$$p_1(x) = f(x_0) + \frac{f(x_1) - f(x_0)}{x_1 - x_0}(x - x_0)$$

$$p_1(x) = \text{sen}(0) + \frac{\text{sen}(\pi/2) - \text{sen}(0)}{\frac{\pi}{2} - 0}(x - 0) = \frac{2x}{\pi}$$

Usando o que estabelece a Expressão (6.16), com $x_0 = 0$ e $x_1 = \pi/2$, vem:

$$E_1(x) = f(x) - p_1(x) = x(x - \pi/2)\frac{f''(c_x)}{2!}$$

A 2ª derivada de f(x), em módulo, corresponde a $|f''(x)| = |\text{sen}(x)|$ e, portanto, será no máximo igual a 1. Logo, o erro de interpolação linear está limitado a:

$$|E_1(x)| = |f(x) - p_1(x)| \le |x(x - \pi/2)|\frac{1}{2}$$

Verifique o valor máximo do limitante de $|E_1(x)|$ no intervalo $[0, \pi/2]$ será em $x = \pi/4$:

$$|E_1(\pi/4)| \le \frac{1}{2}(\pi/4)^2 \Rightarrow |E_1(\pi/4)| \le 0{,}308425$$

Como se dispõe da expressão analítica de *f(x)*, pode-se calcular efetivamente o erro em x = $\pi/4$ e confirmar o resultado obtido na expressão anterior:

$$|E_1(\pi/4)| = |f(\pi/4) - p_1(\pi/4)| = \text{sen}(\pi/4) - (2/\pi)(\pi/4) = (\sqrt{2} - 1)/2 = 0{,}207107$$

Com as diferenças divididas apresentadas na Tabela 6.3, usando-se a Expressão (6.19), encontra-se:

$$|E_1(x)| = |f(x) - p_1(x)| \approx |(x - x_0)(x - x_1)| \times \max|f[x_0, x_1, x_2]|$$

$$|E_1(\pi/4)| = |f(\pi/4) - p_1(\pi/4)| \approx |(\pi/4 - 0)(\pi/4 - \pi/2)| \times \max|f[0, \pi/4, \pi/2]|$$

$$|E_1(\pi/4)| \approx (\pi/4)^2 \times 0{,}335749 \Rightarrow |E_1(\pi/4)| \approx 0{,}207107$$

Tabela 6.3 – Diferenças divididas de 1ª e 2ª ordens de $f(x)$ em $[0, \pi/2]$

x	*sen(x)*	*Dif. Div. 1*	*Dif. Div. 2*
0	0		
		0,900316	
$\pi/4$	0,707107		– 0,335749
		0,372923	
$\pi/2$	1		

6.7 INTERPOLAÇÃO POR PARTES (*SPLINES*)

Quando se dispõe de um número relativamente elevado de pontos que descrevem o comportamento de uma determinada função em um certo intervalo e pretende-se representá-la analiticamente, a melhor maneira de proceder aponta para a utilização de diversos polinômios. Estes, conhecidos na nomenclatura inglesa por *splines*, são construídos subdividindo-se sequencialmente o intervalo conhecido em partes que contenham poucos pontos (usualmente até três). O termo *spline* tem origem em uma técnica de desenho na qual se usa algo como uma haste delgada e flexível que permite o traçado de curvas que passem por pontos determinados. De modo a tornar a transição suave entre polinômios interpolantes, impõem-se condições de continuidade para suas derivadas (até certa ordem).

Usualmente, as *splines* são lineares, quadráticas ou cúbicas. As *splines* lineares são polinômios de primeiro grau (retas) que conectam os pontos de cada subintervalo, como mostra a Figura 6.5.

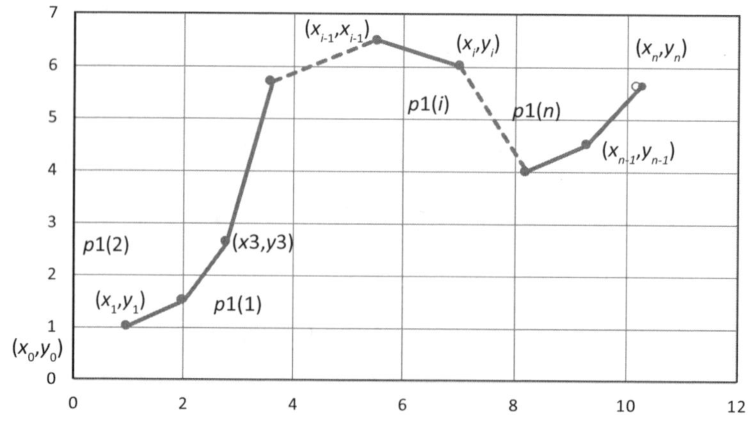

Figura 6.5 – Splines lineares.

Adotando-se a Forma de Lagrange, para os dois primeiros pontos, vem:

$$p_{1(1)}(x) = \frac{(x - x_1)}{(x_0 - x_1)} y_0 + \frac{(x - x_0)}{(x_1 - x_0)} y_1 \tag{6.20}$$

O índice entre parênteses indica a que subintervalo o polinômio se refere. Em termos genéricos, para o conjunto de $n + 1$ pontos, há n subintervalos, sendo o polinômio interpolante do i-ésimo subintervalo dado por:

$$p_{1(i)}(x) = \frac{(x - x_i)}{(x_{i-1} - x_i)} y_{i-1} + \frac{(x - x_{i-1})}{(x_i - x_{i-1})} y_i, \text{para } i = 1, 2, \ldots, n \tag{6.21}$$

Claro está que as *splines* lineares resultam numa interpolação contínua, uma vez que os polinômios referentes a subintervalos adjacentes apresentam o mesmo valor no nó comum. Entretanto, não são diferenciáveis nesses nós do intervalo considerado.

As *splines* mais usadas são as de terceira ordem, *i.e.*, polinômios de 3º grau em cada um dos subintervalos, com a 1ª e 2ª derivadas contínuas, o que se traduz em uma curva sem picos e sem troca abrupta de curvatura nos nós de interpolação. Detalhes sobre como obter *splines* cúbicas encontram-se em [Rugg96], [Gila14].

6.8 EXERCÍCIOS PROPOSTOS

1) Em locais situados acima do nível do mar, a água entra em ebulição a temperaturas inferiores a 100 ºC, como mostra a tabela a seguir.

Altitude (m)	Ponto de Ebulição da Água (ºC)
0	100
850	97,18
1.050	96,51
1.250	95,84
2.600	91,34
2.900	90,34
3.000	90,00

Para satisfazer a curiosidade de estimar a que temperatura a água entra em ebulição no Pico das Agulhas Negras (ponto culminante do estado do Rio de Janeiro), cuja altitude é de 2.792 m, pode se usar a Forma de Newton para interpolar tal valor na tabela. O que se obtém em graus Celsius por interpolação linear é:

A) 90,70

B) 90,84

C) 90,97

D) 91,02

E) 91,29

2) Considere um curso de água que percorre uma planície e do qual foram registradas as distâncias (m) medidas entre uma linha reta (eixo x) e cada uma das margens, conforme ilustrado a seguir.

x	margens	
	direita (y_1)	esquerda (y_2)
0	50	112
15	85	155
30	145	195
45	74	171
65	50	96

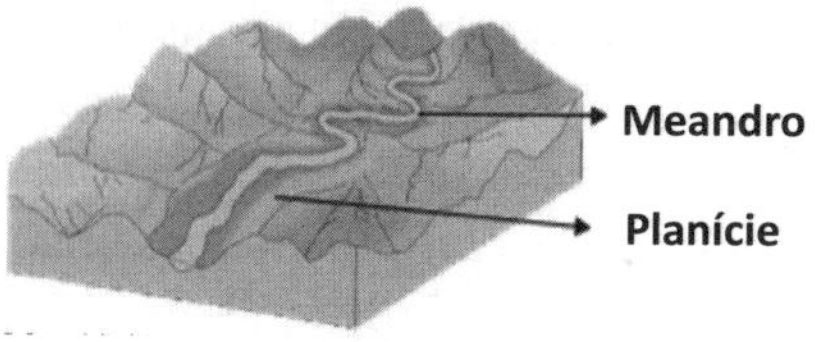

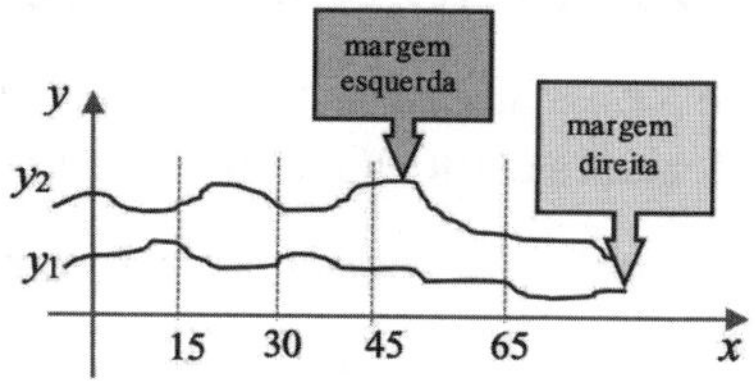

Usando a Forma de Lagrange para interpolação e todos os registros da tabela, estima-se que as distâncias entre margens (m) nos pontos x = 20 e x = 50 sejam iguais a:

A) 62,1 e 98,3

B) 60,4 e 100,7

C) 55,2 e 110,1

D) 57,6 e 114,6

E) 48,5 e 120,8

3) Para obter os coeficientes de um polinômio interpolante $p_n(x)$, constrói-se o seguinte sistema linear:

1	1	1	1	1		a0		2
1	4	16	64	256		a1		6
1	7	49	343	2401		a2	=	4
1	10	100	1000	10000		a3		8
1	13	169	2197	28561		a4		10

Afirma-se que $p_n(x)$:

I) Permite interpolar valores de x pertencentes ao intervalo [1;13].

II) No máximo será de grau (n) cinco.

III) Apresenta o valor $p_n(10) = 8$.

Sobre as afirmativas, pode-se dizer que:

A) todas são F

B) apenas (I) é V

C) apenas (II) é F

D) todas são V

E) (I) e (III) são F

4) Considere a seguinte tabela de diferenças divididas:

x	f(x)	Dif. Div. 1	Dif. Div. 2	Dif. Div. 3	Dif. Div. 4
1	52				
		-47			
2	5		14		
		-5		-6	
4	-5		-10		2
		-35		8	
5	-40		20		
		25			
7	10				

Afirma-se:

I) Entre as diferenças divididas de ordem 3, um dos valores está incorreto.

II) O valor do coeficiente do termo de mais alto grau do polinômio interpolante que passa por todos os pontos desta tabela é 2.

III) Por interpolação linear, f (4,7) ≅ −29,5.

A) todas são F

B) apenas (I) é V

C) apenas (II) é F

D) todas são V

E) (I) e (III) são F

5) Dados colhidos em um experimento constam da tabela a seguir:

x (m)	5	10	15	20
v (m/s)	9,85	14,32	17,63	19,34

5.1) Pela interpolação quadrática, se deseja obter o valor de v (m/s) a uma distância de 8 m. Tal valor será:

A) 12,67

B) 10,98

C) 13,03

D) 11,85

E) 24,13

5.2) O módulo do erro cometido nessa interpolação será inferior a:

A) 2,46 × 10-2

B) 3,52 × 10-3

C) 1,43 × 10-4

D) 3,85 × 10-1

E) nra

5.3) Admita agora que mais um dado seja incorporado à tabela, isto é, x = 0 e v = 0. Usando esse dado adicional para obter por interpolação quadrática uma estimativa para v (m/s) em x = 8 m, obtém-se:

A) 11,60

B) 12,03

C) 10,79

D) 13,18

E) idêntico ao valor obtido em 5.1

5.4) Quando a distância for de 17,5 m, afirma-se então que:

I) Por interpolação linear obtém-se o valor de 18,485 m/s.

II) Por interpolação quadrática obtém-se o valor de 18,685 m/s.

III) Por interpolação cúbica obtém-se o valor de 18,712 m/s.

Sobre as afirmativas anteriores, escolha a opção correta:

A) todas são F

B) todas são V

C) apenas (II) é F

D) (III) é V

E) nra

6) A trajetória de um projétil – estabelecida por coordenadas (x,y) que representam alcance e altitude – é descrita teoricamente pela equação apresentada a seguir, em que α = ângulo de lançamento, v_0 = velocidade inicial, g = 9,86 m/s2:

$$y = x\tan(\alpha) - \frac{1}{2}g\frac{x^2}{v_0^2\cos^2(\alpha)}$$

Por intermédio de um experimento realizado com o projétil, construiu-se a seguinte tabela com os valores expressos em metros:

x (alcance)	0	10	20
y (altitude)	0	6	4

Com os dados fornecidos, os parâmetros de lançamento podem ser obtidos construindo-se um polinômio interpolador e comparando-o à equação da trajetória teórica.

6.1) O valor de v_0 (m/s) é:

A) 340,8

B) 4,3

C) 15,7

D) 7,8

E) nra

6.2) A altitude máxima (m) alcançada pelo projétil é:

A) 12,5

B) 6,25

C) 6,0

D) 5,25

E) nra

7) Em determinadas condições (*e.g.*, atividade física moderada, temperatura média ambiente por volta de 20 °C etc.) o consumo calórico (kcal) diário para mulheres varia em função da idade e peso, conforme indica a tabela.

Peso (kg)	Idade (anos)		
	25	45	65
40	1750	1650	1400
50	2050	1950	1600
60	2350	2200	1850
70	2600	2450	2050

7.1) Para uma mulher de 57 anos e 50 kg, o valor obtido por interpolação que melhor representa o consumo calórico (kcal) corresponde a:

A) 1770

B) 1850

C) 1775

D) 1650

E) 1690

7.2) Agora para uma mulher de 45 anos e 55 kg, a melhor estimativa obtida por interpolação para o consumo de kcal será de:

A) 1989

B) 1992

C) 2126

D) 2094

E) 2078

8) Considere que valores de um determinado polinômio $p_n(x)$ tenham sido tabelados, para $x \in [0;10]$. Na impressão de tais valores ocorreram erros, conforme se vê a seguir.

x	0	1	2	3	4	5	6	10
$p_n(x)$	−1	Љ	5	Ћ	7	9	13	Ж

8.1) O valor do grau do polinômio tabelado é:

A) 2

B) 7

C) 3

D) 4

E) impossível obter, sem os valores de Љ e Ћ

8.2) Sobre os valores de $p_n(x)$ afirma-se que:

I) Não é possível obter o valor de Ж.

II) Љ apresenta valor negativo.

III) O valor de Ћ é 6.

A) todas são F

B) apenas (I) é V

C) apenas (II) é F

D) todas são V

E) (I) é F

9) A função f(x) = x – e^{-x} se anula no intervalo (0,1). Uma forma de se obter uma aproximação para o zero de f(x) é usar o polinômio interpolante que contenha os pontos f(0), f(0,5) e f(1) e então obter a raiz desse polinômio. O valor obtido por interpolação é:

A) 0,5671

B) 0,5661

C) 5,7050

D) 5,5671

E) nra

10) Considere a integral $I = \int_0^2 e^{-x^2} dx$, cujo valor deseja obter por meio de um método numérico. Para tal, adota-se um polinômio de grau 2, $p_2(x)$, para substituir o integrando. Tal polinômio contém os pontos extremos e também o ponto médio do intervalo de integração. Para cada um dos itens a seguir, escolha a opção correta:

10.1) O coeficiente (coef) do termo de mais alto grau de $p_2(x)$ vale:

A) 0 < coef < 0,5

B) - 1 < coef < - 0,5

C) - 0,5 < coef < 0

D) 0,5 < coef < 1

E) nra

10.2) O valor aproximado de I obtido por $I = \int_0^2 p_2(x)dx$ é:

A) 0,57

B) 1,02

C) 2,88

D) 0,83

E) 3,92

11) Gilmar, goleiro do time de futebol Abacaxi, bate tiro de meta em direção ao gol do time adversário Beterraba, defendido pelo goleiro Felix, chocando-se a bola com a trave superior, como mostra o esboço da Figura. A bola viaja segundo uma trajetória parabólica descrita por:

$$y = x tan\theta_0 - \frac{1}{2} g \left(\frac{x}{v_0 cos\theta_0}\right)^2 \quad \text{(equação da trajetória da bola)}$$

sendo que x e y correspondem a distâncias horizontais/verticais, respectivamente;

θ_0 – ângulo da direção (em relação à horizontal) dada à bola pelo chute em A;

υ_0 – velocidade inicial da bola no ponto A; $g = 10$ m/s^2.

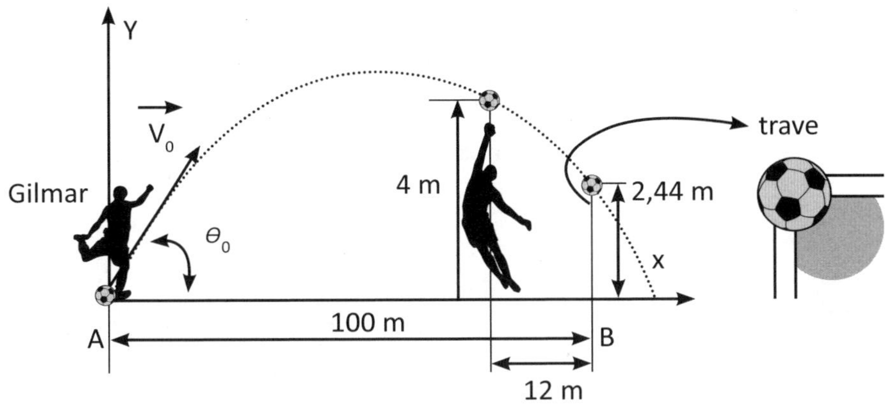

Admita que Gilmar realize o chute à uma distância de 100 m (horizontalmente) da trave do gol de Felix. O travessão fica (oficialmente) a uma altura de 2,44 m do chão. Como mostra a Figura, Felix estava "adiantado", isto é, próximo à marca do pênalti, à 12 m da linha das suas traves. Estima-se que neste ponto a bola passe sobre a cabeça de Felix à uma altura de 4 m do chão. Com os dados fornecidos, que indicam pontos da trajetória da bola chutada por Gilmar, os parâmetros V_0 e θ_0 podem ser determinados, construindo-se um polinômio interpolador quadrático que descreva a trajetória da bola e então compará-lo à curva descrita pela equação da trajetória da bola. Outros valores importantes também podem ser obtidos, como a altura máxima da bola h_{max} e a que distância x_h de A isso ocorre.

Assim, escolha a opção correta.

A) $\theta_0 \cong 14{,}2$ graus

B) $v_0 \cong 210{,}63$ km/h

C) $h_{max} \cong 5{,}69$ m

D) $x_h \cong 60{,}15$ m

E) nra

6. 9 PROGRAMAS COMPUTACIONAIS

1) Considere a função dada pelos pontos da tabela a seguir. Tal função será descrita aproximadamente por um polinômio que contém todos os pontos tabelados.

x	0,30	0,40	0,50	0,60	0,70
y	1,0453	1,0811	1,1276	1,1855	1,2552

Tome por base o Programa 6.3 e neste realize as devidas modificações, para atender os seguintes quesitos:

Obtenha os valores de y em x = 0,37, x = 0,46 e x = 0,65 que não constam na tabela, pelo polinômio interpolante construído.

Sugestão: crie um arquivo que contenha os dados da tabela fornecida, a ser lida pelo programa, como se indica a seguir.

```
//leitura dos dados de entrada
Tabela=read('Cap6_Tab1.txt',-1,2)
x=Tabela(:,1)
y=Tabela(:,2)
```

Lembre-se que o arquivo de dados a ser lido deverá estar no diretório em que o **Scilab** estiver operando, o que poderá ser conhecido na janela Console, pela guia denominada Arquivo → Exibir o diretório atual. Caso o referido arquivo esteja em outro diretório, basta acionar Arquivo → Alterar o diretório atual.

Obtenha o coeficiente do termo que define o grau do polinômio.

Aperfeiçoe o Programa 6.1, alterando sua entrada de dados e tornando-o mais geral. Em seguida, obtenha os coeficientes do polinômio interpolante, armazenando-os no vetor-linha a.

De posse dos coeficientes obtidos em (c), inclua no Programa 6.1 a seguinte função residente do **Scilab** que forma algebricamente o polinômio:

p=poly(a,"x","coeff")

Em seguida, confira os resultados obtidos em (a), (b) e (c), usando agora:

horner(p, 0.37), horner(p, 0.46), horner(p, 0.65)

coeff(p,0), coeff(p,1), coeff(p,2), coeff(p,3), coeff(p,4)

2) Considere a função dada pelos pontos da tabela a seguir.

x	0,20	0,30	0,40	0,50
y	0,3644	0,7379	1,3280	2,2408

Pede-se obter o valor de y em x = 0,25, pela interpolação linear e cúbica, usando a seguinte função **Scilab** residente:

- interp1(x,y,x_interp, 'linear')
- interp1(x,y,x_interp, 'spline')

Confira os resultados encontrados em (a), usando o Programa 6.3.

3) Com os programas **Scilab** construídos neste capítulo, confira as respostas dadas aos exercícios propostos da Seção 6.8.

4) Por fim, convida-se o leitor a escrever programas em **Python** para também confrontar resultados obtidos neste capítulo.

CAPÍTULO 7
Ajuste de curvas

7.1 INTRODUÇÃO

A obtenção de grandezas de diversas naturezas (*e.g.*, físicas, econômicas, comportamentais) por meio de processos de medição envolve intrinsecamente imprecisões, trazidas pelos limites tanto da capacidade humana de observação como de instrumentação. Neste capítulo, busca-se apresentar uma forma de se descrever a relação de dependência (experimental) entre variáveis (conjunto de dados), estando presentes incertezas em seus valores. Para tal, adota-se um método conhecido como Mínimos Quadrados (MQ) capaz de fazer o *melhor* ajuste dos parâmetros de uma certa função escolhida para representar a uma coleção de dados. Com isso, captura-se a tendência de comportamento de tais dados, suavizando variações individuais neles contidas, o que permite obter valores fora do intervalo da coleção, em um procedimento denominado *extrapolação*.

O problema aqui tratado ocupou há muitos anos mentes matemáticas brilhantes, notadamente as do francês Adrien-Marie Legendre (1752-1833) e do alemão Johann Carl Friedrich Gauss (1777-1855). Embora o primeiro a publicar sobre MQ tenha sido Legendre (em 1805), poucos anos depois, Gauss o fez apresentando uma justificativa muito superior para tal método [Katz09].

Com apenas 18 anos de idade, em 1795, o jovem Gauss começou o desenvolvimento do método MQ, tendo em 1801 demonstrado o valor do seu trabalho prevendo, com poucos dados, a órbita do recém-descoberto asteroide Ceres e, em seguida, de Palas [Eves04]. Esse feito foi marcante, pois os asteroides desapareciam encobertos pelo Sol, perdendo-se seu posicionamento no céu. Interessante mencionar que Gauss (como Newton), perfeccionista, resistia em publicar seus trabalhos, tendo conservado seu método em segredo longamente. Várias das realizações matemáticas de Gauss, no período de 1796 a 1814, tiveram registro (em forma cifrada) no seu diário, encontrado apenas em 1898, maneira que encontrou para indicar a precedência de suas descobertas em relação às de estudiosos contemporâneos. O método MQ foi publicado por

Gauss em 1809 (sem citar Legendre), no seu trabalho sobre a teoria do movimento de corpos celestes.

Por fim, cabe também mencionar que Legendre se notabilizou em numerosos campos da Matemática, tendo sido seu nome escrito na Torre Eiffel (lado Trocadero) - assim como outros 72 renomados matemáticos, físicos, engenheiros, militares etc. (*e.g.*, Laplace, Lavoisier, Ampère) - como reconhecimento por suas contribuições à República Francesa.

7.2 MÉTODO DOS MÍNIMOS QUADRADOS

Hipoteticamente, considere um experimento em que, pelo intermédio da medição de duas grandezas interdependentes x e y, deseja-se obter uma função ϕ que as relacione. No experimento, diversos valores da variável x - representados por $x_1, x_2, \ldots, x_m$ - são escolhidos (portanto, considerados exatos) e os correspondentes valores da variável y - denotados por $y_1, y_2, \ldots, y_m$ - são medidos (contêm incertezas). Usando os pontos $(x_1, y_1), (x_2, y_2), \ldots, (x_m, y_m)$ a função φ deve ser obtida da *melhor* forma possível.

Frequentemente, ao se analisar o gráfico de dados coletados, torna-se possível adotar uma função $\varphi(x)$ a ser ajustada, extraída de uma certa classe ou família de funções que pareça ser adequada ao caso em questão. Muitas vezes também, o experimento realizado resulta de algum desenvolvimento teórico que leva a se conhecer *a priori* a que classe de funções $\varphi(x)$ pertence.

A título de ilustração, suponha que o gráfico da Figura 7.1 seja resultante de um experimento que levantou duas grandezas de interesse, produzindo um conjunto de dados numéricos, designados pelos pontos $(x_1, y_1), \ldots, (x_5, y_5)$.

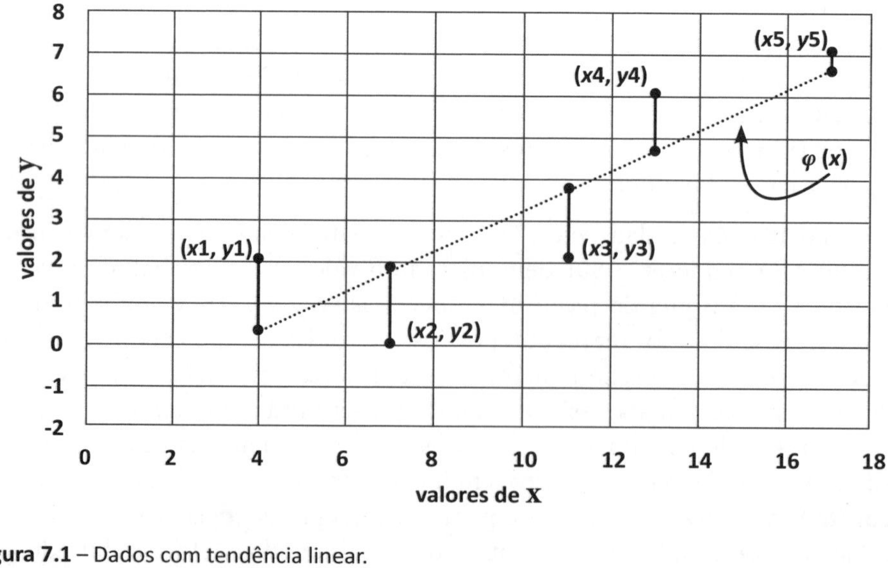

Figura 7.1 – Dados com tendência linear.

Desse gráfico, observa-se que os dados se encontram dispersos em torno aparentemente de uma reta, não estando perfeitamente alinhados por conta de incertezas presentes em sua aquisição. Portanto, não seria razoável construir uma função que contenha exatamente os referidos dados. Assim, elegendo-se uma reta para descrever a tendência de comportamento dos dados (função $\varphi = \alpha_0 + \alpha_1 x$), devem-se encontrar os parâmetros desta reta, de modo que se ajuste (de acordo com um critério preestabelecido) da melhor forma possível aos dados coletados. O critério adotado será aquele preconizado pelo método MQ, como será visto a seguir.

Para estabelecer o método MQ, considere que sejam conhecidos m pontos (x_1,y_1), (x_2,y_2), … , (x_m,y_m), pertencendo os valores de x ao intervalo $[a,b]$, e que tenham sido selecionados adequadamente $n + 1$ funções $g_0(x)$, $g_1(x)$, … , $g_n(x)$, contínuas em $[a,b]$. Tais funções são combinadas linearmente para formar a função de ajuste

$$\varphi(x) = \alpha_0 g_0(x) + \alpha_1 g_1(x) + \cdots + \alpha_n g_n(x) \tag{7.1}$$

Os coeficientes α_0, α_1, … α_n devem ser determinados de modo a proporcionar o *melhor* ajuste de $\varphi(x)$ aos dados coletados.

Considera-se que o número de pontos coletados seja sempre igual ou superior ao número de coeficientes α necessários ao ajuste de $\varphi(x)$, *i.e.*, $m \geq (n+1)$

O método MQ estabelece como critério para o *melhor* ajuste de ϕx que os coeficientes α_0, α_1, … α_n devam ser tais que, E, definido como a *soma dos quadrados das diferenças entre os valores de y e φ, seja mínima.*

$$E(\alpha_0, \alpha_1, \cdots, \alpha_n) = \sum_{k=1}^{m} [y_k - \varphi(x_k)]^2 \tag{7.2}$$

Ou ainda:

$$E(\alpha_0, \alpha_1, \cdots, \alpha_n) = \sum_{k=1}^{m} [y_k - \alpha_0 g_0(x_k) - \alpha_1 g_1(x_k) - \cdots - \alpha_n g_n(x_k)]^2 \tag{7.3}$$

Para minimizar E com relação aos parâmetros α_0, α_1, … α_n, deve-se estabelecer a seguinte condição:

$$\min_{\alpha_j} E(\alpha_0, \alpha_1, \cdots, \alpha_n) \;\; \Rightarrow \;\; \frac{\partial E}{\partial \alpha_j} = 0; \quad j = 0, 1, \cdots, n \tag{7.4}$$

O que leva a:

$$E(\alpha_0, \alpha_1, \cdots, \alpha_n) = 2\sum_{k=1}^{m} [y_k - \alpha_0 g_0(x_k) - \alpha_1 g_1(x_k) - \cdots - \alpha_n g_n(x_k)][-g_j(x_k)] = 0; \quad j = 0, 1, \cdots, n$$

Omitindo-se a dependência a x_k (k = 1, 2, ... , m) para simplificar a notação, da equação anterior obtém-se:

$$\sum [y - \alpha_0 g_0 - \alpha_1 g_1 - \cdots - \alpha_n g_n][-g_j] = 0; \quad j = 0, 1, \cdots, n \tag{7.5}$$

Escrevendo a Equação (7.5) para cada valor de j, vem:

$$\begin{cases} \sum (y - \alpha_0 g_0 - \alpha_1 g_1 - \cdots - \alpha_n g_n)(-g_0) = 0 \\ \sum (y - \alpha_0 g_0 - \alpha_1 g_1 - \cdots - \alpha_n g_n)(-g_1) = 0 \\ \qquad \vdots \\ \sum (y - \alpha_0 g_0 - \alpha_1 g_1 - \cdots - \alpha_n g_n)(-g_n) = 0 \end{cases} \tag{7.6}$$

Reescrevendo a Equação (7.6) para formar um sistema linear de ordem n + 1, cujas incógnitas sejam α_0, α_1, ... α_n, vem:

$$\begin{cases} \left[\sum (g_0)^2\right]\alpha_0 + \left[\sum (g_0 g_1)\right]\alpha_1 + \cdots + \left[\sum (g_0 g_n)\right]\alpha_n = \sum y g_0 \\ \left[\sum (g_0 g_1)\right]\alpha_0 + \left[\sum (g_1)^2\right]\alpha_1 + \cdots + \left[\sum (g_1 g_n)\right]\alpha_n = \sum y g_1 \\ \qquad \vdots \\ \left[\sum (g_0 g_n)\right]\alpha_0 + \left[\sum (g_1 g_n)^2\right]\alpha_1 + \cdots + \left[\sum (g_n)^2\right]\alpha_n = \sum y g_n \end{cases} \tag{7.7}$$

As equações conhecidas como *normais* são as que formam o sistema de Equação (7.7), que escrito na forma matricial, $\boldsymbol{Aa} = \boldsymbol{b}$, fica:

$$\begin{bmatrix} \sum (g_0)^2 & \sum g_0 g_1 & \cdots & \sum g_0 g_n \\ \sum g_0 g_1 & \sum (g_1)^2 & \cdots & \sum g_1 g_n \\ \vdots & \vdots & \ddots & \vdots \\ \sum g_0 g_n & \sum g_1 g_n & \cdots & \sum (g_n)^2 \end{bmatrix} \begin{bmatrix} \alpha_0 \\ \alpha_1 \\ \vdots \\ \alpha_n \end{bmatrix} = \begin{bmatrix} \sum y g_0 \\ \sum y g_1 \\ \vdots \\ \sum y g_n \end{bmatrix} \tag{7.8}$$

sendo cada elemento de $\boldsymbol{A}$ (matriz simétrica) e $\boldsymbol{b}$ na Equação (7.8) dados por:

$$a_{ij} = \sum_{k=1}^{m} g_{i-1}(x_k) g_{j-1}(x_k); \; i = 1, \ldots, n+1; \; j = 1, \ldots, n+1 \tag{7.9}$$

$$b_i = \sum_{k=1}^{m} y_k g_{i-1}(x_k); \; i = 1, \ldots, n+1 \tag{7.10}$$

A avaliação estatística do método MQ não será aqui abordada, indicando-se ao leitor interessado neste tópico as referências [Lars82], [Drap98], [Span03].

Nas duas próximas seções, serão propostos ajustes de curvas pertencentes à classe de funções de polinomiais, como a linear e, genericamente, as de grau *n*.

7.3 AJUSTE LINEAR

A aplicação mais simples do método MQ, conhecida com ajuste linear, corresponde à obtenção dos coeficientes de uma reta que melhor descreva uma coleção de dados adquiridos experimentalmente. Para tal, basta que se considere a Equação (7.1) como função de ajuste $\varphi(x)=\alpha_0 g_0(x)+\alpha_1 g_1(x)$, sendo $g_0(x)=1$ e $g_1(x)=x$. Assim, com $\varphi(x)=\alpha_0+\alpha_1 x$ e usando as Equações de (7.8) a (7.10), vem:

$$a_{11}=\sum_{k=1}^{m}[g_0(x_k)]^2=\sum_{k=1}^{m}1=m; \qquad a_{12}=\sum_{k=1}^{m}[g_0(x_k)g_1(x_k)]=\sum_{k=1}^{m}x;$$

$$a_{21}=a_{12}=\sum_{k=1}^{m}x; \qquad a_{22}=\sum_{k=1}^{m}[g_1(x_k)]^2=\sum_{k=1}^{m}x^2$$

$$b_1=\sum_{k=1}^{m}y_k g_0(x_k)=\sum_{k=1}^{m}y_k; \qquad b_2=\sum_{k=1}^{m}y_k g_1(x_k)=\sum_{k=1}^{m}y_k x_k$$

$$\begin{bmatrix} m & \sum_{k=1}^{m}x_k \\ \sum_{k=1}^{m}x_k & \sum_{k=1}^{m}(x_k)^2 \end{bmatrix}\begin{bmatrix}\alpha_0\\ \alpha_1\end{bmatrix}=\begin{bmatrix}\sum_{k=1}^{m}y_k \\ \sum_{k=1}^{m}y_k x_k\end{bmatrix} \tag{7.11}$$

Resolvendo a Equação (7.11), os coeficientes da reta $\phi(x)=\alpha_o+\alpha_1$ são obtidos:

$$\alpha_0=\frac{\sum_{k=1}^{m}(x_k)^2\sum_{k=1}^{m}y_k-\sum_{k=1}^{m}x_k\sum_{k=1}^{m}y_k x_k}{m\sum_{k=1}^{m}(x_k)^2-\left(\sum_{k=1}^{m}x_k\right)^2}; \qquad \alpha_1=\frac{-\sum_{k=1}^{m}x_k\sum_{k=1}^{m}y_k+m\sum_{k=1}^{m}y_k x_k}{m\sum_{k=1}^{m}(x_k)^2-\left(\sum_{k=1}^{m}x_k\right)^2} \tag{7.12}$$

Alternativamente ao cálculo de α_o e α_1 realizado por intermédio da Equação (7.12), as seguintes expressões podem ser usadas (deixa-se ao leitor sua obtenção), por levarem a menores erros de arredondamento:

$$\alpha_1=\frac{\sum_{k=1}^{m}y_k(x_k-\bar{x})}{\sum_{k=1}^{m}x_k(x_k-\bar{x})} \qquad \alpha_0=\bar{y}-\alpha_1\bar{x}$$

sendo $\bar{x}=\frac{1}{m}\sum_{k=1}^{m}x_k$; $\bar{y}=\frac{1}{m}\sum_{k=1}^{m}y_k$

Exemplo 7.1: Fazendo uso do método MQ ajuste uma reta aos 5 dados obtidos experimentalmente que se encontram dispostos na tabela a seguir. Com a reta ajustada, obtenha uma estimativa para o valor que seria colhido em $x = 10$.

	$k = 1$	$k = 2$	$k = 3$	$k = 4$	$k = 5$
x_i	1,5	3,5	5,0	7,0	8,0
y_i	2,0	5,1	3,9	6,2	5,9

Os seguintes cálculos, organizados no Quadro 7.1 a seguir, são necessários à obtenção de α_0 e α_1, coeficientes da reta e $\varphi(x) = \alpha_0 + \alpha_1 x$, obtidos usando-se a Equação (7.12):

Quadro 7.1 – Cálculos usados no método MQ

	$k = 1$	$k = 2$	$k = 3$	$k = 4$	$k = 5$	$\sum_{k=1}^{5}$
x	1,5	3,5	5,0	7,0	8,0	**25,0**
y	2,0	5,1	3,9	6,2	5,9	**23,1**
x^2	2,25	12,25	25	49	64	**152,5**
yx	3,0	17,85	19,5	43,4	55,2	**130,95**

$$\alpha_0 = \frac{152{,}5 \times 23{,}1 - 25{,}0 \times 130{,}95}{5 \times 152{,}5 - 25{,}0^2} = 1{,}81 \qquad \alpha_1 = \frac{-25{,}0 \times 23{,}1 + 5 \times 130{,}95}{5 \times 152{,}5 - 25{,}0^2} = 0{,}56$$

O gráfico da Figura 7.2 ilustra como os pontos coletados estão dispostos ao redor da reta de ajuste $\varphi(x) = 1{,}81 + 0{,}56x$. Para obter uma estimativa do valor que seria coletado em $x = 10$, basta fazer o seguinte cálculo: $\varphi(10) = 7{,}41$.

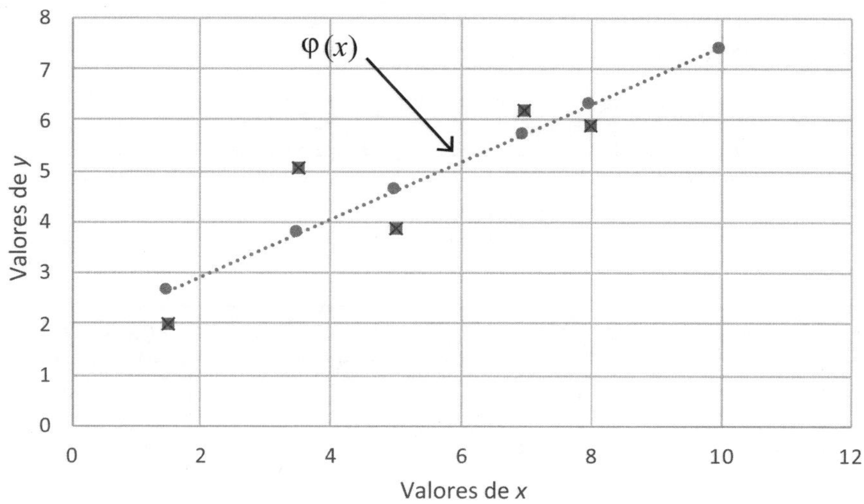

Figura 7.2 – Ajuste linear.

7.4 AJUSTE POLINOMIAL

Em muitos casos, dados coletados em um experimento não apresentam um comportamento linear. A função de ajuste, definida genericamente na Equação (7.1) por $\varphi(x)=\alpha_0 g_0(x)+\alpha_1 g_1(x)+\cdots+\alpha_n g_n(x)$, pode ser particularizada para descrever funções polinomiais, bastando para isto fazer: $g_0(x)=1$; $g_1(x)=x$; $g_2(x)=x^2$; ... ; $g_n(x)=x^n$. Disso resulta a forma:

$$\varphi(x)=\alpha_0+\alpha_1 x+\alpha_2 x^2+\cdots+\alpha_n x^n \tag{7.13}$$

O que leva à construção do seguinte sistema linear de ordem (n + 1), oriundo da Equação (7.8), para a obtenção dos coeficientes do polinômio:

$$\begin{bmatrix} m & \sum x & \sum x^2 & \cdots & \sum x^n \\ \sum x & \sum x^2 & \sum x^3 & \cdots & \sum x^{n+1} \\ \sum x^2 & \sum x^3 & \sum x^4 & \cdots & \sum x^{n+2} \\ \vdots & \vdots & \vdots & \ddots & \vdots \\ \sum x^n & \sum x^{n+1} & \sum x^{n+2} & \cdots & \sum x^{2n} \end{bmatrix} \begin{bmatrix} \alpha_0 \\ \alpha_1 \\ \alpha_2 \\ \vdots \\ \alpha_n \end{bmatrix} = \begin{bmatrix} \sum y \\ \sum yx \\ \sum yx^2 \\ \vdots \\ \sum yx^n \end{bmatrix} \tag{7.14}$$

O Sistema de Equação (7.14) pode ser resolvido por um dos métodos apresentados no Capítulo 4.

Exemplo 7.2: Fazendo uso do método MQ, ajuste um polinômio de grau 2 aos 17 dados experimentais apresentados na tabela a seguir. Da parábola ajustada, extraia uma estimativa para o valor que seria experimentalmente obtido em $x = 9{,}0$.

	$k = 1$	$k = 2$	$k = 3$	$k = 4$	$k = 5$	$k = 6$	$k = 7$	$k = 8$	$k = 9$	$k = 10$
x_k	0	0,5	1,0	1,5	2,0	2,5	3,0	3,5	4,0	4,5
y_k	3,0	2,6	4,9	5,3	7,0	7,5	7,8	7,6	9,5	9,0

	$k = 11$	$k = 12$	$k = 13$	$k = 14$	$k = 15$	$k = 16$	$k = 17$
x_k	5,0	5,5	6,0	6,5	7,0	7,5	8,0
y_k	9,5	10,5	10,0	8,5	8,3	9,2	8,7

A função a ser ajustada corresponde a $\varphi(x) = \alpha_0 + \alpha_1 x + \alpha_2 x^2$ e os coeficientes dessa parábola são determinados pelo seguinte sistema linear, obtido a partir do Sistema de Equações (7.14):

$$\begin{bmatrix} m & \sum x & \sum x^2 \\ \sum x & \sum x^2 & \sum x^3 \\ \sum x^2 & \sum x^3 & \sum x^4 \end{bmatrix} \begin{bmatrix} \alpha_0 \\ \alpha_1 \\ \alpha_2 \end{bmatrix} = \begin{bmatrix} \sum y \\ \sum yx \\ \sum yx^2 \end{bmatrix}$$

Os valores numéricos dos elementos que compõem o sistema anterior estão reunidos no Quadro 7.2 a seguir.

$$\begin{bmatrix} 17 & 68 & 374 \\ 68 & 374 & 2.312 \\ 374 & 2.312 & 15.240{,}5 \end{bmatrix} \begin{bmatrix} \alpha_0 \\ \alpha_1 \\ \alpha_2 \end{bmatrix} = \begin{bmatrix} 128{,}9 \\ 592{,}6 \\ 3.345{,}15 \end{bmatrix}$$

Resolvendo o sistema, encontra-se:

$$\alpha = [2{,}362 \quad 2{,}516 \quad -0{,}220]^t$$

$$\varphi(x) = \alpha_0 + \alpha_1 x + \alpha_2 x^2 = 2{,}362 + 2{,}516x - 0{,}220x^2$$

Quadro 7.2 – Cálculos usados no método MQ

k	x_k	x_k^2	x_k^3	x_k^4	y_k	$y_k x_k$	$y_k x_k^2$
1	0	0,00	0,0000	0,0000	3,0	0	0
2	0,5	0,25	0,125	0,0625	2,6	1,3	0,65
3	1,0	1,00	1,000	1,0000	4,9	4,9	4,9
4	1,5	2,25	3,375	5,0625	5,3	7,95	11,925
5	2,0	4,00	8,000	16,0000	7,0	14	28
6	2,5	6,25	15,625	39,0625	7,5	18,75	46,875
7	3,0	9,00	27,000	81,0000	7,8	23,4	70,2
8	3,5	12,25	42,875	150,0625	7,6	26,6	93,1
9	4,0	16,00	64,000	256,0000	9,5	38	152
10	4,5	20,25	91,125	410,0625	9,0	40,5	182,25
11	5,0	25,00	125,000	625,0000	9,5	47,5	237,5
12	5,5	30,25	166,375	915,0625	10,5	57,75	317,625
13	6,0	36,00	216,000	1296,0000	10,0	60	360
14	6,5	42,25	274,625	1785,0625	8,5	55,25	359,125
15	7,0	49,00	343,000	2401,0000	8,3	58,1	406,7
16	7,5	56,25	421,875	3164,0625	9,2	69	517,5
17	8,0	64,00	512,000	4096,0000	8,7	69,6	556,8
$\sum_{k=1}^{17}$	**68,00**	**374,00**	**2.312,00**	**1.5240,5**	**128,90**	**592,60**	**3.345,15**

Na Figura 7.3, estão representados os dados coletados e os pontos respectivos da parábola ajustada.

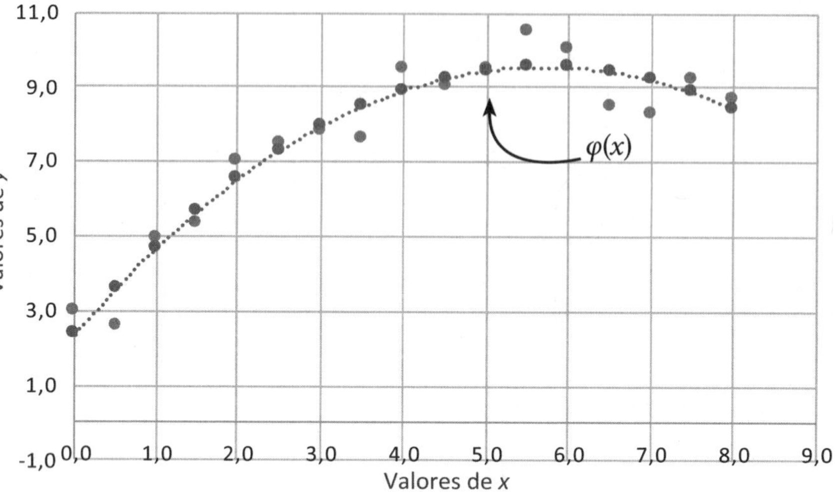

Figura 7.3 – Ajuste polinomial de grau 2 (parábola).

Para obter uma estimativa do valor que seria encontrado experimentalmente em $x = 9{,}0$, basta calcular:

$$\varphi(9{,}0) = 2{,}362 + 2{,}516 \times 9{,}0 - 0{,}220 \times 9{,}0^2 = 7{,}186$$

7.5 AJUSTE NÃO POLINOMIAL

O método MQ não se restringe ao ajuste de polinômios de diferentes graus. A função de ajuste pode ser composta por uma combinação linear de quaisquer funções contínuas no intervalo de interesse. A título de ilustração, suponha que se adote $\varphi(x) = \alpha_0 \ln x + \alpha_1 \cos x + \alpha_2 e^x$, conforme sugere [Chen08]. Nesse caso, $g_0(x) = \ln x$, $g_1(x) = \cos x$ e $g_2(x) = e^x$. Isso leva ao seguinte sistema, construído a partir do Sistema de Equações (7.8), a ser resolvido para a obtenção dos coeficientes α_0, α_1 e α_2.

$$\begin{bmatrix} \sum(\ln x)^2 & \sum(\ln x)(\cos x) & \sum(\ln x)(e^x) \\ \sum(\ln x)(\cos x) & \sum(\cos x)^2 & \sum(\cos x)(e^x) \\ \sum(\ln x)(e^x) & \sum(\cos x)(e^x) & \sum(e^x)^2 \end{bmatrix} \begin{bmatrix} \alpha_0 \\ \alpha_1 \\ \alpha_2 \end{bmatrix} = \begin{bmatrix} \sum y \ln x \\ \sum y \cos x \\ \sum y e^x \end{bmatrix} \tag{7.15}$$

Exemplo 7.3: Usando o método MQ, ajuste $\varphi(x) = \alpha_0 \ln x + \alpha_1 \cos x + \alpha_2 e^x$ que se destina à representação de dados de um ensaio, conforme consta na tabela a seguir. Com a função ajustada, obtenha uma estimativa para o valor que seria adquirido pelo ensaio em $x = 3{,}5$.

	$k=1$	$k=2$	$k=3$	$k=4$	$k=5$	$k=6$	$k=7$	$k=8$	$k=9$	$k=10$
x_i	0,25	0,65	0,95	1,25	1,75	2,0	2,25	2,55	2,75	3,05
y_i	0,20	-0,25	-1,10	-0,45	0,25	0,10	-0,30	0,25	0,55	1,05

Os valores numéricos dos elementos que compõem o sistema $\boldsymbol{Aa} = \boldsymbol{b}$ apresentado no Sistema de Equações (7.15) estão reunidos nos Quadros 7.3 e 7.4 a seguir.

Quadro 7.3 – Cálculos usados no método MQ

k	x_k	$(\ln x_k)^2$	$(\ln x_k)(\cos x_k)$	$(\ln x_k)(e^{x_k})$	$(\cos x_k)^2$	$(\cos x_k)(e^{x_k})$	$(e^{x_k})^2$
1	0,25	1,92181	-1,34320	-1,78004	0,93879	1,24411	1,64872
2	0,65	0,18557	-0,34294	-0,82518	0,63375	1,52493	3,66930
3	0,95	0,00263	-0,02984	-0,13263	0,33836	1,50406	6,68589
4	1,25	0,04979	0,07036	0,77885	0,09943	1,10058	12,18249
5	1,75	0,31317	-0,09975	3,22037	0,03177	-1,02574	33,11545
6	2,00	0,48045	-0,28845	5,12170	0,17318	-3,07493	54,59815
7	2,25	0,65761	-0,50940	7,69389	0,39460	-5,95995	90,01713
8	2,55	0,87627	-0,77701	11,98864	0,68899	-10,63058	164,02191
9	2,75	1,02334	-0,93503	15,82410	0,85433	-14,45852	244,69193
10	3,05	1,24354	-1,11047	23,54660	0,99163	-21,02684	445,85777
$\sum_{k=1}^{10}$		**6,75419**	**-5,36572**	**65,43630**	**5,14483**	**-50,80287**	**1.056,48875**

Quadro 7.4 – Cálculos usados no método MQ

k	x_k	y_k	$y_k(\ln x_k)$	$y_k(\cos x_k)$	$y_k e^{xk}$
1	0,25	0,20	-0,27726	0,19378	0,25681
2	0,65	-0,25	0,10770	-0,19902	-0,47889
3	0,95	-1,10	0,05642	-0,63985	-2,84428
4	1,25	-0,45	-0,10041	-0,14190	-1,57065
5	1,75	0,25	0,13990	-0,04456	1,43865
6	2,00	0,10	0,06931	-0,04161	0,73891
7	2,25	-0,30	-0,24328	0,18845	-2,84632
8	2,55	0,25	0,23402	-0,20751	3,20178
9	2,75	0,55	0,55638	-0,50837	8,60345
10	3,05	1,05	1,17090	-1,04560	22,17111
	$\sum_{k=1}^{10}$		**1,71369**	**-2,44619**	**28,67056**

$$\begin{bmatrix} 6{,}75419 & -5{,}36572 & 65{,}43630 \\ -5{,}36572 & 5{,}14483 & -50{,}80287 \\ 65{,}43630 & -50{,}80287 & 1.056{,}48875 \end{bmatrix} \begin{bmatrix} \alpha_0 \\ \alpha_1 \\ \alpha_2 \end{bmatrix} = \begin{bmatrix} 1{,}71369 \\ -2{,}44619 \\ 28{,}67056 \end{bmatrix}$$

A solução do sistema anterior fornece:

$$\alpha = [-1{,}06857 \quad -1{,}27273 \quad 0{,}032121]^t$$

$$\varphi(x) = -1{,}06857 \ln x - 1{,}27273 \cos x + 0{,}032121 e^x$$

Essa função de ajuste está ilustrada na Figura 7.4. A estimativa para $x = 3{,}5$ vale:

$$\varphi(3{,}5) = -1{,}06857 \ln 3{,}5 - 1{,}27273 \cos 3{,}5 + 0{,}032121 e^{3,5} \approx 0{,}92$$

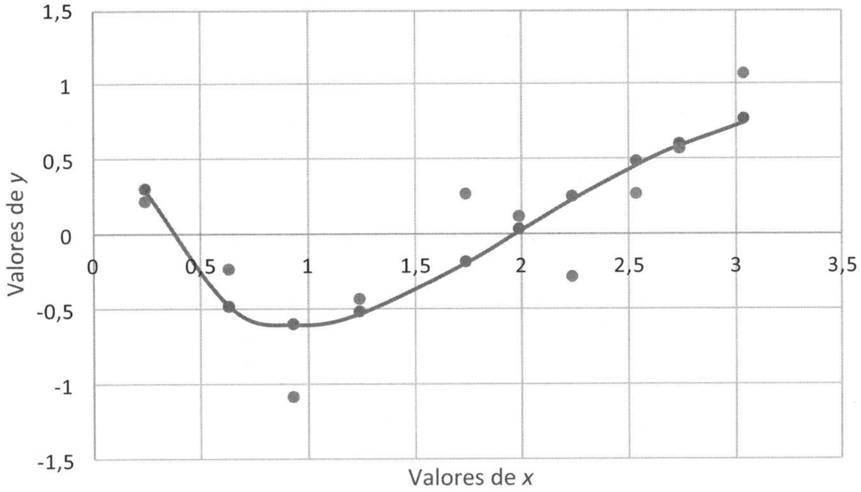

Figura 7.4 – Ajuste de φ(x) = 1,07 ln(x) – 1,27 cos(x) + 0,03 eˣ.

7.6 AJUSTE COM TRANSFORMAÇÃO DE DADOS

Em geral, qualquer combinação linear de funções contínuas conhecidas pode ser usada para definir a função de ajuste do método MQ. Se tais funções tiverem parâmetros a determinar e estes se relacionem não linearmente, o método MQ não pode ser diretamente aplicado. Por exemplo, a função exponencial ae^{bx} depende dos parâmetros a e b que se relacionam não linearmente. Para aplicar o método MQ nesse caso, deve-se fazer uma transformação nos dados (variáveis) de tal forma que se obtenha a relação linear entre coeficientes a determinar. Ao se aplicar a função logaritmo natural em ambos os membros da equação $y = ae^{bx}$, vem: $\ln(y) = \ln(a) + bx$. Fazendo-se $z = \ln(y)$, $\alpha_0 = \ln(a)$ e $\alpha_1 = b$, obtém-se a função a ser ajustada aos dados transformados z e dados originais x: $\varphi(x) = \alpha_0 + \alpha_1 x$.

Importante mencionar que, ao se aplicar o método MQ a dados transformados para se obter uma função que apresente uma relação linear entre coeficientes, não se pode garantir que a condição de otimalidade do problema seja mantida. Isso significa que com os coeficientes obtidos não se garante que a soma E na Equação (7.2) seja mínima. Entretanto, na maioria dos casos, os resultados alcançados com o ajuste feito dessa forma são satisfatórios.

A seguir, um exemplo numérico ilustra o caso de utilização de uma função de ajuste do tipo decaimento exponencial.

Exemplo 7.4: Usando o método MQ, ajuste a função $\varphi(x) = ae^{bx}$ que seja capaz de representar adequadamente os dados obtidos em um experimento, reunidos na tabela a seguir.

	$k=1$	$k=2$	$k=3$	$k=4$	$k=5$	$k=6$	$k=7$	$k=8$
x_k	-1,0	-0,7	-0,4	-0,1	0,2	0,5	0,8	1,0
y_k	36	17	8,5	4,0	1,6	0,70	0,40	0,10

Fazendo a transformação de dados e os cálculos necessários ao ajuste pretendido:

	$k=1$	$k=2$	$k=3$	$k=4$	$k=5$	$k=6$	$k=7$	$k=8$	$\sum_{k=1}^{8}$
x_k	-1,0	-0,7	-0,4	-0,1	0,2	0,5	0,8	1,0	**0,3**
$z_k = \ln(y_k)$	3,5835	2,8332	2,1401	1,3863	0,4700	-0,3567	-0,9163	-2,3026	**6,8375**
x_k^2	1,0	0,49	0,16	0,01	0,04	0,25	0,64	1,0	**3,59**
$z_k x_k$	-3,5835	-1,9832	-0,8560	-0,1386	0,0940	-0,1783	-0,7330	-2,3026	**-9,6814**

Para a obtenção de α_0 e α_1, coeficientes da reta $\alpha_0 + \alpha_1 x$ que se ajusta aos dados transformados, usa-se a Equação (7.12):

$$\alpha_0 = \frac{3{,}59 \times 6{,}8375 - 0{,}3 \times (-9{,}6814)}{8 \times 3{,}59 - 0{,}3^2} = 0{,}9588 \qquad \alpha_1 = \frac{-0{,}3 \times 6{,}8375 + 8 \times (-9{,}6814)}{8 \times 3{,}59 - 0{,}3^2} = -2{,}7769$$

Logo: $\ln a = \alpha_0 = 0{,}9588 \Rightarrow a = e^{\alpha_0} \cong 2{,}6;\ b = \alpha_1 \cong -2{,}8 \Rightarrow \varphi(x) = 2{,}6e^{-2{,}8x}$

O gráfico da Figura 7.5 ilustra o ajuste realizado com os dados apresentados.

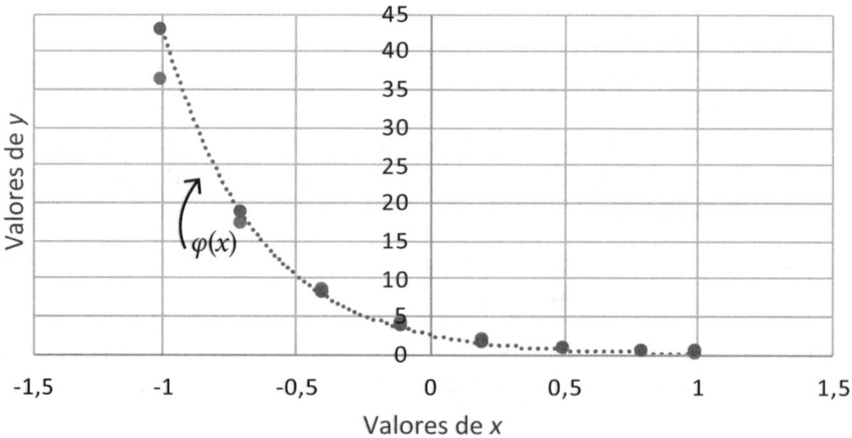

Figura 7.5 – Ajuste de $\varphi(x) = 2{,}6\ e^{-2{,}8x}$.

Entre as várias funções de ajuste para as quais se devem fazer transformações de dados (*e.g.*, linearização) para aplicar o método MQ, as mais frequentemente usadas pertencem às seguintes classes:

a) exponencial

$$y = ab^x \Rightarrow \ln(y) = \ln(a) + \ln(b)x \Rightarrow z = \alpha_0 + \alpha_1 x,$$

sendo $z = \ln(y)$, $\alpha_0 = \ln(a)$, $\alpha_1 = \ln(b)$.

Os valores para o ajuste linear estão em z e x. Os valores de y devem ser *positivos* para sua transformação em z. Deixa-se ao leitor a tarefa de aplicar transformações que permitam o ajuste linear em $y = ae^{bx}$ e $y = a10^{bx}$.

b) geométrica

$$y = ax^b \Rightarrow \ln(y) = \ln(a) + b\ln(x) \Rightarrow z = \alpha_0 + \alpha_1 t,$$

sendo $z = \ln(y)$, $t = \ln(x)$, $\alpha_0 = \ln(a)$, $\alpha_1 = b$.

Os valores para o ajuste linear estão em z e t. Os valores de y e x devem ser *positivos* para sua transformação em z e t, respectivamente.

c) hiperbólica

$$y = \frac{1}{a + bx} \Rightarrow \frac{1}{y} = a + bx \Rightarrow z = \alpha_0 + \alpha_1 x,$$

sendo $z = \dfrac{1}{y}$, $\alpha_0 = a$, $\alpha_1 = b$.

Os valores para o ajuste linear estão em z e x. Os valores de y não podem ser *nulos* para sua transformação em z.

d) outras

As classes de funções para ajuste de curvas a dados que contenham incertezas não se limitam às apresentadas anteriormente. Algumas outras serão utilizadas na seção Exercícios Propostos a seguir, por exemplo:

$$y = \sqrt{a + bx}; \qquad y = x\ln(a + bx); \qquad y = \frac{ax}{b + x}; \qquad y = \frac{a + x^2}{b + x}$$

7.7 EXERCÍCIOS PROPOSTOS

1) Uma função conhecida apenas por pontos pode ser representada analiticamente por um polinômio, o que permite, por exemplo, a obtenção facilitada de valores aproximados para suas derivadas. Assim, considere a seguinte função *f(x)*:

x	1,9	2,1	2,4
f(x)	1,3961	1,5432	1,7349

Deseja-se obter o polinômio p2(x) que seja ajustado pelo método dos Mínimos Quadrados aos pontos da tabela e a partir dele computar $f'(2{,}0) \cong p_2'(2{,}0)$ e $f''(2{,}0) \cong p_2''(2{,}0)$. As seguintes afirmações foram feitas:

I) $p_2(2) = 1{,}4716$

II) $f'(2{,}0) \cong 0{,}7355$

III) $f''(2{,}0) \cong -0{,}3860$

Avaliando cada uma das afirmativas como (V) para verdadeira ou (F) para falsa, escolha a opção correta.

A) todas são V

B) todas são F

C) apenas (II) é F

D) apenas (III) é V

E) nra

2) Seja $\phi_1(x) = ax^2 + bx$ uma função a ser ajustada pelo método dos Mínimos Quadrados aos pontos da tabela a seguir. Pode-se afirmar que a opção CORRETA é:

x	−2,0	−1,0	1,0	2,0
f(x)	1,0	−3,0	1,0	9,0

A) a = 2; b = - 3

B) a = 19/17; b = 2

C) a = 2; b = 1

D) a = b = 2

E) a = b = 1

3) Uma máquina produz parafusos de acordo com a tabela a seguir. Suponha que a capacidade de produção da máquina (parafusos por dia) decaia linearmente com o tempo. De acordo com o método dos Mínimos Quadrados, projeta-se que 500 parafusos por dia serão produzidos no seguinte intervalo:

x = idade da máquina (anos)	0,5	1	2	3	4
y = produção (parafusos por dia)	2500	2400	2000	1800	1500

A) entre o 4º e 5º anos

B) entre o 5º e 6º anos

C) entre o 6º e 7º anos

D) entre o 7º e 8º anos

E) entre o 8º e 9º anos

4) De modo a se obter uma estimativa para a aceleração da gravidade (g), realiza-se o seguinte experimento: do topo de um prédio, deixa-se cair uma bola, cuja velocidade (v) vai sendo medida por sensores dispostos a certas distâncias (x), tomadas a partir do topo em direção ao chão. Os dados colhidos no experimento constam da tabela a seguir. Sabendo que $v^2 = 2gx$, pode-se estabelecer uma função linear que represente a variação do quadrado da velocidade com a distância percorrida pela bola em queda livre, o que permite obter g experimentalmente.

x (m)	5	10	15	20
v (m/s)	9,85	14,32	17,63	19,34

Usando os dados tabelados e o método dos Mínimos Quadrados para ajustar uma reta que represente tal função, o valor que se obtém para g (m/s^2) é:

A) 10,03

B) 9,79

C) 9,96

D) 9,85

E) 9,37

5) Por intermédio do método dos Mínimos Quadrados, obtenha o valor dos parâmetros a e b necessários ao ajuste da função $\varphi(x) = \sqrt{a + bx}$ aos dados tabelados.

x	1,5	2,0	2,5	3,0
f(x)	2,1	3,2	4,4	5,8

5.1) O valor do parâmetro a é:

A) -26,65

B) 12,09

C) 9,03

D) 67,65

E) 21,50

5.2) O valor do parâmetro b é:

A) 19,36

B) - 21,57

C) 16,21

D) -18,92

E) 12,5

5.3) O valor de f(3,5) obtido aproximadamente por intermédio de φ(x) é:

A) 6,4

B) 7,2

C) 6,9

D) 7,6

E) 6,0

6) Considere a função $\varphi(x) = ae^{x^2} + bx^3$ a ser ajustada pelo método dos Mínimos Quadrados aos pontos da tabela a seguir:

x	-1	0	1
y	0	1	2

Escolha a opção correta:

A) $a = 2e^2$; $b = 2$

B) $a = (1 + 2e) / (1 + 2e^2)$; $b = 1$

C) $a = 2$; $b = 1 + e$

D) $a = 1 + 2e^2$; $b = 2$

E) não há dados suficientes para obter os parâmetros a e b

7) À luz do método dos Mínimos Quadrados, considere as seguintes afirmativas:

I) Polinômios não devem ser usados no problema de extrapolação.

II) Para descrever a tendência de comportamento de certos pontos (x_k, y_k) adotando a função $\varphi(x) = \dfrac{ax}{b+x}$, os dados devem ser colocados na forma em que sejam relacionados $(\dfrac{1}{y})$ e $(\dfrac{b}{a} \times \dfrac{1}{x} + \dfrac{1}{a})$.

III) Para ajustar a função $\varphi(x) = x\ln(a + bx)$ a um conjunto de pontos (x_k, y_k), os dados devem ser transformados estabelecendo-se a relação linear entre $(e^{y/x})$ e $(a + bx)$.

Avalie as afirmativas e escolha a opção correta:

A) todas são F

B) apenas (I) é V

C) apenas (III) é F

D) todas são V

E) nra

8) A cada hora, observa-se o número de bactérias (por unidade de volume) existente em uma cultura, conforme indica a tabela a seguir. Com o método dos Mínimos Quadrados, deseja-se usar a função $\varphi(x) = ax^b$ para descrever a tendência de comportamento dos dados tabelados.

Horas (x)	1	2	3	4	5	6
No de bactérias (y)	47	65	92	132	190	275

8.1) Assim, os parâmetros a e b da função ajustada valem:

A) a = 3,65; b = 1,08

B) a = 5,95; b = 2,16

C) a = 3,65; b = 0,78

D) a = 38,8; b = 0,96

E) a = 1,93; b = 1,29

8.2) Avalia-se que na 7ª hora, o nº de bactérias observado será de:

A) 289

B) 321

C) 253

D) 405

E) 393

9) Em Biologia, denomina-se Alometria ao estudo do crescimento das várias partes de um organismo. Assim, pode-se relacionar o peso (x) do corpo de um caranguejo com o peso (y) de sua garra pela função $\varphi(x) = mx^n$, sendo m e n parâmetros alométricos. A tabela a seguir apresenta valores dos referidos pesos (mg) de um caranguejo *Chama-Maré*. Usando o método dos Mínimos Quadrados, faça o ajuste de $\varphi(x)$ aos dados da tabela, determinando inicialmente os parâmetros m e n.

Corpo (x)	57,6	109,2	199,7	300,2	355,2	420,1	535,7	743,3
Garra (y)	5,3	13,7	38,3	78,1	104,5	135,0	195,6	319,2

9.1) Os valores de m e n são, aproximadamente:

A) m = - 2,160; n = - 1,407

B) m = 0,006911; n = 1,631

C) m = 1,016; n = 4,657

D) m = 0,736; n = 0,549

E) m = 1,152; n = 0,365

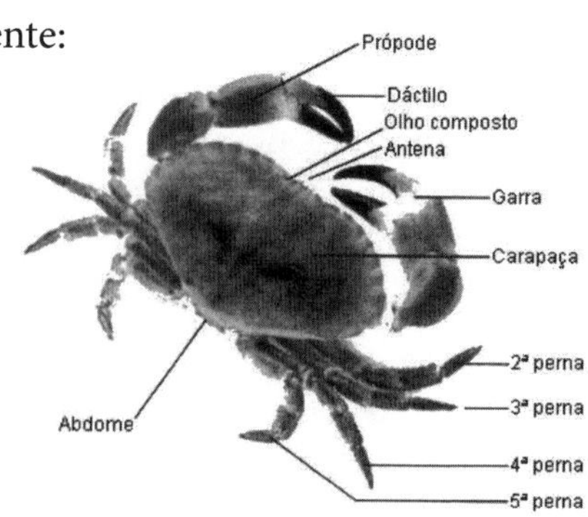

9.2) O valor do peso (mg) da garra de um caranguejo que tenha um corpo de 1.000 mg é:

A) 541

B) 427

C) 380

D) 638

E) 493

9.3) O corpo do caranguejo, em determinada fase de crescimento, terá o dobro do peso de sua garra. Nesse caso, o valor do peso do corpo (mg) será:

A) 750

B) 920

C) 882

D) 985

E) 1050

10) Dados que relacionam a velocidade de um automóvel com a distância percorrida após acionados os freios e até que este pare completamente estão dispostos na tabela a seguir. Esses dados foram obtidos em certas condições consideradas favoráveis, *e.g.*: piso de asfalto, sem chuva, sistema de freios revisado, motorista de profissional etc.

Velocidade (km/h)	50	60	100	120
Distância (m)	51	65	140	188

10.1) Ajustando-se, com o método dos Mínimos Quadrados, a função polinomial $\varphi(x) = ax^2 + bx + c$ aos dados levantados, obtém-se para o valor do parâmetro a:

A) 0,44

B) 6,59

C) 0,00894

D) 5,25

E) 7,62

10.2) Estima-se que um automóvel a 150 km/h percorra até parar pela ação dos freios a distância (m) de aproximadamente:

A) 210

B) 243

C) 195

D) 225

E) 274

7.8 PROGRAMAS COMPUTACIONAIS

1) Confira o ajuste linear realizado no Exemplo 7.1, usando a seguinte função residente no **Scilab**, que fornece os coeficientes da reta ajustada segundo o método dos Mínimos Quadrados:

```
-->[a, b] = reglin(x,y)
```

Além disso, apresente o gráfico dos pontos x e y (semelhante ao da Figura 7.2), em conjunto com a reta ajustada, usando a função:

```
-->plot2d(x,y);
-->plot2d(x,a*x+b);
```

2) Usando o Programa 7.1 apresentado a seguir, confira os coeficientes de uma parábola que foi ajustada pelo método dos Mínimos Quadrados aos dados apresentados no Exemplo 7.2. Aproveite também para resolver o Exercício 10 da Seção 7.7.

3) Com o Programa 7.2 exibido mais adiante, refaça o Exemplo 7.3, assim como aplique-o aos Exercícios 1 e 6 da Seção 7.7.

4) Use os programas **Scilab** desenvolvidos neste capítulo para auxiliar na solução dos exercícios propostos.

5) Teste também programas escritos em **Python** para os ajustes polinomial e não polinomial, confrontando os resultados encontrados com aqueles obtidos com o **Scilab**.

Programa 7.1 – Ajuste Polinomial

```
//Programa de ajuste polinomial
//Método dos Mínimos Quadrados Ponderados
//leitura dos dados de entrada
clear;
Tabela=read('Cap7_Tabela1.txt',-1,2)
x=Tabela(:,1);
y=Tabela(:,2);
n_pontos=length(x);
printf('Número total de pontos da amostra = %g \n', n_pontos)
//definição do grau do polinômio a ser ajustado aos dados
n_grau=input('grau do polinômio a ser ajustado: ');
//cálculo das somas dos valores de x e de suas potências
for i=1:2*n_grau
  x_soma(i)=sum(x.^i);
end
//Formação da matriz A e do vetor b do sistema linear Ax=b, cuja solução
// corresponde aos coeficientes do polinômio a ser ajustado
//Primeira linha da matriz A e do vetor b
A(1,1)=n_pontos;
b(1)=sum(y);
for k=2:(n_grau+1)
  A(1,k)=x_soma(k-1);
end
//Demais linhas de A
for i=2:(n_grau+1)
  for j=1:(n_grau+1)
    A(i,j)=x_soma(i+j-2);
  end
//Formação do vetor b
  b(i)=sum(x.^(i-1).*y);
end
printf('Matriz de coeficientes = \n')
disp(A)
printf('Vetor independente = \n')
disp(b)
//Determinação dos coeficientes do polinômio
alfa=A\b
a_transposto=alfa'
//formação do polinômio interpolante
printf('Polinômio interpolante \n')
p=poly(a_transposto,"x","coeff")
//obtenção do gráfico de y e p(x)
for k=1:n_pontos
  f_ajuste(k)=horner(p,x(k));
end
plot2d(x,y,-5)
plot2d(x,f_ajuste,5)
disp(p)
```

Encontra-se no link https://github.com/ViniBiajoni/metodosNumericosLivroSBA.git

Programa 7.2 – Ajuste não polinomial

```
//programa de ajuste não polinomial
clear
printf('Dados de entrada (valores de x e y) \n')
Tabela=read('Cap7_Tabela_exemplo7-3.txt',-1,2)
x=Tabela(:,1);
y=Tabela(:,2);
n_pontos=length(x);
printf('Número total de pontos da amostra = %g \n', n_pontos)
n_funcoes=3; //definição do número de funções que compõem o ajuste
printf('Número de funções que participam do ajuste = %g \n', n_funcoes)
funcprot(0);
//definição das funções que compõem o ajuste
function g1=funcao1(x)
 g1=log(x)
endfunction
//valores de funcao1
for i=1:n_pontos
 Aux(i,1)=funcao1(x(i));
end
function g2=funcao2(x)
 g2=cos(x)
endfunction
//valores da funcao2
for i=1:n_pontos
 Aux(i,2)=funcao2(x(i));
end
function g3=funcao3(x)
 g3=exp(x)
endfunction
//valores da funcao3
for i=1:n_pontos
 Aux(i,3)=funcao3(x(i));
end
//Formação da matriz A e do vetor b do sistema linear Ax=b, cuja solução
//corresponde aos coeficientes da função global a ser ajustada
for i=1:n_funcoes
 for j=1:n_funcoes
  soma=0;
  for k=1:n_pontos
   soma=soma+Aux(k,i)*Aux(k,j);
  end
  A(i,j)=soma;
 end
end
printf('Matriz de coeficientes = \n'); disp(A) //matriz A
//Formação do vetor b
for i=1:n_funcoes
 soma=0;
 for k=1:n_pontos
  soma=soma+y(k)*Aux(k,i);
 end
 b(i)=soma;
end
printf('Vetor independente = \n'); disp(b) //vetor b
//Obtenção dos parâmetros da função de ajuste
printf('parâmetros da função de ajuste: \n')
alfa=A\b
disp(alfa)
//obtenção do gráfico de y e da função de ajuste
for k=1:n_pontos
 f_ajuste(k)=alfa(1)*funcao1(x(k))+alfa(2)*funcao2(x(k))+alfa(3)*funcao3(x(k));
end
plot2d(x,y,-5); plot2d(x,f_ajuste,5)
```

Encontra-se no link https://github.com/ViniBiajoni/metodosNumericosLivroSBA.git

CAPÍTULO 8
Integração

8.1 INTRODUÇÃO

Nas lições sobre geometria, desde muito cedo, aprende-se como calcular a área de figuras planas simples (*e.g.*, triângulos, quadrados, retângulos, círculos); mais adiante, o volume de sólidos (cubos, cones, esferas etc.). Importantes matemáticos gregos estudaram esses problemas, entre eles Hipócrates (c. 470-c. 400 a.C), nascido na ilha de Chios, Eudoxo (408-355 a.C) na cidade de Cnido, e Arquimedes (c. 287-c. 212 a.C) em Siracusa. Entre as motivações que levaram ao desenvolvimento do Cálculo Integral encontra-se a necessidade de tratar aquele problema antigo da obtenção de áreas e volumes, de modo mais amplo, envolvendo superfícies planas ou curvas, com formas irregulares. Tal desenvolvimento ocorreu no período de 1670 a 1684, graças aos trabalhos notáveis do inglês Isaac Newton (1642-1727) e do alemão Gottfried Wilhelm Leibniz (1646-1716).

Aqui, será abordado o problema de se obter o valor da integral de uma determinada função por intermédio de métodos numéricos, contornando a dificuldade de se encontrar uma solução analítica, nos casos em que isto se torna muito difícil ou mesmo impossível, assim como quando apenas pontos da referida função são conhecidos.

8.2 CONSIDERAÇÕES INICIAIS

Considere a integral definida expressa por

$$I = \int_a^b f(x)dx \tag{8.1}$$

sendo: $f(x)$ função contínua, denominada integrando; $[a,b]$ intervalo de integração.

Do cálculo integral, sabe-se que para obter *analiticamente* o valor de I, deve-se encontrar a função primitiva de $f(x)$, denotada por $F(x)$, tal que sua derivada $F'(x) = f(x)$, para então, de acordo com o Teorema Fundamental do Cálculo, calcular:

$$I = F(b) - F(a) \tag{8.2}$$

Nem sempre I pode ser calculada pela Equação (8.2), pois há casos em que o integrando não tem função primitiva explícita que possa ser expressa em termos de funções elementares. Exemplos de integrais em que isso ocorre estão a seguir:

$$\int_0^1 e^{-x^2} dx; \int_0^{\pi} x^{\pi} sen(\sqrt{x}) dx$$

Em outros casos, ainda que em princípio exista a função primitiva, esta apresenta difícil obtenção na prática. Assim, a exemplo de outros problemas abordados neste livro, um caminho alternativo à solução analítica deve ser buscado para se obter o valor numérico da integral. A aproximação numérica para integrais definidas recebe a denominação de *quadratura numérica*, assim chamada em decorrência da utilização de métodos antigos que se valiam da contagem de pequenos quadrados (área conhecida) para cobrir áreas de figuras irregulares contendo curvas.

Figura 8.1 – Roger Cotes (1682-1716).
Fonte: https://mathshistory.st-andrews.ac.uk/Biographies/Cotes/Cotes.jpeg

Figura 8.2 – Thomas Simpson (1710-1761).
Fonte: https://mathshistory.st-andrews.ac.uk/ Biographies/Simpson/Simpson.jpeg

Embora existam diversos métodos numéricos para se calcular o valor de uma integral a partir de pontos discretos do integrando, neste capítulo serão apresentados métodos simples de integração numérica conhecidos por fórmulas de Newton-Cotes, que se caracterizam pela substituição da função a ser integrada por um polinômio interpolante, considerando-se pontos igualmente espaçados no intervalo de integração.

O matemático inglês Roger Cotes (1682-1716), cujo busto encontra-se na Figura 8.1, tornou-se conhecido por ter trabalhado com Newton revisando a segunda edição do livro *Princípios Matemáticos da Filosofia Natural* (*Philosophiae Naturalis Principia Mathematica*, referido comumente como *Principia*) publicado em 1713. Outro matemático inglês, Thomas Simpson (1710-1761), com imagem ilustrada na Figura 8.2, popularizou o uso de polinômios interpolantes de grau dois e três nas fórmulas de Newton-Cotes, tornando seu nome associado a regras de integração.

Curiosamente, o que se conhece atualmente como Regra de Simpson de integração (obviamente contida em seus trabalhos) teria sido algo que lhe fora ensinado por Newton, como o próprio Simpson reconhecera. Em compensação, o método de Newton (visto no Capítulo 3 e que conduz à solução de equações não lineares), na forma iterativa e com o uso de derivada conforme hoje se encontra, deve-se a Simpson que a publicou em 1740.

Para a construção de um método numérico capaz de obter o valor aproximado de uma integral, recorre-se inicialmente à soma de Riemann que define uma integral como uma soma ponderada de valores do integrando, tomados em um número finito de pontos amostrados no intervalo de integração. Com isso, pode-se aproximar a integral I construindo uma *regra de quadratura* com $n + 1$ pontos, genericamente dada por:

$$I = \int_a^b f(x)dx \approx \sum_{i=0}^{n} w_i f(x_i) \qquad (8.3)$$

sendo $a \leq x_0 < x_1 < x_2 < \cdots < x_n \leq b$. Os pontos x_i, nos quais calculam-se valores do integrando, são denominados *nós* e os multiplicadores w_i, *coeficientes* ou *pesos*. A quadratura pode ser aberta ($a < x_0$ e $x_n < b$) ou fechada (inclui como *nós* os extremos do intervalo fechado de integração, *i.e.*, $a = x_0$ e $x_n = b$). O principal objetivo a ser atingido será escolher *nós* e *pesos* tais que o grau de precisão almejado seja alcançado com um custo computacional adequado, levando-se em conta a quantidade de vezes que o integrando precisa ser calculado.

As regras para o cálculo de quadraturas são obtidas por meio de interpolação polinomial. Para tal, parte-se da escolha de um conjunto de $(n + 1)$ pontos distintos $x_0, x_{1,\ldots,} x_n\}$ pertencentes ao intervalo de integração $[a,b]$, nos quais os valores correspondentes do integrando $f(x_i)$ serão calculados. Os valores de x_i e $f(x_i)$ são utilizados para a determinação do polinômio interpolante de grau n (conforme visto no Capítulo 6) que substituirá $f(x)$ na integral I, passando então a ser o integrando que permitirá a obtenção de um valor numérico aproximado para I, como em:

$$I = \int_a^b f(x)dx \approx \int_a^b p_n(x)dx \qquad (8.4)$$

Na prática, não se faz necessário obter explicitamente $p_n(x)$ toda vez que uma determinada integral for resolvida. O polinômio interpolante será usado para a construção de uma regra de quadratura e esta sim será colocada na forma expressa na Equação (8.3) que evidencia a dependência aos *nós* de interpolação e certos *coeficientes*. Em particular, aqui será adotada a Forma de Lagrange para a obtenção de $p_n(x)$, o que, de acordo com (6.4), leva a:

$$I = \int_a^b f(x)dx \approx \sum_{i=0}^{n} w_i f(x_i) \approx \int_a^b p_n(x)dx = \int_a^b \left[\sum_{i=0}^{n} y_i L_i(x) \right] dx \qquad (8.5)$$

sendo $y_i = f(x_i)$. De acordo com a Equação (8.5), os coeficientes w_i correspondem a:

$$w_i = \int_a^b L_i(x)dx \qquad (8.6)$$

A seguir, serão desenvolvidas as expressões referentes às regras de quadratura fechadas de Newton-Cotes frequentemente utilizadas.

8.3 REGRA DOS TRAPÉZIOS

Utilizando-se apenas os pontos extremos do intervalo de integração ($a = x_0$ e $b = x_1$) e por eles fazendo passar uma reta, polinômio do 1º grau $p_1(x)$, para calcular I aproximadamente, vem:

$$I = \int_a^b f(x)dx \approx \int_{a=x_0}^{b=x_1} p_1(x)dx \qquad (8.7)$$

Note que, com a substituição de $f(x)$ por uma reta, forma-se um trapézio (cujas bases são as paralelas ao eixo y), como mostra a ilustração da Figura 8.3 a seguir:

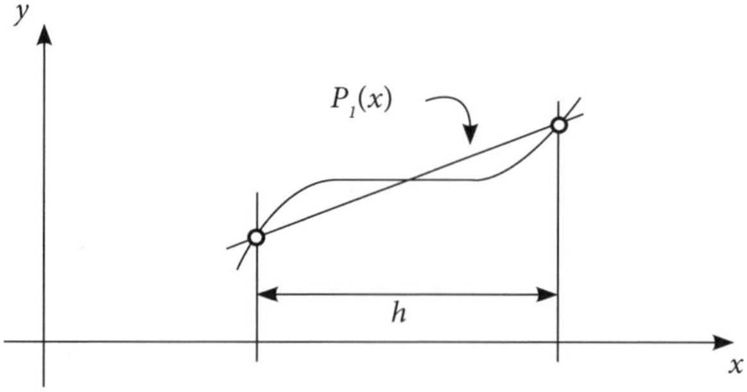

Figura 8.3 - Regra dos trapézios.

Integrando analiticamente $p_1(x)$ na Equação (8.7) vem:

$$\int_a^b p_1(x)dx = \int_{a=x_0}^{b=x_1} [y_0 + \frac{y_1 - y_0}{x_1 - x_0}(x - x_0)]dx$$

$$I_T = \int_{a=x_0}^{b=x_1} [y_0 + \frac{y_1 - y_0}{x_1 - x_0}(x - x_0)]dx = [y_0 x + \frac{y_1 - y_0}{x_1 - x_0}(\frac{x^2}{2} - x_0 x)]\Bigg|_{x_0}^{x_1} =$$

$$= [y_0 x_1 + \frac{y_1 - y_0}{x_1 - x_0}(\frac{x_1^2}{2} - x_0 x_1)] - [y_0 x_0 + \frac{y_1 - y_0}{x_1 - x_0}(\frac{x_0^2}{2} - x_0 x_0)] =$$

$$= y_0(x_1 - x_0) + \frac{y_1 - y_0}{x_1 - x_0}(\frac{x_1^2}{2} - 2x_0 x_1 + \frac{x_0^2}{2}) = (x_1 - x_0)(y_0 + \frac{y_1 - y_0}{2}) = \tag{8.8}$$

$$= (x_1 - x_0)(\frac{y_0 + y_1}{2})$$

Usualmente, denota-se por h o tamanho do intervalo de integração ou de uma de suas m partes iguais (subintervalos), como a seguir:

$$h = \frac{b - a}{m} \tag{8.9}$$

O número m de subintervalos de $[a,b]$ depende do grau n do polinômio usado na regra de quadratura que está sendo construída. Logo $m = n$, para as regras que utilizam um único polinômio interpolante para todo o intervalo de integração (denominadas de forma variada por básicas, simples, sem repetição ou não compostas). Assim, para a presente regra de quadratura $m = 1$.

Finalmente, usando a Equação (8.9) em (8.8), obtém-se a seguinte expressão para a Regra dos Trapézios:

$$I_T = \frac{h}{2}(y_0 + y_1) \tag{8.10}$$

8.4 REGRA 1/3 DE SIMPSON

A próxima regra de quadratura origina-se da utilização de um polinômio interpolante de grau dois como integrando em I.

$$I = \int_a^b f(x)dx \approx \int_{a=x_0}^{b=x_2} p_2(x)dx \tag{8.11}$$

Note que, para substituir de $f(x)$ por uma parábola, como mostra a ilustração da Figura 8.4, deve-se dispor de 3 nós de interpolação, *i.e.*, os extremos do intervalo de integração e um nó adicional. Para tal, considerando que nas regras de Newton-Cotes os nós de interpolação devem estar igualmente espaçados, toma-se o ponto médio de $[a,b]$, resultando então em: $h = (b - a)/2$; $x_0 = a$; $x_1 = a + h$; $x_2 = a + 2h = b$.

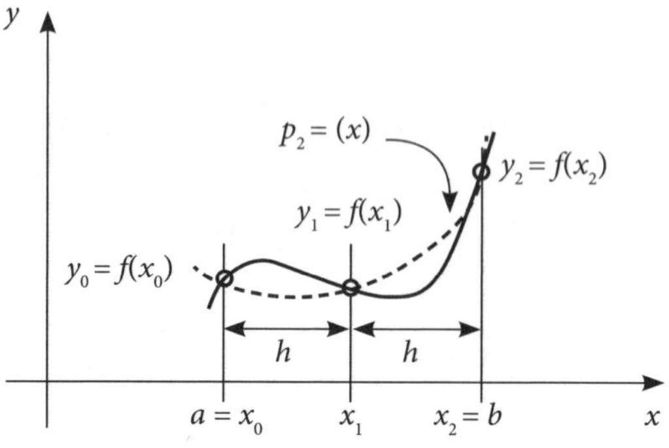

Figura 8.4 – Regra 1/3 de Simpson.

Escrevendo $p_2(x)$ na Forma de Lagrange vem:

$$p_2(x) = y_0L_0 + y_1L_1 + y_2L_2 \tag{8.12}$$

sendo:

$$L_0 = \frac{(x - x_1)(x - x_2)}{(x_0 - x_1)(x_0 - x_2)} \qquad L_1 = \frac{(x - x_0)(x - x_2)}{(x_1 - x_0)(x_1 - x_2)} \qquad L_2 = \frac{(x - x_0)(x - x_1)}{(x_2 - x_0)(x_2 - x_1)}$$

A seguinte mudança de variáveis simplifica de certo modo as parcelas L_0, L_1 e L_2, a serem integradas mais adiante:

$$x - x_0 = hz \qquad \text{ou} \qquad z = \frac{x - x_0}{h} \tag{8.13}$$

Somando e subtraindo x_1 e depois x_2 em ambos os membros da Expressão (8.12), com pequena manipulação algébrica, vem:

$$x - x_0 - x_1 = hz - x_1 \quad \Rightarrow \quad x - x_1 = hz - (x_1 - x_0) = hz - h = h(z - 1) \tag{8.14}$$

$$x - x_0 - x_2 = hz - x_2 \quad \Rightarrow \quad x - x_2 = hz - (x_2 - x_0) = hz - 2h = h(z - 2) \tag{8.15}$$

Substituindo as Expressões de (8.13) a (8.15) nas parcelas de Lagrange que compõem a Expressão (8.12):

$$L_0 = \frac{[h(z-1)][h(z-2)]}{(-h)(-2h)} = \frac{(z-1)(z-2)}{2} \tag{8.16}$$

$$L_1 = \frac{[hz][h(z-2)]}{(h)\,(-h)} = -z(z-2) \tag{8.17}$$

$$L_2 = \frac{[hz]\,[h(z-1)]}{(2h)\,(h)} = \frac{z(z-1)}{2} \tag{8.18}$$

Para completar a mudança de variáveis, deve-se derivar a Expressão (8.13) para substituir dx e também alterar os limites de integração, o que leva a:

$$dx = hdz;\ z(x_0) = 0;\ z(x_1) = 1;\ z(x_2) = 2 \tag{8.19}$$

Usando o desenvolvimento anterior, contido nas Expressões (8.12) a (8.18), e passando-se agora à integração de $p_2(z)$ para se obter a Regra de Simpson, vem:

$$I_{1/3S} = \int_a^b p_2(x)dx = \int_{a=x_0}^{b=x_2} (y_0L_0 + y_1L_1 + y_2L_2)dx =$$

$$= \frac{hy_0}{2}\int_0^2 (z-1)(z-2)dz - hy_1\int_0^2 z(z-2)dz + \frac{hy_2}{2}\int_0^2 z(z-1)dz =$$

$$= \frac{hy_0}{2}\left(\frac{z^3}{3} - \frac{3z^2}{2} + 2z\right)\Bigg|_0^2 - hy_1\left(\frac{z^3}{3} - z^2\right)\Bigg|_0^2 + \frac{hy_2}{2}\left(\frac{z^3}{3} - \frac{z^2}{2}\right)\Bigg|_0^2 =$$

$$= \frac{hy_0}{2}\left(\frac{2}{3}\right) - hy_1\left(-\frac{4}{3}\right) + \frac{hy_2}{2}\left(\frac{2}{3}\right)$$

Finalmente, a Regra 1/3 (também conhecida com 1ª Regra) de Simpson fica estabelecida por:

$$I_{1/3S} = \frac{1}{3}h(y_0 + 4y_1 + y_2) \tag{8.20}$$

8.5 REGRA 3/8 DE SIMPSON

Seguindo a mesma linha de raciocínio das seções anteriores, agora para se obter a Regra 3/8 (ou 2ª Regra) de Simpson, adota-se um polinômio do terceiro grau (interpolação cúbica) para substituir $f(x)$ em $[a,b]$. Para isso, como ilustra a Figura 8.5, são necessários 4 nós de interpolação: os pontos extremos do intervalo de integração, mais dois pontos internos, correspondentes à subdivisão do intervalo em 3 partes iguais($m = 3$). De acordo com a Expressão (8.9), cada subintervalo terá o tamanho $h = (b - a) / 3$. Portanto, os nós de interpolação estarão assim posicionados: $x_0 = a$; $x_1 = a + h$; $x_2 = a + 2h$; $x_3 = a + 3h = b$.

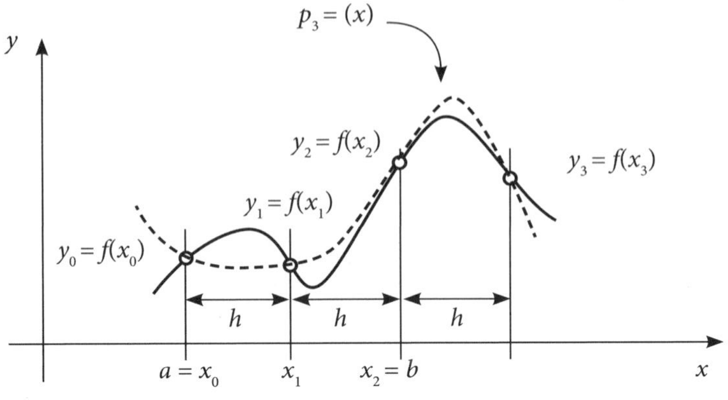

Figura 8.5 – Regra 3/8 de Simpson.

Escrevendo $p_3(x)$ na Forma de Lagrange:

$$p_3(x) = y_0 L_0 + y_1 L_1 + y_2 L_2 + y_3 L_3 \tag{8.21}$$

sendo:

$$L_0 = \frac{(x-x_1)(x-x_2)(x-x_3)}{(x_0-x_1)(x_0-x_2)(x_0-x_3)} \qquad L_1 = \frac{(x-x_0)(x-x_2)(x-x_3)}{(x_1-x_0)(x_1-x_2)(x_1-x_3)}$$

$$L_2 = \frac{(x-x_0)(x-x_1)(x-x_3)}{(x_2-x_0)(x_2-x_1)(x_2-x_3)} \qquad L_3 = \frac{(x-x_0)(x-x_1)(x-x_2)}{(x_3-x_0)(x_3-x_1)(x_3-x_2)}$$

A mesma mudança de variáveis adotada nas Expressões de (8.13) a (8.15), pode ser utilizada, sendo acrescido mais um ponto:

$$x - x_0 - x_3 = hz - x_3 \quad \Rightarrow \quad x - x_3 = hz - (x_3 - x_0) = hz - 3h = h(z-3) \tag{8.22}$$

$$z = \frac{x - x_0}{h} \quad \Rightarrow \quad z(x_3) = \frac{x_3 - x_0}{h} = \frac{3h}{h} = 3 \tag{8.23}$$

Substituindo as Expressões de (8.13) a (8.15) e (8.19) nas parcelas de Lagrange presentes na Expressão (8.18), para integrar $p_3(z)$ e obter a Regra 3/8 de Simpson, vem:

$$I_{3/8S} = \int_a^b p_3(x)dx = \int_{a=x_0}^{b=x_3} (y_0L_0 + y_1L_1 + y_2L_2 + y_3L_3)dx =$$

$$= -\frac{hy_0}{6}\int_0^3 (z-1)(z-2)(z-3)dz + h\frac{y_1}{2}\int_0^3 z(z-2)(z-3)dz - \frac{hy_2}{2}\int_0^3 z(z-1)(z-3)dz +$$

$$+\frac{hy_3}{6}\int_0^3 z(z-1)(z-2)dz =$$

$$= -\frac{hy_0}{6}\left(\frac{z^4}{4} - 6\frac{z^3}{3} + 11\frac{z^2}{2} - 6z\right)\Bigg|_0^3 + h\frac{y_1}{2}\left(\frac{z^4}{4} - 5\frac{z^3}{3} + 6\frac{z^2}{2}\right)\Bigg|_0^3 - \frac{hy_2}{2}\left(\frac{z^4}{4} - 4\frac{z^3}{3} + 3\frac{z^2}{2}\right)\Bigg|_0^3 +$$

$$+\frac{hy_3}{6}\left(\frac{z^4}{4} - 3\frac{z^3}{3} + 2\frac{z^2}{2}\right)\Bigg|_0^3 = -\frac{hy_0}{6}\left(\frac{-9}{4}\right) + \frac{hy_1}{2}\left(\frac{9}{4}\right) - \frac{hy_2}{2}\left(\frac{-9}{4}\right) + \frac{hy_3}{6}\left(\frac{9}{4}\right)$$

Por fim, a Regra 3/8 (2ª Regra) de Simpson fica:

$$I_{3/8S} = \frac{3}{8}h\,(y_0 + 3y_1 + 3y_2 + y_3) \tag{8.24}$$

A seguir, para servir ao propósito didático de aplicação das regras de integração introduzidas até aqui, apresenta-se um exemplo de cálculo de uma integral que tem solução analítica, portanto não sendo um caso típico que requeresse a integração numérica.

Exemplo 8.1: Obtenha o valor numérico de $I = \int_0^{\pi/4} sen(x)dx$, utilizando-se das regras de integração apresentadas nas seções anteriores. Compare os resultados encontrados com o valor obtido com a solução analítica.

a) Regra dos Trapézios

$$[x_0, x_1] = [0, \frac{\pi}{4}]; \quad h = \frac{\pi}{4}; \quad y_0 = sen(0); \quad y_1 = sen(\frac{\pi}{4}) = \frac{\sqrt{2}}{2}$$

$$I_T = \frac{h}{2}(y_0 + y_1) = \frac{\pi}{8}(0 + \frac{\sqrt{2}}{2}) = \frac{\pi\sqrt{2}}{16} = 0{,}277680$$

b) Regra 1/3 de Simpson

$$h = \frac{\pi}{8}; \quad y_0 = sen(0) = 0; \quad y_1 = sen(\frac{\pi}{8}); \quad y_2 = sen(\frac{\pi}{4}) = \frac{\sqrt{2}}{2}$$

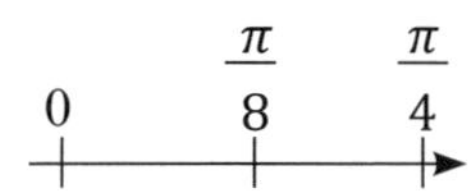

$$I_{1/3S} = \frac{1}{3}h(y_0 + 4y_1 + y_2) = \frac{\pi}{24}(0 + 4sen(\frac{\pi}{8}) + \frac{\sqrt{2}}{2}) = 0{,}292933$$

c) Regra 3/8 de Simpson

$$h = \frac{\pi}{12}; \quad y_0 = sen(0) = 0; \quad y_1 = sen(\frac{\pi}{12}); \quad y_2 = sen(\frac{\pi}{6})$$

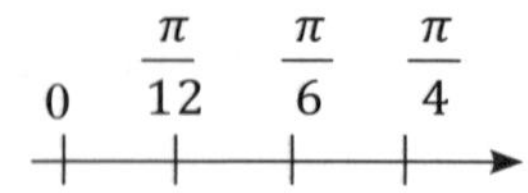

$$y_3 = sen(\frac{\pi}{4})$$

$$I_{3/8S} = \frac{3}{8} h\,(y_0 + 3y_1 + 3y_2 + y_3) = \frac{3\pi}{96}[sen(0) + 3sen(\frac{\pi}{12}) + 3sen(\frac{\pi}{6}) + sen(\frac{\pi}{4})] = 0{,}292911$$

Analiticamente, encontra-se o seguinte resultado:

$$I = \int_0^{\pi/4} sen(x)dx = -\cos(x)\Big|_0^{\pi/4} = -\cos(\frac{\pi}{4}) - [-\cos(0)] = 1 - \frac{\sqrt{2}}{2} = 0{,}292893$$

A Tabela 8.1 a seguir resume os resultados aproximados encontrados com as regras de integração apresentadas e os respectivos erros absolutos tomando-se por base o resultado da solução analítica. Nesse exemplo, evidencia-se a superioridade das Regras de Simpson sobre a Regra dos Trapézios, o que intuitivamente se esperava pela inclusão de pontos intermediários no intervalo de integração que trazem mais equilíbrio à aproximação por interpolação contida nestas regras.

Tabela 8.1 – Resumo dos resultados do Exemplo 8.1

Solução	Valor	Erro Absoluto
Analítica	0,292893	---
Regra dos Trapézios	0,277680	$1{,}5 \times 10^{-2}$
Regra 1/3 de Simpson	0,292933	$4{,}0 \times 10^{-5}$
Regra 3/8 de Simpson	0,292911	$1{,}8 \times 10^{-5}$

Diferentemente do que se tratou no Exemplo 8.1, em muitos outros casos, há a necessidade de se resolver integrais com integrandos aparentemente simples, para os quais não há solução analítica. Isso requer a aplicação de regras de integração como as aqui construídas. No exemplo a seguir, ilustra-se um caso típico desta situação.

Exemplo 8.2: Obtenha o valor numérico de $I = \int_0^2 e^{-x^2} dx$, fazendo uso das regras de integração apresentadas neste capítulo. Essa integral tem importância significativa no campo da Estatística e seus valores constam de tabelas da função erro. Assuma então como referência para o valor aproximado da integral aquele obtido com a função do

Scilab *erf*(2) = 0,9953223: $I \approx \dfrac{\sqrt{\pi}}{2} erf(2) \approx \dfrac{\sqrt{\pi}}{2} \times 0{,}9953223 \approx 0{,}882081.$

a) Regra dos Trapézios

$$[x_0, x_1] = [0,2]; \quad h = 2; \quad y_0 = e^0 = 1; \quad y_1 = e^{-2^2} = e^{-4}$$

$$I_T = \frac{2}{2}(1 + e^{-4}) = 1{,}018316$$

b) Regra 1/3 de Simpson

$$h = \frac{2}{2} = 1; \quad y_0 = e^0 = 1; \quad y_1 = e^{-1}; \quad y_2 = e^{-4}$$

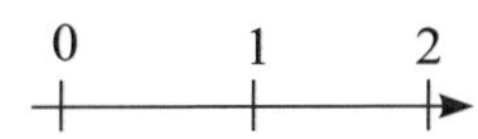

$$I_{\frac{1}{3}S} = \frac{1}{3} h(y_0 + 4y_1 + y_2) = \frac{1}{3}(1 + 4e^{-1} + e^{-4}) = 0{,}829944$$

c) Regra 3/8 de Simpson

$$h = \frac{2}{3}; \quad y_0 = e^0 = 1; \quad y_1 = e^{-(\frac{2}{3})^2} = e^{-(\frac{4}{9})}; \quad y_2 = e^{-(\frac{4}{3})^2} = e^{-(\frac{16}{9})}$$

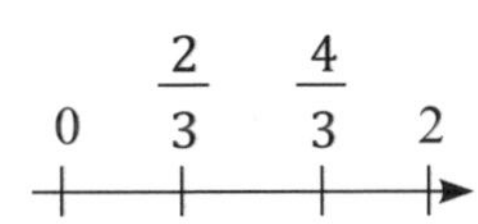

$$y_3 = e^{-4}$$

$$I_{\frac{3}{8}S} = \frac{3}{8} h\,(y_0 + 3y_1 + 3y_2 + y_3) = \frac{3}{8} \times \frac{2}{3} \times [1 + 3e^{-(\frac{4}{9})} + 3e^{-(\frac{16}{9})} + e^{-4}] = 0{,}862224$$

A Tabela 8.2 a seguir sintetiza os resultados obtidos, comparando-os com o valor de referência extraído do **Scilab** para estimativa dos erros absolutos cometidos.

Tabela 8.2 – Resumo dos resultados do Exemplo 8.2

Solução	Valor	Erro Absoluto
Valor tabelado	0,882081	---
Regra dos Trapézios	1,018316	$1{,}36 \times 10^{-1}$
Regra 1/3 de Simpson	0,829944	$5{,}21 \times 10^{-2}$
Regra 3/8 de Simpson	0,862224	$1{,}99 \times 10^{-2}$

8.6 ESTIMATIVA DE ERROS

Quando cálculos numéricos são realizados, sempre possível, busca-se obter estimativas para os erros cometidos. No problema aqui abordado, tais erros estão associados ao uso de polinômios interpolantes, podendo ser estimados com o auxílio dos resultados mostrados na Seção 6.6.

a) Regra dos Trapézios

Começando pela Regra dos Trapézios, avalia-se o erro cometido na interpolação linear, de acordo com a Expressão (6.17), por:

$$E_1(x) = f(x) - p_1(x) = (x - x_0)(x - x_1)\frac{M_2}{2!} \tag{8.25}$$

sendo $M^{(n+1)} = \max_{x\in[a,b]} f^{(n+1)}(x)$. Usando esse resultado na integração de $f(x)$, vem:

$$f(x) = p_1(x) + E_1(x) \tag{8.26}$$

$$\int_{x_0}^{x_1} f(x)dx = \int_{x_0}^{x_1} p_1(x)dx + \int_{x_0}^{x_1} E_1(x)dx = I_T + E_T \tag{8.27}$$

Assim, o erro de integração pela Regra dos Trapézios, E_T, pode ser estimado por:

$$E_T = \int_{x_0}^{x_1} E_1(x)dx = \int_{x_0}^{x_1} (x - x_0)(x - x_1)\frac{M_2}{2}\,dx \tag{8.28}$$

Adotando a mesma mudança de variáveis usada anteriormente, vem:

$$\begin{aligned} E_T &= \int_0^1 hz \times h(z-1) \times \frac{M_2}{2} \times hdz = h^3 \times \frac{M_2}{2}\int_0^1 z(z-1)dz = \\ &= h^3 \times \frac{M_2}{2} \times \left(\frac{z^3}{3} - \frac{z^2}{2}\right)\Bigg|_0^1 = h^3 \times \frac{M_2}{2} \times \left(-\frac{1}{6}\right) = \frac{-h^3 M_2}{12} \end{aligned} \tag{8.29}$$

Finalmente, uma estimativa para o erro cometido na Regra dos Trapézios pode ser obtida pela seguinte expressão:

$$E_T = \frac{-h^3 M_2}{12} \tag{8.30}$$

Para a obtenção de estimativas dos erros cometidos com a aplicação das Regras de Simpson, procedimento análogo ao anterior pode ser levado a efeito pelo leitor. Aqui, reduzidamente, esse procedimento será apresentado a seguir.

b) Regra 1/3 de Simpson:

$$E_{\frac{1}{3}S} = \int_{x_0}^{x_2} E_2(x)dx = \int_{x_0}^{x_2} (x-x_0)(x-x_1)(x-x_2)\frac{M_3}{3!}dx = \int_0^2 hz \times h(z-1) \times h(z-2)\frac{M_3}{6}hdz$$

$$E_{\frac{1}{3}S} = \frac{h^4 M_3}{6}\int_0^2 z(z-1)(z-2)dz = \frac{h^4 M_3}{6}\left(\frac{z^4}{4} - z^3 + z^2\right)\Bigg|_0^2 = \frac{h^4 M_3}{6}\left(\frac{16}{4} - 8 + 4\right) = 0$$

O valor nulo encontrado para o erro de integração significa que este não depende de E_2. Consequentemente, deve-se integrar o erro de ordem imediatamente superior E_3.

$$E_{\frac{1}{3}S} = \int_{x_0}^{x_2} E_3(x)dx = \int_0^2 hz \times h(z-1) \times h(z-2) \times h(z-3)\frac{M_4}{4!}hdz$$

$$E_{\frac{1}{3}S} = \frac{h^5 M_4}{24}\int_0^2 z(z-1)(z-2)(z-3)dz = \frac{h^5 M_4}{24}\left(\frac{z^5}{5} - 6 \times \frac{z^4}{4} + 11 \times \frac{z^3}{3} - 6 \times \frac{z^2}{2}\right)\Bigg|_0^2 =$$

$$= \frac{h^5 M_4}{24}\left(\frac{32}{5} - 24 + \frac{88}{3} - 12\right) = \frac{h^5 M_4}{24}\left(\frac{-4}{15}\right)$$

$$E_{\frac{1}{3}S} = \frac{-h^5 M_4}{90} \qquad (8.31)$$

De acordo com a Expressão (8.28), a Regra 1/3 de Simpson fornece valores exatos para integrandos que sejam polinômios até o 3º grau (sua derivada de 4ª ordem é nula), mesmo tendo sido construída a partir da interpolação com um polinômio do 2º grau.

c) Regra 3/8 de Simpson:

$$E_{\frac{3}{8}S} = \int_{x_0}^{x_3} E_3(x)dx = \int_{x_0}^{x_3} (x-x_0)(x-x_1)(x-x_2)(x-x_3)\frac{M_4}{4!}dx =$$

$$= \int_0^2 hz \times h(z-1) \times h(z-2) \times h(z-3)\frac{M_4}{24}hdz = \frac{h^5 M_4}{24}\int_0^2 z(z-1)(z-2)(z-3)dz =$$

$$= \frac{h^5 M_4}{24}\left(\frac{z^5}{5} - 6 \times \frac{z^4}{4} + 11 \times \frac{z^3}{3} - 6 \times \frac{z^2}{2}\right)\Bigg|_0^3 = \frac{h^5 M_4}{24} \times \frac{-9}{10}$$

$$E_{\frac{3}{8}S} = \frac{-3h^5 M_4}{80} \qquad (8.32)$$

As expressões obtidas nesta seção podem ser usadas para confirmar os resultados encontrados nos exemplos anteriores. A título de ilustração, tomando-se o Exemplo 8.1, obtém-se para os erros de integração cometidos:

a) Regra dos Trapézios

$$|E_T| = \frac{h^3 M_2}{12}; \qquad h = \pi/4; \qquad f(x) = sen(x); \qquad f'(x) = \cos x; \qquad f''(x) = -sen(x);$$

$$M_2 = \max|f''(x)| = sen(\pi/4) = \sqrt{2}/2$$

$$|E_T| = \frac{(\pi/4)^3(\sqrt{2}/2)}{12} = 2{,}854785 \times 10^{-2}$$

b) Regra 1/3 de Simpson

$$|E_{\frac{1}{3}S}| = \frac{h^5 M_4}{90}; \qquad h = \frac{\pi}{8}; f'''(x) = -\cos(x); \qquad f^{IV}(x) = sen(x);$$

$$M_2 = \max|f^{IV}(x)| = sen(\frac{\pi}{4}) = \frac{\sqrt{2}}{2}; \; |E_{\frac{1}{3}S}| = \frac{(\frac{\pi}{8})^5 \times \frac{\sqrt{2}}{2}}{90} = 7{,}337395 \times 10^{-5}$$

c) *Regra 3/8 de Simpson*

$$\left|E_{\frac{3}{8}S}\right| = \frac{3(\frac{\pi}{12})^5 \times (\frac{\sqrt{2}}{2})}{80} = 3{,}261065 \times 10^{-5}$$

Na Tabela 8.3, encontra-se um resumo dos erros cometidos e seus limitantes referentes ao Exemplo 8.1, podendo ser comprovada a validade das Expressões (8.27) a (8.29).

Tabela 8.3 – Resumo dos erros cometidos no Exemplo 8.1

Solução	Erro Absoluto	Limitante
Analítica	---	---
Regra dos Trapézios	$1{,}5 \times 10^{-2}$	$< 2{,}85 \times 10^{-2}$
Regra 1/3 de Simpson	$4{,}0 \times 10^{-5}$	$< 7{,}34 \times 10^{-5}$
Regra 3/8 de Simpson	$1{,}8 \times 10^{-5}$	$< 3{,}26 \times 10^{-5}$

8.7 REGRAS DE INTEGRAÇÃO REPETIDAS

Até este ponto, as regras de Newton-Cotes apresentadas tomaram por base um único polinômio interpolante para todo o intervalo de integração. A precisão dos resultados obtidos com tais regras pode ser aumentada, notadamente em intervalos extensos, bastando que se considerem mais nós de interpolação e com isto eleve-se o grau do polinômio interpolante. Entretanto, a natureza oscilatória de polinômios de graus mais elevados não favorece a adoção dessa proposta. Alternativamente, pode-se adotar uma outra estratégia, mais adequada a esse aspecto do problema em questão, que corresponde a aumentar o número de subdivisões do intervalo de integração e aplicar repetidamente regras de integração de baixa ordem. Isso equivale a se fazer interpolação por partes, como mencionado na Seção 6.7. De modo a se obter a quadratura total, somando-se os resultados parciais encontrados.

Isso posto, torna-se relativamente simples obter as Regras dos Trapézios e de Simpson Repetidas (ou Compostas), bem como os respectivos erros de integração. A seguir, encontram-se as expressões matemáticas necessárias à aplicação de tais regras.

8.7.1 Regra dos Trapézios Repetida

Para a sua construção, deve-se subdividir $[a,b]$ em m partes iguais, de amplitude h, e a cada subintervalo aplicar a Regra. A Figura 8.6 ilustra esse procedimento para o caso particular de 4 repetições. Usando-se a Expressão (8.10), a integral obtida pela Regra dos Trapézios Repetida, I_{TR}, será neste caso dada por:

$$I_{TR} = \frac{h}{2}[y_0 + y_1] + \frac{h}{2}[y_1 + y_2] + \frac{h}{2}[y_2 + y_3] + \frac{h}{2}[y_3 + y_4]$$

Ou ainda:

$$I_{TR} = \frac{h}{2}[y_0 + 2y_1 + 2y_2 + 2y_3 + y_4]$$

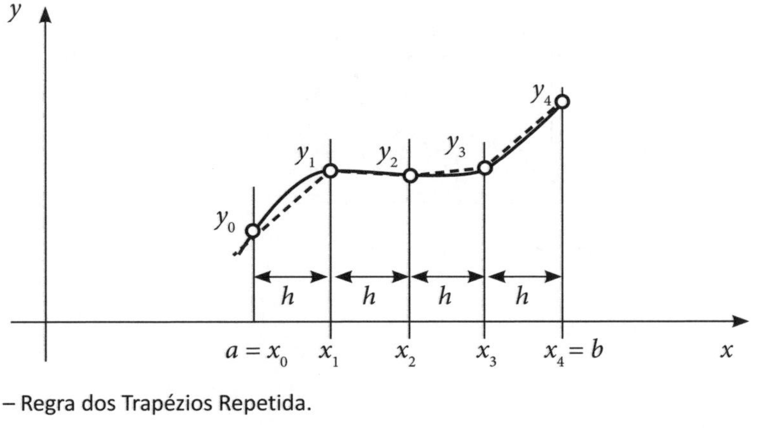

Figura 8.6 – Regra dos Trapézios Repetida.

Generalizando para m subintervalos:

$$I_{TR} = \frac{h}{2}[y_0 + 2y_1 + \cdots + 2y_{m-1} + y_m] \tag{8.33}$$

Uma estimativa para o erro cometido pode ser obtida multiplicando-se por m, número de vezes em que se aplica a Regra a cada subintervalo, o erro expresso pela Expressão (8.27):

$$E_{TR} = \frac{-mh^3 M_2}{12} \tag{8.34}$$

8.7.2 Regra 1/3 de Simpson Repetida

Da mesma forma que na regra anterior, deve-se subdividir o intervalo de integração em m partes iguais, mas agora tomando-as duas a duas (pares de subintervalos) para repetir a Regra 1/3 de Simpson. Na Figura 8.7, apresenta-se esquematicamente a divisão de um intervalo de integração em 6 partes para a repetição por 3 vezes da Regra 1/3 de Simpson.

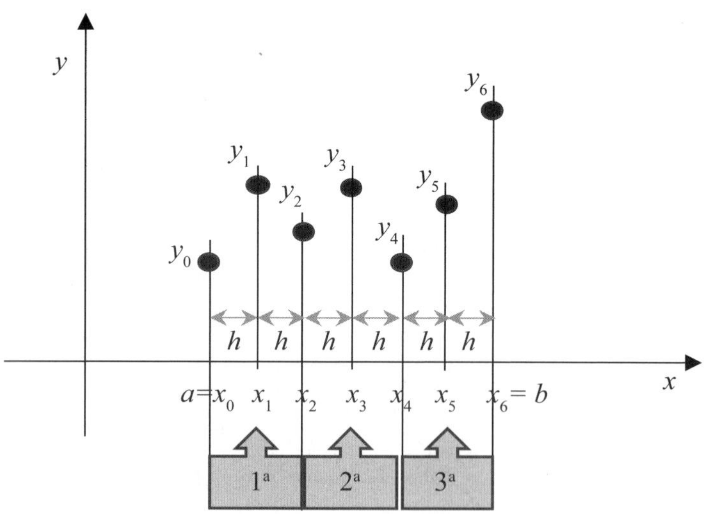

Figura 8.7 – Regra 1/3 de Simpson Repetida.

Com a Expressão (8.17), obtém-se $I_{1/3SR}$ por:

$$I_{1/3SR} = \frac{h}{3}[y_0 + 4y_1 + y_2] + \frac{h}{3}[y_2 + 4y_3 + y_4] + \frac{h}{3}[y_4 + 4y_5 + y_6]$$

Reunindo os termos semelhantes:

$$I_{1/3SR} = \frac{h}{3}[y_0 + 4y_1 + 2y_2 + 4y_3 + 2y_4 + 4y_5 + y_6]$$

Agora, generalizando para m de subintervalos:

$$I_{1/3SR} = \frac{h}{3}[y_0 + 4y_1 + 2y_2 + \cdots + 4y_{m-3} + 2y_{m-2} + 4y_{m-1} + y_m] \quad (8.35)$$

Uma estimativa para o erro cometido obtém-se multiplicando-se por $m/2$, número de vezes em que se aplica a Regra a cada par de subintervalos, o erro expresso pela Expressão (8.28). Logo:

$$E_{1/3SR} = \frac{-h^5 M_4}{90} \times \frac{m}{2} \quad (8.36)$$

8.7.3 Regra 3/8 de Simpson Repetida

Nessa Regra, subdivide-se o intervalo de integração em m partes iguais, que são tomadas de três a três (pares de subintervalos) para repetir a Regra 3/8 de Simpson. Na Figura 8.8, ilustra-se a divisão de um intervalo de integração em 6 partes para a repetição por 2 vezes da Regra 3/8 de Simpson.

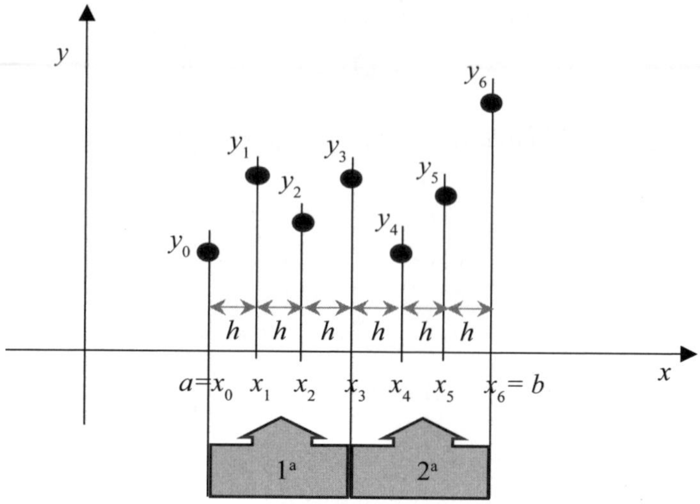

Figura 8.8 – Regra 3/8 de Simpson Repetida.

Com a Expressão (8.21), obtém-se $I_{3/8SR}$ por:

$$I_{3/8SR} = \frac{3h}{8}[y_0 + 3y_1 + 3y_2 + y_3] + \frac{3h}{8}[y_3 + 3y_4 + 3y_5 + y_6]$$

Reunindo os termos semelhantes:

$$I_{3/8SR} = \frac{3h}{8}[y_0 + 3y_1 + 3y_2 + 2y_3 + 3y_4 + 3y_5 + y_6]$$

Agora, generalizando para m de subintervalos:

$$I_{3/8SR} = \frac{3h}{8}[y_0 + 3y_1 + 3y_2 + 2y_3 + \cdots + 3y_{m-5} + 3y_{m-4} + 2y_{m-3} + 3y_{m-2} + 3y_{m-1} + y_m] \tag{8.37}$$

Para o erro cometido, obtém-se uma estimativa multiplicando-se por $m/3$ (número de vezes em que se aplica a Regra a cada trio de subintervalos) o erro expresso pela Expressão (8.29). Assim, encontra-se:

$$E_{3/8SR} = \frac{-3h^5 M_4}{80} \times \frac{m}{3} \tag{8.38}$$

Exemplo 8.3: Retomando o Exemplo 8.2, obtenha um valor aproximado para $I = \int_0^2 e^{-x^2} dx$, pelas seguintes regras de integração:

a) Trapézios Repetida, com 4 repetições;

b) 1/3 de Simpson Repetida, com 2 repetições;

c) 3/8 de Simpson Repetida, com 2 repetições.

$$I_{TR} = \frac{h}{2}[y_0 + 2y_1 + 2y_2 + 2y_3 + y_4] =$$
$$= \frac{2/4}{2}[e^0 + 2e^{-0,5^2} + 2e^{-1,0^2} + 2e^{-1,5^2} + e^{-2^2}] = 0,880619$$

$$I_{1/3SR} = \frac{h}{3}[y_0 + 4y_1 + 2y_2 + 4y_3 + y_4] =$$
$$= \frac{2/4}{3}[e^0 + 4e^{-0,5^2} + 2e^{-1,0^2} + 4e^{-1,5^2} + e^{-2^2}] = 0,881812$$

$$I_{3/8SR} = \frac{3h}{8}[y_0 + 3y_1 + 3y_2 + 2y_3 + 3y_4 + 3y_5 + y_6] =$$
$$= \frac{3 \times 2/6}{8}[e^0 + 3e^{-(1/3)^2} + 3e^{-(2/3)^2} + 2e^{-1^2} + 3e^{-(4/3)^2} + 3e^{-(5/3)^2} + e^{-(2)^2}] = 0,881962$$

As regras de integração aplicadas nesse exemplo apresentaram resultados com boa precisão, tomando-se como referência o valor obtido no **Scilab** por

$$I \approx \frac{\sqrt{\pi}}{2} erf(2) \approx \frac{\sqrt{\pi}}{2} \times 0,9953223 \approx 0,882081$$

Os erros absolutos correspondentes à aplicação de cada uma das regras são:

$$Erro_{TR} = |(0,880619 - 0,882081)| = 1,46 \times 10^{-3};$$

$$Erro_{1/3SR} = |(0,881812 - 0,882081)| = 2,69 \times 10^{-4};$$

$$Erro_{3/8SR} = |(0,881962 - 0,882081)| = 1,19 \times 10^{-4}.$$

Deixa-se ao leitor calcular limitantes para os erros cometidos, fazendo uso das Expressões (8.31), (8.33) e (8.35), para então confrontá-los com os erros absolutos anteriores.

Exemplo 8.4: Ainda explorando o Exemplo 8.3, obtenha um valor aproximado para $I = \int_0^2 e^{-x^2} dx$, por intermédio de funções residentes no **Scilab**.

A instrução **integrate** ('função', 'variável', limite inferior, limite superior) pode ser usada para obter diretamente o valor procurado:

```
-->I =integrate('exp(-x**2)','x',0,2)
I=
 0,8820814
```

Outra maneira, seria definir o integrando com a instrução **function... endfunction** e usar o comando **intg** (limite inferior, limite superior, nome da função):

```
-->function y=F(x)
--> y=exp(-x^2)
-->endfunction
-->I=intg(0,2,F)
I=
0,8820814
```

Para se usar especificamente a Regra dos Trapézios Repetida, dois comandos resolvem o problema. Começando pela definição dos extremos do intervalo de integração e a quantidade de pontos especificada para o cálculo da I_{TR}, com o comando **linspace** (x_inicial, x_final, n). Para então, em seguida, definir o integrando:

```
--> x=linspace(0,2,5)
x =
 0 0,5 1 1,5 2
--> I=inttrap(x,exp(-x.^2))
I =
 0,8806186
```

Encerra-se o presente capítulo com a Tabela 8.4 contendo um resumo das expressões usadas na aplicação das regras de integração numérica aqui ilustradas.

Tabela 8.4 – Regras de integração numérica – resumo

Integral	Erro
Trapézios $I_T = \frac{h}{2}[y_0 + y_1]$	$\lvert E_T \rvert \le \frac{h^3 M_2}{12}$
Trapézios repetida $I_{TR} = \frac{h}{2}[y_0 + 2y_1 + \cdots + 2y_{m-1} + y_m]$	$\lvert E_{TR} \rvert \le \frac{h^3 M_2}{12} \times m$
1/3 de Simpson $I_{1/3S} = \frac{h}{3}[y_0 + 4y_1 + y_2]$	$\lvert E_{1/3S} \rvert \le \frac{h^5 M_4}{90}$
1/3 de Simpson repetida $I_{1/3S} = \frac{h}{3}[y_0 + 4y_1 + 2y_2 + \cdots + 4y_{m-3} + 2y_{m-2} + 4y_{m-1} + y_m]$	$\lvert E_{1/3SR} \rvert \le \frac{h^5 M_4}{90} \times \frac{m}{2}$
3/8 de Simpson $I_{3/8S} = \frac{3h}{8}[y_0 + 3y_1 + 3y_2 + y_3]$	$\lvert E_{3/8S} \rvert \le \frac{3h^5 M_4}{80}$
3/8 de Simpson repetida $I_{3/8SR} = \frac{3h}{8}[y_0 + 3y_1 + 3y_2 + 2y_3 + \cdots + 3y_{m-5} + 3y_{m-4} + 2y_{m-3} +$ $+ 3y_{m-2} + 3y_{m-1} + y_m]$	$\lvert E_{3/8SR} \rvert \le \frac{3h^5 M_4}{80} \times \frac{m}{3}$

8.8 EXERCÍCIOS PROPOSTOS

1) Considerando os dados da tabela, sobre o valor *I* da integral de $f(x)$ no intervalo [-2;4], obtido numericamente da melhor maneira possível, afirma-se:

x	-2	-1,5	0	1	2	4
f(x)	-1	4,375	1	5	35	245

I) A Regra dos Trapézios fornece I = 307,875.

II) Adotando a 1a Regra de Simpson, obtém-se I = 264,000.

III) Com a 2a Regra de Simpson, I = 264,567.

1.1) Avaliando cada afirmativa como *F*=falsa ou *V*=verdadeira, a opção correta é:

A) todas são F

B) todas são V

C) apenas (II) é V

D) apenas (III) é F

E) nada se pode afirmar sobre o valor de (I)

1.2) Sabendo-se agora que a função $f(x)$ tabelada no exercício anterior é um polinômio, o menor número de partes em que o intervalo [-2;4] deverá ser subdivido para a obtenção de ***I*** pela Regra dos Trapézios com erro limitado a 0,5 será:

A) 6

B) 27

C) 54

D) 16

E) impossível obter

2) Recorta-se um pé de sandália de uma placa de borracha retangular (12 cm × 26 cm), conforme o molde a seguir, em que as dimensões (cm) da sandália estão representadas por linhas paralelas ao lado do retângulo, espaçadas entre si de 2 cm.

O valor (expresso em %) que melhor representa a perda de material para confeccionar cada pé de sandália é:

A) 44

B) 13

C) 21

D) 32

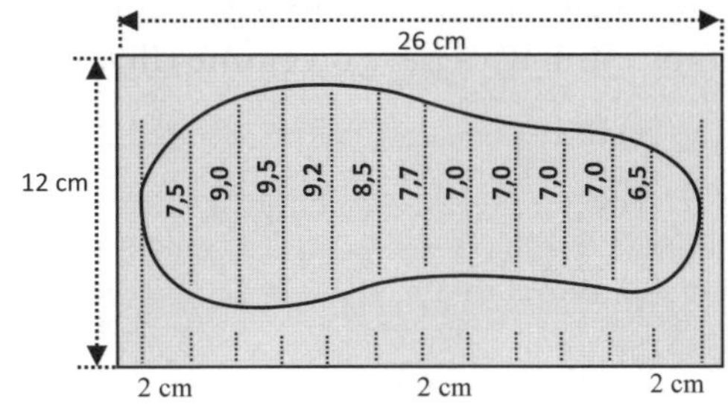

3) Dois carros partem alinhados da condição de repouso, apostando corrida em uma grande reta. A tabela mostra as velocidades desses carros tomadas a cada 10 s.

tempo (s)	0	10	20	30	40	50	60
v1 (m/s)	0	1,5	6,1	13,7	24,4	38,1	54,9
v2 (m/s)	0	9,1	18,3	27,4	36,6	45,7	54,9

Transcorridos 60 s, o valor que melhor representa a distância (em metros) que um carro está distante do outro é:

A) 0

B) 548

C) 1646

D) 457

E) 1189

4) Valores da função logaritmo neperiano, ln(x), podem ser obtidos pela avaliação numérica da integral $I = \int_1^x (1/t)dt$. O valor de ln(4) obtido pela Regra 3/8 de Simpson sem repetição é:

A) 1,406

B) 1,386

C) 1,425

D) 1,875

E) nra

5) A figura mostra as medidas do raio interior do fragmento de uma urna funerária (Museu de Jacareí), com base plana e seção transversal circular. Com tais dados, a melhor estimativa para o volume (litros) da urna é:

A) 8,8

B) 9,3

C) 10,2

D) 3,5

E) 14,5

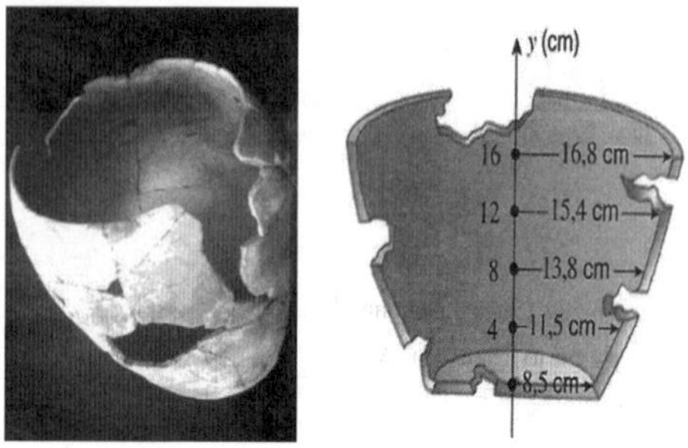

6) Um setor hiperbólico corresponde a uma região do plano (x,y) delimitada por raios traçados desde a origem até P1 e P2 e a função $y = 1/x$, conforme indica a figura a seguir. Para $a = 1$ e $b = 4$, com o auxílio da 1ª Regra de Simpson repetida 3 vezes, obtém-se para a área assinalada o valor:

A) 3,145

B) 1,067

C) 1,388

D) 2,854

E) 1,406

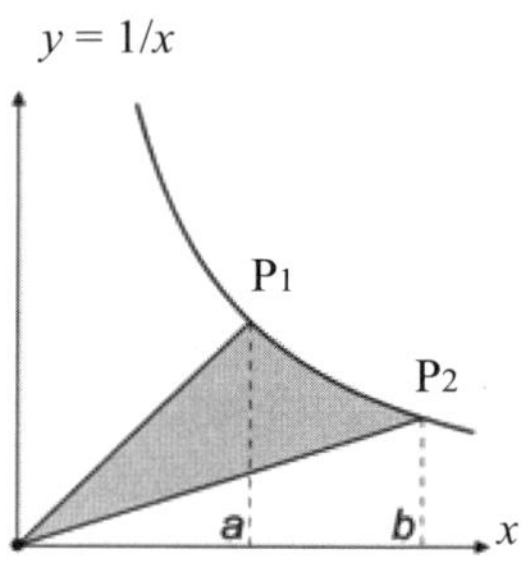

7) Um frasco de perfume, na forma de um pino de boliche como mostra a figura, será fabricado segundo as medidas (cm) anotadas na tabela a seguir.

distância da base	0	2	4	6	8	10	12	14
raio	2,5	3,2	3,7	3,5	3,3	2,6	1,4	1,1

Tais medidas correspondem aos raios das seções retas circulares, paralelas à base, tomadas em direção à tampa. Se o frasco for enchido desde sua base até o limite assinalado onde se realizou a última medida, a melhor estimativa (dentre as opções abaixo) para o valor do volume utilizado **V** (ml) é:

A) 312

B) 374

C) 275

D) 602

E) 405

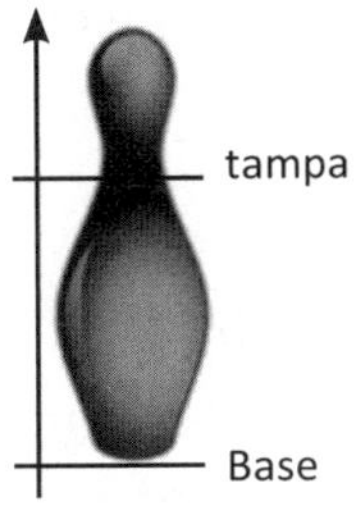

8) Uma telha ondulada de alumínio, de seção transversal seguindo a forma senoidal, será fabricada usando-se uma placa lisa, plana, retangular, conforme indica a figura (meramente ilustrativa).

A telha deverá ter largura $L2 = 20\pi$ cm, sendo formada por ondas senoidais uniformes de 2,54 cm de altura (a partir da linha central) e período de 2π cm. O melhor valor que representa a largura L1 (cm) da placa necessária para fabricar a telha desejada é de:

A) 76,40

B) 62,83

C) 104,2

D) 81,47

E) 94,25

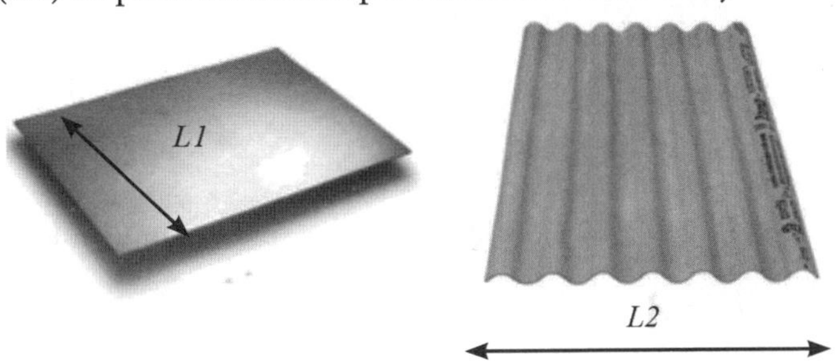

9) Um trecho de estrada foi construído com um corte em um morrote, como ilustra a figura. Para simplificar considere que o leito dessa estrada seja plano e retangular, de largura l = 25 m e comprimento $c = 100$ m. A seção reta (transversal) do corte é constante, sendo definida por cotas verticais, medidas a cada 10 m, conforme registrado na tabela. Pede-se determinar da melhor forma possível o volume (m^3) de material retirado para a passagem da estrada.

x (m)	y (m)
0	0
10	4,0
20	6,0
30	5,0
40	4,0
50	3,5
60	5,0
70	8,0
80	7,0
90	6,0
100	0

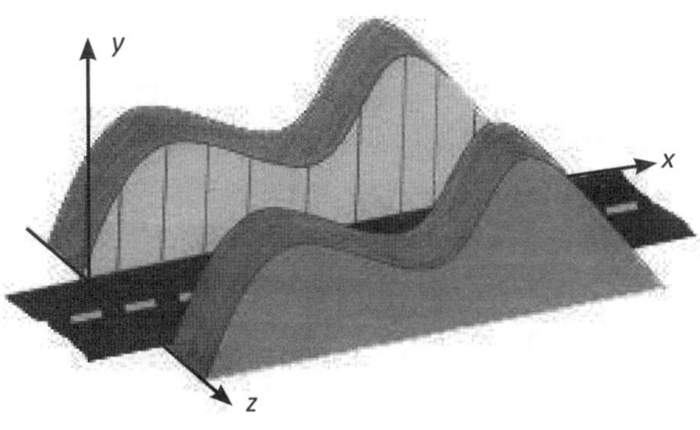

A) 12500

B) 500

C) 5000

D) 15000

E) 12.125

10) Uma bola de futebol americano apresenta seção transversal circular cujos diâmetros encontram-se registrados (cm) na tabela a seguir.

x	0	2,5	5	7,5	10	12,5	15
d	0	6,6	8,0	12,1	14,0	15,1	15,5
x	17,5	20,0	22,5	25,0	27,5	30,0	
d	15,1	14,0	12,1	8,0	6,6	0	

O volume da bola, obtido pela 1ª Regra de Simpson Repetida, estima-se em (litros):

A) 2,1

B) 2,5

C) 2,9

D) 3,2

E) 3,7

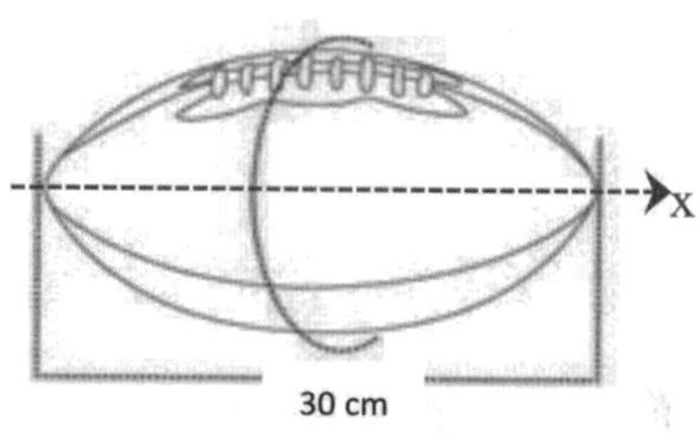

11) A tabela a seguir fornece a relação entre a força (Newtons) aplicada para tensionar a corda de um arco e o correspondente deslocamento x (metros), como ilustra a figura. Se um arqueiro esticar a corda tal que haja um deslocamento de 50 cm, determine a velocidade com que uma flecha de 0,075 kg deixa do arco. Sabe-se que a energia cinética da flecha iguala-se ao trabalho realizado para esticar a corda, o que se obtém por $\frac{1}{2}mv^2 = \int_0^{0,5} F dx$.

***x* (m)**	0	0,05	0,10	0,15	0,20	0,25	0,30	0,35	0,40	0,45	0,50
***F* (N)**	0	37	71	104	134	161	185	207	225	239	250

Para fazer a integração numérica use a Regra dos Trapézios Repetida. Escolha a opção que melhor representa o valor aproximado da velocidade da flecha (km/h):

A) 90

B) 70

C) 160

D) 120

E) 45

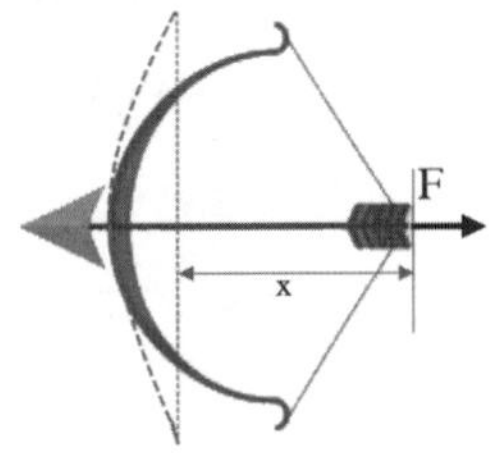

12) A planta da figura ilustra as dimensões do **lote B** de um condomínio, na parte dos fundos delimitado por uma linha sinuosa EFGH que representa o curso de um riacho. O **lote B** está assim descrito em sua escritura: frente de rua (segmento AD) com 22 m; lateral esquerda, perpendicular à rua, confrontando com o **lote A**, medindo 20 m, desde a rua até o riacho (segmento AE); e lateral direita, em ângulo de 60º com a linha frontal da rua, medindo 16 m, contados desde a rua até o riacho (segmento DH). Um perito contratado para estimar o preço do terreno, por considerar precários (para uma qualificada avaliação) os dados contidos na referida escritura, realiza engenhosamente duas outras medidas, representadas por linhas pontilhadas perpendiculares à frente do lote, distando 10 m e 20 m da lateral esquerda do **lote B**, correspondendo a BF = 22 m e CG = 15 m.

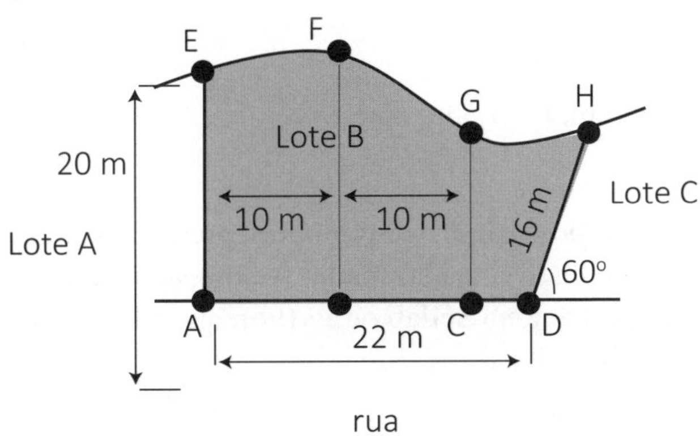

Considerando que a base de preço de terrenos do condomínio seja de R$1.000,00 por m^2, assinale a opção que melhor representa o valor do **lote B** estimado pelo **perito** usando a Regra 3/8 de Simpson para integração numérica.

A) R$498.856

B) R$483.856

C) R$543.212

D) R$554.282

E) R$487.786

13) Um posto de gasolina usa recipientes cilíndricos deitados (em posição horizontal e nivelados) para estoque de combustível. Seja ***V*** o volume de gasolina contido neste cilindro de comprimento ***L*** e raio ***r***, estando preenchido na horizontal até uma altura ***h***, conforme ilustra a figura.

Calcule ***V*** por integração numérica, com a 1ª Regra de Simpson repetida 5 vezes. Assim, pode-se mostrar (um bom exercício deixado ao leitor) que o problema se resume a obter:

$$\boldsymbol{S} = \int_0^h \sqrt{r^2 - (y - r)^2}\, dy$$

$$\boldsymbol{V} = 2 \times \boldsymbol{S} \times \boldsymbol{L}$$

Adote: ***r*** = 1 m, ***L*** = 4 m, ***h*** = 1,8 m.

Note que o gerente do posto deve, vez por outra, precisar fazer medições para controle de estoque do combustível armazenado. Assim, sinta-se motivado a construir um programa de computador em **Scilab** ou **Python** que relacione diversos valores de ***h*** com ***V***. Desenhe o gráfico ***V* x *h***.

A) 11.912 litros

B) 11.840 litros

C) 12.566 litros

D) 11.887 litros

E) nra

14) Em um parque de diversões, foi construída uma montanha-russa com pista que descreve uma curva que se assemelha a uma senóide, como ilustra a figura (escala reduzida). Sabe-se que o comprimento **L** de uma curva **f(x)**, com extremos em $x = a$ e $x = b$, pode ser obtido por:

$$L = \int_a^b \sqrt{1 + [f'(x)]^2}\, dx$$

Se f(x) = sen(x), a = 0 e b = 2p, o valor do comprimento da pista **L** (unidades de medida linear) obtido pela Regra 1/3 de Simpson, com o intervalo de integração dividido em 6 partes, é:

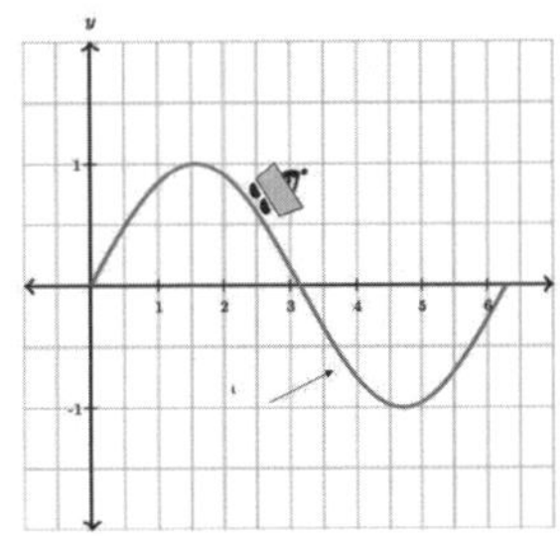

A) 2,57

B) 7,64

C) 4,03

D) 3,82

E) nra

15) Deseja-se obter, por uma solução numérica, a integral $I=\int_1^{1,5} x^2 \ln x\, dx$. Assim, as seguintes afirmações foram feitas:

I) Pela Regra dos Trapézios sem repetição, obtém-se $I_T = 0{,}22807$.

II) Com a Regra 3/8 de Simpson sem repetição, obtém-se $I_{S3/8} = 0{,}19225$.

III) Os erros cometidos em (I) e (II) estão limitados superiormente a $E_T \leq 3{,}9697 \times 10^{-2}$ e $E_{S3/8} \leq 9{,}645 \times 10^{-6}$.

Escolha a opção correta:

A) todas são F

B) todas são V

C) apenas (III) é V

D) (II) é F

E) nra

16) As funções $f_1(x) = (x^2 + 2x)e^{-x}$ e $f_2(x) = sen(\frac{x}{2})$ se interceptam duas vezes, delimitando uma área a ser obtida por integração numérica.

I) O intervalo de integração é [2,446; 6,054].

II) Com a Regra dos Trapézios Repetida 4 vezes, obtém-se o valor 1,0457.

III) Considerando que o intervalo de integração seja subdivido em 6 partes iguais, ao se usar a Regra 3/8 de Simpson para resolver o problema, obtém-se o valor 1,1096.

Sobre as afirmativas anteriores, escolha a opção correta:

A) todas são F

B) todas são V

C) apenas (II) é F

D) (I) é F

E) nra

17) Deseja-se obter o valor da integral $I=\int_0^2 2xln(x^2+1)dx$ pela Regra 1/3 de Simpson Repetida ($I_{1/3SR}$) e para isto divide-se o intervalo de integração em 4 partes iguais. Usualmente, toma-se a tolerância de $0,5 \times 10^{-m}$ (em termos absolutos) para estabelecer o número de casas decimais corretas (grau de precisão) de uma solução numérica. Assim, foram feitas as seguintes afirmativas para o problema em questão:

I) m=1

II) $(I_{1/3SR}) = 4,041129$

III) se o intervalo de integração fosse dividido em 5 partes iguais, $(I_{1/3SR})$ seria obtida com mais uma casa decimal de precisão.

DICA: Sabe-se que $\int lnxdx = xlnx - x$ (solução analítica), considerando nula a constante de integração.

Sobre as afirmativas anteriores, escolha a opção correta:

A) todas são F

B) todas são V

C) apenas (II) é F

D) (I) é V

E) nra

8.9 PROGRAMAS COMPUTACIONAIS

1) A integração pela Regra dos Trapézios Repetida, para alcançar resultados mais precisos (baixa tolerância), usualmente requer que o intervalo de integração seja subdividido em um número relativamente elevado de partes (subintervalos). O programa **Scilab** apresentado a seguir permite que tal fato seja constatado. Nas suas primeiras linhas de comando, o usuário deverá definir a função a ser integrada. Ao executar o Programa 8.1, será solicitado ao usuário que este forneça o intervalo de integração $[a,b]$ e também o limite para erro cometido (tolerância) na obtenção da estimativa do valor da integral. De início, o problema a ser resolvido corresponde a obter-se o valor de:

$$I = \int_1^2 (2x^3 + x^2 + 1)dx$$

Como nesse caso I apresenta solução analítica, execute o Programa para determinar:

a) O número de subintervalos necessários para ser encontrar o valor de I com 10^{-6} de tolerância (talvez o leitor se surpreenda).

b) O valor de I fornecido pelo Programa.

c) O valor de I obtido analiticamente, para confirmar o resultado do item anterior.

2) Faça mais testes com o Programa 8.1, resolvendo numericamente algumas integrais que, embora apresentem solução analítica [Anto00] como se indica a seguir, possivelmente o leitor terá alguma dificuldade em encontrá-la.

a) $I = \int_0^1 \frac{(x^3 + 3x^2 + x + 9)}{(x^2 + 1)(x^2 + 3)} dx = 3tg^{-1}x + \frac{1}{2}\ln(x^2 + 3)\Big|_0^1 = 2{,}5000355$

b) $I = \int_{-1}^1 \sqrt{1 + e^x}dx = 2\sqrt{1 + e^x} + \ln(\frac{\sqrt{1 + e^x} - 1}{\sqrt{1 + e^x} + 1})\Big|_{-1}^1 = 2{,}917660417$

c) $I = \int_1^{\sqrt{2}} x^2\text{sen}(x)dx = 2x\text{sen}(x) + (2 - x^2)\cos x\Big|_1^{\sqrt{2}} = 0{,}5705797191$

Programa 8.1 – Integração pela Regra dos Trapézios

```
//Programa para se obter o valor da integral de uma função no intervalo [a,b],
por meio da Regra dos Trapézios Repetida, com certo grau de precisão,
estabelecido pelo parâmetro tol (tolerância)
//definição da função a ser integrada
function y=funcao(x)
 y=2*(x^3)+x^2+1
endfunction
//definição do intervalo de integração
a=input('entre com o extremo inferior do intervalo de integração ');
b=input('entre com o extremo superior do intervalo de integração ');
tol=input('entre com o valor da tolerância (precisão) para integração ');
//número de pontos para se discretizar a 2a. derivada do integrando
// no intervalo de integração [a,b]
n_discret=100;
d=(b-a)/n_discret;
x=a;
for i=1:n_discret+1
 [deriv1,deriv2]=numderivative(funcao,x,[],2);
 aux(i)=deriv2;
 if x<=b
  x=x+d;
 else
 end
end
M2=max(aux); //obtenção do valor máximo aproximado da 2a. derivada do integrando
m=sqrt(((b-a)^3*M2)/(12*tol)); //número de subintervalos para que se atinja a tolerância especifica-
da
m_subinterv=ceil(m)
printf('Número de subintervalos \n')
disp(m_subinterv)
h=(b-a)/m_subinterv; //tamanho de cada subintervalo
x=a:h:b;
for i=1:m_subinterv+1
 aux(i)=funcao(x(i));
end
I_trapezios=(h/2)*(aux(1)+2*sum(aux(2:m_subinterv))+aux(m_subinterv+1))
printf('valor da integral \n')
disp(I_trapezios)
```

Encontra-se no link https://github.com/ViniBiajoni/metodosNumericosLivroSBA.git

3) Além da Regra dos Trapézios, adotada no Programa 8.1, outros métodos de integração podem ser implementados, como as Regras 1/3 e 3/8 de Simpson. Para esse fim, o leitor poderá tomar por base os Programas 8.2 e 8.3, a seguir apresentados (convida-se o leitor a aperfeiçoá-los). Faça testes com esses Programas, realizando o cálculo numérico das seguintes integrais:

a) $I = \int_0^1 x\, e^{-x} dx = 1 - \frac{2}{e}$

b) $I = \int_1^{e^2} \frac{(\ln x)^2}{x} dx = \frac{8}{3}$

c) $I = \int_{-3}^{-1} \frac{(x+1)}{x^3} dx = \frac{2}{9}$

No Programa 8.2 está definido o integrando do item (a) e no Programa 8.3 o de (b). Experimente diferentes graus de tolerância (*e.g.*, 10-6) e número de subintervalos (de acordo com a Regra adotada).

Programa 8.2 – Integração pela Regra 1/3 de Simpson

```
//Programa para se obter o valor da integral de uma função no intervalo [a,b],
por meio da Regra dos Trapézios Repetida, com certo grau de precisão,
estabelecido pelo parâmetro tol (tolerância)
//definição da função a ser integrada
function y=funcao(x)
  y=2*(x^3)+x^2+1
endfunction
//definição do intervalo de integração
a=input('entre com o extremo inferior do intervalo de integração ');
b=input('entre com o extremo superior do intervalo de integração ');
tol=input('entre com o valor da tolerância (precisão) para integração ');
//número de pontos para se discretizar a 2a. derivada do integrando
// no intervalo de integração [a,b]
n_discret=100;
d=(b-a)/n_discret;
x=a;
```

```
for i=1:n_discret+1
  [deriv1,deriv2]=numderivative(funcao,x,[],2);
  aux(i)=deriv2;
  if x<=b
    x=x+d;
  else
  end
end
M2=max(aux); //obtenção do valor máximo aproximado da 2a. derivada do integrando
m=sqrt(((b-a)^3*M2)/(12*tol)); //número de subintervalos para que se atinja a tolerância especifi-
cada
m_subinterv=ceil(m)
printf('Número de subintervalos \n')
disp(m_subinterv)
h=(b-a)/m_subinterv; //tamanho de cada subintervalo
x=a:h:b;
for i=1:m_subinterv+1
  aux(i)=funcao(x(i));
end
I_trapezios=(h/2)*(aux(1)+2*sum(aux(2:m_subinterv))+aux(m_subinterv+1))
printf('valor da integral \n')
disp(I_trapezios)
```

Encontra-se no link https://github.com/ViniBiajoni/metodosNumericosLivroSBA.git

Programa 8.3 – Integração pela Regra 3/8 de Simpson

```
//Programa para integração numérica no intervalo [a,b],
//subdividido em n_subint partes (múltiplo de 3), adotando-se
a Regra 3/8 de Simpson
//================================================
clear(); //limpa a memória
//================================================
//definição da função a ser integrada
function nome=integrando(x)
  nome=(log(x)^2)/x
endfunction
//====================================================================
funcprot(0);
//definição do intervalo de integração, tolerância e número de subintervalos
a=input('entre com o extremo inferior do intervalo de integração ');
b=input('entre com o extremo superior do intervalo de integração ');
tol=input('entre com o valor da tolerância (precisão) para integração ');
n_subint=input('entre com o número (múltiplo de 3) de subintervalos ');
```

```
//cálculos da Regra 3/8 de Simpson
h=(b-a)/n_subint
x=a:h:b
 for i=1:n_subint+1
   y(i)=integrando(x(i))
 end
I=(3*h/8)*(y(1)+3*sum(y(2:3:n_subint-1))+3*sum(y(3:3:n_subint))+...
 2*sum(y(4:3:n_subint-2))+y(n_subint+1))
//=====================================================================
//determinação do valor da integral
printf('Valor da Integral pela Regra 3/8 de Simpson = %g', I)
```

Encontra-se no link https://github.com/ViniBiajoni/metodosNumericosLivroSBA.git

CAPÍTULO 9

Equações diferenciais ordinárias

9.1 INTRODUÇÃO

Muitos modelos de sistemas que representam fenômenos dinâmicos observados no mundo real descrevem *variações* de diversas grandezas ao longo do tempo, sendo alguns exemplos: o movimento de satélites em órbita ao redor de algum corpo celeste; a oscilação de um pêndulo; a troca de calor entre um corpo e o meio ambiente onde este se encontra; o crescimento populacional; o decaimento de isótopos radioativos; e a trajetória de mísseis.

Um dos problemas que motivaram inicialmente o desenvolvimento do *Cálculo Diferencial* foi a necessidade de se descrever o movimento de corpos celestes. Com a prática da agricultura, veio a necessidade de se identificar melhor as épocas do ano para plantio e colheita. Ao observar o céu, percebeu-se que alguns astros apresentam uma trajetória regular, o que levou a se aperfeiçoar a determinação do tempo. Nesse sentido, o cientista alemão Johannes Kepler (Figura 9.1) foi responsável por algumas das mais importantes descobertas da Astronomia de sua época; notadamente, as três leis do movimento dos planetas, que vieram a alicerçar os trabalhos de Isaac Newton para construir a Mecânica Clássica. A mais conhecida lei de Kepler estabelece que: "cada planeta descreve órbita elíptica em torno do Sol, que ocupa um dos focos da elipse". Interessante mencionar que Kepler viveu em uma época na qual não se fazia uma distinção clara entre Astronomia e Astrologia, mas se percebia uma divisão entre a Astronomia (vinculada à Matemática, no escopo das Artes Liberais) e a Física (associada à Filosofia Natural). Conforme foi mencionado no Capítulo 8, o inglês Isaac Newton (1640-1727) e o alemão Gottfried Wilhelm Leibniz (1646-1716) desenvolveram no século XVII, entre 1670 e 1684, de forma simultânea e independente, as bases do *Cálculo Integral* e *Diferencial.*

Figura 9.1 – Johannes Kepler (1571-1630).
Fonte: https://mathshistory.st-andrews.ac.uk/ Biographies/Kepler/Kepler_7.jpeg

O estímulo para a continuidade do desenvolvimento do *Cálculo* no século XVIII veio da necessidade de se resolver problemas físicos (notadamente, na Mecânica e Astronomia), cuja formulação matemática frequentemente era realizada por meio de *equações diferenciais.*

Os irmãos suíços Jakob (1654-1705) e Johann Bernoulli (1667-1748) foram os primeiros na Europa a entender as técnicas de Leibniz e aplicá-las para resolver uma ampla gama de problemas. Em 1690, Jakob Bernoulli propôs a determinação da catenária (curva estabelecida por um cabo flexível, inelástico, suspenso pelas extremidades, sob ação de seu próprio peso). O italiano Galileo Galilei pensava que essa curva fosse uma parábola. No ano seguinte, Johann (e também Leibniz e Huygens) apresentaram a solução desse problema, partindo de uma *equação diferencial.* Cabe aqui lembrar que o holandês Christiaan Huygens (1629-1695) foi o idealizador do relógio de pêndulo, tomando por base sua descoberta (publicada no livro *Horologium oscillatorium*, em 1673), de que a cicloide é uma curva isocrônica. Chama-se cicloide a curva descrita por um ponto situado em uma circunferência que rola, sem deslizar, sobre uma reta.

O italiano Jacopo Francesco Ricatti (1676-1754) destacou-se por seus estudos sobre *equações diferenciais* no período de 1715 a 1723, em que adotava métodos para a redução de ordem das equações e fazia separação de variáveis. Ricatti considerou diversas classes de *equações diferenciais*, tornando-se conhecido principalmente pela equação que leva seu nome, sobre a qual se deteve e apresentou soluções para alguns casos especiais. Os seus trabalhos sobre Hidráulica foram muito importantes para a cidade de Veneza, tendo ele próprio ajudado a projetar barreiras de contenção para prevenir inundações na extensão de vários canais.

Ao longo de vários anos, os Bernoulli formularam problemas envolvendo *equações diferenciais* e, em conjunto com Leibniz, alcançaram grande progresso no desenvolvimento de métodos de solução. Entre as contribuições de Leibniz, destacam-se o método de separação de variáveis e a notação *dy/dx*, utilizada até os dias de hoje.

Figura 9.2 – Leonhard Euler (1707-1783).

Fonte: https://upload.wikimedia.org/wikipedia/commons/7/70/Leonhard_Euler.jpeg?20180502085654

Gradualmente, o estudo de curvas geométricas (que ocupava parte central na Matemática de Newton e Leibniz) foi recebendo menos ênfase, passando-se à análise de expressões envolvendo uma ou mais quantidades variáveis, bem como certas constantes. Isso levou também à descoberta de novas classes de funções, realizada por meio das *equações diferenciais* que tais funções satisfaziam. Destacam-se aqui as contribuições do assaz produtivo e completo matemático, o eminente suíço Leonhard Paul Euler (1707-1783), retratado na Figura 9.2, que permitiram uma visão mais analítica do *Cálculo Diferencial* de Leibniz e Newton. Um de seus importantes trabalhos foi *Institutiones Calculi Differentialis*, publicado em 1755. Entre livros e artigos, Euler publicou mais de cinco centenas de trabalhos em vida, que passaram a ser compilados a partir de 1909 pela Academia Suíça de Ciências Naturais. Tal capacidade produtiva tornou-se especialmente notável, levando-se em conta que Euler passou os derradeiros dezessete anos de sua vida, apesar de completamente cego, em plena atividade. Vale registrar que se deve a Euler a bem-sucedida implantação, entre outras, das seguintes notações: *f(x)* para representar funções; *e* omo base dos logaritmos neperianos; Σ para somatórios; *i* como a unidade imaginária $\sqrt{-1}$. Cabe também a Euler mérito pela expressão $e^{i\theta} = \cos\theta + i\,\text{sen}\,\theta$, que em $\theta = \pi$, se transforma em $e^{i\pi} + 1 = 0$. Mais adiante, no presente capítulo será apresentado o método de Euler para resolver *equações diferenciais ordinárias*.

Nesse retrospecto aqui apresentado [Eves04], [Katz09], [Pick09], deve-se mencionar a matemática italiana Maria Gaetana Agnesi (1718-1799), autora de *Instituzioni Analitiche*, primeiro livro a cobrir amplamente o *Cálculo Diferencial* e *Integral*. Assinala-se também que esse livro se constitui no primeiro trabalho escrito por uma mulher que sobreviveu ao tempo, uma vez que de Hypatia de Alexandria (século V) restaram apenas referências sobre suas aulas e escritos matemáticos.

Além de Euler, destacou-se no século XVIII o italiano Joseph-Louis Lagrange (1736-1813) que publicou em 1788, seu mais importante trabalho, *Analytical Mechanics*, que estendia o que fora estabelecido por Newton, irmãos (Jakob e Johann) Bernoulli e Euler. Nesse trabalho, ele enfatizava que os problemas em Mecânica poderiam ser resolvidos geralmente reduzindo-os à teoria das *equações diferenciais* ordinárias e parciais. Entre as contribuições de Lagrange está a definição da função derivada, para a qual usou a notação $f'(x)$. Lagrange foi provavelmente o primeiro matemático que dispunha de conhecimento teórico e ferramentas suficientes para analisar as *equações diferenciais*. Em 1788, ele introduziu equações gerais de movimento para sistemas dinâmicos, hoje conhecidas como equações de Lagrange.

Juntam-se a Lagrange como matemáticos notáveis daquele século, os franceses Pierre-Simon de Laplace (1749-1827) e Adrien-Marie Legendre (1752-1833). Os trabalhos de Laplace nas áreas de mecânica celeste (notadamente sobre a estabilidade de longo prazo do sistema solar), probabilidades e *equações diferenciais* (com fortes bases nas ideias de Euler) são notáveis. Com justiça, tornaram-no conhecido como o "Newton da França". Curiosamente, Laplace morreu exatamente um século após o falecimento de Newton. Já Legendre voltou-se principalmente para a teoria dos números, funções elípticas, método dos mínimos quadrados e integração. Seu nome aparece ligado a uma *equação diferencial* de importância considerável na matemática aplicada, cujas soluções são conhecidas por funções de Legendre. O trabalho de Legendre sobre *equações diferenciais* foi motivado pelo movimento de projéteis, em que introduziu fatores como resistência do ar e velocidades iniciais.

Outro registro relevante diz respeito ao trabalho do francês Jean-le-Rond D'Alembert (1717-1783) intitulado *Traité de Dynamique*, publicado em 1743, no qual se encontram problemas formulados por meio de *equações diferenciais* parciais, importantes para a Mecânica. O conhecido Princípio de D'Alembert formulado nesse Tratado estabelece que as ações internas de um sistema de corpos rígidos em movimento estão em equilíbrio. D'Alembert pode ser considerado um dos pioneiros no estudo das *equações diferenciais*. Assim como Euler e os Bernoulli, D'Alembert era culto, conhecendo Direito, Medicina, Ciência e Matemática, tendo sido um dos que abriram caminho para a Revolução Francesa.

O francês Alexis Claude Clairaut (1713-1765) foi um matemático dos mais precoces, tendo ingressado na Academia de Ciências da França, com apenas 18 anos de idade. Clairaut trabalhou em uma vasta gama de problemas matemáticos, incluindo as *equações diferenciais*. Interessante mencionar que Clairaut era o segundo de uma família de 20 filhos e um dos poucos que atingiram a idade adulta.

Figura 9.3 – Carl Runge (1856-1927).
Fonte. https://mathshistory.st-andrews.ac.uk/Biographies/Runge/Runge_4.jpeg

Já o britânico Brook Taylor (1685-1731), graduado em Cambridge e grande admirador de Newton, publicou em seu livro *Methodus Incrementorum Directa et Inversa* de 1715, a representação de uma função por intermédio de uma série que mais adiante ficou associada a seu nome. Emprega-se a série de Taylor no desenvolvimento de métodos numéricos para a solução de *equações diferenciais*. Vale assinalar que essa série, muito antes de Taylor, por volta de 1671, já era conhecida por James Gregory (1638-1675) e também por alguns outros matemáticos. O escocês Colin Maclaurin (1698-1746), importante matemático da geração posterior a de Newton, publicou em 1742, no *Treatise of Fluxions*, um caso especial da série de Taylor, que se tornou conhecida como série de Maclaurin.

Seguem-se alguns registros notáveis deixados na história do desenvolvimento das *equações diferenciais* e suas aplicações: o matemático francês Sylvestre François Lacroix (1765-1843) resumiu, principalmente no *Traité du Calcul Différentiel et du Calcul Intégral*, de 1797-1798, muitos dos resultados de Euler, Lagrange, Laplace e Legendre; o francês Jean Baptiste Joseph Fourier (1768-1830) por intermédio de *equações diferenciais parciais* estudou o problema da difusão de calor; o francês Augustin Louis Cauchy (1789-1857) aplicou equações diferenciais para modelar a propagação de ondas sobre a superfície de um líquido; o alemão Carl Friedrich Gauss (1777-1855) usou *equações diferenciais* para melhorar as teorias das órbitas planetárias e gravitação; o francês Siméon-Denis Poisson (1781-1840) aplicou seu conhecimento de *equações diferenciais* aos problemas de elasticidade e vibrações; o inglês George Green (1793-1841) publicou em 1828 *An Essay on the Application of Mathematical Analysis to Electricity and Magnetism* em que foram estabelecidas as bases para a construção da teoria atual do Magnetismo pelas mãos do britânico Joseph John Thomson (1856-1940), do irlandês George Gabriel Stokes (1819-1903), do inglês John William Strutt (1842-1919), do escocês James Clerk Maxwell (1831-1879); as investigações teóricas e experimentais de Stokes cobriram a Hidrodinâmica, Elasticidade, Luz, Gravitação,

Som, Calor, Meteorologia, tendo usado os modelos de *equações diferenciais* em todos estes campos de estudo; o alemão Friedrich Wilhelm Bessel (1784-1846), amigo de Gauss, aplicou seu conhecimento sobre *equações diferenciais* à Astronomia; o russo Mikhail Vasilyevich Ostrogradsky (1801-1862) colaborou com Laplace, Legendre, Fourier, Poisson e Cauchy enquanto usava *equações diferenciais* para desenvolver teorias sobre a condução do calor; o francês Joseph Liouville (1809-1882), com a teoria de integrais de funções elementares, contribuiu substancialmente para a solução de *equações diferenciais*; e o alemães Carl David Tolmé Runge (1856-1927) e Martin Wilhelm Kutta (1867-1944) desenvolveram por volta de 1900 um método numérico utilizado para resolver *equações diferenciais ordinárias*, a ser abordado mais adiante no presente capítulo.

Figura 9.4 – Martin Kutta (1867-1944).
Fonte: https://mathshistory.st-andrews.ac.uk/Biographies/Kutta/Kutta.jpeg

Diversos métodos elementares para resolver *equações diferenciais ordinárias* já haviam sido descobertas até o final do século XVIII. Assim, no século seguinte, o interesse no assunto voltou-se para aspectos teóricos da existência e unicidade da solução, conjugados com o desenvolvimento de técnicas menos elementares (*e.g.*, representação de funções em série de potências).

As muitas *equações diferenciais* que não puderam ser resolvidas analiticamente até então levaram ao estudo de métodos numéricos para a aproximação da solução. Em torno do ano de 1900, embora métodos de integração numérica estivessem efetivamente desenvolvidos, a realização de cálculos executados à mão (ou por meio de implementos computacionais muito simples) restringia suas aplicações. A partir do fim da década de 1960, a computação digital tem experimentado expressivos avanços, permitindo a abordagem de uma boa gama de problemas por meio de métodos numéricos.

Ao leitor interessado em informações históricas complementares ao presente texto indica-se o vasto arquivo encontrado no endereço eletrônico *Mac Tutor History of Mathematics* [Mac16].

Como anteriormente mencionado ao apresentar este livro, os autores acreditam que a inserção de informações históricas humaniza o conhecimento e facilita o ensino. As coisas parecem ter mais sentido quando são apresentadas suas origens, necessidades de criação e dificuldades encontradas, até que se obtenham os resultados almejados.

9.2 ASPECTOS GERAIS

Antes de se ingressar na apresentação dos métodos numéricos destinados à solução de equações diferenciais, alguns fundamentos, conceitos e terminologia próprios desse assunto devem ser colocados. Assume-se que o leitor possua alguma familiaridade com aspectos básicos da teoria de *equações diferenciais* [Boyc15]. Essencialmente, tais equações são aquelas usadas para modelar problemas que dizem respeito a *mudanças* experimentadas por uma variável com relação a outra.

Em uma equação algébrica, busca-se determinar incógnitas que representam valores numéricos. Já na equação diferencial, o que não se conhece são funções cujas derivadas também fazem parte da referida equação. Inicialmente, de forma genérica, em uma equação diferencial a incógnita será aqui designada por uma função $y(x)$, sendo x a variável independente e y a variável dependente.

De modo a organizar as linhas de estudo sobre equações diferenciais, torna-se útil estabelecer uma classificação em termos do seu *tipo*, *linearidade* e *ordem*.

Começando pelo *tipo*, uma equação diferencial pode ser *ordinária* ou *parcial*. Em linguagem matemática, uma *equação diferencial ordinária* (EDO) caracteriza-se por envolver derivadas de uma função (desconhecida) que contenha uma única variável independente. Já a equação diferencial que envolve uma função de duas ou mais variáveis independentes e algumas de suas derivadas parciais denomina-se *equação diferencial parcial*. Esse tipo de equação não será abordado no presente capítulo.

Diz-se que uma equação diferencial é *linear*, se esta for composta por uma combinação linear da função envolvida e suas derivadas. Portanto, sendo a função y dependente da variável x e suas derivadas representadas por $\frac{dy}{dx}, \frac{d^2y}{dx^2}, \ldots, \frac{d^ny}{dx^n}$, uma EDO *linear* pode ser escrita na seguinte forma padronizada (canônica):

$$a_n(x)\frac{d^ny}{dx^n} + a_{n-1}(x)\frac{d^{n-1}y}{dx^{n-1}} + \cdots + a_2(x)\frac{d^2y}{dx^2} + a_1(x)\frac{dy}{dx} + a_0(x)y = g(x) \tag{9.1}$$

Repare que todos os coeficientes que multiplicam as derivadas na Equação (9.1) são dependentes apenas da variável independente x. Para os casos em que o segundo membro da Equação (9.1) (lado direito da equação) for nulo, *i.e.* $g(x) = 0$, a EDO denomina-se *homogênea*. Contrariamente, quando $g(x) \neq 0$, diz-se que a EDO é *não homogênea*.

Define-se como *ordem* de uma equação diferencial a mais alta ordem de derivação encontrada na equação.

a) linear, não homogênea, de 1ª ordem: $\frac{dy}{dx} = a_1 x$

b) linear, homogênea, de 2ª ordem: $a_1 \frac{d^2y}{dx^2} + a_2 \frac{dy}{dx} + a_3 y = 0$

c) não linear, não homogênea, de 2ª ordem: $y\frac{d^2y}{dx^2} + 8y = 3$ ou

$$(\frac{dy}{dx})\frac{d^2y}{dx^2} + y = 7 \quad \text{ou} \quad \frac{d^2y}{dx^2} + 8y = \text{tg}(y) \quad \text{ou} \quad \frac{d^2y}{dx^2} + \text{sen}(y) = 4$$

Considerando a Equação (9.1), note que uma EDO *não linear* será aquela que apresentar coeficientes que dependam de y ou de suas derivadas, ou então $g(x)$ pode ser uma função *não linear* de y, ou por fim em substituição ao termo $a_0(x)y$ pode haver uma função *não linear* de y.

A solução de uma EDO de primeira ordem caracteriza-se pela determinação da expressão analítica da função $y(x)$ que satisfaça a *equação diferencial* para todos os valores x pertencentes a um certo intervalo I. Essa solução, denominada *analítica*, pode ser alcançada em alguns casos especiais por técnicas relativamente simples [Boyc15], por exemplo, aquelas aplicáveis a equações: *lineares*; com *variáveis separáveis*; e *exatas*. Entretanto, em muitas EDO que não comportam o tratamento analítico, torna-se necessário recorrer a *métodos numéricos* de solução, pelos quais determina-se um conjunto discreto de pontos que representam $y(x)$ de forma aproximada, como será visto nas próximas seções deste capítulo.

Aqui, será apresentado o problema de se obter a *solução numérica* de uma EDO de *primeira ordem*, expresso por:

$$\frac{dy}{dx} = f(x, y) \tag{9.2}$$

O processo de solução da Equação (9.2) envolve a operação de integração que traz em si uma constante arbitrária (usualmente denotada por c), cujos diversos valores caracterizam uma família de infinitas soluções. Chama-se de *solução geral* a expressão obtida para a função y, contendo c, que represente todas as soluções possíveis da EDO. A representação geométrica da *solução geral* constitui uma família das chamadas *curvas integrais*, cada uma destas associada a um valor de c.

No campo científico, os problemas que envolvem fenômenos físicos (do mundo real), o interesse se volta frequentemente para a determinação de uma solução específica, que deve satisfazer a uma dada condição (restrição), referida como *valor inicial*. Usa-se tal restrição para se obter *c*. A Equação diferencial (9.2) e a exigência de que a solução contenha o ponto (x_0,y_0) formam o que se conhece por *problema de valor inicial* (PVI).

$$\frac{dy}{dx} = f(x,y) \text{ e condição inicial } y(x_0) = y_0 \tag{9.3}$$

A denominação PVI advém de problemas que tipicamente têm a grandeza *tempo* como variável independente. Em tais problemas, estuda-se a evolução da variável dependente do tempo a partir de uma condição inicial especificada.

Uma abordagem qualitativa (sem resolver a equação diferencial) sobre o comportamento da solução do problema expresso pela Equação (9.2) pode ser feita pela construção do gráfico de $f(x,y)$, em diversos pares de pontos (x_i,y_i) do intervalo *I*, o que corresponde ao *campo de direções* de $y(x)$. Note que a função $f(x,y)$ fornece a *inclinação* de $y(x)$ em função de *x* e *y* nos diversos pontos do intervalo *I* (domínio de *x*).

Para desenhar o *campo de direções* de uma EDO basta proceder da seguinte forma:

(a) Constrói-se uma malha retangular de pontos (x_i,y_i) igualmente espaçados; e
(b) Em cada ponto (x_i,y_i) da malha, desenha-se um curto segmento de reta que tenha *inclinação* dada por $f(x_i,y_i)$, *i.e.*, corresponde à reta *tangente* ao gráfico de uma das curva-solução no referido ponto. Esse segmento de reta pode ser orientado, ou seja, ter a direção e sentido de $(1,\frac{dy}{dx}) = (1, f(x,y))$, como será ilustrado mais adiante. Desejando tornar seu comprimento unitário basta fazer

$$\frac{1}{\sqrt{1+f(x,y)^2}}(1, f(x,y))$$

Exemplo 9.1: Para facilitar o entendimento sobre a construção de um campo de direções, a título de ilustração apenas, considere a seguinte EDO linear, escrita inicialmente na forma padronizada da Equação (9.1) e em seguida como Equação (9.2):

$$\frac{dy}{dx} + \frac{1}{2}y = \frac{1}{2}e^{x/3} \tag{9.4}$$

$$\frac{dy}{dx} = f(x,y) = \frac{1}{2}e^{x/3} - \frac{1}{2}y \tag{9.5}$$

Usando a Equação (9.5), para valores de *x* no intervalo [–5,5] e *y* em [–5,5], o campo direções da Figura 9.5 a seguir foi obtido utilizando-se a ferramenta *Slope Field Plotter – GeoGebra* (de uso livre, encontrada na Internet). A densidade de representação dos segmentos de reta e os seus respectivos comprimentos foram ajustados conforme indica a referida figura. A Tabela 9.1 apresenta alguns dos valores relativos ao campo de direções nos pontos de A até I. As curvas integrais são tangentes aos segmentos de reta do campo, que indicam de forma qualitativa seus comportamentos. Note a variação das inclinações dos segmentos selecionados na Tabela 9.1. Por exemplo: em B, C, E, G e I apresentam valores negativos, sendo mais acentuadamente em C; em A, D, e H os valores são positivos, sendo de maior inclinação a tangente em A (superior a 45°); e em F o valor calculado é nulo (segmento horizontal).

Da família de infinitas soluções da EDO usada como exemplo, foram selecionadas na Figura 9.5 as curvas-solução dos PVI correspondentes aos valores iniciais caracterizados pelos pontos de A até D. Mais adiante, o leitor encontrará como obter analiticamente a solução geral dessa EDO.

Desenhar o *campo de direções* de uma EDO constitui uma tarefa simples, porém bastante trabalhosa, já que deve-se calcular $f(x,y)$ muitas vezes. Assim, recomenda-se realizá-la com o auxílio de um computador. Diversos aplicativos computacionais existem para esse fim, facilmente encontrados na Internet usando-se a busca com a palavra-chave *slope fields*.

Tabela 9.1 – Valores do campo de direções da EDO apresentada na Equação (9.5)

Pontos	(x,y)	$\frac{dy}{dx} = f(x,y) = \frac{1}{2}e^{x/3} - \frac{1}{2}y$
A	(3,-1)	1,86
B	(2,3)	-0,53
C	(0,3)	-1
D	(0,0)	0,5
E	(3,4)	-0,64
F	(0,1)	0
G	(1,-1)	1,20
H	(3,1)	0,86
I	(-2,2)	-0,74

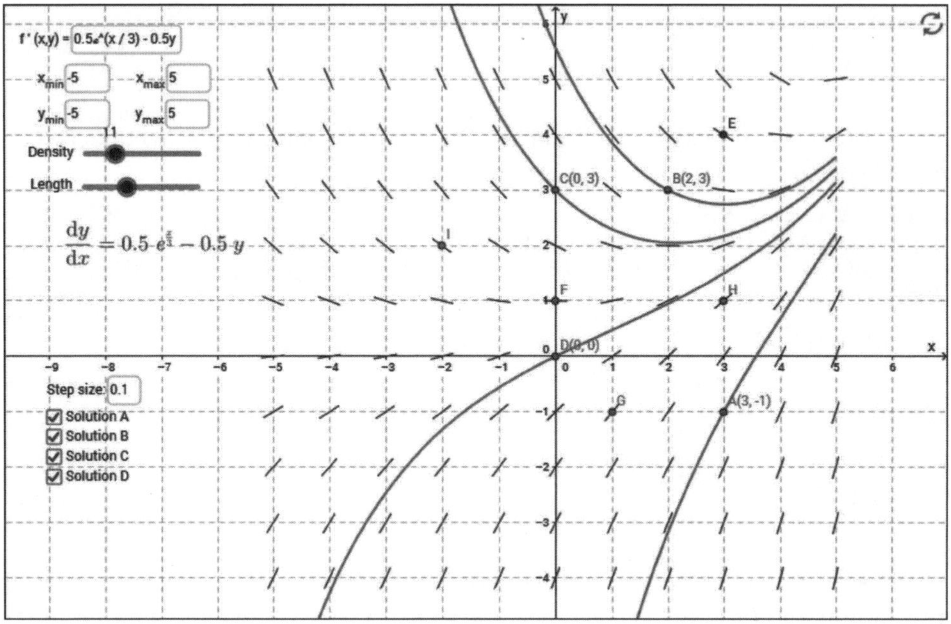

Figura 9.5 – Campo de direções da Equação (9.5) criado com Slope Field Plotter – GeoGebra.

Embora não seja o objetivo deste capítulo tratar de métodos que conduzam à solução analítica de EDO, de modo a compor didaticamente o estudo da equação adotada como exemplo da Equação (9.4), considere o desenvolvimento apresentado a seguir, destinado à obtenção de sua solução geral.

Inicialmente, com o objetivo de tornar a Equação (9.4) facilmente integrável, adote a função auxiliar $\mu(x)$, ainda desconhecida, usada para multiplicar ambos os membros dessa Equação (9.4), o que resulta em:

$$\frac{dy}{dx} + \frac{1}{2} y = \frac{1}{2} e^{x/3}$$

$$\mu(x)\frac{dy}{dx} + \frac{1}{2}\mu(x) y = \frac{1}{2}\mu(x) e^{x/3} \tag{9.6}$$

Para uma função $\mu(x)$ diferenciável, ao derivar o produto $[\mu(x)y]$, obtém-se:

$$\frac{d}{dx}[\mu(x)y] = \mu(x)\frac{dy}{dx} + \frac{d\mu}{dx} y \tag{9.7}$$

Comparando o primeiro membro da Equação (9.6) com o segundo membro da Equação (9.7), estes serão idênticos desde que:

$$\frac{d\mu(x)}{dx}=\frac{1}{2}\mu(x) \tag{9.8}$$

Para obter $\mu(x)$ que satisfaça a Equação (9.8), deve-se reescrever esta equação e usar a derivada da função logaritmo neperiano:

$$\frac{1}{\mu(x)}d\mu(x)=\frac{1}{2} \quad \Rightarrow \quad \frac{d}{dx}\ln\mu(x)=\frac{1}{2} \quad \Rightarrow \quad \ln\mu(x)=\frac{1}{2}x+k_1 \quad \Rightarrow \quad \mu(x)=e^{(\frac{x}{2}+k_1)}$$
$$\Rightarrow \quad \mu(x)=e^{x/2}e^{k_1} \tag{9.9}$$

Ou ainda:

$$\mu(x)=k_2e^{x/2} \tag{9.10}$$

sendo $k_2 = e^{k1}$. A função $\mu(x)$ obtida na Equação (9.10), conhecida como fator integrante da Equação (9.4), torna possível a obtenção da solução analítica procurada, bastando para isto substituir a Equação (9.10) em (9.6) e efetuar algumas simplificações:

$$\mu(x)\frac{dy}{dx}+\frac{1}{2}\mu(x)y=\frac{1}{2}\mu(x)e^{x/3}$$

$$k_2e^{x/2}\frac{dy}{dx}+\frac{1}{2}k_2e^{x/2}y=\frac{1}{2}k_2e^{x/2}e^{x/3}$$

$$\frac{d}{dx}(e^{x/2}y)=\frac{1}{2}e^{5x/6} \tag{9.11}$$

Integrando a Equação (9.11), vem:

$$e^{x/2}y=\frac{3}{5}e^{5x/6}+k_3 \tag{9.12}$$

Finalmente, usando a Equação (9.12), chega-se à solução geral de (9.4), dada por:

$$y = \frac{3}{e}^{x/3} + k_3e^{-x/2} \tag{9.13}$$

Resolvendo-se os PVI representados pelas curvas integrais que passam pelos pontos A até D da Figura 9.5, vem:

$$A(x,y) = (3, -1) \quad \Rightarrow \quad -1 = \frac{3}{5}e^{3/3} + k_3 e^{-3/2} \quad \Rightarrow \quad k_3 = -(e^{3/2} + \frac{3}{5}e^{5/2}) = -11{,}79$$

$$\Rightarrow \quad y = \frac{3}{5}e^{x/3} - 11{,}79e^{-x/2}$$

$$B(x,y) = (2,3) \quad \Rightarrow \quad 3 = \frac{3}{5}e^{2/3} + k_3 e^{-2/2} \quad \Rightarrow \quad k_3 = 3e - \frac{3}{5}e^{5/3} = 4{,}98$$

$$\Rightarrow \quad y = \frac{3}{5}e^{x/3} + 4{,}98e^{-x/2}$$

$$C(x,y) = (0,3) \quad \Rightarrow \quad 3 = \frac{3}{5}e^{0/3} + k_3 e^{0/2} \quad \Rightarrow \quad k_3 = 12/5 = 2{,}4$$

$$\Rightarrow \quad y = \frac{3}{5}e^{x/3} + 2{,}4e^{-x/2}$$

$$D(x,y) = (0,0) \quad \Rightarrow \quad 0 = \frac{3}{5}e^{0/3} + k_3 e^{0/2} \quad \Rightarrow \quad k_3 = -3/5 = -0{,}6$$

$$\Rightarrow \quad y = \frac{3}{5}e^{x/3} - 0{,}6e^{-x/2}$$

Em continuação à prática da construção de campos de direções, sugere-se ao leitor adotar outras EDO que, como a anterior, tenham solução analítica [Boyc15]. Por exemplo, as que são conhecidas como *equações separáveis*, pois assumem a forma $M(x)dx + N(y)dy = 0$, podendo ser resolvidas integrando-se as funções $M(x)$ e $N(y)$, ao serem colocadas em lados opostos do sinal de igualdade.

9.3 MÉTODO DE EULER

Para dar início ao tratamento numérico do PVI caracterizado na Equação (9.3), adota-se aqui o método de Euler, por ser considerado um dos mais antigos (introduzido por volta de 1768) e simples para resolver uma EDO de primeira ordem. A simplicidade de construção desse método contribui para o desenvolvimento de técnicas mais apuradas que serão introduzidas mais adiante neste capítulo.

A *solução numérica* buscada consiste na determinação de um conjunto discreto de pontos (x_1,y_1), (x_2,y_2), ..., (x_{n+1},y_{n+1}) que representem aproximadamente a solução exata $y(x)$. Assim, adota-se a notação $y(x_j)$, $j = 1,2,...,n$, para valores da *solução exata* da EDO, nos pontos (x_1), (x_2), ..., (x_n). E, em correspondência a tais pontos, os valores da solução aproximada, obtida por meio de um método numérico, são representados por y_j, $j = 1,2, ..., n$.

Na abordagem do problema, de *passo simples* (um passo à frente), *progride-se* para o ponto de índice ($i + 1$), a partir da solução aproximada atual, referente ao ponto de índice (i).

O raciocínio que norteia a construção do método de Euler parte de uma aproximação da derivada contida na Equação (9.2), usando-se *diferenças progressivas*, como segue:

$$\frac{dy}{dx} = f(x,y) \quad \Rightarrow \quad \frac{y(x_{i+1}) - y(x_i)}{x_{i+1} - x_i} \cong f(x_i, y_i)$$

Substituindo $y(x_{i+1})$ e $y(x_i)$ por seus correspondentes valores aproximados y_{i+1} e y_i na expressão anterior, e denotando $x_{i+1} - x_i = h$, vem:

$$\frac{y_{i+1} - y_i}{h} = f(x_i, y_i)$$

A forma geral do método de Euler, em que se obtém a solução aproximada no ponto (x_{i+1}, y_{i+1}) conhecendo-a em (x_i, y_i), fica estabelecida pelas seguintes expressões:

$$x_{i+1} = x_i + h \tag{9.14}$$

$$y_{i+1} = y_i + f(x_i, y_i) \times h \tag{9.15}$$

sendo h a largura do passo de integração. A Equação (9.5) representa uma reta de coeficiente angular $f(x_i, y_i)$, que contém os pontos (x_i, y_i) e (x_{i+1}, y_{i+1}). Vale mencionar que tal reta e aquela tangente à curva $y(x)$ em x_i são aproximadamente paralelas.

A Figura 9.6 ilustra graficamente do método de Euler (explícito ou progressivo) estabelecido pelas Expressões (9.14) e (9.15). As diferenças entre os valores de y_i, y_{i+1} e y_{i+2} calculados pelo referido método e aqueles (verdadeiros) que estão sobre a curva $y(x)$ correspondem aos erros cometidos na obtenção de pontos da solução aproximada. Note que, embora o método seja simples e a tendência de comportamento da solução verdadeira seja capturada, erros consideráveis podem ocorrer. Claro está que a reta tangente constitui aproximação razoável da curva-solução em um intervalo h suficientemente pequeno. Ao se adotar um método numérico como o de Euler, deve-se ter sempre presente a preocupação com o grau de precisão da solução aproximada obtida, para que esta possa ser considerada como válida para o problema em estudo.

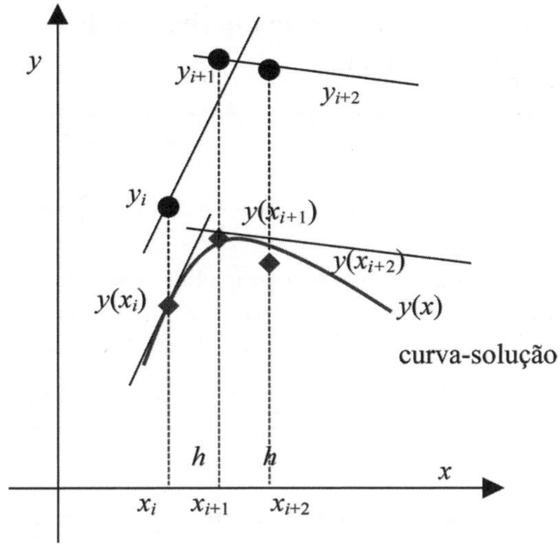

Figura 9.6 – Método de Euler (explícito).

A fim de explorar um pouco mais o tratamento numérico trazido pelo método de Euler explícito, estabelecido pelas Expressões (9.14) e (9.15), considere o desenvolvimento a seguir, que conduz à obtenção de tais expressões.

A Equação (9.2) pode caracterizar um problema de integração, se ambos os seus membros forem multiplicados por dx:

$$\frac{dy}{dx} = f(x,y) \quad \Rightarrow \quad \int_{y_i}^{y_{i+1}} dy = \int_{x_i}^{x_{i+1}} f(x,y)dx$$

Efetuada a integração no primeiro membro da equação anterior obtém-se:

$$y\Big|_{y_i}^{y_{i+1}} = \int_{x_i}^{x_{i+1}} f(x,y)dx \Rightarrow \quad y_{i+1} - y_i = \int_{x_i}^{x_{i+1}} f(x,y)dx \quad \Rightarrow \quad y_{i+1} = y_i + \int_{x_i}^{x_{i+1}} f(x,y)dx$$

Resta então resolver a integral do segundo membro da equação. A forma mais simples de fazê-lo funda-se em considerar o método de integração numérica dos retângulos, em que se adota uma reta horizontal para representar no intervalo$[x_i, x_{i+1}]$ a função $f(x_i, y_i)$. Nesse caso, o retângulo cuja área representará a referida integral será aquele de base $h = (x_{i+1} - x_i)$ e altura $f(x_i, y_i)$ tomada no início do intervalo de integração. Consequentemente:

$$y_{i+1} = y_i + \int_{x_i}^{x_{i+1}} f(x,y)dx \Rightarrow \quad y_{i+1} = y_i + f(x_i,y_i)\int_{x_i}^{x_{i+1}} dx \quad \Rightarrow \quad y_{i+1} = y_i + f(x_i,y_i)x\Big|_{x_i}^{x_{i+1}} \quad \Rightarrow$$

$$y_{i+1} = y_i + f(x_i,y_i)[x_{i+1} - x_i] \quad \Rightarrow \quad y_{i+1} = y_i + f(x_i,y_i) \times h$$

A seguir, apresenta-se o algoritmo para a implementação computacional do método de Euler explícito, *i.e.*, aquele que apresenta uma expressão explícita para o cálculo do próximo valor da solução aproximada y_{i+1}.

Defina a função ;
Informe os dados de entrada:
- valores iniciais para x(1) e y(1); os vetores x e y contêm os valores dos pontos em que a solução aproximada será calculada;
- tamanho do passo h e número n de pontos em que serão obtidos valores para a solução; alternativamente, n pode ser calculado por meio da expressão n = (b - a)/h e neste caso deve-se informar o intervalo [a,b] em que solução será obtida; note que x(1) = a e x(n+1) = b;
Faça o índice i variar desde 1 até n e calcule:
xi+1 = xi + h
deriv =

Exiba os valores da solução aproximada, calculada nos pontos contidos nos vetores x e y;
Encerre o algoritmo.

Algoritmo 9.1 – Método de Euler explícito.

Exemplo 9.2: Retornando ao Exemplo 9.1, considere agora que se deseja obter a solução da EDO ($\frac{dy}{dx} = f(x,y) = \frac{1}{2}e^{x/3} - \frac{1}{2}y$) pelo método de Euler explícito, para x pertencente ao intervalo [0,5], com valores iniciais $x_0 = 0$ e $y_0 = 3$. Adote $h = 1$.

Usando as Expressões (9.14) e (9.15), a Tabela 9.2 apresenta os valores obtidos com o método numérico, a partir das seguintes expressões:

$$x_{i+1} = x_i + h \quad \Rightarrow \quad x_{i+1} = x_i + 1$$

$$y_{i+1} = y_i + f(x_i, y_i) \times h \quad \Rightarrow \quad y_{i+1} = y_i + \frac{1}{2}e^{x_i/3} - \frac{1}{2}y_i \quad \Rightarrow \quad y_{i+1} = \frac{1}{2}(y_i + e^{x_i/3})$$

Para efeito de comparação, apresentam-se também na Tabela 9.2 os valores correspondentes à solução analítica (PVI que passa pelo ponto C, no Exemplo 9.1), obtidos por:

$$y(x_i) = \frac{3}{5}e^{x_i/3} + 2{,}4e^{-x_i/2}$$

Na tabela, também estão os erros relativos cometidos com o método numérico adotado, calculados por:

$$e_{\text{rel}} = \frac{|y(x_i) - y_i|}{y(x_i)} \times 100(\%)$$

A Figura 9.7 exibe o gráfico da solução analítica e daquela obtida pelo método de Euler explícito, nos pontos indicados na Tabela 9.2.

Tabela 9.2 – Solução numérica (Exemplo 9.2) com o método de Euler explícito, passo h = 1

x_i		y_i sol. numérica	$y(x_i)$ sol. analítica	e_{rel} (%)
x_0	0	3	3	0,0
x_1	1	2,0000	2,2930	12,8
x_2	2	1,6978	2,0516	17,2
x_3	3	1,8228	2,1665	15,9
x_4	4	2,2705	2,6010	12,7
x_5	5	3,0321	3,3737	10,1

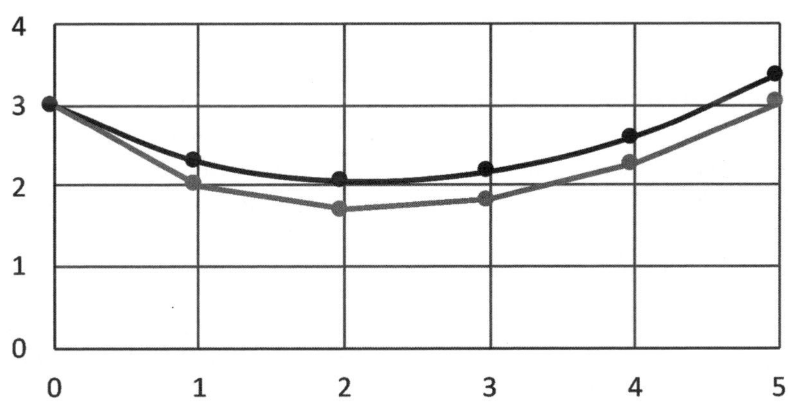

Figura 9.7 – Solução analítica e numérica (método de Euler explícito) – Exemplo 9.2.

Os erros apresentados na Tabela 9.2 dependem do tamanho do passo h, sendo natural esperar que tais erros diminuam à medida que valores cada vez menores de h sejam adotados. Isso pode ser constatado pelos resultados dispostos na Tabela 9.3, em que se assumiu $h = 0{,}5$.

Tabela 9.3 – Método de Euler explícito com passo h = 0,5 – Exemplo 9.2

x_i		y_i sol. numérica	$y(x_i)$ sol. analítica	e_{rel} (%)
x_0	0	3,0000	3,0000	0,0
x_1	0,5	2,5000	2,5779	3,0
x_2	1,0	2,1703	2,2930	5,4
x_3	1,5	1,9767	2,1229	6,9
x_4	2,0	1,8947	2,0516	7,6
x_5	2,5	1,9079	2,0682	7,7
x_6	3,0	2,0062	2,1665	7,4
x_7	3,5	2,1842	2,3438	6,8
x_8	4,0	2,4410	2,6010	6,2
x_9	4,5	2,7792	2,9420	5,5
x_{10}	5,0	3,2048	3,3737	5,0

Até aqui, descreveu-se o método de Euler tipificado como *explícito* ou *progressivo*. Portanto, o leitor deve estar curioso agora em conhecer a forma *implícita* ou *regressiva* desse método. Para tanto, basta agora adotar uma aproximação da derivada conhecida, como uma *diferença regressiva*. Define-se a reta que liga os pontos (x_i, y_i) e (x_{i+1}, y_{i+1}) como aproximadamente paralela à reta tangente calculada no ponto x_{i+1} (como se vê na Figura 9.8), ou seja:

$$\frac{dy}{dx} = f(x,y) \quad \Rightarrow \quad \frac{dy}{dx} \approx \frac{y_i - y_{i-1}}{x_i - x_{i-1}} = f(x_i, y_i) \quad \Rightarrow y_i = y_{i-1} + f(x_i, y_i) \times h$$

Acrescentando uma unidade ao índice de discretização:

$$y_{i+1} = y_i + f(x_{i+1}, y_{i+1}) \times h$$

Assim, o método de Euler implícito fica estabelecido por:

$$x_{i+1} = x_i + h \tag{9.16}$$

$$y_{i+1} = y_i + f(x_{i+1}, y_{i+1}) \times h \tag{9.17}$$

A Figura 9.8 ilustra graficamente do método de Euler implícito estabelecido pelas Equações (9.16) e (9.17). Note que, nessa forma, a solução aproximada y_{i+1} calculada em x_{i+1} passa a depender implicitamente de y_{i+1}, o que traz alguma dificuldade para sua aplicação. Como y_{i+1} está em ambos os membros da Equação (9.17), a menos que haja nesta equação uma dependência simples a y_{i+1} (*e.g.*, linear, quadrática etc.), – estabelecida por $f(x_{i+1},y_{i+1})$ –, a solução procurada será mais difícil (ou até mesmo impossível) de ser alcançada explicitamente. Em termos gerais, a determinação de y_{i+1} na Equação (9.17) será obtida por meio de um método numérico para obtenção da solução de uma equação algébrica não linear, como tratado no Capítulo 3 deste livro. Para avaliar a computação adicional na implementação do método de Euler **implícito** recomenda-se consultar [Gila14].

Caso o leitor queira obter a Equação (9.17) por meio da integração de ambos os membros da Equação (9.2), basta que, analogamente ao que se fez no método explícito, utilize no método dos retângulos o ponto final do intervalo de integração. Assim, o retângulo cuja área se aproxima do valor da integral de $f(x,y)$ terá base $h = (x_{i+1} - x_i)$ e altura $f(x_{i+1},y_{i+1})$.

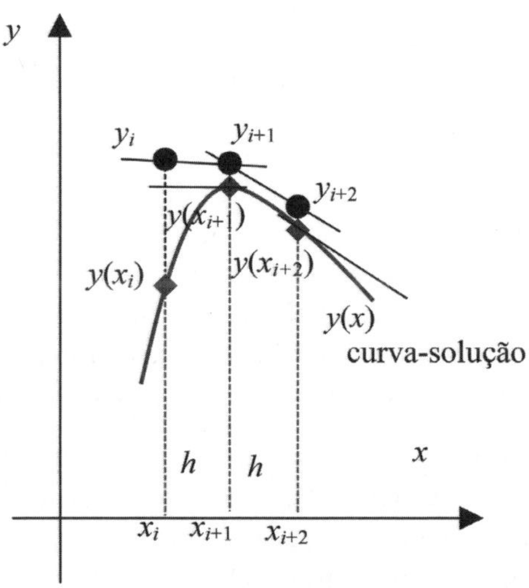

Figura 9.8 – Método de Euler (implícito).

Exemplo 9.3: Adotando o problema exposto nos exemplos anteriores, considere mais uma vez que se deseja obter a solução da EDO ($\frac{dy}{dx} = f(x,y) = \frac{1}{2}e^{x/3} - \frac{1}{2}y$), mas agora pelo método de Euler implícito, com os mesmos dados de entrada, ou seja: x no domínio [0,5]; valores iniciais $x_0 = 0$ e $y_0 = 3$; $h = 1$. Sabe-se que a solução analítica (anteriormente obtida) é dada por: $y(x_i) = \frac{3}{5}e^{x_i/3} + 2{,}4e^{-x_i/2}$.

Usando as Equações (9.16) e (9.17), a Tabela 9.4 sintetiza os valores obtidos com o método numérico, a partir das seguintes expressões:

$$x_{i+1} = x_i + h \quad \Rightarrow \quad x_{i+1} = x_i + 1$$

$$y_{i+1} = y_i + f(x_{i+1}, y_{i+1}) \times h \quad \Rightarrow \quad y_{i+1} = y_i + \frac{1}{2}e^{x_{i+1}/3} - \frac{1}{2}y_{i+1} \quad \Rightarrow \quad y_{i+1} = \frac{2}{3}(y_i + \frac{1}{2}e^{x_{i+1}/3})$$

Tabela 9.4 – Solução numérica (Exemplo 9.3) com o método de Euler implícito, passo h = 1

x_i		y_i sol. numérica	$y(x_i)$ sol. analítica	e_{rel} %
x_0	0	3,0000	3,0000	0,0
x_1	1	2,4652	2,2930	7,5
x_2	2	2,2927	2,0516	11,8
x_3	3	2,4346	2,1665	12,4
x_4	4	2,8876	2,6010	11,0
x_5	5	3,6899	3,3737	9,4

Destaca-se também que a aplicação da *forma implícita* do método de Euler, muitas vezes, requer um método numérico para resolver a Equação (9.17), que se torna uma equação não linear dependente da incógnita y_{i+1}. No presente exemplo, a obtenção de y_{i+1} na Equação (9.17) foi simples e os resultados mostrados na Tabela 9.4 indicaram erros um pouco menores do que os equivalentes obtidos no Exemplo 9.2.

Até aqui, algumas questões podem emergir da leitura atenta deste capítulo, notadamente aquelas que estejam relacionadas à aceitação da solução numérica (aproximada) para o PVI estabelecido pela Equação (9.3), no que concerne ao nível de precisão dos resultados obtidos. Como se constatou no Exemplo 9.2, os erros cometidos dependem do tamanho de passo h adotado. Espera-se que, com h cada vez menores, os valores da solução numérica tendam a se igualar, dentro de um nível de precisão especificado, aos correspondentes valores da solução exata. Assim, deve-se buscar um valor adequado de h para que isso ocorra. Fundamentalmente, há que avaliar os erros cometidos.

Ao se aproximar numericamente um PVI, cometem-se erros de duas naturezas:

- *Truncamento*: originários da técnica empregada para a obtenção dos valores y_i; e
- *Arredondamento*: causados pelos cálculos de precisão finita (aritmética de ponto flutuante) realizados em computadores digitais e afetados pela ordem em que são feitos, modo de programar etc.

Embora os erros de *truncamento* e *arredondamento* surjam de fontes distintas, tais erros são correlacionados. Sabe-se que o de *truncamento* (*discretização*) usualmente reduz-se pela adoção de valores pequenos do passo h. Entretanto, ao fazê-lo, o erro de *arredondamento* pode crescer pelo aumento da quantidade de cálculos realizados. Em outras palavras, o *arredondamento*, não tão sério em uma etapa qualquer do método numérico de cálculo da solução de uma EDO, propaga-se após um grande de número (*e.g.*, centenas, milhares) de etapas, podendo se acumular e contaminar de forma indesejada a solução obtida.

Em boa parte das situações práticas, o erro de *truncamento* apresenta-se como fator dominante para a determinação da precisão da solução numérica de EDO. Sendo assim, o erro de *arredondamento* não será considerado no presente estudo.

Os erros de *truncamento* podem ser decompostos em:

- *Local*: aquele inerente ao método numérico adotado, tomando-se um único passo e supondo que não foram cometidos erros em passos anteriores, sendo assim, de natureza local; e
- *Propagado ou acumulado*: causado pelo acúmulo dos erros de truncamento locais resultantes dos passos anteriores.

Unificados, os erros de *truncamento local* e *propagado* formam o erro de *truncamento global* (*total*) da solução numérica produzida.

Da análise dos erros cometidos pelas formas explícita e implícita do método de Euler, verifica-se que estas apresentam erros de *truncamento local* proporcionais a h^2, enquanto o erro de *truncamento global* limita-se a h, o que faz o método ser classificado como de ordem 1 (expoente de h), *i.e.*, $O(h)$, conforme indicam [Atki04], [Heat02], [Boyc15].

9.4 MÉTODO DE EULER MODIFICADO

A principal hipótese adotada pelo método de Euler explícito diz respeito a se considerar a derivada de $y(x)$ entre os pontos (x_i,y_i) e (x_{i+1},y_{i+1}) como constante. Isso pode acarretar, em diversos problemas que requeiram soluções aproximadas de elevada precisão, a adoção de um tamanho de passo de integração muito pequeno, o que onera o cômputo da solução do problema em foco.

Assim, tal hipótese pode ser revista, tomando-se no intervalo entre os referidos pontos a reta que tenha uma *inclinação* média, função das inclinações calculadas nos pontos inicial e final do intervalo. No início do intervalo, ou seja, em (x_i,y_i), obtém-se a inclinação $f(x_i, y_i)$. Para ter a inclinação no final do intervalo, calcula-se em primeira aproximação, de acordo com o método de Euler explícito, $\tilde{y}_{i+1} = y_i + f(x_i, y_i) \times h$. Em seguida, calcula-se uma estimativa da inclinação em $(x_{i+1}, \tilde{y}_{i+1})$, dada por $(x_{i+1}, \tilde{y}_{i+1})$.

Essas duas inclinações são usadas para se calcular a inclinação média (aritmética) no intervalo, o que leva à formulação do método de Euler modificado, de acordo com as seguintes equações:

$$x_{i+1} = x_i + h \tag{9.18}$$

$$\tilde{y}_{i+1} = y_i + f(x_i, y_i) \times h \tag{9.19}$$

$$y_{i+1} = y_i + \frac{f(x_i, y_i) + f(x_{i+1}, \tilde{y}_{i+1})}{2} \times h \tag{9.20}$$

As Equações (9.19) e (9.20) são conhecidas como *preditora* (obtém uma estimativa de y_{i+1} *a priori*) e *corretora* (atua para melhorar a estimativa de y_{i+1}). Em várias referências, encontra-se o método de Euler modificado como método de Heun, assim denominado em homenagem ao matemático alemão Karl Heun (1859-1929).

Como foi feito no desenvolvimento das duas versões apresentadas anteriormente (formas *explícita* e *implícita*), o método de Euler pode ser *modificado* a partir da substituição da regra dos retângulos pela Regra dos Trapézios (veja Capítulo 8), para realizar a integração de $\int_{x_i}^{x_{i+1}} f(x,y)dx$. De fato, na Equação (9.20) calcula-se a área de um trapézio retângulo de bases $f(x_i, y_i)$ e $f(x_{i+1}, \tilde{y}_{i+1})$, altura h.

Exemplo 9.4: Considere novamente o problema dos exemplos anteriores, em que se deseja obter a solução da EDO ($\frac{dy}{dx} = f(x,y) = \frac{1}{2}e^{x/3} - \frac{1}{2}y$), mas agora pelo método de Euler modificado. Use os mesmos dados de entrada: $x \in [0,5]$; valores iniciais $x_0 = 0$ e $y_0 = 3$; $h = 1$. Lembre-se que a solução analítica é: $y(x_i) = \frac{3}{5}e^{x_i/3} + 2{,}4e^{-x_i/2}$.

Constrói-se a Tabela 9.5, cujos valores foram computados de acordo com as Equações (9.18), (9.19) e (9.20), pelas seguintes expressões:

$$x_{i+1} = x_i + h \quad \Rightarrow \quad x_{i+1} = x_i + 1$$

$$\tilde{y}_{i+1} = y_i + f(x_i, y_i) \times h \quad \Rightarrow \quad \tilde{y}_{i+1} = y_i + \frac{1}{2}e^{x_i/3} - \frac{1}{2}y_i \quad \Rightarrow \quad \tilde{y}_{i+1} = \frac{1}{2}(y_i + e^{x_i/3})$$

$$y_{i+1} = y_i + \frac{f(x_i, y_i) + f(x_{i+1}, \tilde{y}_{i+1})}{2} \times h \quad \Rightarrow \quad y_{i+1} = \frac{3y_i + e^{x_i/3} + e^{x_{i+1}/3} - \tilde{y}_{i+1}}{4}$$

Tabela 9.5 – Solução numérica (Exemplo 9.4) com o método de Euler modificado, passo h = 1

x_i		y_i sol. numérica	$y(x_i)$ sol. analítica	|erro| %
x_0	0	3,0000	3,0000	0,0
x_1	1	2,3489	2,2930	2,4
x_2	2	2,1294	2,0516	3,8
x_3	3	2,2539	2,1665	4,0
x_4	4	2,6969	2,6010	3,7
x_5	5	3,4834	3,3737	3,3

Observando os resultados contidos nas Tabelas 9.2 até 9.5, verifica-se que os erros cometidos com o método de Euler modificado são bem menores do que aqueles obtidos com as versões anteriores do método.

Sabe-se que os erros de *truncamento local* do método de Euler modificado são proporcionais a h^3 e o de *truncamento global* a h^2, o que o faz em um método de segunda ordem, $O(h^2)$ [Boyc15].

9.5 MÉTODO DE RUNGE-KUTTA

Com as seções anteriores, pode-se perceber que os métodos numéricos explícitos, de passo simples, empregados para a obtenção da solução aproximada de EDO, estabelecem equações com a seguinte estrutura:

$$y_{i+1} = y_i + inclinação \times h \tag{9.21}$$

sendo *inclinação* o valor obtido a partir do cálculo de $f(x_i, y_i)$ em alguns pontos do intervalo $[x_i, x_{i+1}]$. Assim, diferentes métodos numéricos desse tipo podem ser construídos, classificados de acordo com sua *ordem*, o que em termos práticos indica o número de pontos em que se calcula a *inclinação*.

Nesta seção, apresenta-se o método desenvolvido pelos matemáticos alemães Carl David Tolmé Runge (1856-1927) e Martin Wilhelm Kutta (1867-1944), por volta de 1895, e estendido em 1901. Esse método recebe a denominação de método clássico de Runge-Kutta de quarta ordem, ou simplesmente método de Runge-Kutta, ou ainda mais abreviadamente, RK4.

As equações que estabelecem o método de Runge-Kutta são:

$$y_{i+1} = y_i + k_{\text{média}} \times h \tag{9.22}$$

sendo:

$$k_{\text{média}} = \left(\frac{k_1 + 2k_2 + 2k_3 + k_4}{6} \right)$$

$$k_1 = f(x_i, y_i)$$

$$k_2 = f(x_i + \frac{1}{2}h, y_i + \frac{1}{2}k_1 h) \qquad (9.23)$$

$$k_3 = f(x_i + \frac{1}{2}h, y_i + \frac{1}{2}k_2 h)$$

$$k_4 = f(x_i + h, y_i + k_3 h)$$

O valor de $k_{\text{média}}$ calculado na Equação (9.23) corresponde à inclinação usada no cálculo de y_{i+1} representando a média ponderada das inclinações k_1, k_2, k_3 e k_4, sendo que: k_1 é a inclinação no extremo esquerdo do intervalo; k_2 é a inclinação no ponto médio, obtida pela aplicação do método de Euler para ir de x_i a $x_i + h/2$; k_3 é a segunda aproximação da inclinação no ponto médio; e k_4 é a inclinação em $x_i + h$ usando o método de Euler com a inclinação k_3 para ir de x_i a $x_i + h$. A Figura 9.9 ilustra os quatro estágios do método RK4.

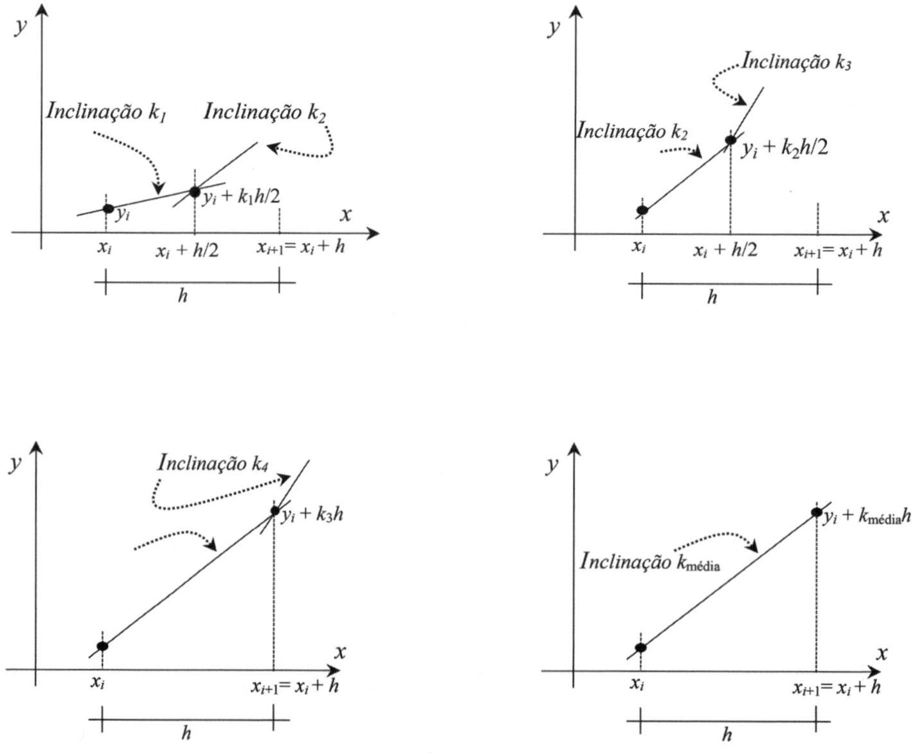

Figura 9.9 – Método de Runge-Kutta de quarta ordem.

Vale destacar que, na Equação (9.23), se f não depender de y, então:

$$k_1 = f(x_i);\ k_2 = k_3 = f(x_i + h/2);\ k_4 = f(x_i + h)$$

Logo, a Equação (9.22) pode ser escrita como:

$$y_{i+1} = y_i + k_{\text{média}} \times h \quad \Rightarrow \quad y_{i+1} = y_i + (\frac{k_1 + 2k_2 + 2k_3 + k_4}{6}) \times h \quad \Rightarrow$$

$$\Rightarrow \quad y_{i+1} - y_i = \frac{h/2}{3}[f(x_i) + 4f(x_i + h/2) + f(x_i + h)]$$

Note que a equação anterior se assemelha à Regra 1/3 de Simpson, apresentada no Capítulo 8, para o cálculo aproximado da integral de $\frac{dy}{dx} = f(x)$, em $[x_i, x_i + h]$.

Os erros de *truncamento local* do método RK4 são proporcionais à h^5 e o de *truncamento global* à h^4, o que justifica sua denominação como um método de quarta ordem, $O(h^4)$. A demonstração desses resultados por ser considerada longa e enfadonha [Boyc15], o que a torna fora de escopo para o presente texto.

Embora mais elaborado do que as versões do método de Euler contidas nas seções anteriores, o método RK4 mantém a facilidade de implementação e apresenta maior precisão. Nada melhor do que fazer um exemplo de aplicação do RK4 para confirmar essas afirmações.

Exemplo 9.5: Considere de novo o problema em que se deseja obter a solução da EDO $\frac{dy}{dx} = f(x, y) = \frac{1}{2}e^{x/3} - \frac{1}{2}y$. Aplique agora o método RK4, adotando como dados de entrada: $x \in [0,5]$; valores iniciais $x_0 = 0$ e $y_0 = 3$; $h = 1$. Lembre-se que a solução analítica $y(x_i) = \frac{3}{5}e^{x_i/3} + 2{,}4e^{-x_i/2}$ pôde ser obtida.

Vê-se na Tabela 9.6 a seguir os valores que foram calculados usando as Equações (9.22) e (9.23), pelas seguintes expressões:

$$x_{i+1} = x_i + h \quad \Rightarrow \quad x_{i+1} = x_i + 1$$

$$k_1 = f(x_i, y_i) \quad \Rightarrow \quad k_1 = \frac{1}{2}e^{x_i/3} - \frac{1}{2}y_i$$

$$k_2 = f(x_i + \frac{1}{2}h, y_i + \frac{1}{2}k_1 h) \quad \Rightarrow \quad k_2 = \frac{1}{2}e^{(x_i+0{,}5)/3} - \frac{1}{2}(y_i + 0{,}5k_1)$$

$$k_3 = f(x_i + \frac{1}{2}h, y_i + \frac{1}{2}k_2 h) \quad \Rightarrow \quad k_3 = \frac{1}{2}e^{(x_i+0{,}5)/3} - \frac{1}{2}(y_i + 0{,}5k_2)$$

$$k_4 = f(x_i + h, y_i + k_3 h) \quad \Rightarrow \quad k_4 = \frac{1}{2}e^{(x_i+1)/3} - \frac{1}{2}(y_i + k_3)$$

$$k_{\text{média}} = \left(\frac{k_1 + 2k_2 + 2k_3 + k_4}{6}\right)$$

$$y_{i+1} = y_i + k_{\text{média}} \times h \quad \Rightarrow \quad y_{i+1} = y_i + k_{\text{média}}$$

Tabela 9.6 – Solução numérica do Exemplo 9.5 – método RK4, passo h = 1

x_i		y_i sol. numérica	$y(x_i)$ sol. analítica	|erro| %
x_0	0	3	3,0000	0,00
x_1	1	2,2937	2,2930	0,03
x_2	2	2,0525	2,0516	0,05
x_3	3	2,1675	2,1665	0,05
x_4	4	2,6021	2,6010	0,04
x_5	5	3,3749	3,3737	0,04

Confirma-se então que os erros cometidos com o método RK4 são bem menores do que aqueles obtidos com os métodos numéricos anteriores, mantidos os dados de entrada nos exemplos considerados.

9.6 EXERCÍCIOS PROPOSTOS

1) Use o método de Euler modificado para obter um valor aproximado para a solução de $\frac{dy}{dt} = y - t^2 + 1$ em $y(0{,}4)$. Adote $y(0) = 0{,}5$ e o passo de integração igual a 0,2. Assinale a opção que melhor representa o valor procurado:

A) 1,2069200

B) 0,8260000

C) 0,8292933

D) 1,1520000

E) 0,8000000

2) Resolva o problema anterior, agora pelo método de Runge-Kutta de 4ª ordem, obtendo um valor aproximado para $y(0{,}2)$. Marque a melhor opção para o valor procurado:

A) 1,2140762

B) 0,8260000

C) 0,8292933

D) 1,2113600

E) 0,8000000

3) Deseja-se obter a solução numérica de $\frac{dy}{dx} = 3$, adotando $h = 2$ e a condição inicial $y(1) = 6$. Afirma-se:

I) O valor obtido para y, em $x = 7$, pelo método de Euler é 24.

II) O erro cometido com o método de Euler para a obtenção de y, em $x = 7$, é de aproximadamente 14%.

III) O valor obtido para y, em $x = 7$, pelo método de Runge-Kutta de 4ª ordem é 21.

Escolha a opção correta:

A) apenas (II) é F

B) todas são F

C) apenas (I) é V

D) apenas (III) é V

E) nra

4) Sobre a solução de EDO, afirma-se que:

I) A função $y(t) = t^2 (e^t - e)$ é a solução da EDO $\frac{dy}{dt} = \frac{2}{t}y + t^2e^t$, com $y(1) = 0 \; e \; t \neq 0$.

II) Pelo método de Euler explícito com h = 0,1 obtém-se para y (1,1) aproximadamente .

III) O erro cometido em (II) é de aproximadamente 21,4%.

Escolha a opção correta:

A) todas são V

B) todas são F

C) apenas (I) é V

D) (III) é F

E) nra

5) Considere a equação $\frac{dy}{dx} = xe^{3x} - 2y$ com $x \in [0; 1]$, valor inicial $y(0) = 0$ e passo de integração $h = 0{,}5$. Sobre o valor aproximado da solução $y(x)$ afirma-se que:

I) Adotando o método de Euler, em $x = 1$ obtém-se 1,120422.

II) Com o método de Euler modificado, em $x = 0{,}5$ encontra-se 0,560211.

III) Pelo Método de Runge-Kutta de 4ª ordem, em $x = 0{,}5$ obtém-se 0,296997.

Avaliando tais afirmativas, selecione a opção correta:

A) todas são F

B) apenas I é V

C) III é F

D) todas são V

E) nra

6) Considere a seguinte equação $\frac{dy}{dx} = yx - x^3$ e os valores iniciais $x_0 = 0$ e $y(0) = 1$. O valor da solução numérica da EDO pelo método de Euler explícito $x = 1{,}2$ em com passo de integração $h = 0{,}6$ é aproximadamente:

A) 1,2304

B) 1,5763

C) 1,1152

D) 1,0958

E) nra

7) Resolva o problema anterior, agora adotando o método de Euler modificado, em $x = 0{,}6$, com passo de integração $h = 0{,}6$.

A) 1,2304

B) 1,5763

C) 1,1152

D) 1,0958

E) nra

8) Deseja-se resolver numericamente a EDO $\frac{dy}{dx} = x - y$. Admita que $y(0) = 1$ e $h = 0{,}5$. O valor aproximado da solução y(x) em x = 1, com o método de Euler modificado é:

A) 0,7500

B) 0,7812

C) 0,7135

D) 0,7098

E) nra

9) Para a EDO do problema anterior, o valor aproximado da solução y(x) em x = 0,5, adotando o método de Runge-Kutta de 4ª ordem é:

A) 0,7500

B) 0,7812

C) 0,7135

D) 0,7098

E) nra

10) Deseja-se obter a solução numérica de $\frac{dy}{dx} = yx - x^3$, adotando $h = 0{,}5$ e a condição inicial $y(0{,}5) = -1$. Afirma-se sobre o valor obtido para y:

I) Em $x = 2{,}0$, pelo método de Euler é $-0{,}7969$.

II) Com o método de Euler modificado em $y\,(1{,}5)$ é $-1{,}3984$.

III) Em $x = 1{,}0$, pelo método de Runge-Kutta de 4ª ordem é $-1{,}3677$.

Escolha a opção correta:

A) apenas (II) é F

B) todas são F

C) apenas (I) é V

D) todas são V

E) nra

9.7 PROGRAMAS COMPUTACIONAIS

Nesta seção, convida-se o leitor a explorar o ambiente **Scilab**, por intermédio da função intrínseca denominada ODE, que obtém valores numéricos da solução de equações diferenciais ordinárias, representadas por $\frac{dy}{dx} = f(x, y), y(x_0) = y_0$. Além disso, são apresentadas as implementações em linguagem de programação **Python** para os métodos de Euler e RK4 tratados neste capítulo.

A *chamada* mais simples da referida função interna ao **Scilab** corresponde a:

y=ode(y0,x0,x,f)

na qual: $x = x_0$, o ponto inicial; , $y(x_0) = y_0$ o valor inicial da função-solução, a partir do qual são calculados $y(x_1) \cong y_1, y(x_2) \cong y_2, \cdots; f(x, y)$, a função externa especificada pela sintaxe do ambiente **Scilab**.

Para ilustrar o uso da função intrínseca ODE (Programa 9.1), veja o problema a seguir.

1) Considere que, em um tanque com 5.000 litros de água, 20 kg de sal foram completamente dissolvidos. Suponha que esse tanque esteja sendo alimentado com água salgada (cuja concentração é de 0,03 kg de sal por litro) a uma taxa de 25 litros/min. A mistura resultante sai do tanque também com uma vazão de 25 litros/min. Para modelar matematicamente o problema, considere $y(t)$ que represente a quantidade de sal presente no tanque no instante t (minutos). Portanto, em $t = 0$, $y(0) = 20$ kg. A variação de sal (em função do tempo) no tanque pode ser obtida por:

$$\frac{dy}{dt} = tx.\,de\ entrada\ de\ sal - tx.\,de\ saída\ de\ sal$$

sendo:

$$tx.\,de\ entrada\ de\ sal = 0{,}03\left(\frac{kg}{l}\right) \times 25\left(\frac{l}{min}\right) = 0{,}75\left(\frac{kg}{min}\right)$$

$$tx.\,de\ saída\ de\ sal = \frac{y(t)}{5000}\left(\frac{kg}{l}\right) \times 25\left(\frac{l}{min}\right) = \frac{y(t)}{200}\left(\frac{kg}{min}\right)$$

Assim, chega-se à seguinte EDO:

$$\frac{dy}{dt} = 0{,}75 - \frac{y(t)}{200} \qquad \text{ou} \qquad \frac{dy}{dt} = \frac{150 - y(t)}{200}$$

Pergunta-se: Que quantidade de sal (kg) permanece no tanque ao fim de 30 minutos?

Programa 9.1 – Solução numérica de EDO

```
//Programa para resolver uma EDO
clc    // limpa o console
clear all // limpa a memória
funcprot(0);
//definição da função externa (lado direito da EDO)
function ydot=f(t, y)
 ydot=[150-y]/200
endfunction
t0=0;  //tempo inicial
y0=20;  //valor inicial da função y(t)
t=0   //variável independente no intervalo [0;30]
i=1   //contador
while t<=30
  y=ode(y0,t0,t,f);
  y1(i)=y;
  t1(i)=t
  printf('quantidade de sal (kg)')
  disp(y)
  printf('tempo (min)')
  disp(t)
  t=t+1
  i=i+1
  printf('-------------------------------------------------- \n')
end
printf("FIM ======\n")
```

Encontra-se no link https://github.com/ViniBiajoni/metodosNumericosLivroSBA.git

Usando no Programa 9.1 a função ODE, intrínseca ao **Scilab**, com passo de integração de 1 minuto, pode-se afirmar corretamente que:

A) em 30 minutos, cerca de 38,108 kg de sal estão no tanque.

B) em 15 minutos, 40,350 kg estão no tanque.

C) em 30 minutos, cerca de 18,250 kg de sal permanecem no tanque.

D) em 1 minuto, aproximadamente 15 kg estão no tanque.

E) nra

2) A disciplina de Computação Numérica conta com 92 alunos. Inicialmente, um grupo de 10 alunos resolveu disseminar a informação de que a Prova Final seria cancelada. Sabe-se que em média cada aluno propaga tal notícia para 2 colegas/hora, ignorando se já tenham conhecimento ou não da novidade. Representando por y o número de alunos que sabem da notícia no instante de tempo t (horas), caracteriza-se a taxa de propagação da notícia pela seguinte EDO

$$\frac{dy}{dt} = 2y \times \frac{92 - y}{92}$$

Obtenha a solução da EDO apresentada, calculando aproximadamente o número de alunos que após 3 horas estejam informados sobre o cancelamento da Prova. Use como passo de integração h = 1 (hora).

Para praticar, adote diferentes métodos numéricos de solução da EDO. A seguir, encontre o Programa 9.2 em **Python** que ajuda a resolver o problema descrito.

Escolha a opção correta dentre as apresentadas a seguir.

A) Pelo método de Euler explícito, havia cerca de 43 alunos na 1ª hora.

B) Com o método de Euler modificado, estima-se em 50 alunos na 2ª hora.

C) Adotando o método RK4, chega-se aproximadamente a 88 alunos, decorridas 3 horas.

D) Com qualquer um dos métodos anteriores, obtém-se aproximadamente o mesmo número de alunos informados, transcorridas 3 horas do início da propagação da notícia de cancelamento da Prova.

E) nra

Programa 9.2 – Solução numérica de uma EDO – Métodos de Euler, Euler Modificado e RK4

```
#Importações das bibliotecas nativas e
#declaração da função referente ao problema
import numpy as np
import matplotlib.pyplot as plt
def func(x,y):
  dy_dx = (1/2)*np.exp(x/3) - (1/2)*y
  return dy_dx
 rk4(y0,x0,h,I)
#Programa Principal
if __name__ == '__main__':
  #Pvi
  y0= 10
  x0= 0
#Método de Runge-Kutta de 4º Ordem
def rk4(y0,x0,h,I):
  n = (I[1] - I[0])/h
  x= []
  y= []
  x.append(x0)
  y.append(y0)
  print(f"y{0} = {y0}")
  for i in range(int(n)):
    k1= func(x0,y0)
    k2= func(x0 + (1/2)*h, y0 + (1/2)*k1*h)
    k3= func(x0 + (1/2)*h, y0 + (1/2)*k2*h)
    k4= func(x0 + h, y0 + k3*h)
    kmedia = (k1 + 2*k2 + 2*k3 + k4)/6
    yk = y0 + kmedia*h
    print(f"y{i+1} = {yk}")
    y0 = yk
    x0 = x0 + h
    x.append(x0)
    y.append(y0)
  _,ax = plt.subplots()
  ax.set(xlabel ='X', ylabel ='Y',
    xlim =(0,5.5), ylim =(0, 5),
    title ='Método Rk4')
  ax.grid()
  ya = func_analitica(np.array(x))
  plt.plot(x, ya, marker = 'x', label = 'Numérico')
  plt.plot(x, y , marker = '*', label = 'Analítico')
  plt.legend()
  plt.show()
  return
  #intervalo
```

```
 I = [0,3]
 # Passo
 h = 1
 euler(y0,x0,h,I)
 euler_modif(y0,x0,h,I)
#Método de Euler
def euler(y0,x0,h,I):
 n = (I[1] - I[0])/h
 x= []
 y= []
 x.append(x0)
 y.append(y0)
 print(f"y{0} = {y0}")
 for i in range(int(n)):
  yk = y0+ h*func(x0,y0)
  print(f"y{i+1} = {yk}")
  y0 = yk
  x0 = x0 + h
  x.append(x0)
  y.append(y0)
```

Encontra-se no link https://github.com/ViniBiajoni/metodosNumericosLivroSBA.git

3) Repita o exercício anterior, agora com um passo de integração menor, por exemplo, de 10 minutos (1/6 da hora) e adote o método RK4. Para os cálculos necessários, faça um programa **Scilab** ou **Python**. Compare os resultados com aqueles obtidos com a função intrínseca ODE do **Scilab**. Escolha a melhor opção dentre as apresentadas a seguir, no que diz respeito ao número aproximado de alunos informados sobre o cancelamento da Prova, após 1, 2 e 3 horas do início da propagação da notícia.

A) 80 alunos, após 1h

B) 80 alunos, após 2h

C) 100 alunos, após 3h

D) 110 alunos, após 1h

E) 120 alunos, após 3h

4) Uma preocupação da sociedade moderna diz respeito à propagação de doenças contagiosas. Suponha que todos de um grupo m de indivíduos tenham igual chance de se contaminar e, seja $y(t)$ o número de infectados em determinado instante t. Assuma que a taxa de variação de contaminados no tempo seja dada pela EDO:

$$\frac{dy(t)}{dt} = k[m - y(t)]y(t)$$

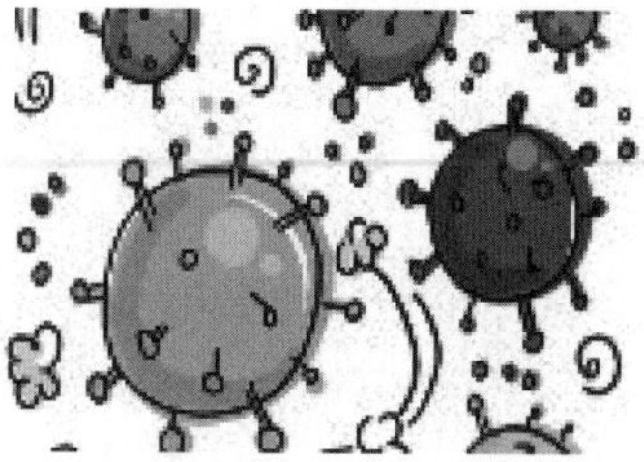

sendo k uma constante obtida empiricamente. Considerando que inicialmente 1.000 indivíduos estejam contaminados, *i.e.*, y(0) = 1.000, obtenha aproximadamente o número de infectados neste grupo em 30 dias, pela função intrínseca do **Scilab** ODE. Alternativamente, faça adaptações no Programa 9.2 em **Python** usado no Problema 12. Adote os parâmetros: m = 100.000; k = 2×10^{-6}. Sobre o número de infectados, escolha a opção correta dentre as apresentadas a seguir.

A) não atinge 80% da população

B) encontra-se entre 50 e 60% da população

C) no 4º dia, supera o dobro do número inicial de contaminados

D) corresponde a cerca da metade da população

E) nra

5) Um aluno curioso resolve realizar um experimento de laboratório, que corresponde a obter a solução natural ou livre de um circuito RC série.

Para tal, conectou uma lâmpada aos terminais de um capacitor com carga armazenada (recebida por meio de uma bateria). Após o fechamento da chave S do circuito ilustrado, o aluno cronometrou o tempo no qual a lâmpada permaneceu emitindo sinal luminoso, condição em que uma corrente elétrica $i(t)$ de no mínimo de 0,2 (Ampéres, A) atravessa a lâmpada. A seguinte EDO homogênea descreve a relação entre as variáveis do experimento tomando por base a segunda Lei de Kirchhoff:

$$\frac{dq}{dt} + \frac{1}{RC}q = 0$$

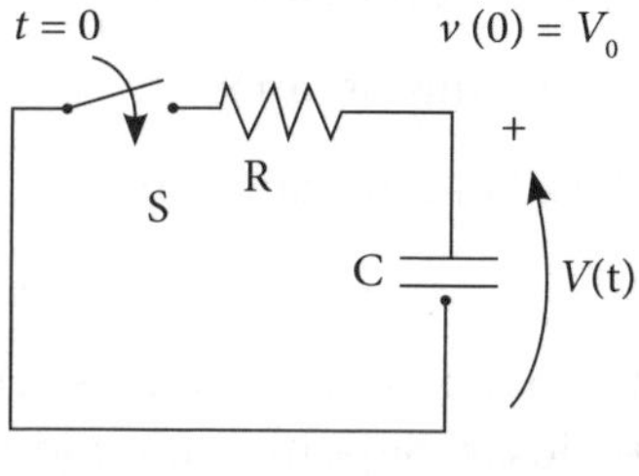

sendo q a carga do capacitor (Coulombs, C), R resistência da lâmpada (Ohms, Ω) e C capacitância do capacitor (Farads, F).

Sabe-se que no instante em que se fecha a chave S o capacitor de capacitância 0,01 F encontra-se carregado com q_0 = q(0) = 1 C, valor usado por conveniência numérica, já que as capacitâncias na prática são expressas em micro-Farads (μF).

Isso posto, pede-se determinar por intermédio de um método numérico o tempo que a lâmpada permanece acesa. Apenas para referência, a solução analítica da EDO é dada por:

$$\frac{q(t)}{C} = \frac{q_0}{C} \times e - \frac{1}{RC} \times t$$

Escolha um passo de integração adequado que leve a resultados suficientemente precisos para a obtenção numérica de valores para as variáveis do problema: $q(t) = C \times v(t)$; $v(t) = R \times i(t)$. Nesse exercício, procure adaptar um dos algoritmos usados no Problema 12 implementados em **Scilab** e **Python.** Construa gráficos para ajudar a interpretação dos resultados do experimento.

6) Enche-se um tanque esférico de raio $\boldsymbol{R}$ = 4 m com água, estando fechada a válvula pela qual se pode drenar o seu conteúdo por meio de um pequeno orifício circular de raio $\boldsymbol{r}$ = 0,02 m, localizado no fundo do tanque. No topo, o tanque encontra-se aberto à atmosfera. O nível de água instantâneo no tanque, representado por $\boldsymbol{h}$ e tomado do fundo do tanque no qual está o dreno, pode ser determinado por:

$$\frac{dh}{dt} = -\frac{r^2\sqrt{2gh}}{2hR - h^2}$$

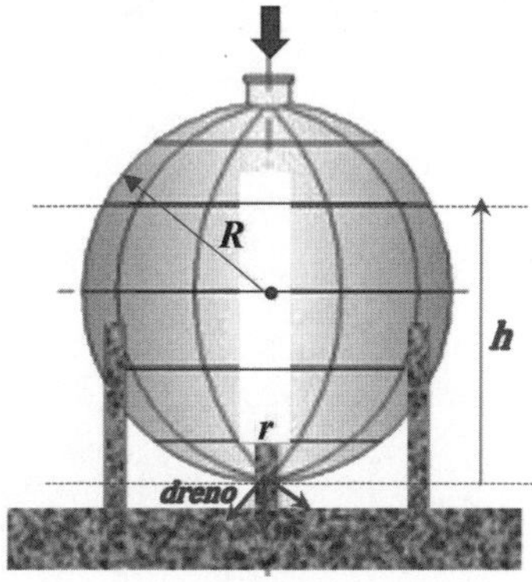

sendo g = 9,81 m/s^2. Se em t = 0 segundos o nível do tanque $\boldsymbol{h}$ for 6,0 m, determine o tempo necessário para drenar o tanque até o nível de 0,50 m, resolvendo numericamente a EDO. Para facilitar a tarefa, tome por base os programas **Scilab** e **Python** usados nos problemas anteriores.

Apêndice Scilab

A.1 INTRODUÇÃO

Nesta parte final do livro, apresenta-se uma introdução ao ambiente de computação numérica denominado **Scilab** (*Scientific Laboratory*), contendo elementos básicos da linguagem de programação nele utilizada. Com isso, encontra-se facilitada a tarefa de obtenção da solução de diversos problemas numéricos fazendo-se uso de algoritmos construídos no referido ambiente. Espera-se que os leitores acolham o **Scilab**, identificando-o como uma ferramenta útil, flexível, não onerosa, disponível a todos os que se interessem em desenvolver uma boa prática de programação. Exemplos de programação em **Scilab** encontram-se no caminho https://github.com/ViniBiajoni/metodosNumericosLivroSBA.git

Ao tempo que se redige este livro, encontra-se como versão mais recente do **Scilab** a referida como **6.1.1**, datada de 16-Julho-2021. O **Scilab** está disponível para os sistemas operacionais Windows, Linux e Mac OSX.

O **Scilab** pode ser considerado como uma alternativa (gratuita) para um software muito conhecido chamado MATLAB® (*MATRIX LABORATORY*), desenvolvido pela Mathworks®. Ambos possuem recursos similares para diversas aplicações de Computação Numérica, sendo dotados de uma linguagem de programação com sintaxe próxima. A conversão de códigos MATLAB para **Scilab** constitui uma tarefa relativamente simples, podendo o leitor fazer uso das dicas encontradas no arquivo de ajuda do **Scilab**.

As seguintes referências para o ambiente **Scilab** (http://www.scilab.org) encontram-se disponíveis:

- Ajuda ⇒ https://help.scilab.org/
- Tutoriais ⇒ http://www.scilab.org/resources/documentation/tutorials
- Wiki ⇒ https://wiki.scilab.org/
- Matlab para **Scilab** ⇒ https://wiki.scilab.org/MatlabTo**Scilab**

A.2 INSTALAÇÃO

Para instalar o **Scilab** no sistema Windows, basta realizar o *download*, selecionando **Scilab 6.1.1** - Windows 64 bits (exe) gratuitamente no endereço http://www.scilab.org. Em seguida, realizar os passos indicados pelo programa de instalação, que são simples não requerendo aqui maior detalhamento.

A.3 ASPECTOS BÁSICOS

Um conjunto de interfaces gráficas permitem ao usuário do ambiente **Scilab** atuar de forma eficiente. A principal chama-se *Console*, em que se destaca a linha de comando (*prompt*) identificada pelo símbolo (-->) seguido do cursor, representado por uma barra vertical piscante (|). Nesta linha, são escritos comandos (instruções), com sintaxe específica do **Scilab**. Ao terminar a digitação do comando e pressionada a tecla *Enter*, este é prontamente executado, sendo os resultados obtidos atribuídos a variáveis definidas no ambiente **Scilab**.

Ao iniciar o **Scilab**, estará aberta ao usuário uma janela central (*Console*) e outras subjanelas destinadas a auxiliar as operações no ambiente. A título de ilustração, na Figura A.1 encontram-se as quatro áreas principais do ambiente, exibidas na disposição padrão, como descrito a seguir. Qualquer uma das subjanelas pode ser fechada, bastando para isto clicar no botão (X) ou fazer o arraste para a barra superior.

❶ *Navegador de arquivos* - Permite a busca por arquivos que contenham dados ou programas do **Scilab**;

❷ *Console* - Principal interface para a entrada de comandos e visualização de resultados (modo texto);

❸ *Navegador de variáveis* - Lista as variáveis existentes, junto com os seus respectivos valores atuais. Clicando duas vezes sobre uma linha dessa lista, abre-se o editor de variáveis para possível manipulação direta dos valores atribuídos ao item selecionado;

❹ *Histórico de comandos* - Apresenta o histórico dos comandos recentemente executados no *Console*, assim como aqueles usados pelo usuário anteriormente no **Scilab**. Clicando-se duas vezes sobre uma linha do histórico, executa-se o respectivo comando novamente.

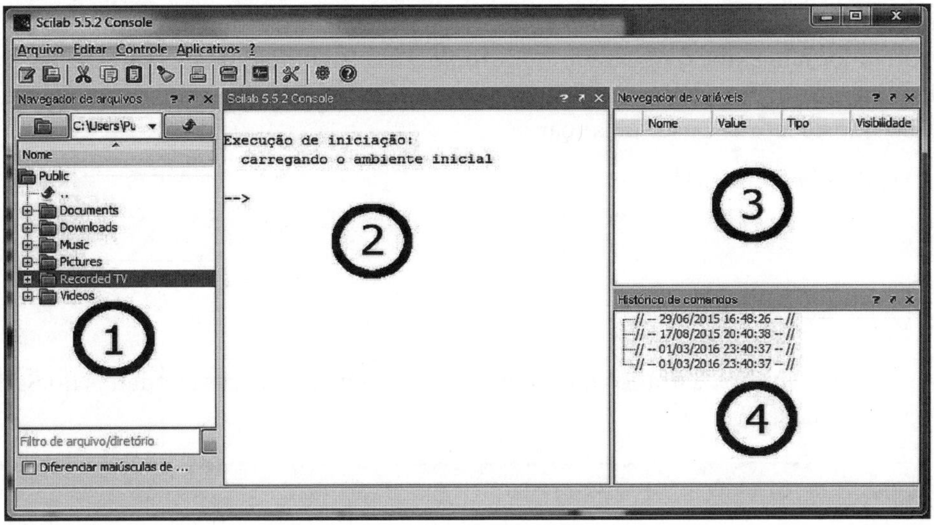

Figura A.1 – Janelas do ambiente **Scilab**.

A.4 COMANDOS

Na janela *console*, o usuário pode executar comandos e outras tarefas (*e.g.*, abrir outras janelas, acionar programas já criados). A forma mais simples de uso do **Scilab** assemelha-se ao de uma calculadora. Ao se digitar uma expressão matemática nox-*console* e pressionar a tecla *Enter*, o **Scilab** interpreta tal expressão e exibe um resultado, como se mostra a seguir. Esse resultado pode ser armazenado de duas formas: em uma variável, utilizando-se o operador de atribuição (sinal de igualdade, =) após o nome dado à variável e, automaticamente, na variável interna denominada *ans*. Para a exibição no *console* do valor de uma variável, basta digitar o seu respectivo nome.

```
-->5+10
ans =
 15.


--> v = 10*3.2
 v=
 32.
--> v
v=
 32.
```

Como a seguir indicado, para encadear uma sequência de comandos, utiliza-se ponto-e-vírgula (;) após cada um deles. Quando um comando é seguido por (;), o interpretador não exibe o resultado no *console*. Essa funcionalidade torna-se útil para omitir que resultados óbvios sejam lançados na tela ou permitir melhor visualização daquilo que de fato se busca alcançar.

```
-->a=10*7;b=5*3;c=a+b

c=

 85.
```

A seguir, os símbolos usados nas operações aritméticas básicas efetuadas no **Scilab** são apresentados.

Operador	Descrição	Exemplos
+	Soma	--> 5 + 1
-	Subtração e Sinal	--> 4 – 3 -->-1 + 5
*	Multiplicação	--> 4 * 3.5
/	Divisão	--> 5 / 2
^ ou **	Exponenciação	--> 2 ^ 4
( )	Ordem de precedência na avaliação de expressões	--> 15 * ((10 + 3) / 2)
=	Atribuição de valor	--> a = (10 * 2.5) + 1

Além dos operadores matemáticos básicos anteriormente descritos, o **Scilab** dispõe de funções residentes que podem ser usadas diretamente do *console*. Tais funções são referidas comumente pela seguinte sintaxe:

a = função(x1,x2,x3,...)

As funções são chamadas digitando-se seu nome e colocando-se entre parênteses seus parâmetros de entrada, separados por vírgula. Uma função pode ter nenhum ou múltiplos parâmetros. Por exemplo, usa-se a função sqrt(x), para se calcular a raiz quadrada de um número x. Note que o argumento x pode ser um número digitado ou o nome de uma variável. Para obter, diretamente da documentação do **Scilab**, mais informações sobre funções, basta utilizar o comando *help*, seguido do nome da função, como se mostra a seguir.

--> help função

Mais adiante, neste Apêndice, serão listadas as funções residentes mais comumente usadas no ambiente numérico.

A.5 TIPOS DE DADOS

No **Scilab**, assim como em vários outros ambientes computacionais e linguagens de programação, as variáveis em memória estão associadas a um determinado *tipo*, o que define como estas devem ser manipuladas e em que operações podem participar. Para identificar o *tipo* de uma variável, basta observar a coluna *tipo* na lista do *Navegador de Variáveis*. Aqui, apenas os *tipos* mais comuns serão tratados. Para uma listagem e descrição sobre todos os *tipos* suportados pelo **Scilab**, o leitor poderá utilizar a referência *online*.

Tipos de dados *escalares* (também conhecidos por tipos-base) comportam um único item de dados quando instanciados em uma variável. No **Scilab**, os tipos *escalares* são números (reais e complexos), constantes, booleanos, *strings*, polinômios, listas, funções, objetos e bibliotecas. Os quatro últimos tipos têm emprego considerado avançado, notadamente na linguagem de programação, estando fora do escopo deste Apêndice, de caráter introdutório. Os demais tipos passam a ser descritos no que se segue.

A.5.1 Números

Tipos numéricos no **Scilab** são normalmente considerados como reais, a não ser que sejam explicitamente declarados por forma diversa. Emprega-se o ponto (.) como separador da parte inteira de um número, sendo este apresentado no *Console* de acordo com a função format, como indicado a seguir:

Função	Descrição	Exemplos
format(tipo,dígitos)	tipo: *string* representando o tipo, sendo 'v' para notação de variável e 'e' para notação científica; digitos: número de dígitos decimais a exibir.	--> format('e',3)

Várias constantes numéricas estão disponíveis no **Scilab**. Tais constantes possuem o sinal de % antes de seu nome para que sejam identificadas propriamente, evitando assim confusão com possíveis nomes de variáveis. As constantes mais comuns são listadas a seguir.

Constante	Descrição
%i	unidade imaginária; representa
%pi	π = 3,14159265 ...
%e	*e* = 2,7182818
%nan	valor indefinido (*e.g.*, resultado de 0/0)
%inf	infinito
%s ou %z	variável polinomial
%t ou %T	verdadeiro booleano
%f ou %F	falso booleano

Tipos de dados da classe de números complexos podem ser declarados, utilizando-se o comando *complex* ou também por uma expressão com a constante %i (unidade imaginária), como exemplificado a seguir.

Função	Descrição	Exemplos
complex(real,imag)	real: parte real do número complexo imag: parte imaginária do número complexo	--> complex(1.1,3)

```
-->a = 1.5 + 3*%i
a =
  1.5 + 3.i
-->b= complex(15.4,-1)
b =
  15.4 - i
```

A.5.2 Matrizes

No **Scilab**, matrizes são elementos básicos e amplamente utilizados na maioria de suas funcionalidades. Elas podem conter números reais ou complexos, polinômios, *strings* ou booleanos e podem ser definidas como:

E=[e11,e12,...,e1n;

e21,e22,...,e2n;

...

em1,em2,...,emn];

A vírgula (,) ou espaço em branco separa elementos pertencentes a colunas diferentes de uma mesma linha e o ponto-e-vírgula (;) separa elementos de linhas distintas. Vetores são considerados como matrizes que possuem somente uma linha ou coluna.

Após se definir uma matriz, linhas, colunas ou elementos específicos podem ser selecionados, como se mostra no quadro a seguir. O símbolo dois pontos (:) pode ser utilizado para implicitamente extrair/gerar linhas, colunas ou elementos.

Operação	Descrição	Exemplos
i:j	Resulta no vetor [i, i+1, ... , j]	--> A = 1:5
i:k:j	Resulta no vetor [i, i+k, ... , i+m*k]	--> A = 1:2:10
A(i,j)	Extrai o elemento da linha i e coluna j da matriz A	--> A(1,3)
A(:)	Extrai todos os elementos da matriz A, como um vetor	--> A(:)
A(i,:)	Extrai todos os elementos da linha i da matriz A	--> A(2,:)
A(:,j)	Extrai todos os elementos da coluna j da matriz A	--> A(:,3)
A(i:k)	Extrai os elementos de i até k da matriz A como vetor	--> A(2:6)
A(i:k,:)	Extrais as linhas de i até k da matriz A	--> A(2:5,:)
A(:,j:k)	Extrai as colunas de j até k da matriz A	--> A(:,1:3)
A(i:m,j:n)	Extrai as linhas de i até m e colunas de j até n da matriz A	--> A(2:5,1:3)
A(:) = k	Todos os elementos da matriz A recebem o valor k	--> A(:) = 5
A'	Matriz conjugada transposta	--> [1:3;2:4]'
A * B	Multiplicação matricial	--> [1:3]*[2:4]'
A .* B	Multiplicação elemento a elemento	--> [1:3].*[2:4]
A / B	Divisão à direita entre A e B	--> [1:3]/[2:4]
A \ B	Divisão à esquerda entre A e B	--> [1:3]\[2:4]

Deve-se sempre ter atenção com as dimensões da matriz que estiver sendo considerada. Tentar extrair elementos em posições que estejam além das dimensões de uma matriz resultará em erros de indexação (*index errors*).

A.5.3 Polinômios

Como exposto no Capítulo 6, os polinômios assumem a forma padrão $p_n(x) = a_n x^n + a_{n-1}x^{n-1} + \cdots + a_1 x + a_0$, sendo n número inteiro, não negativo, que representa o grau do polinômio e a_n, a_{n-1}, ..., a_1, a_0 são seus coeficientes (números reais). No **Scilab**, os polinômios podem ser definidos pela função poly, detalhada no quadro a seguir.

Função	Descrição
poly(cr,v,flg)	cr – vetor ou matriz que possui as raízes do polinômio v – *string* indicando a variável do polinômio flg (opcional) – *string* que determina o que o vetor *cr* representa 'r': raízes do polinômio (padrão) 'c': coeficientes do polinômio

Após criado o polinômio, pode-se utilizá-lo em operações matemáticas, como se indica no quadro a seguir.

```
-->A = poly([1 2],'x')
 A =

        2
 2 - 3x + x


-->B=poly([3 4 5],'x','c')
 B =

        2
 3 + 4x + 5x


-->C = A * B
 C =

        2  3  4
 6 - x + x - 11x + 5x
```

A.5.4 Strings

Dados desse tipo representam uma sequência de caracteres. Para definir um , basta colocar o conteúdo desejado entre aspas simples (‘) ou duplas (“). Também podem ser concatenados utilizando-se o símbolo (+). Seguem exemplos de uso.

-->S = ‘texto qualquer’

S =

texto qualquer

-->A = “e seu complemento”

A =

e seu complemento

-->B = S + A

B =

texto qualquer e seu complemento

A.5.5 Booleanos

Tipos de dados booleanos correspondem apenas a dois valores – verdadeiro e falso – sendo representados pelas constantes %t e %f, respectivamente. Tais dados são usados para avaliar expressões de lógica booleana aplicada principalmente em programação. Comparações entre valores resultam em dados booleanos, obtidos pelos operadores a seguir listados e aplicados a alguns exemplos.

Operador	Descrição	Exemplos
~	negação	--> ~a
&	operador E (elemento a elemento)	--> a & b
|	operador OU (elemento a elemento)	--> a | b
= =	Igual	--> a = = b
> ; > =	Maior; Maior ou igual	--> a > b
< ; < =	Menor, Menor ou igual	--> a < = b
~ = ou < >	Diferente	--> a ~ = b
isequal(a,b)	Verifica se a e b são idênticos	--> isequal(10,10)

```
-->a = %t; b= %f;
-->~a
ans =
F
-->a&b
ans =
F
-->a|b
ans =
T
-->5 > 10
ans =
F
```

A.6 FUNÇÕES ELEMENTARES

Nos quadros que se seguem, as funções mais frequentemente utilizadas no ambiente numérico são listadas. Em sua maioria, tais funções possuem parâmetros de entrada que permitem sua customização. Para uma referência mais ampla e que inclua todas as possíveis formas de uso de tais funções, o leitor deverá consultar a documentação oferecida na *ajuda* do **Scilab**.

Trigonométricas (argumentos em radianos)

Função	Descrição
sin(x), cos(x), tan(x), cotg(x)	seno, cosseno, tangente e cotangente do ângulo *x*
asin(x), acos(x), atan(x), acot(x)	funções trigonométricas inversas do ângulo *x*

Hiperbólicas

Função	Descrição
sinh(x), cosh(x), tanh(x), coth(x)	Funções hiperbólicas de argumento *x*
asinh(x), acosh(x), atanh(x), acoth(x)	Funções hiperbólicas inversas de argumento *x*

Matemáticas

Função	Descrição
sqrt(x)	Raiz quadrada de *x*
exp(x)	Função exponencial de *x*
log(x), log10(x), log2(x)	Logaritmo na base natural, base 10 e base 2 de *x*
factorial(x)	Fatorial de *x*

Complexas

Função	Descrição
complex(x,y)	Cria um número complexo com parte real *x* e parte imaginária *y*
conj(x)	Conjugado complexo de *x*
real(x)	Parte real de *x*
imag(x)	Parte imaginária de *x*
polar(x)	Retorna dois valores com as coordenadas polares de *x*

Manipulação de matrizes

Função	Descrição
eye(m,n)	Cria a matriz identidade com m linhas e n colunas
diag(A)	Se A é uma matriz, extrai a diagonal dela. Se A é um vetor, cria uma matriz quadrada com A como diagonal
zeros(m,n)	Gera uma matriz m x n com todos os elementos 0
ones(m,n)	Gera uma matriz m x n com todos os elementos 1
rand(m,n)	Gera uma matriz m x n com valores aleatórios entre 0 e 1
abs(A)	Valor absoluto de todos os elementos de A
size(A)	Dimensões da matriz A
length(A)	Número de elementos da matriz A
max(A)	Maior valor na matriz A
min(A)	Menor valor na matriz A
norm(A)	Norma da matriz A
prod(A)	Produto de todos os elementos de A
Função	Descrição
sum(A)	Soma de todos os elementos de A
mean(A)	Média de todos os elementos de A
det(A)	Determinante de A
inv(A)	Matriz inversa de A
prod(A)	Produto de todos os elementos de A

Arredondamento

Função	Descrição
round(x)	Arredonda *x* para o inteiro mais próximo
fix(x)	Arredonda *x* para o mais próximo de zero
ceil(x)	Arredonda *x* para o mais próximo de infinito
floor(x)	Arredonda *x* para o mais próximo de menos infinito

A.7 GRÁFICOS

A visualização gráfica de resultados, por vezes muito importante, encontra no **Scilab** diversas funções e ferramentas facilitadoras. Aqui, a obtenção e manipulação de gráficos 2D serão abordadas.

Com a função plot pode-se criar de forma simples gráficos bidimensionais, bastando para isto usar a sintaxe contida no quadro a seguir.

Função	Descrição	Exemplos
plot(x,y,ls)	x: vetor com os valores do eixo x y: vetor com os valores do eixo y ls: opções para o desenho do gráfico	-->x=[1:360]' -->plot(x,sind(x))

Ao executar o comando plot, uma janela se abrirá com o gráfico desejado como indica a Figura A.2.

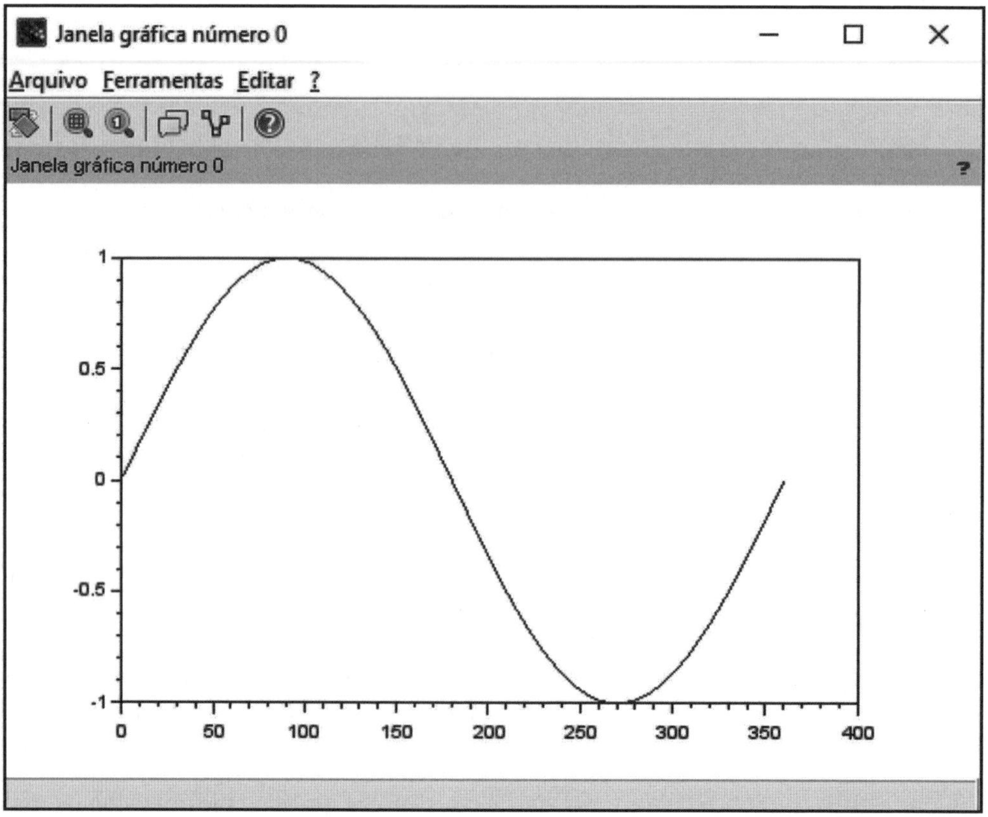

Figura A.2 – Janela gráfica do **Scilab**.

Nessa janela, ferramentas de *zoom*, rotação, identificação dos pontos de dados, assim como diversas outras opções, podem ser utilizadas para melhor visualização.

Em uma mesma janela, múltiplos gráficos podem ser exibidos. Para isso, basta executar o comando *plot* seguidas vezes. Assim, os novos gráficos serão desenhados na janela anteriormente aberta. Para abrir novas janelas ou referenciar a janela que o comando *plot* deverá utilizar, deve-se fazer uso do comando scf, como nos exemplos do quadros a seguir.

Função	Descrição	Exemplos
scf(i)	Define qual a janela de gráfico ativa i: índice da janela	-->scf(2)

```
--> x=[-1:0.01:1]'
--> plot(x,[x.^2 exp(x)])
--> plot(x,x.^3)
--> scf(1)

--> plot(x,x.^4)
```

A função *plot* ainda possui argumentos opcionais para indicar características das linhas, como: cores, estilos e marcadores. Tais opções são apresentadas em formato *string*, como o terceiro argumento da função, podendo ser combinadas. Os parâmetros que caracterizam as referidas opções são listados no quadro a seguir e, em seguida, são apresentados alguns exemplos de uso.

Parâmetro	Descrição
-	Linha sólida
--	Linha tracejada
:	Linha pontilhada
-.	Linha tracejada e pontilhada
R	Cor vermelha
G	Cor verde
b	Cor azul
C	Cor ciana
M	Cor magenta
Y	Cor amarela
K	Cor preta
+	Marcador cruz
O	Marcador círculo
*	Marcador asterisco
.	Marcador ponto
X	Marcador x
square ou s	Marcador quadrado
diamond ou d	Marcador diamante
Parâmetro	Descrição
^	Marcador triângulo apontando para cima
V	Marcador triângulo apontando para baixo
>	Marcador triângulo apontando para direita
<	Marcador triângulo apontando para esquerda
pentagram ou p	Marcador pentagrama

--> x=[0:20:360]'

--> plot(x,sind(x),'r.-')

--> plot(x,cosd(x),'bx:')

Os comandos anteriores resultam no gráfico exibido na seguinte janela (Figura A.3):

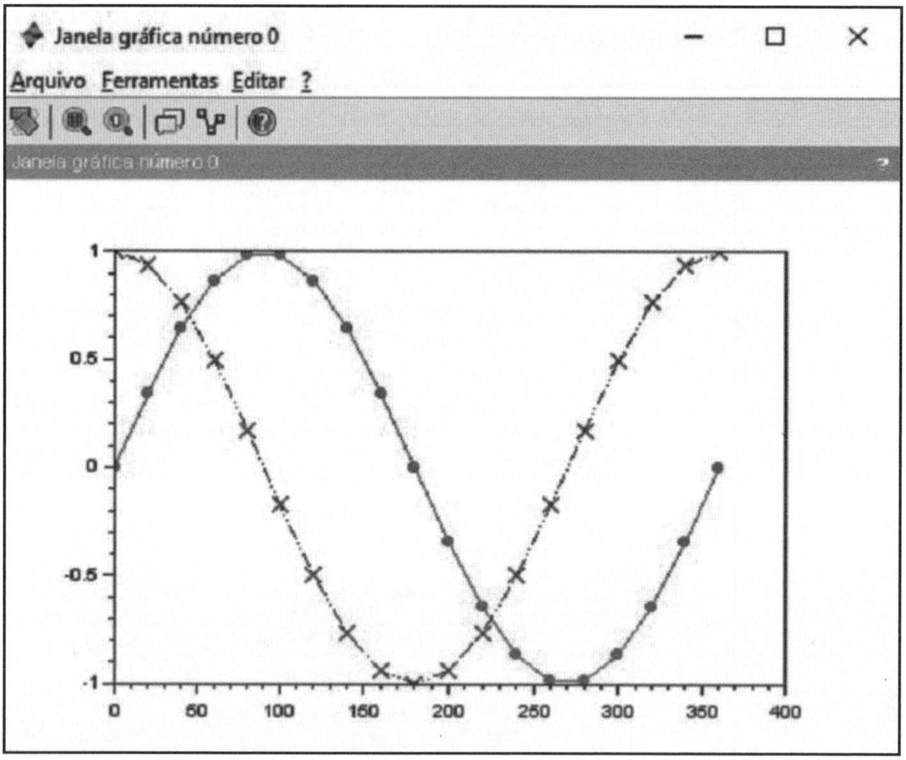

Figura A.3 – Janela gráfica do **Scilab**.

Além de permitir o desenho de gráficos bidimensionais simples, o **Scilab** oferece diversas outras ferramentas, tanto para os 2D, como aqueles 3D. A seguir, algumas dessas ferramentas gráficas são listadas.

Função	Descrição	Exemplos
plot3d(x,y,z,ls)	Desenha um gráfico 3D de coordenadas X, Y e Z X: vetor do eixo X Y: vetor do eixo Y Z: vetor do eixo Z ls: opções para o desenho do gráfico	-->x=[0:10:360]' --> plot(x,x,sind(x)*cosd(x'))
surf(z)	Desenha uma superfície utilizando como entrada uma matriz 2D z: matriz 2D com os dados. As coordenadas x e y são os índices de cada elemento da matriz.	-->z=eye(5,5); -->surf(z)
histplot(n,x)	Desenha um histograma com o determinado número de divisões n: número de divisões x: vetor de dados	-->x=rand(100,1); -->histplot(10,x);
polarplot(t,r)	Desenha um diagrama polar utilizando os ângulos e raios fornecidos t: vetor de ângulos r: vetor de raios	-->t= 0:360; --> polarplot(sind(t),cosd(t))

A.8 ARQUIVOS

A manipulação de arquivos constitui uma tarefa necessária à entrada de dados e ao armazenamento de resultados que podem ser utilizados por outros programas. No **Scilab**, existem diversas formas de se lidar eficientemente com arquivos. Nesta seção, encontram-se algumas funções simples para entrada e saída de dados armazenados em arquivos. Nesses, os dados podem estar em diversos formatos, sendo aqui considerados dois deles (mais gerais), com suas aplicações usuais: os de texto e binários.

Arquivos de texto armazenam dados utilizando sequências de caracteres, estabelecidas como na leitura padrão: em linhas da esquerda para direita (→) e em continuação de cima para baixo (↓). Assim, ao abrir um desses arquivos e analisar seu conteúdo o usuário consegue facilmente interpretar e alterar dados diretamente ou por intermédio de programas que permitam editá-los. O **Scilab** não possui uma interface direta com esses programas, mas pode gravar ou ler dados em um arquivo de forma bastante simples.

No quadro a seguir, apresentam-se algumas funções que podem ser utilizadas para gravar dados em arquivos de texto.

Função	Descrição	Exemplos
fprintfMat(a,x,f)	Grava os dados da matriz em um arquivo texto a: nome do arquivo x: variável contendo os dados f: (opcional) *string* de formatação	-->x=rand(10,10); --> fprintfMat('t.txt',x)
fscanfMat(a,f)	Lê dados de um arquivo de texto a: nome do arquivo f: (opcional) *string* de formatação	--> x=fscanfMat('t.txt')

Importante notar que ao especificar o nome do arquivo, o **Scilab** irá procurá-lo no diretório selecionado no *Navegador de Arquivos*. Portanto, ao executar o comando de manipulação de arquivo, certifique-se que este esteja no diretório correto ou então especifique no próprio comando o caminho absoluto para o arquivo (*e.g.*, 'c:\t.txt'). Veja a seguir alguns exemplos de uso dos referidos comandos.

```
--> A=eye(10,10);

--> fprintfMat('dados.txt',A);

--> B = fscanfMat('dados.txt');

--> isequal(B,A)
ans =
 T
```

Para abrir um arquivo gerado no Microsoft Excel utilizando esses comandos, basta fazê-lo como arquivo de texto e selecionar o caractere de espaço como delimitador. Assim, será possível manipular os valores no arquivo, antes de lê-lo novamente no **Scilab**.

Por outro lado, arquivos binários destinam-se a armazenar dados por meio de sequências de bytes, de forma similar àquela como estes são representados na memória do computador. Assim, apesar de o usuário não interpretar e manipular facilmente o conteúdo desses arquivos, isso faz com que o armazenamento se dê de forma mais eficiente. Ademais, dados salvos nesse formato possuem toda a precisão que possuem em memória. Arquivos binários não podem ser abertos por programas como o Microsoft Excel. Nos quadros a seguir, encontram-se algumas funções úteis para manipular arquivos binários e exemplos de sua utilização.

Função	Descrição	Exemplos
write(a,x)	Grava os dados da matriz em um arquivo binário a: nome do arquivo x: variável com os dados	-->x=rand(10,10); --> write('t.dat',x)
read(a,m,n)	Lê dados de um arquivo binário a: nome do arquivo m: número de linhas (entre com -1, se não souber) n: número de colunas	--> x=read('t.dat',10,10)

```
--> A=rand(10,10);

--> write('dados.dat',A);

--> B = read('dados.dat');

--> isequal(B,A)
ans =
  T
```

A.9 PROGRAMAÇÃO

O **Scilab** destina-se à computação matemática e para tal, além de ter diversas funções residentes, permite a construção de novas funções, por intermédio do seu ambiente de programação. Como a maioria das linguagens de programação textuais existentes, sub-rotinas (ou funções) podem ser criadas para englobar um conjunto de comandos e controle de fluxo do programa desenvolvido, dando ao usuário grande flexibilidade para a realização de suas tarefas. O objetivo desta seção volta-se para uma apresentação introdutória relativa à criação de funções definidas pelo usuário e os mecanismos de controle de fluxo mais comuns disponibilizados pelo **Scilab**.

Uma função pode ser definida diretamente no *console*, mas para facilitar a manipulação e depuração de funções criadas pelos usuários, o **Scilab** oferece uma ferramenta chamada SciNotes, que pode ser acessada pelo menu Aplicativos > SciNotes na janela principal do **Scilab**. A definição de funções poderá ser completamente feita com essa ferramenta.

A.9.1 Definindo uma nova função

Define-se uma função (sub-rotina, macro, comando) por uma sequência de operações e/ou chamadas a outras funções que retorna um resultado desejado. Funções têm parâmetros de entrada e, baseada nos valores destes, retornam resultados (dados de saída). A definição de uma função se dá em duas partes: sintaxe e operações.

A sintaxe de uma função assume a seguinte forma:

```
function [y1,y2,..,yn] = nome_funcao(x1,x2,..,xm)
```

y1, y2, ... , yn são os *n* parâmetros de saída da função.

x1, x2, ... , xm são os *m* parâmetros de entrada da função.

nome_funcao é o nome da função que será chamado pelo **Scilab**.

Após se definir a sintaxe da função, torna-se necessário caracterizar que operações (comandos **Scilab**) devem ser realizadas. Para estabelecer o fim da definição da função, deve-se utilizar o comando *endfunction*.

Por exemplo, pode-se definir uma função nova, chamada media2, que calcula a média de dois parâmetros de entrada:

```
function m = media2(a,b)
  m = (a + b) / 2;
endfunction
```

Para que a nova função possa ser utilizada no **Scilab**, sua definição deve ser carregada na memória. Para isso, basta salvar o arquivo com o código produzido no SciNotes e executar esse arquivo por intermédio do *console*. Para executar o arquivo, deve-se buscá-lo no Navegador de Arquivos na janela do *console*, clicar nele com o botão direito e selecionar "Executar no **Scilab**". Alternativamente, pode-se selecionar a opção "Executar" diretamente do editor SciNotes.

Após a função ter sido definida, esta ficará disponível para ser executada diretamente do *console*, como ilustrado o exemplo a seguir.

```
-->media2(20,30)

ans =

25.
```

Lembre-se que, ao realizar alterações na função criada, sempre será necessário executar o arquivo que a contém para que tais alterações sejam levadas a efeito.

A.9.2 Estruturas de controle

Como nas linguagens de programação mais comuns, o **Scilab** oferece estruturas de controle de fluxo em funções, de modo a atender a um encadeamento lógico desejado. Descreve-se a seguir a sintaxe das principais estruturas de controle condicional presentes no **Scilab**.

- Estrutura *If*

A declaração *if* ("se") avalia uma expressão lógica booleana e executa um grupo de comandos, se o resultado for *verdadeiro*. Opcionalmente, pode-se utilizar da declaração *else* ("senão") para executar os comandos atinentes ao resultado *falso*. A sintaxe dessa estrutura e um exemplo de sua utilização (para verificar se a variável *x* supera o limite 10 e exibí-la no *Console*) estão descritos a seguir.

```
if (expressao1) then
grupo de comandos 1;
else
grupo de comandos 2;
end
if (x >= 10) then
printf("Maior ou igual a 10");
else
printf("Menor que 10");
end
```

- Estrutura *For*

A declaração *For* ("para") repete um grupo de comandos por um certo número de vezes. Destina-se uma variável de controle para estabelecer a contagem do número de repetições (iterações) desejada. A forma geral dessa estrutura encontra-se a seguir.

```
for v = v_inicial:passo:v_final
 comandos;
end
```

v – variável de controle de iterações.

v_inicial – valor de v na primeira iteração.

passo – valor do incremento de v a cada iteração.

v_final – valor de v na última iteração.

Um exemplo de uso da estrutura *FOR*, para somar sequencialmente os valores inteiros de 1 a 20, acumulando o resultado na variável y, está apresentado a seguir.

```
for i = 1:1:20
 y = y + i;
end
```

- Estrutura *While*

A declaração *While* ("enquanto") executa um grupo de comandos repetidamente, enquanto uma condição (expressão) lógica se mantiver *verdadeira*. A forma geral é:

```
while cond
 comandos;
end
```

cond – expressão lógica que determina se uma nova iteração deverá ser executada ou não.

Quando o valor dessa expressão for verdadeiro, o bloco *While* é encerrado

comandos – instruções que serão executadas em cada iteração.

Um exemplo de uso da estrutura *While*, em que se exibe uma mensagem enquanto *i* for menor do que 10, está indicado a seguir.

```
i = 1
while i < 10
printf("menor que 10\n")
i = i + 1
end
```

- Estrutura *Select*

A declaração *Select* ("seleciona") executa um conjunto de comandos dependendo do valor de uma variável especificada. Se o valor da variável não estiver especificado em nenhum bloco *case*, será executado o bloco abaixo da expressão *else*. A forma geral dessa estrutura é a seguinte:

```
select var
case valor_1:
comandos_1
case valor_2:
comandos_2
...
else
comandos_else
end
```

var – variável que será usada para selecionar o conjunto de comandos.

valor_1 – valor da variável var que condiciona a execução do conjunto comandos_1.

valor_2 – valor da variável var que condiciona a execução do conjunto comandos_2.

comandos_else – conjunto de comandos que será executado se o valor de var for diferente dos valores especificados nos blocos case.

A seguir, apresenta-se um exemplo de uso da estrutura *Select*, em que se exibe uma mensagem dependendo do valor da variável v.

```
select v
case 0:
printf("V é igual a zero")
case 1:
printf("V é igual a um")
else
printf("V não é igual a zero nem um")
end
```

Apêndice Python

A exemplo do que foi apresentado no apêndice sobre **Scilab**, trata-se aqui da linguagem **Python**, introduzida no início da década de 1990, de caráter geral, alto nível, multiplataforma, que proporciona o desenvolvimento de aplicações diversas. Apresenta também a possibilidade de se comunicar com aplicações escritas em outras linguagens como C#, C++ e Java.

No endereço eletrônico https://www.python.org/ pode-se encontrar a versão mais recente **Python**, de livre acesso pelos usuários interessados em utilizá-la. Exemplos de programação nessa linguagem encontram-se no caminho https://github.com/ViniBiajoni/metodosNumericosLivroSBA.git.

A seguir, apresentam-se de forma resumida os principais fundamentos da linguagem.

VARIÁVEIS

Uma variável em **Python** representa sempre um objeto (tudo é objeto), e toda variável, uma referência. Na maior parte das linguagens, quando se atribui um valor a uma variável, este é alocado em memória, e quando o valor se altera, o mesmo ocorre na memória. Entretanto, em **Python**, as variáveis sempre armazenam endereços de memória. Por isso, toda vez que uma variável for atribuída a outra, deve-se utilizar o comando ".copy()".

Outro aspecto importante está no fato de que em **Python** uma variável não tem um tipo fixo. Os principais tipos são:

- **Inteiro(int):**

  Para a declaração de números inteiros, estes devem estar entre –2147483648 e 2147483647. Vale ressaltar que o tipo int pode armazenar decimais, octais ou hexadecimais.

- **Long:**

  Representa números inteiros longos e pode armazenar valores tão grandes quanto couber em memória. Assim como o tipo int, o long também pode armazenar números tanto decimais, quanto octais e hexadecimais.

- **Float:**

  Representa números reais e que possuem sinal de expoente (e ou E). Esses números são conhecidos como *ponto flutuante*. Por exemplo: 0.0042, .005, 1.14159265 e 6.02e23 (o mesmo que 6.02×10^{23}).

- **Bool:**

  O tipo bool foi adicionado na versão 2.2 do **Python** como uma especialização do tipo int. Os valores do tipo bool podem representar dois valores completamente distintos: true (igual ao int 1) e false (igual ao int 0) para, respectivamente, verdadeiro e falso. Exemplo: a = True e b = False.

- **String:**

  Para se atribuir a uma variável uma referência do tipo string, basta que se coloquem aspas (simples, duplas ou triplas).

  a = 'Teste string'

  b = "Teste string"

  c = """Teste string"""

  print(a + "\n" + b + "\n" + c)

  None Type(None):

  NoneType é o tipo de None, uma constante embutida do **Python** que, assim como True e False, é frequentemente utilizada para representar a ausência de um valor, similar por exemplo ao null na linguagem C. Assim: a = None (o mesmo que null em Java).

OPERADORES

Resumidamente, os principais operadores da linguagem **Pyhton** são apresentados na tabela a seguir:

Aritméticos	Comparação	Lógicos
+ (adição)	== (igual a)	and
- (subtração)	!= (diferente de)	or
* (multiplicação)	> (maior que)	not
/ (divisão)	< (menor que)	
// (divisão inteira)	>= (maior ou igual)	
% (módulo, resto da divisão)	<= (menor ou igual)	
** (exponenciação)		

ENTRADA DE DADOS

Utiliza-se o comando "input" para a inserção de dados via console. Deve-se salientar que, por padrão, a variável que receber um valor será considerada como string. Para transformá-la para o tipo desejado, basta utilizar o conceito de "casting", conforme indicado a seguir:

```
valor = input("Digite alguma coisa") %string
valor2 = int(input("Digite alguma coisa")) %inteiro
valor3 = float(input("Digite alguma coisa")) %float
```

CONDICIONAIS (IF, ELIF, ELSE)

As instruções condicionais em **Python** seguem o mesmo padrão das demais linguagens de programação, como no exemplo simples apresentado a seguir:

```
valor = 4
if (valor > 0):
 print("Positivo")
elif (valor < 0):
 print("Negativo")
else:
 print("Zero")
```

LAÇO DE REPETIÇÃO (FOR)

Os laços de repetição do tipo "for" são bastante simples e basicamente podem ser implementados de duas maneiras, conforme o exemplo a seguir. Na primeira delas, pode-se iterar os elementos de um tipo "iterável" como uma lista. Nesse caso, os valores de x serão os elementos dessa lista. Caso se deseje recuperar o elemento via indexação, utiliza-se o segundo formato.

```
frutas = ["banana", "laranja", "uva"]
for x in frutas:
 print(x)
for i in range(len(frutas)):
 print(x[i])
```

LAÇOS DE REPETIÇÃO (WHILE)

Com esse tipo de laço de repetição, executam-se os comandos internos ao laço, enquanto uma dada condição permanecer verdadeira. O exemplo a seguir ilustra o uso dessa instrução.

```
x = 1
while x < 6:
print(x)
x+= 1
```

Nos casos em que se deseja finalizar o laço antecipadamente utiliza-se o comando "break". Já nos casos em que se deseja seguir para a próxima iteração utiliza-se o comando "continue". Esses mesmos comandos podem ser utilizados no caso do laço "for".

```
x = 1
while x < 6:
 print(x)
 if x== 3:
  break
 x += 1
i = 0
while i < 6:
 i += 1
 if i == 3:
  continue
 print(i)
```

LISTAS

As listas são utilizadas para o armazenamento de múltiplos itens. Uma lista é um tipo de coleção, assim como as tuplas, os conjuntos e os dicionários. Uma lista é criada utilizando-se colchetes:

minhaLista= [“a”, “b”, “c”]

print(minhaLista)

Os elementos de uma lista são mutáveis, ordenados e podem ser repetidos. Os elementos são indexados utilizando-se “[índice]”, sendo que os índices começam do valor 0. A adição de um novo item ao final da lista ocorre usando-se o comando “**.append**”. As listas em **Python** não são “tipadas”, ou seja, podem ser criadas listas de múltiplos tipos, por exemplo: [“a”, 1, 2, “cachorro”, 1.5]. Mas a boa prática de programação indica que sejam evitadas, sempre que possível, essas miscelâneas de tipos em estruturas como as listas. Outros comandos úteis podem ser utilizados para operar listas, como:

- copy() - Cria uma cópia de uma lista e atribui a uma nova, pois no **Python** o símbolo “=” apenas direciona o ponteiro para a mesma posição de memória e não criando cópias de fato;
- sort() - Ordena os elementos de uma lista em ordem crescente, para a ordenação contrária basta se utilizar o seguinte comando sort(reverse = True); e
- “+” - Une duas listas (a+b).

TUPLAS

Tuplas são utilizadas para armazenar elementos múltiplos em uma única variável, sendo que estes devem ser imutáveis e ordenados. Para a criação de tuplas utiliza-se “()”:

minhaTupla= (“a”, “b”, “c”)

print(minhaTupla)

Assim como as listas, os elementos de uma tupla podem ser indexados: “[0]”, ”[1]” etc. Vale ressaltar que a ordem de uma tupla não muda, além disso não é possível inserir ou remover elementos após sua criação. As tuplas podem ser unificadas assim como as listas, porém não podem ser reordenadas. Um ponto a se ressaltar diz respeito à criação de uma tupla com apenas um elemento. Para tal, deve-se proceder da seguinte forma:

minhaTupla= (“a”,)

CONJUNTOS

Conjuntos são utilizados para armazenar vários elementos sem a preocupação de ordenação. Além disso, essas estruturas não permitem elementos repetidos, nem indexação. Para a criação de um conjunto utiliza-se o comando ".set()":

meuConjunto= {"a", "b", "c"}

print(meuConjunto)

DICIONÁRIOS

Dicionários são estruturas de dados extremamente úteis na programação. Alguns algoritmos podem ser muito mais eficientes quando se utiliza uma estrutura que privilegia o acesso imediato ao dado com base em alguma informação chave. Os dicionários fazem exatamente isso, ou seja, armazena-se alguma informação que possui uma chave de acesso associada. Caso se deseje recuperar esse dado em tempo constante $O(1)$, deve-se acessar a posição de memória associada à chave do dado. Para inicializar um dicionário, basta utilizar o comando "{}":

```
meuDicionario= {}
meuDicionario["1"] = "Informacao1"
meuDicionario["2"] = "Informacao2"
meuDicionario2 = {"1" : "Oi", "2": "Olá"}
```

O quadro anterior indica maneiras de se inicializar um dicionário em **Python**. As chaves dos dicionários podem ser *strings* ou inteiros, sendo capazes de armazenar diversos tipos de dados: inteiros, listas, conjuntos, ponteiros de funções etc. Em **Python** há muita flexibilidade e diversas vezes a criatividade do programador pode ser materializada no desenvolvimento do código **Python**. Alguns comandos úteis para operação com dicionários são:

- .keys() - Retorna uma lista com todas as chaves do dicionário;
- .values() - Retorna uma lista com todos os valores do dicionário;
- .items() - Retorna uma lista com todos os pares chave/valor do dicionário;
- .copy() - Copia o conteúdo em outro dicionário;
- .clear - Limpa o dicionário;
- .get - Obtém o conteúdo para uma dada chave.

FUNÇÕES

Funções são partes de um código que executam determinadas tarefas que, em geral, serão realizadas diversas vezes em uma aplicação. Para evitar repetições de código e manter os conceitos de "*clean code*", em geral são criadas funções.

A sintaxe de uma função em **Python** se baseia em três partes: nome, parâmetros e o corpo da função. Veja um exemplo de declaração de função:

```
def obter_media(nota1, nota2):
print( (nota1+nota2)/2)
```

Essa função tem por objetivo encontrar a média de duas notas, recebidas como parâmetros. A palavra reservada "def" indica que a sequência de códigos faz parte de uma função. O sinal de "dois pontos" indica o fim do cabeçalho. Nas linhas subsequentes, deve-se respeitar o alinhamento de comandos ("identação"), para ficar evidente que a instrução faz parte da função.

Para executar a função deve-se simplesmente chamar o seu nome e passar parâmetros (entre parênteses), conforme apresentado no console a seguir. Caso se deseje retornar algum valor, ou conjunto de valores, deve-se utilizar o comando "return" e na sequência evidenciar os dados que se deseja retornar separados por vírgulas.

```
>>> obter_media(10,9.5)9.75
```

MATRIZES COM LISTAS

Essas são estruturas bidimensionais (possuem *m* linhas e *n* colunas), sendo muito importantes em Matemática e diversas áreas do conhecimento, pois podem ser utilizadas para representar diversos conjuntos de dados, por exemplo, formando sistemas lineares.

Em **Python** "puro", uma matriz nada mais é do que uma lista de listas, na qual cada posição da lista contém uma linha da matriz. Para inicializar uma matriz qualquer, pode-se utilizar o seguinte algoritmo:

```
A = []
for i in range(4):
  A.append([0]*5)
A[0][0] = 10
```

O código ilustrado cria uma matriz (4 × 5) e em seguida atribui o valor 10 à primeira posição da matriz, *i.e.*, elemento (1,1). Lembre-se que em **Python**, assim como em C, C++, Java e C#, a indexação se inicia em zero.

LEITURA BÁSICA DE ARQUIVOS

Os códigos que se seguem indicam os principais caminhos para se efetuar operações com arquivos em **Python**. Existem outras formas e bibliotecas que realizam tarefas adicionais, mas o que se apresenta aqui serve para iniciar a utilização de arquivos em **Python**.

Iterar sobre um arquivo

```
arquivo = open('arquivoQualquer.txt', 'r')
for linha in arquivo:
 print(linha)
arquivo.close()
```

Ler todas as linhas em um única string

```
arquivo = open('arquivoQualquer.txt', 'r')
unica_string = arquivo.read()
arquivo.close()
```

Ler todas as linhas em uma lista

```
arquivo = open('arquivoQualquer.txt', 'r')
lista = arquivo.readlines()
arquivo.close()
```

Ler linha a linha do arquivo

```
arquivo = open('arquivoQualquer.txt', 'r')
linha1 = arquivo.readline()
linha2 = arquivo.readline()
linha3 = arquivo.readline()
arquivo.close()
```

Criar um arquivo vazio ou apagar o conteúdo de um arquivo

```
arquivo = open('novoArquivoQualquer.txt', 'w')
arquivo.close()
```

Escrever em um arquivo

```
arquivo = open('novoArquivoQualquer.txt', 'w')
arquivo.write('nova linha')
arquivo.close()
```

Adicionar conteúdo a um arquivo já existente

```
arquivo = open('arquivoQualquer.txt', 'r')
conteudo = arquivo.readlines()
conteudo.append('Linha Adicional')
arquivo = open('nome.txt', 'w')
arquivo.writelines(conteudo)
arquivo.close()
```

PRINCIPAIS BIBLIOTECAS

Baseando-se na lista sugerida em *https://minerandodados.com.br/confira-as-melhores-bibliotecas-da-linguagem-python/*, algumas das principais bibliotecas **Python** são:

- **Pandas** - Pacote base para ciência de dados;
- **Scikit-learn** - Fundamental para Machine Learning; para dimensionamento, classificação, regressão, seleção de modelos, redução e *clustering*, trata-se de uma boa escolha;
- **Matplotlib** - Pacote gráfico;
- **Plotly** - Pacote para visualizações 3D e interativas;
- **TensorFlow** - *Deep Learning*;
- **Numpy** - Biblioteca numérica que possui funções desde operações matriciais até análises de grafos.

Referências

[**Anto00**] ANTON, H. **Cálculo: um novo horizonte**. 6. ed. Porto Alegre: Bookman, 2000.

[**Arag09**] ARAGÃO, M. J. **História da Matemática**. Rio de Janeiro: Interciência, 2009.

[**Atki04**] ATKINSON, K.; HAN, W. **Elementary numerical analysis**. 3. ed. New York: John Wiley, 2004.

[**Bent10**] BENTLEY, P. **O livro dos números: uma história ilustrada da matemática**. Rio de Janeiro: Zahar, 2010.

[**Bess99**] SCHMANDT-BESSERAT, D. **The history of counting**. New York: Morrow Junior Books, 1999.

[**Boyc15**] BOYCE, W. E.; DIPRIMA, R. C. **Equações diferenciais elementares e problemas de valores de contorno**. 10. ed. Rio de Janeiro: LTC, 2015.

[**Boye96**] BOYER, C. B. **História da Matemática**. 2. ed. São Paulo: Blucher, 1996.

[**Brez14**] BREZINSKI, C.; TOURNES, D. Andre-Louis Cholesky. **Mathematician, topographer and army officer**. Springer: Birkhäuser, 2014.

[**Broo03**] BROOKSHEAR, J. G. **Ciência da Computação: uma visão abrangente**. 7. ed. Porto Alegre: Bookman, 2003.

[**Burd11**] BURDEN, R. L.; FAIRES, J. D. **Numerical analysis.** 9. ed. Boston: Brooks/Cole, Cengage Learning, 2011.

[**Cabr12**] CABRAL, M.; GOLDFELD, P. **Curso de Álgebra Linear: fundamentos e aplicações**. 3. ed. Rio de Janeiro: Instituto de Matemática, UFRJ, 2012. Disponível em: www.labma.ufrj.br/~mcabral/livros. Acesso em: [inserir a data de acesso ao site, no formato dia mês (por extenso) ano].

[**Chap08**] CHAPRA, S. C.; CANALE, R. P. **Métodos numéricos para engenharia**.

5. ed. São Paulo: Mc Graw Hill, 2008.

[**Chen08**] CHENEY, W.; KINCAID, D. **Numerical mathematics and computing**. 6. ed. Belmont: Thomson Brooks/Cole, 2008.

[**Clau94**] CLAUDIO, D. M.; MARINS, J. M. **Cálculo numérico computacional: teoria e prática**. 2. ed. São Paulo: Atlas, 1994.

[**Drap98**] DRAPER, N. R.; SMITH, H. **Applied regression analysis**. 3. ed. New York: John Wiley, 1998.

[**Duff86**] DUFF, I. S.; ERISMAN, A. M.; REID, J. K. **Direct Methods for Sparse Matrices**. New York: Oxford University Press, 1986.

[**Eves04**] EVES, H. **Introdução à história da Matemática**. Campinas: Editora Unicamp, 2004.

[**Fons07**] FONSECA FILHO, C. **História da Computação: o caminho do pensamento e da tecnologia**. Porto Alegre: EDIPUCRS, 2007.

[**Fran06**] FRANCO, N. B. **Cálculo numérico**. São Paulo: Pearson Prentice Hall, 2006.

[**Geor81**] GEORGE, A.; LIU, J. W.-H. **Computer solution of large sparse positive definite systems**. Englewood Cliffs: Prentice-Hall, 1981.

[**Gila14**] GILAT, A.; SUBRAMANIAM, V. **Numerical Methods for Engineers and Scientists: an introduction with applications using MATLAB**. 3. ed. New York: John Wiley & Sons, 2014.

[**Gold77**] GOLDSTINE, H. H. **A history of numerical analysis from the 16th through the 19th century**. New York: Springer, 1977.

[**Gree12**] GREENBAUM, A.; CHARTIER, T. P. **Numerical methods: design, analysis, and computer implementation of algorithms**. Princeton: Princeton University Press, 2012.

[**Grie05**] GRIER, D. A. **When computers were humans**. Princeton: Princeton University Press, 2005.

[**Gull96**] GULLBERG, J. **Mathematics: from the birth of numbers**. W. W. Norton: New York, 1996.

[**Hage11**] HAGER, G.; WELLEIN, G. **Introduction to high performance computing for scientists and engineers**. Boca Raton: Chapman & Hall/CRC Computational Science, 2011.

[**Heat02**] HEATH, M. T. **Scientific Computing: an introductory survey**. 2. ed. New York: Mc Graw Hill, 2002.

[**High02**] HIGHAM, N. J. **Accuracy and Stability of Numerical Algorithm**. 2. ed. Philadelphia: Society for Industrial and Applied Mathematics (SIAM), 2002.

[**IEEE85**] IEEE Computer Society. **IEEE Standard for Binary Floating-Point Arithmetic**, IEEE Std 754-1985. Disponível em: https://standards.ieee.org/ieee/754/993/. Acesso em: 1 jun. 2023.

[Ifra01] IFRAH, G. **The universal history of Computing: from the abacus to the quantum computer**. New York: John Wiley & Sons, 2001.

[Katz09] KATZ, V. J. A **History of Mathematics: an introduction**. 3. ed. Boston: Addison-Wesley, 2009.

[Lars82] LARSON, H. J. **Introduction to Probability Theory and Statistical Inference**. 3. ed. New York: John Wiley, 1982.

[Leit09] LEITE, M. **Scilab: uma abordagem prática e didática**. Rio de Janeiro: Ciência Moderna, 2009.

[Mac16] MACTUTOR HISTORY OF MATHEMATICS. **Archive, School of Mathematics and Statistics**. University of St Andrews, Scotland, abr. 2016. Disponível em: http://www-history.mcs.st-andrews.ac.uk/index.html. Acesso em: 1 jun. 2023.

[Meij02] MEIJERING, E. A chronology of interpolation: from ancient astronomy to modern signal and image processing. **Proc. IEEE**, v. 90, n. 3, p. 319-342, mar. 2002.

[Mene19] MENEZES, N. N. C. **Introdução à programação com python: algoritmos e lógica de programação para iniciantes**. 3. ed. São Paulo: Novatec Editora, 2019.

[Neug75] NEUGEBAUER, O. **A history of ancient Mathematical Astronomy**. Berlin: Springer-Verlag, 1975.

[Pick09] PICKOVER, C. A. **The Math Book: from Pythagoras to the 57th dimension, 250 milestones in the history of mathematics**. New York: Sterling, 2009.

[Roon12] ROONEY, A. **A História da Matemática: desde a criação das pirâmides até a exploração do infinito**. São Paulo: M. Brooks do Brasil, 2012.

[Rugg96] RUGGIERO, M. A. G.; LOPES, V. L. R. **Cálculo Numérico: aspectos teóricos e computacionais**. 2. ed. São Paulo: Makron Books, 1996.

[Span03] SPANOS, A. **Probability Theory and Statistical Inference: econometric modeling with observational data**. Cambridge: Cambridge University Press (Virtual Publishing), 2003.

[Stew00] STEWART, G.W. The Decomposition approach to matrix computation. **Computing in Science & Engineering**, v. 2, n. 1, p. 50-59, jan. 2000.

[Tane99] TANEMBAUM, A. S. **Sistemas Operacionais Modernos**. Rio de Janeiro: LTC, 1999.

[Wari79] WARING, E. Problems Concerning Interpolations. Philosophical Trans. **Royal Society of London**, v. 69, p. 59–67, jan. 1779.

Respostas aos exercícios propostos

CAPÍTULO 2

1) E, B, D, A, C

2) (2.1) E
   (2.2) B

3) D

4) B

5) D

CAPÍTULO 3

1) (I) B
   (II) E

2) A

3) (1.1) C
   (1.2) D

4) B

5) C

6) E

7) B

8) C

9) C

10) A

11) B

12) D

CAPÍTULO 4

1) (1.1) D
   (1.2) A
   (1.3) C
   (1.4) A
   (1.5) D
   (1.6) A

2) D

3) A

4) E

5) B

6) C

7) B

8) B

9) E

10) A

CAPÍTULO 5

1) E

2) B

3) B

4) A

5) C

6) D

7) E

8) C

9) A

10) B

CAPÍTULO 6

1) A

2) D

3) C

4) D

5) (5.1) A
(5.2) A
(5.3) D

6) (6.1) C
(6.2) B

7) (7.1) A
(7.2) E

8) (8.1) C
(8.2) E

9) B

10) (10.1) A
(10.2) D

CAPÍTULO 7

1) D

2) B

3) D

4) E

5) (5.1) A
(5.2) A
(5.3) A

6) B

7) E

8) (8.1) D
(8.2) C

9) (9.1) B
(9.2) A
(9.3) C

10) (10.1) C
(10.2) E

CAPÍTULO 8

1) (1.1) D
(1.2) C

2) A

3) B

4) A

5) B

6) C

7) B

8) A

9) A

10) D

CAPÍTULO 9

1) A

2) C

3) C

4) A

5) D

6) A

7) C

8) B

9) C

10) D

11) A